A CULTURA DO
RENASCIMENTO
NA ITÁLIA

JACOB BURCKHARDT

A CULTURA DO RENASCIMENTO NA ITÁLIA

Um ensaio

Tradução
Sérgio Tellaroli

Introdução
Peter Burke

4ª reimpressão

COMPANHIADEBOLSO

Copyright desta edição © Companhia das Letras
Copyright da introdução © 1990 by Peter Burke

Título original
Die Kultur der Renaissance in Italien:
Ein Versuch

Capa
Jeff Fisher

Preparação
Márcia Copola

Revisão
Renato Potenza Rodrigues
Pedro Carvalho

Índice onomástico
Verba Editorial

Dados Internacionais de Catalogação na Publicação (CIP)
(Câmara Brasileira do Livro, SP, Brasil)

Burckhardt, Jacob Christoph, 1818-1897
  A cultura do Renascimento na Itália : um ensaio / Jacob Burckhardt ; tradução Sérgio Tellaroli. — São Paulo : Companhia das Letras, 2009.

  Título original: Die Kultur der Renaissance in Italien: Ein Versuch.
  Bibliografia.
  ISBN 978-85-359-1361-3

  1. Renascença — Itália 2. Itália — Civilização — 1268-1559
I. Burke, Peter II. Título.

08-10525   CDD-945.05

Índice para catálogo sistemático:
1. Itália : Civilização 945.05

Todos os direitos desta edição reservados à
EDITORA SCHWARCZ S.A.
Rua Bandeira Paulista, 702, cj. 32
04532-002 — São Paulo — SP
Telefone: (11) 3707-3500
www.companhiadasletras.com.br
www.blogdacompanhia.com.br
facebook.com/companhiadasletras
instagram.com/companhiadasletras
twitter.com/cialetras

*Dedicado ao velho professor,
colega e amigo Luigi Picchioni.*

SUMÁRIO

Introdução: Jacob Burckhardt e o Renascimento italiano
(*Peter Burke*) 15

I. O ESTADO COMO OBRA DE ARTE
Introdução 36
   Situação política da Itália no século XIII *36* • O Estado normando sob Frederico II *38* • Ezzelino da Romano *39*
Tiranias do século XIV 40
   Base financeira e relacionamento com a cultura *40* • O ideal do soberano absoluto *41* • Perigos internos e externos *42* • Juízo dos florentinos sobre os tiranos *43* • Os Visconti até seu penúltimo representante *45*
Tiranias do século XV 47
   Intervenções e viagens dos imperadores *48* • Pretensões desconsideradas *48* • Ausência de um sólido direito de herança: sucessões ilegítimas *48* • Condottieri como fundadores de Estados *51* • Relação com seus empregadores *52* • A família Sforza *53* • Perspectivas e queda do jovem Piccinino *55* • Tentativas posteriores dos condottieri *56*
As tiranias menores 57
   Os Baglioni de Perugia *58* • A discórdia interna e as bodas de sangue de 1500 *60* • O desfecho *61* • As casas Malatesta, Pico e Petrucci *62*
As dinastias maiores 63
   Os aragoneses de Nápoles *63* • O último Visconti em Milão *66* • Francesco Sforza e sua sorte *67* • Galeazzo Maria e Ludovico, o Mouro *68* • Os Gonzaga de Mântua *71* • Frederico de Montefeltro, duque de Urbino *72* • Derradeiro brilho da corte de Urbino *72* • Os Este em Ferrara: terror doméstico e sistema fiscal *74* • Venda de cargos, ordem e edificações *75* • Virtuosidade pessoal *76* • Lealdade à cidade *77* • Zampante, o chefe de polícia *78* • Simpatia dos súditos pelo pesar dos príncipes *79* • A pompa da corte *80* • O mecenato dos Este *80*

Os opositores dos tiranos 81
Guelfos e gibelinos tardios *81* • Os conspiradores *82* • Os assassinatos na igreja *83* • Influência do tiranicídio antigo *83* • Os adeptos de Catilina *85* • A visão florentina do tiranicídio *85* • O povo e os conspiradores *86*

As repúblicas 86
VENEZA NO SÉCULO XV *88* • Os habitantes *88* • O Estado e o perigo da nobreza empobrecida *89* • Causas da inexpugnabilidade *90* • O Conselho dos Dez e os processos políticos *92* • Relacionamento com os condottieri *92* • Otimismo da política externa *93* • Veneza como o berço da estatística *94* • Renascimento adiado *96* • Devoção tardia por relíquias *97* • FLORENÇA, A PARTIR DO SÉCULO XIV *98* • A objetividade da consciência política *98* • Dante como político *99* • Florença como berço da estatística: os Villani *100* • A estatística em sua forma superior *102* • As constituições e os historiadores *104* • O mal fundamental do Estado toscano *106* • Os teóricos do Estado *107* • Maquiavel e seu projeto constitucional *108* • Siena e Gênova *110*

A política externa dos Estados italianos 112
A inveja contra Veneza *113* • O exterior: as simpatias pela França *113* • Tentativa de equilíbrio *114* • Intervenção e conquista *115* • Alianças com os turcos *115* • A contrapartida espanhola *117* • Tratamento objetivo da política *117* • A arte da negociação *118*

A guerra como obra de arte 120
As armas de fogo *120* • Especialização e diletantismo *121* • Os horrores da guerra *122*

O papado e seus perigos 122
Situação em relação à Itália e ao exterior *122* • Distúrbios romanos desde Nicolau V *124* • Sisto IV como senhor de Roma *125* • Planos do cardeal Pietro Riario *126* • Os Estados dos nepotes na Romanha *127* • Os cardeais provenientes das casas principescas *127* • Inocêncio VIII e seu filho *128* • Alexandre VI como espanhol *129* • Relacionamento com o exterior e simonia *130* • César Borgia e seu relacionamento com o pai *131* • Propósitos últimos de César Borgia *132* • A ameaça de secularização do Estado pontifício *132* • Meios irracionais *133* • Os assassinatos *133* • Os últimos anos *135* • Júlio II como o salvador do papado *136* • A eleição de Leão X *138* • Planos políticos perigosos *138* • Os crescentes perigos exteriores *139* • Adriano VI *140* • Clemente VII e a devastação de Roma *140* • Conseqüências e reação *140* • A reparação de Carlos V ao papa *141* • O papado da Contra-Reforma *143*

A Itália dos patriotas 144

II. O DESENVOLVIMENTO DO INDIVÍDUO

O Estado italiano e o indivíduo 145
O homem medieval *145* • O despertar da personalidade *145* • O déspota e seus súditos *146* • O individualismo nas repúblicas *148* • O exílio e o cosmopolitismo *148*

O aperfeiçoamento da personalidade 150
O homem multifacetado *150* • O homem universal: Leon Battista Alberti *152*

A glória moderna 154
O relacionamento de Dante com a glória *155* • A celebridade dos humanistas: Petrarca *156* • O culto dos locais de nascimento *157* • O culto dos túmulos *157* • O culto dos homens famosos da Antiguidade *158* • A literatura da glória local: Pádua *159* • A literatura da glória universal *160* • A glória e sua dependência dos escritores *161* • A sede de glória como paixão *162*

O escárnio e a espirituosidade modernos 163
Relação com o individualismo *163* • O escárnio dos florentinos: a novela *163* • Os galhofeiros espirituosos e os bufões *165* • Os divertimentos de Leão X *166* • A paródia na literatura *167* • A teorização da espirituosidade *168* • A maledicência *169* • A vítima: Adriano VI *171* • Pietro Aretino *172* • Aretino e a publicidade *172* • Relacionamento com príncipes e celebridades *173* • Aretino e a religião *175*

III. O REDESPERTAR DA ANTIGUIDADE

Observações preliminares 177
Ampliação do conceito de "Renascimento" *177* • A Antiguidade na Idade Média *178* • Seu redespertar precoce na Itália *179* • Poesia latina do século XII *179* • O espírito do século XIV *180*

As ruínas de Roma 181
Dante, Petrarca, Uberti *181* • As ruínas existentes à época de Poggio *183* • Blondus, Nicolau V, Pio II *184* • A Antiguidade para além de Roma *185* • Cidades e famílias oriundas da Roma antiga *185* • Disposição e pretensões dos romanos *186* • O corpo de Júlia *186* • Escavações e registros arquitetônicos *187* • Roma sob Leão X *188* • A sentimentalidade para com as ruínas *189*

Os autores da Antiguidade 189
Difusão no século XIV *190* • Descobertas do século XV *190* • Bibliotecas, copistas e scrittori *190* • A imprensa *194* • Panorama do estudo

da Grécia *195* • Estudos orientais *196* • Posição de Pico della Mirandola em relação à Antiguidade *196*

O humanismo no século XIV *197*
Inevitabilidade do triunfo *197* • Simpatia de Dante, Petrarca e Boccaccio *198* • Boccaccio como precursor *200* • A coroação dos poetas *201*

Universidades e escolas *203*
O humanista como professor no século XV *204* • Instituições paralelas *205* • A educação livre e elevada: Vittorino da Feltre *206* • Guarino em Ferrara *207* • A educação dos príncipes *207*

Os promotores do humanismo *208*
Cidadãos florentinos: Niccolò Niccoli *208* • Manetti: os primeiros Medici *209* • Os príncipes: os papas desde Nicolau V *213* • Afonso de Nápoles *215* • Frederico de Urbino *216* • Os Sforza e os Este *217* • Sigismondo Malatesta *218*

A reprodução da Antiguidade *219*
EPISTOLOGRAFIA *219* • A chancelaria papal *219* • A apreciação do estilo *221* • A ORATÓRIA LATINA *222* • Indiferença quanto à posição social do orador *222* • Discursos solenes, políticos e de saudação *222* • Orações fúnebres *224* • Discursos acadêmicos e militares *224* • O sermão latino *225* • A renovação da retórica antiga *226* • Forma e conteúdo: a citação *227* • Discursos imaginários *228* • Declínio da eloqüência *228* • O TRATADO LATINO *229* • A ESCRITA DA HISTÓRIA *230* • A relativa necessidade do latim *231* • Investigações acerca da Idade Média: Blondus *232* • Início da crítica *233* • Relação com a história escrita em italiano *234* • A LATINIZAÇÃO GERAL DA CULTURA *235* • Os nomes antigos *236* • Latinização das relações sociais *237* • Clamores pela supremacia do latim *237* • Cícero e seus adeptos *238* • A conversação latina *239* • A POESIA NEOLATINA *240* • Poesia épica baseada na história antiga: *África 241* • Poesia mítica *242* • A épica cristã: Sannazaro *243* • A poesia tratando da contemporaneidade *244* • Interferência da mitologia *245* • A poesia didática: Palingenius *247* • A lírica e seus limites *247* • Odes aos santos *248* • Elegias e similares *249* • O epigrama *250* • A poesia macarrônica *252*

A queda dos humanistas no século XVI *253*
As acusações e o montante de culpa *253* • O infortúnio *258* • O contrário do humanista *258* • Pomponius Laetus *260* • As academias *261*

IV. O DESCOBRIMENTO DO MUNDO E DO HOMEM

As viagens dos italianos 264
Colombo 265 • A relação da cosmografia com as viagens 266

As ciências naturais na Itália 267
Tendência ao empírico 267 • Dante e a astronomia 268 • Interferência da Igreja 268 • Influência do humanismo 269 • A botânica: os jardins 270 • A zoologia: as coleções de animais estrangeiros 270 • O séquito de Ippolito de Medici: os escravos 272

A descoberta da beleza paisagística 273
A paisagem na Idade Média 274 • Petrarca e as montanhas 276 • O *Dittamondo*, de Uberti 277 • A escola flamenga de pintura 278 • Enéias Sílvio e suas descrições 278

A descoberta do homem 282
Os expedientes psicológicos: os temperamentos 283 • O RETRATO ESPIRITUAL NA POESIA 283 • O valor do verso sem rima 284 • O valor do soneto 285 • Dante e sua *Vita nuova* 286 • *A Divina comédia* 287 • Petrarca como um retratista da alma 288 • Boccaccio e a *Fiammetta* 289 • O reduzido desenvolvimento da tragédia 290 • O esplendor das encenações como inimigo do drama 291 • O intermezzo e o balé 292 • A comédia e as máscaras 294 • A compensação pela música 295 • O épico romanesco 295 • A necessária subordinação dos caracteres 296 • Pulci e Boiardo 296 • A lei interna de suas composições 298 • Ariosto e seu estilo 299 • Folengo e a paródia 301 • Tasso como contrapartida 302

A biografia 302
O progresso dos italianos em relação à Idade Média 302 • Biógrafos toscanos 303 • A biografia em outras regiões da Itália 304 • A autobiografia: Enéias Sílvio 306 • Benvenuto Cellini 307 • Jerônimo Cardan 307 • Luigi Cornaro 308

A caracterização dos povos e cidades 311
O Dittamondo 312 • Descrições no século XVI 313

A descrição da exterioridade 313
A beleza em Boccaccio 314 • O ideal de beleza de Firenzuola 315 • Definições gerais 317

A descrição da vida cotidiana 318
Enéias Sílvio e outros 319 • A poesia bucólica convencional desde Petrarca 320 • A situação real dos camponeses 320 • O tratamento poético genuíno da vida no campo 321 • Battista Mantovano, Lourenço, o Magnífico, Pulci 321 • Angelo Poliziano 322 • A humanidade e o conceito do homem 323

V. A SOCIABILIDADE E AS FESTIVIDADES

O nivelamento das classes 324
O contraste com a Idade Média *324* • O convívio nas cidades *324* • A negação teórica da nobreza *325* • O comportamento da nobreza nas diversas regiões da Itália *328* • Postura perante a cultura *328* • Posterior influência espanhola *328* • A cavalaria desde a Idade Média *329* • Os torneios e suas caricaturas *330* • A nobreza como pré-requisito para o cortesão *331*

O refinamento exterior da vida 332
As roupas e a moda *332* • Os artigos de toucador *333* • O asseio *335* • O *Galateo* e as boas maneiras *336* • Conforto e elegância *336*

A língua como base da sociabilidade 337
O desenvolvimento de uma língua ideal *337* • Sua ampla disseminação *338* • Os extremados puristas *338* • Seu reduzido êxito *341* • A conversação *342*

A forma mais elevada de sociabilidade 343
Os ajustamentos e estatutos *343* • Os novelistas e sua audiência *343* • As grandes damas e os salões *344* • A sociabilidade florentina *345* • Lourenço retratando seu círculo *345*

O ser social perfeito 346
Os amores *346* • As habilidades exteriores e espirituais *347* • O exercício físico *348* • A música *349* • Os instrumentos e o virtuosismo *349* • O diletantismo em sociedade *351*

A posição da mulher 352
A educação masculina e a poesia *352* • O aperfeiçoamento da personalidade *353* • A virago *354* • A mulher em sociedade *355* • A cultura das cortesãs *355*

A vida doméstica 357
Contraste com a Idade Média *357* • Agnolo Pandolfini *357* • A *villa* e a vida no campo *358*

As festividades 360
Suas formas originais: o mistério e a procissão *360* • Vantagens sobre os demais países *362* • A alegoria na arte italiana *363* • Os representantes históricos do genérico *364* • As encenações dos mistérios *364* • Corpus Christi em Viterbo *367* • As encenações profanas *368* • As pantomimas e as recepções aos príncipes *368* • As procissões: os *trionfi* eclesiásticos *371* • Os *trionfi* profanos *373* • Cortejos na água *377* • O carnaval em Roma e Florença *377*

VI. MORAL E RELIGIÃO
A moralidade 380
Os limites do juízo *380* • Consciência da desmoralização *381* • A noção de honra moderna *382* • O domínio da fantasia *385* • A paixão pelo jogo e a sede de vingança *385* • A transgressão no casamento *390* • A postura moral da mulher *392* • O amor espiritualizado *395* • A disposição geral para o ilícito *397* • O bandoleirismo *399* • O assassinato pago: os envenenamentos *400* • A maldade absoluta *401* • Relação da moralidade com o individualismo *404*

A religião na vida cotidiana 405
A ausência de uma reforma *406* • Postura dos italianos perante a Igreja *407* • O ódio contra a hierarquia e os monges *407* • Os monges mendicantes *408* • A Inquisição dominicana *408* • As ordens superiores *410* • A Igreja e suas bênçãos: a força do hábito *414* • Os pregadores *415* • Girolamo Savonarola *421* • O elemento pagão na crença popular *427* • A crença nas relíquias *429* • O culto a Maria *431* • Oscilações no culto *431* • As grandes epidemias de arrependimento *433* • Sua regulamentação policial em Ferrara *434*

A religião e o espírito do Renascimento 436
A subjetividade inevitável *436* • O caráter mundano do espírito *437* • A tolerância em relação ao islã *438* • A igualdade de todas as religiões *439* • A influência da Antiguidade *441* • Os assim chamados epicuristas *442* • A doutrina do livre-arbítrio *443* • Os humanistas devotos *444* • O caminho intermediário dos humanistas *445* • Início da crítica do sagrado *445* • O fatalismo dos humanistas *447* • A exterioridade pagã *449*

O entrelaçamento das superstições antiga e moderna 450
A astrologia *451* • Sua difusão e influência *451* • Seus opositores na Itália *457* • A refutação de Pico della Mirandola e seu efeito *458* • Superstições diversas *460* • Superstições dos humanistas *461* • Os fantasmas dos mortos *463* • A crença nos demônios *464* • A bruxa italiana *465* • A terra das bruxas em Norcia *466* • Interferência e fronteiras da bruxaria do Norte *468* • A feitiçaria das prostitutas *469* • O mágico e conjurador *470* • Os demônios na estrada para Roma *471* • Gêneros particulares de magia: *telesmata 473* • A magia no lançamento das pedras fundamentais *474* • O necromante e os poetas *475* • O encantamento de Benvenutto Cellini *476* • O declínio da magia *477* • Modalidades paralelas: a alquimia *479*

Crise geral da fé 479
A confissão de Boscoli *480* • Confusão religiosa e dúvida generalizada *482* • Disputa acerca da imortalidade *482* • O céu pagão *484* • O

Além, segundo Homero *485* • A dissolução dos dogmas cristãos *485* • O teísmo italiano *486*

Obras mais citadas *489*
Índice onomástico *491*
Sobre o autor *503*

INTRODUÇÃO: JACOB BURCKHARDT E O RENASCIMENTO ITALIANO

Jacob Burckhardt não foi apenas um dos maiores historiadores do século XIX; ele permanece sendo um dos mais acessíveis ao leitor moderno. Nascido em 1818, no mesmo ano em que nasceu Karl Marx, Burckhardt pertenceu a uma das famílias mais conhecidas da Basiléia, em cuja catedral ainda se podem ver alguns monumentos aos Burckhardt do século XVII. Jacob Burckhardt, o pai, era um pastor dotado de interesses eruditos que colecionava moedas, medalhas e escreveu sobre a história da cidade; aos dezessete anos, Jacob, seu filho, pôs-se a seguir os passos do pai, realizando pesquisas sob a orientação de um catedrático alemão que estava escrevendo um livro acerca do humanista suíço Glareanus. Do filho, pretendia-se que entrasse para a Igreja e, por sugestão do pai, Burckhardt chegou a estudar teologia, antes de perder a fé e decidir-se pela vocação acadêmica. Entre 1839 e 1842, estudou na Universidade de Berlim, onde freqüentou cursos sobre história antiga, história da arquitetura e língua árabe, além de participar de seminários dirigidos pelo mais famoso historiador vivo de seu tempo, Leopold von Ranke, para quem escreveu um trabalho acerca de um tema ligado ao início da Idade Média: a façanha de Carlos Martel.

Burckhardt não gostava de Ranke como pessoa, embora o admirasse como historiador. Cogitou publicar o trabalho sobre Carlos Martel e tornar-se um medievalista, mas acabou por decidir-se contrariamente a ambas as coisas. Suas visitas à Itália, a partir de 1837, e a amizade com um jovem catedrático, Franz Kugler, haviam-lhe inflamado o entusiasmo pela história cultural e pelos mundos clássico e renascentista. Retornando à Basiléia em 1843, obteve o título de doutor e começou a lecionar na universidade, ministrando cursos sobre temas os mais variados, dentre eles, história da pintura, a Idade Média, a Contra-Reforma na Suíça e os imperadores romanos. De início, conjugou à atividade acadêmica a função de editor de um jornal conservador, o *Basler Zeitung*, função que lhe ocupava quatro a cinco horas diárias.

Logo, porém, começou a sentir uma crescente antipatia pela política e, além dela, pelo "degradante ofício de jornalista", até que, em 1846, tendo o amigo Kugler lhe solicitado ajuda na preparação de uma segunda edição de seu célebre *Manual de história da arte*, Burckhardt abandonou o jornal a fim de poder dedicar mais tempo à pesquisa. Os primeiros frutos desse trabalho foram um livro capital sobre *A era de Constantino, o Grande* — publicado em 1853, quando seu autor contava 35 anos de idade — seguido, dois anos mais tarde, por um guia histórico extremamente bem-sucedido dos tesouros da arte italiana: *O cicerone*.

Essas duas obras valeram-lhe a cátedra: quando o Politécnico de Zurique abriu suas portas, em 1855, Burckhardt foi convocado para assumir as cadeiras de arquitetura e história da arte. Ali, ministrou cursos sobre o Renascimento e escreveu sua obra mais famosa, *A cultura do Renascimento na Itália*. Contudo, retornou à Basiléia assim que pôde, em 1858, lá permanecendo pelo resto de sua vida. Dessa época em diante, Burckhardt viveu "exclusivamente em função de seu trabalho como professor", como ele mesmo escreveu, dando aulas de história e história da arte para um punhado de estudantes, durante a semana, e para o público em geral, aos sábados, tendo inclusive declinado o lisonjeiro convite para suceder Ranke em Berlim.

Posteriormente a 1860, Burckhardt publicou poucas obras, excetuando-se *A arquitetura do Renascimento na Itália* (1867), um estudo relativamente técnico, em certa medida redigido sob a forma de anotações (mas, ainda assim, atento ao contexto social e político da arquitetura). Foi somente após sua morte, em 1897, que o restante de seus estudos — em sua maior parte, anotações para as aulas — foi editado. *Rubens, Ensaios sobre a história da arte na Itália* e *História cultural da Grécia* foram, todas elas, obras publicadas em 1898, às quais se seguiram *Reflexões so-*

bre a história mundial (1905) e *Juízos acerca da história e dos historiadores* (1929).

Quando jovem, Burckhardt era ardente, sentimental e dotado de pendores artísticos. Usava cabelos longos, tocava piano, compunha, desenhava e escrevia poemas (tendo chegado a publicar alguns, anonimamente, em 1853). É fácil compreender o que o aproximou de Kugler, um outro acadêmico não convencional que, paralelamente ao estudo da história da arte, compunha canções e escrevia peças de teatro. "Giacomo Burcardo" (como ele chamava a si próprio aos quinze anos) parece ter se identificado com a Itália antes mesmo de conhecê-la e, ao visitar o país, julgou-o um bem-vindo refúgio ante a religiosidade protestante da Basiléia, onde algumas pessoas suspeitavam ser a arte e sua história assuntos "mundanos". Burckhardt tinha um círculo de amigos íntimos, de ambos os sexos, aos quais escrevia cartas vívidas e sentimentais, não raro assinando-as: "Saltimbanco".

À primeira vista, é um pouco difícil conciliar essa pessoa, ou *persona*, com o já mais velho catedrático Burckhardt, um senhor solteiro, de cabelos cortados rente à cabeça, solitário e respeitável, de gostos modestos e conservadores, vivendo em dois cômodos na parte de cima de um sobrado que abrigava uma padaria, na Cidade Velha. Burckhardt afastou-se da política e da vida social, concentrando-se em sua atividade como professor e naquilo que considerava "ser um bom indivíduo, de hábitos privados". Ainda assim, continuou a tocar piano e a ceder ao que certa vez chamou "minha paixão por viajar, minha obsessão pelos cenários naturais e meu interesse pela arte".

Como um bom suíço republicano à moda antiga, ele não apreciava a pompa e a pretensão, expressando essa postura em seu estilo de vida. Pelo menos um visitante estrangeiro não logrou reconhecer o distinto estudioso que fora visitar, ouvindo deste o seguinte: "Se o senhor precisa falar com Jacob Burckhardt, vai ter de se contentar comigo mesmo". O catedrático, porém, era uma figura conhecida na Basiléia da década de 1880 e início da de 1890, a caminho de suas aulas (como o vemos numa famosa fotografia) com uma grande pasta azul de ilustrações debaixo do braço. A reação da cidade a sua morte sugere que ele era não apenas respeitado mas também amado em sua terra natal, constituindo de fato uma espécie de instituição local, posição que segue desfrutando nos dias de hoje. Ali, duas de suas obras foram publicadas postumamente — os livros sobre Rubens e sobre a história da arte italiana —, bem como uma edição completa de suas cartas e uma portentosa biografia intelectual em sete volumes, trabalho ao qual um conterrâneo seu, o historiador da cultura Werner Kaegi, dedicou a vida toda.

Em suas aulas, Burckhardt era incisivo, irônico e cáustico, como bem se pode imaginar examinando suas *Reflexões sobre a história mundial* e seus *Fragmentos históricos*, obras nas quais quase podemos ouvi-lo falar. O professor impressionou até mesmo um jovem aluno de 24 anos, Nietzsche, que, segundo ele próprio escreveu, somente ao ouvir Burckhardt falar sobre "Os grandes homens na história" sentiu, pela primeira vez na vida, prazer em assistir a uma aula. Burckhardt costumava memorizar suas preleções e reproduzi-las sem o auxílio de anotações, como se estivesse pensando em voz alta; diz-se, porém, que até mesmo os comentários à parte que fazia haviam sido ensaiados. Dentre tais comentários (que têm seus equivalentes em *A cultura do Renascimento na Itália*) encontram-se muitas referências desabonadoras ao mundo contemporâneo. Burckhardt alimentava uma genuína antipatia pela Revolução Francesa, pelos Estados Unidos (que jamais visitou), pela democracia de massas, pela uniformidade, pelo industrialismo, militarismo, nacionalismo, pelas estradas de ferro e pelo que chamava "toda a balbúrdia do poder e do dinheiro", manifestações que considerava tanto interligadas quanto inevitáveis. Em plena época da unificação da Alemanha e da Itália, ele condenava o Estado moderno centralizado, "reverenciado como um Deus", conforme escreveu, "e governando como um sultão". Burckhardt preferia ser um bom cidadão e um bom europeu (falava fluentemente não apenas o alemão, o italiano e o dialeto de sua terra natal, mas também o francês e até o inglês).

A concepção de história de Burckhardt era bastante diversa da de muitos contemporâneos seus. Ele rejeitava tanto o positivismo quanto o hegelianismo, que fascinavam seus colegas por toda a Europa. Ainda estudante da Universidade de Berlim, expressou por escrito seu pesar pelo fato de que a filosofia da história fosse ensinada por seguidores de Hegel, "a quem sou incapaz de entender". Já como catedrático na Universidade da Basiléia, dizia aos alunos que suas aulas acerca do estudo da história não ofereceriam "qualquer filosofia da história". Esta, segundo Burckhardt, nem sequer existia; a própria idéia da filosofia da história era para ele um contra-senso, "uma vez que a história coordena, sendo, portanto, a-filosófica, ao passo que a filosofia subordina, sendo, pois, a-histórica". Em outras palavras, a história é assistemática; os sistemas, a-históricos.

Tal ponto de vista encontra-se mais distante do empirismo histórico britânico do que possa parecer. Ao contrário de muitos historiadores praticantes, Burckhardt não era filosoficamente iletrado. A despeito de alegar-se inepto para a especulação e o pensamento abstrato, estava bastante familiarizado com as idéias de Hegel e Schopenhauer, bem como com as do jovem Nietzsche, com quem costumava sair a passear e discutir idéias. Embora encarasse com ceticismo os clamores por grandes sistemas filosóficos, sua visão do passado não se revelava completamente liberta de pressupostos advindos da filosofia, como veremos adiante.

Em todo caso, sua postura estava tão distante do positivismo quanto de Hegel. Enquanto os positivistas viam a história como uma ciência e a atividade do historiador como uma coleta de "fatos" retirados dos documentos e o relato "objetivo", segundo eles, do que "efetivamente" acontecera, Burckhardt via a história como uma arte. Para ele, esta era uma modalidade da literatura imaginativa, aparentada à poesia. Queria "escrever em um estilo legível", agradar antes aos "leitores pensantes de todas as classes" do que a seus colegas eruditos e concentrar-se naquilo que julgava interessante no passado, em vez de procurar abordá-lo de forma exaustiva. Não gostava de amontoar o que chamava de "meros fatos", ou "fatos externos": "os fatos de que realmente precisamos são somente aqueles que caracterizam uma idéia ou marcam claramente uma época". Se se há de rotular Burckhardt, os adjetivos *cético, relativista* e, talvez, *intuitivo* são provavelmente menos enganosos do que a maioria dos demais.

Em 1852, no prefácio à primeira edição de *A era de Constantino*, seu autor declarou-se "consciente de que esta abordagem pode ser refutada como subjetiva", mas explicou: "Em obras de história geral, há espaço para diferenças de opinião quanto aos objetivos e premissas fundamentais, de modo que o mesmo fato pode, por exemplo, afigurar-se essencial e importante a um escritor, mas nada mais do que mero entulho sem qualquer interesse a outro". O que estava oferecendo ao leitor era uma interpretação, ou melhor, uma "perspectiva", uma "visão" (*Anschauung*) pessoal, o que chamava de um "esboço do todo" (*Gesamtschilderung*).* As metáforas visuais são reveladoras; há muitas delas na obra desse conhecedor da pintura, da escultura e da arquitetura. O que metáforas como "contornos" (*Umrisse*) ou "imagem" (*Bild*) revelam é a distância que separa Burckhardt da tradição da história narrativa. Onde outros pretenderam contar uma história, Burckhardt teve por objetivo pintar o retrato de uma era.

Provavelmente, o termo *esboço* não foi empregado apenas por modéstia, mas também para sugerir a impossibilidade de se chegar a conclusões definitivas acerca do passado. Em 1860, de maneira semelhante, Burckhardt descreveu seu estudo do Renascimento italiano como um "ensaio" (*Versuch*), "no verdadeiro sentido da palavra", explicando que "os contornos espirituais de uma época cultural oferecem, talvez, a cada observador uma imagem diferente" e que "os mesmos estudos realizados para este trabalho poderiam, nas mãos de outrem, facilmente experimentar não apenas utilização e tratamento totalmente distintos como também ensejar conclusões substancialmente diversas".

Em 1880, no prefácio à segunda edição de *Constantino*, Burckhardt sentiu necessidade de esclarecer um pouco mais detalha-

---

* Literalmente, "retrato global". (N. T.)

damente sua abordagem, caracterizando o livro "não tanto como um relato histórico completo, mas como uma descrição integrada, do ponto de vista da história cultural". Já em 1848, ele planejara uma série de livros sobre "história cultural" (*Kulturgeschichte*).

O que, exatamente, Burckhardt entendia por "história cultural" não é fácil explicar, assim como é difícil traduzir a palavra alemã *Kultur* para o inglês. A título de aproximação, podemos dizer que ele empregava esse termo em dois sentidos: utilizava-o, num sentido mais restrito, referindo-se às artes e, num sentido mais amplo, para descrever sua visão holística daquilo a que chamamos "uma cultura". A ambigüidade é reveladora. O que revela é o caráter central das artes na visão de mundo de Burckhardt bem como em sua vida. Afinal, ao longo de sua carreira, ele tanto ensinou quanto escreveu história da arte, desde suas contribuições ao manual de Kugler, quando ainda jovem, até o estudo de Rubens, já na velhice. Um de seus discípulos, Heinrich Wölfflin, alcançou a fama como historiador da arte e referiu-se a seu mestre como, primordialmente, um historiador da arte. De acordo com o projeto original, *A cultura do Renascimento na Itália* deveria conter uma discussão acerca da arte do período, a qual acabou por ser excluída apenas porque Burckhardt planejava escrever um volume à parte dedicado ao assunto.

Com o passar dos anos, o interesse de Burckhardt pela história cultural foi se tornando mais exclusivo. Sua reação à guerra franco-prussiana de 1870 foi considerar destituídos de valor "todos os meros 'eventos' do passado", tais como as batalhas, e declarar: "Doravante, em minhas aulas, darei ênfase apenas à história cultural". E, de fato, suas aulas sobre a Grécia antiga concentraram-se na visão de mundo e na mentalidade (*Denkweise*) gregas.

Aqui, o contraste entre os gêneros de história segundo as visões de Burckhardt e Leopold von Ranke revela-se em toda a sua nitidez. O jovem discípulo reconheceu o considerável débito intelectual que tinha para com os ensinamentos do mestre e conservou por toda a vida a admiração pela *História dos papas* e pelo relato acerca da Alemanha à época da Reforma, ambos de autoria de Ranke. Este, por sua vez, louvou os trabalhos escritos por Burckhardt nos seminários sob sua direção e *A era de Constantino*, recomendando-o para uma cátedra na Universidade de Munique. Não obstante, os caminhos desses dois grandes historiadores separaram-se gradualmente. As últimas obras de Ranke foram mais estritamente políticas do que as anteriores, ao passo que Burckhardt passou a se preocupar crescentemente com história cultural.

O gênero de história era já o tema central do livro publicado por Burckhardt em 1860, aos 42 anos, aquele que é geralmente considerado sua obra-prima: *A cultura do Renascimento na Itália*. Certa feita, escreveu que um grande tema histórico "deve, necessariamente, estar ligado simpática e misteriosamente à mais profunda intimidade de seu autor", o que, para Burckhardt, certamente se deu com relação a essa obra. Ele tinha uma grande afinidade com o período e seus feitos artísticos, tanto quanto com a região que escolhera: a Itália.

Como outros homens do Norte — de Goethe a Ibsen, de Wagner a Warburg —, Burckhardt considerou o encontro com a Europa setentrional, e particularmente com a Itália, um acontecimento capital em sua vida. Em parte, tal atração constituiu uma espécie de compensação psicológica (aos 21 anos, Burckhardt descreveu a Itália como "um complemento necessário a todo o meu ser e minha vida"). A Itália representava para ele o Outro, sedutoramente diferente da Suíça que deixara para trás: o sol no lugar da chuva, o vinho no lugar da cerveja e um povo extrovertido em vez de introvertido. Seus cadernos de esboços dão-nos uma idéia do fascínio que o país exerceu sobre ele. Também as cartas estão repletas de vívidas descrições, vinhetas verbais da Itália e dos italianos. Aos 28 anos, lamentando a necessidade de partir, ele escrevia da Itália: "Agora eu sei que jamais poderei ser verdadeiramente feliz de novo longe de Roma", suas ruas, seus jardins — uma cidade onde, por um lado, "não há o menor sinal de indústrias" e, por outro, "o lazer fez com que a polidez florescesse feito uma arte".

A cidade constituía uma atração também para a imaginação do historiador. "Parte do prazer que Roma proporciona reside no fato de que ela nos mantém continuamente adivinhando e reconstruindo as ruínas das épocas que ali jazem tão misteriosamente, camada sobre camada." Foi em Roma, em 1847, que, pela primeira vez, a idéia de escrever um livro sobre o Renascimento na Itália brotou-lhe na mente (de maneira semelhante àquela segundo a qual brotara na mente de Gibbon a idéia de escrever sobre o declínio e a queda do Império Romano). Foi também em Roma, em 1848, quando revoluções irrompiam por toda a Europa, que Burckhardt decidiu que se dedicaria à "era de Rafael".

O livro que ele sonhou escrever em 1847-8 foi publicado em 1860. Em alguns aspectos, ele tem no *Cicerone*, publicado cinco anos antes, o seu par, uma vez que pressupõe algum conhecimento da arte do período, concentrando-se na cultura que tornou possível essa arte. Foi no *Cicerone* que Burckhardt pela primeira vez acentuou aquilo a que chamava o "realismo" ou "naturalismo" do Renascimento (na obra de Ghiberti e Donatello, por exemplo) bem como o interesse recente pela individualidade.

Em outros aspectos, *A cultura do Renascimento na Itália* tem em *Constantino, o Grande* o seu par. Essa obra, anterior, tratara da "crise" da cultura clássica, seu "envelhecimento", em outras palavras, da transição do clássico para o medieval. A obra mais recente versa sobre o final da Idade Média e o retorno da Antiguidade. *Constantino* trata de ascensão do supramundano no século IV; *A cultura do Renascimento na Itália*, da ascensão do mundano nos séculos XV e XVI. O objetivo de ambos os livros não é, como na maioria das obras dedicadas à história no século XIX, contar uma história, mas retratar uma época efetuando nela o que o autor, em outro de seus escritos, chamou "cortes transversais" (*Querdurchschnitte*), e enfatizando o que lhe é "recorrente, constante, típico" (*das sich Wiederholende, Konstante, Typische*). O livro sobre Constantino foi apresentado sob a forma de uma série de estudos, omitindo o que quer que "não tenha podido ser entretecido, como um elemento vivo, na textura do todo", por exemplo, "a propriedade e a riqueza, a indústria e o comércio". De modo semelhante, o livro sobre o Renascimento, com seu subtítulo "um ensaio", virtualmente omitiu a vida econômica (excluindo desde a organização das corporações até o capitalismo comercial).

Baseado em que critérios terá Burckhardt decidido o que incluir? A fim de entendermos melhor sua abordagem, faz-se útil que procedamos ainda a uma terceira justaposição, desta vez reunindo o ensaio sobre o Renascimento e as aulas que seu autor ministrou alguns anos mais tarde, em 1868-9 e 1870-1, num curso intitulado "Introdução ao estudo da história". Tais aulas encontram-se organizadas em torno da idéia de três "poderes" — o Estado, a religião e a cultura — e de sua interação. A "cultura" é definida como o reino do espontâneo, incluindo-se aí "o relacionamento social, as tecnologias, as artes, as literaturas e as ciências". De acordo com Burckhardt, "existem épocas primordialmente políticas, épocas primordialmente religiosas e, finalmente, épocas que parecem viver em função dos grandes propósitos da cultura". O Egito antigo, o México e o Peru são exemplos de "cultura determinada pelo Estado". O mundo islâmico ilustra "a cultura determinada pela religião", ao passo que a *polis* grega revela "o Estado determinado pela cultura".

O Renascimento é claramente um outro exemplo de uma época que vive "em função dos grandes propósitos da cultura", e a esta última Burckhardt dedica os quatro segmentos centrais de seu livro, emoldurando-os com uma introdução acerca da política e uma conclusão sobre a religião. O primeiro segmento ilustra o efeito da cultura sobre a política, concentrando-se na ascensão de uma concepção nova e autoconsciente do Estado, que pode ser evidenciada a partir da preocupação florentina e veneziana em coletar dados que, mais tarde, receberiam o nome de estatísticos. É a essa nova concepção que Burckhardt chama "o Estado como obra de arte" (*Der Staat als Kunstwerk*). De modo semelhante, o último segmento enfatiza o efeito da cultura sobre a religião, caracterizando as atitudes religiosas dos italianos renascentistas como subjetivas e mundanas.

Engastados nessa moldura encontram-se os quatro segmentos acerca da cultura do Renascimento. Destes, a terceira parte, "O redespertar da Antiguidade", é a mais convencional. A quinta parte, "A sociabilidade e as festividades", ilustra a concepção relativamente ampla de cultura de Burckhardt, incluindo não apenas as artes plásticas, a literatura e a música mas também o vestuário, a língua, a etiqueta, o asseio e as festividades, sagradas e profanas — desde Corpus Christi até o Carnaval. Os segmentos mais célebres, porém, são os dois restantes, tratando daquilo que Burckhardt denominou "O desenvolvimento do indivíduo" e "O descobrimento do mundo e do homem".

Talvez a mais conhecida afirmação deste famoso livro seja a seguinte:

> Na Idade Média, [...] o homem reconhecia-se a si próprio apenas como raça, povo, partido, corporação, família ou sob qualquer outra das demais formas do coletivo. Na Itália, pela primeira vez, tal véu dispersa-se ao vento; desperta ali uma contemplação e um tratamento objetivo do Estado e de todas as coisas deste mundo. Paralelamente a isso, no entanto, ergue-se também, na plenitude de seus poderes, o subjetivo: o homem torna-se um indivíduo espiritual e se reconhece como tal.

É essa percepção — ou teoria — que determina a seleção dos exemplos concretos não apenas desse segmento mas do livro todo. *O príncipe*, de Maquiavel, representa a objetividade renascentista e a idéia do Estado como obra de arte, ao passo que as autobiografias, tais como as de Pio II e Benvenuto Cellini, e os poemas de Petrarca, com sua "profusão de magníficos retratos da alma humana", ilustram o "lado subjetivo" do período.

Um tema capital em *A cultura do Renascimento na Itália* consiste na proposição de que "não foi a Antiguidade sozinha, mas sua estreita ligação com o espírito italiano, presente a seu lado, que sujeitou o mundo ocidental". A importância histórica da Itália reside no fato de que ali, pela primeira vez, o "véu" medieval "dispersou-se ao vento". O italiano foi, nas palavras de Burckhardt, "o primogênito dentre os filhos da Europa atual", assim como Petrarca foi "um dos primeiros homens inteiramente modernos". No entanto, o historiador Burckhardt, assim como o viajante Burckhardt, também julgava os italianos fascinantes em si. Leon Battista Alberti e Leonardo da Vinci, "homens multifacetados", são descritos como "gigantes", alçando-se acima de seus contemporâneos: "Para sempre [...] os colossais contornos da pessoa de Leonardo só poderão ser divisados à distância". As cidades-estados da Itália renascentista, assim como as da Grécia antiga, exerceram forte atração sobre um historiador provindo de uma família patrícia numa cidade que seguiu sendo governada por seus patrícios até a década de 1830. Nesse sentido, poder-se-ia falar em uma afinidade eletiva entre Burckhardt e seu assunto. De seu ponto de vista, matizado talvez pela nostalgia do mundo de sua infância, aquelas cidades-estados haviam desfrutado um modo de vida harmonioso que o mundo moderno perdera.

Mas a violenta história política da Itália renascentista também fascinava Burckhardt, como a guerra civil entre duas famílias nobres de Perugia — os Oddi e os Baglioni —, por exemplo, ou o "insano desejo de matar" de César Borgia, que leva o historiador a especular sobre o que teria acontecido, não estivesse César gravemente enfermo por ocasião da morte de seu pai: "Que conclave não teria então tido lugar se ele, armado de todos os seus meios, se tivesse deixado eleger papa por um colégio de cardeais convenientemente reduzido pelo veneno [...]! A fantasia se perde em um abismo, tão logo se põe a perseguir tais hipóteses".

É com referência a comentários semelhantes a esse que o historiador intelectual Peter Gay, contrastando a "sóbria moderação" da vida do próprio Burckhardt com "a violência extravagante na qual ele se concentra", diagnostica "uma secreta paixão pela atrocidade". Eu preferiria falar em uma ambivalência de

Burckhardt, dando ênfase maior à percepção do Outro, por parte do homem do Norte, no caráter passional dos meridionais e, além disso, à tradição cultural germânica de fascinação pelo demoníaco — uma tradição que vai de Goethe a Thomas Mann, passando por Nietzsche e Wagner.

Qual o lugar do ensaio de Burckhardt na história da escrita da história? A idéia de escrever uma história cultural e não uma história política não era nova. *Vidas dos artistas* (1550), de Giorgio Vasari, é tanto um exemplo antigo de história cultural quanto uma das fontes de Burckhardt. *Ensaio sobre as maneiras* (1756), de Voltaire, está mais próximo da combinação burckhardtiana daquilo que poderíamos denominar história "sociocultural", uma vez que tal ensaio trata de tópicos como literatura, erudição, sistemas de valores (como a cavalaria) e até mesmo toalhas de mesa e maneiras à mesa, estendendo-se desde Carlos Magno até o início do século XVII. Mais próxima ainda de *A cultura do Renascimento na Itália* encontra-se uma obra escrita por um estudioso italiano do século XVIII e relativamente negligenciada: *O reflorescimento da Itália* (1775), de Saverio Bettinelli, que aborda o *risorgimento* italiano nos campos da erudição, da arte e da vida social posteriormente ao ano 1000 (o termo *risorgimento* não havia ainda adquirido seu significado político moderno).

Um conceito central no *Ensaio sobre as maneiras*, de Voltaire, é o do "espírito" ou "gênio" de uma época, de um povo, das leis, da cavalaria, do catolicismo, do comércio e assim por diante. Voltaire tampouco era o detentor do monopólio sobre tal conceito, que pode ser encontrado em escritores franceses seus contemporâneos — Montesquieu, por exemplo — bem como nos britânicos, como William Robertson e David Hume. No final do século XVIII, esse mesmo conceito atraiu alguns filósofos alemães da história, notadamente Johann Gottfried Herder, que enfatizou o caráter distintivo ou o espírito de cada povo (*Volksgeist*), e Georg Wilhelm Friedrich Hegel, que deu maior ênfase ao "espírito da época" (*Zeitgeist*).

A despeito de seu declarado repúdio pelos filósofos da história, a obra de Burckhardt apresenta traços nítidos das idéias destes. O segmento acerca do "Estado como obra de arte", por exemplo, encontra um paralelo na discussão hegeliana, contida nas *Preleções acerca da filosofia da história*, sobre o sistema político da Grécia antiga enquanto "obra de arte política" (*Das politische Kunstwerk*); da mesma forma, ecoa no segmento "O desenvolvimento do indivíduo" a discussão de Hegel acerca da "individualidade", da objetividade e da subjetividade. Ernst Gombrich chega mesmo a afirmar que a obra de Burckhardt foi "construída sobre fundamentos hegelianos", apontando particularmente para a idéia do *Zeitgeist*. Gombrich certamente tem razão em sugerir que a idéia da unidade cultural de um período como o Renascimento ocupa posição central no pensamento de Burckhardt. Tal idéia encontra-se subjacente tanto a sua tentativa de contemplar o período como um todo quanto à própria organização do ensaio. Entretanto, como acabamos de ver, ela não constitui uma exclusividade hegeliana, e Burckhardt rejeitava a visão da história — esta sim marcadamente hegeliana — como uma longa marcha "do espírito do mundo".

Por outro lado, não seria fantasioso sugerir que, consciente ou inconscientemente, a preocupação com os pólos do objetivo e do subjetivo em *A cultura do Renascimento na Itália* deve algo à filosofia de Schopenhauer — "nosso filósofo", como Burckhardt costumava chamá-lo em suas caminhadas com Nietzsche. Quando Burckhardt opôs o caráter sistemático da ciência, que subordina, ao caráter assistemático da história, que coordena, estava, na verdade, dando eco à obra de Schopenhauer, *O mundo como vontade e representação*.

O débito de Burckhardt para com estudos anteriores acerca do Renascimento italiano foi igualmente grande. A idéia básica do redespertar da Antiguidade clássica foi formulada ao longo do próprio Renascimento, desde Petrarca até Vasari, sendo este último quem, pela primeira vez, fez uso do substantivo abstrato *renascimento* (*rinascità*). Tal idéia foi, portanto, objeto de elaboração nos séculos XVIII e XIX. Voltaire sugeriu que o Renascimento — "a época da glória da Itália" — foi um dentre apenas quatro períodos da história humana que seriam dignos da consideração de um ser pensante, ou de bom gosto. A relação entre liberdade e cultura nas cidades-estados italianas foi sublinhada por um conterrâneo de Burckhardt, Sismondi, na *História das Repúblicas italianas na Idade Média* (1807-18). Stendhal, em sua *História da pintura na Itália* (1817), revelou sua fascinação por indivíduos como César Borgia e o papa Júlio II, sugerindo não ter sido acidente o surgimento de grandes pintores "nesse século de paixões".

As abordagens mais próximas à de Burckhardt, porém, foram feitas por dois estudiosos que publicaram seus respectivos estudos em 1850, quando Burckhardt já estava trabalhando em sua obra. O humanismo italiano foi solidamente fincado no mapa da história em *O redespertar da Antiguidade clássica* (1859), de autoria de Georg Voigt, o qual foi nomeado para a cadeira de história em Munique, a mesma que Ranke pretendera fosse ocupada por Burckhardt. Voigt descreveu a Idade Média em termos do que denominou "a tendência corporativa" e o Renascimento em termos da "individualidade e seus direitos". Em *Renascimento* (escrito em 1842 e publicado em 1855) — um dos volumes de sua *História da França* —, Jules Michelet caracterizou o período como de "descoberta do mundo, descoberta do homem". O fato de Voigt e Michelet terem antecipado as famosas formulações de Burckhardt sugere que *A cultura do Renascimento na Itália* constituiu um genuíno fruto de seu tempo. É a Burckhardt, contudo, que a posteridade associa a definição do Renascimento em termos do desenvolvimento do indivíduo e da descoberta do mundo e do homem, um veredicto justo, no sentido de que foi ele quem organizou todo o seu ensaio em torno dessas idéias (juntamente com a da "modernidade"), em vez de organizá-lo em torno do conceito mais convencional do redespertar da Antiguidade.

A cultura do Renascimento na Itália não foi um sucesso imediato. Na verdade, as primeiras duzentas cópias do livro tiveram vendagem bastante lenta, e nove anos se passaram até que uma segunda edição se fizesse necessária. No entanto, a popularidade da obra foi crescendo gradualmente, até que ela alcançasse, em 1908, sua décima edição alemã e, em 1925, a 14ª. Indubitavelmente, as 421 ilustrações escolhidas por Ludwig Goldscheider contribuíram para essa popularidade. Em 1885, o livro foi traduzido para o francês, em 1905, para o polonês e, em 1911, para o italiano. A tradução inglesa de Burckhardt surgiu relativamente cedo: em 1878, logo após a publicação dos primeiros três volumes do portentoso *O Renascimento na Itália* (1875-86), de autoria de seu imitador John Addington Symonds. As novas edições de 1890, 1898, 1929, 1937, 1944, 1950 e a de 1989 (excluindo-se as reimpressões), sugerem que a obra atingiu a categoria de um clássico. O mesmo ocorreu com a tradução de Samuel Middlemore, um jornalista que, posteriormente, deu aulas na Malvern School of Art.

Como outros clássicos, *A cultura do Renascimento na Itália* tem recebido muitas críticas. Depois de mais de 120 anos de pesquisas cada vez mais especializadas, é fácil apontar exageros, generalizações apressadas e outras fraquezas no famoso ensaio. É duvidoso, por exemplo, que qualquer historiador do Renascimento italiano hoje em atividade se dispusesse a escrever, como o fez Burckhardt, que naquele período "a mulher gozava da mesma consideração conferida ao homem"; são muitas as evidências em contrário. Agora que a história da ciência profissionalizou-se, contando com seus próprios periódicos e centros de pesquisa, a abordagem de Burckhardt com respeito à astrologia, à alquimia etc. afigura-se deveras amadorística. Algumas de suas interpretações de textos do Renascimento têm sido igualmente contestadas, como, por exemplo, sua leitura da famosa carta de Petrarca narrando a subida ao monte Ventoux, em Provença. Para Burckhardt, tal carta apresenta uma descrição literal de um acontecimento na vida de Petrarca e, além disso, uma ilustração do despertar do senso moderno para a beleza natural. Estudiosos mais recentes, contudo, vêem-na como uma alegoria a significar a ascensão da alma até Deus e enfatizam as citações da Bíblia e de santo Agostinho nela contidas.

O ensaio apresenta também fraquezas que poderiam ser chamadas de "estruturais". O próprio Burckhardt, que confiou a outrem a tarefa de revisar o livro — Bernhard Kugler (o filho de seu velho professor Franz) —, escreveu ao revisor admitindo alegremente a ausência de preocupação da obra para com os fundamentos econômicos da vida cultural. Desde então, muitas vozes se levantaram criticando-o por isso. Tornou-se igualmente lugar-comum apontar a desconsideração, por parte do autor, para com as transformações ocorridas ao longo de uns bons trezentos anos de história italiana tratados em sua obra — de Dante até a Contra-Reforma. Tal impressão de imobilidade resulta da bem-sucedida tentativa de Burckhardt de demonstrar as conexões laterais entre os diferentes domínios da vida renascentista — em outras palavras, uma fraqueza nada acidental, constituindo, talvez, o preço inevitável do êxito obtido por Burckhardt. Ainda assim, porém, uma fraqueza.

Burckhardt foi também criticado por sua falta de conhecimento e simpatia para com a Idade Média, por oposição à qual ele define seu Renascimento. Adjetivos tais como *infantil* não mais se revelam apropriados em se tratando desse período histórico (ou mesmo de qualquer outro). A sugestão de que o homem medieval não via a si próprio como um indivíduo mas tinha uma consciência de si "apenas enquanto [...] [uma] das [...] formas do coletivo" não se ajusta facilmente à existência de autobiografias datadas do século XII, como as de Abelardo e Guibert de Nogent. O conceito de "desenvolvimento do indivíduo" revela-se, na verdade, de difícil fixação. Será a autoconsciência o critério para a definição do individualismo? Será, além disso, o anseio pela fama o que Burckhardt chama de "a glória moderna"? Não buscavam também os cavaleiros medievais essa mesma fama, por meio de seus feitos em batalha e nos torneios? Nesse caso, tanto quanto no anterior, acerca dos fundamentos econômicos do Renascimento, Burckhardt, já mais velho, acabou por concordar com seus críticos mais tardios: "No que diz respeito ao individualismo", observou certa vez, "eu já não acredito nele".

Outro conceito central problemático em Burckhardt é o da "modernidade". Descrever os italianos renascentistas como os primeiros homens modernos autoriza-nos a vê-los refletidos em nossa própria imagem e a esquecer as muitas diferenças existentes entre eles e nós. Igualmente problemático em relação à modernidade é o fato de que ela segue se transformando. O que parecia moderno em 1860 não se afigura necessariamente moderno aos olhos do final do século XX. Seja como for, o debate sociológico acerca da "modernização" despertou-nos para os perigos de se supor que haja apenas um caminho a conduzir para o futuro, que a história seja uma via de mão única. Caracterizar as transformações pelas quais passaram a cultura e a sociedade européias nos séculos XV e XVI como "italianização" é tão enganoso quanto caracterizar transformações mais recentes como "americanização". A atração exercida pela Itália, no primeiro caso, e pelos Estados Unidos, no segundo, necessita de uma explicação, e há de se levar em conta as divergências, conscientes ou inconscientes, em relação ao modelo, sua adaptação a circunstâncias de caráter local.

Criticar a visão burckhardtiana do Renascimento pode ser fácil; em igual medida, porém, é difícil substituí-la por outra. O mesmo vale para sua visão da história cultural. Para o observador do final do século XX, a visão de uma época como um todo, como quer Burckhardt, não mais se revela totalmente convincente. Burckhardt nos diz muito pouco, por exemplo, acerca dos conflitos entre os humanistas e os filósofos escolásticos do Renascimento, ou entre os diversos tipos de humanistas. Sua imagem do Renascimento, ele a construiu a partir de um universo relativamente reduzido de textos literários. Não obstante, sua obra tem servido de inspiração aos historiadores da cultura que o sucederam, a despeito das discordâncias com relação a algumas de suas conclusões. O grande historiador holandês Johan Huizinga escreveu seu *Outono da Idade Média* (1919) como uma espécie de réplica a Burckhardt, enfatizando a temática da decadência, em vez da do renascimento, e as culturas da França e de Flandres, em vez da italiana. Ao mesmo tempo, contudo, seu livro pinta o retrato de uma época ao estilo de Burckhardt: trata-se de uma obra da imaginação, da intuição, da visão. Fiel a seu princípio de que "Deus só pode ser encontrado no detalhe" (*Der liebe Gott steckt im Detail*), o estudioso alemão Aby Warburg escreveu ensaios curtos sobre a Itália renascentista, antes miniaturas do que um amplo quadro. Também ele, no entanto, como Huizinga, partiu do ponto em que Burckhardt havia parado. O mesmo fez um amigo de Warburg, Ernst Cassirer, que criticou Burckhardt por omitir de seu ensaio qualquer consideração mais séria no tocante à filosofia do período, adotando, porém, a mesma estrutura deste em seu *O indivíduo e o cosmos na filosofia renascentista* (1927). A monumental *História da autobiografia* (3 volumes, 1907-62), de Georg Misch, discutiu exemplos que invalidam a visão de Burckhardt do individualismo renascentista; ainda assim, Misch passou toda a sua longa carreira respondendo a uma questão formulada por Burckhardt.

Embora julgasse a celebridade um embaraço, Burckhardt teve (e continua tendo) motivos de sobra a conferir-lhe o direito à fama. Seu livro *A era de Constantino, o Grande* constitui um ensaio memorável acerca de uma época de transição e crise cultural. *O cicerone* tornou-o conhecido de um público mais amplo, ainda hoje assegurando-lhe um lugar na história da história da arte. Sua *História cultural da Grécia*, publicada postumamente, continua a ser considerada importante por estudiosos da Antiguidade clássica do calibre do já falecido Arnaldo Momigliano, que lhe enfatiza o caráter inovador e o valor potencial para futuras pesquisas. As observações agudas e pessimistas sobre o presente e o futuro que se podem encontrar nas cartas escritas por Burckhardt e em suas reflexões acerca da história mundial têm atraído crescente atenção em nosso tempo. Assim como o aristocrata normando Alexis de Tocqueville, esse patrício da Basiléia pode ser considerado "um profeta de uma era de massas". Sua ênfase na subjetividade da escrita da história e no relativismo cultural — herética em seu próprio tempo — é hoje compartilhada por muitos. Sua preocupação com padrões de cultura e com conceitos cambiantes da pessoa humana revelou-se atraente a antropólogos sociais (de Ruth Benedict a Clifford Geertz) bem como a historiadores socioculturais. Não obstante, o nome de Burckhardt continua a ser mais intimamente associado ao período e ao país que ele tornou seus: o Renascimento na Itália.

Peter Burke

BIBLIOGRAFIA COMPLEMENTAR

BARON, Hans. "Burckhardt's, *Civilization of the Renaissance* a century after its publication". *Renaissance News*, 1960, pp. 207-22.

Burckhardt and the Renaissance a Hundred Years After. Lawrence: University of Kansas Press, 1960.

DRU, Alexander (org.). *The letters of Jacob Burckhardt*. Londres: Routledge & Kegan Paul, 1955.

FERGUSON, Wallace K. *The Renaissance in historical thought: Five centuries of interpretation*. Cambridge: Houghton Mifflin, 1948.

GAY, Peter. "Burckhardt: the poet of truth". In *Style in History*, do mesmo autor. Londres: Jonathan Cape, 1975.

GILBERT, Felix. "Burckhardt's Students Years". *Journal of the History of Ideas*, 47, 1986, pp. 249-74.

_____. "Ranke as the teacher of Jacob Burckhardt". In IGGERS, G. G. e PAVELL, J. M. (orgs.). *Leopond von Ranke and the shaping of the historical discipline*. Syracuse: Syracuse University Press, 1990.

GILMORE, Myron P. "Burckhardt as a Social Historian". *Society and History in the Renaissance*. Washington: Folger, 1960, pp. 27-33.

GOMBRICH, Ernst H. *In search of cultural history*. Oxford: Oxford University Press, 1969.

JANSSEN, E. M. *Jacob Burckhardt und die Renaissance*. Assen: van Gorcum, 1970.

KAEGI, Werner. *Jacob Burckhardt: eine Biographie*. 7 vols. Basiléia: Schwabe, 1947-82.

MEINECKE, Friedrich. "Ranke und Burckhardt". 1948, trad. inglesa, in *German History*, Hans Kohn (org.). Londres: Routledge & Kegan Paul, 1954, pp. 142-56.

MOMIGLIANO, Arnaldo. "Introduction to the *Griechische Kulturgeschichte* by Jacob Burckhardt", 1955, trad. inglesa, in *Essays in Ancient and Modern Historiography*, do mesmo autor. Oxford: Blackwell, 1977, capítulo 17.

NELSON, Benjamin, e TRINKAUS, Charles. "Introduction to Burckhardt". In *The Civilization of the Renaissance in Italy*. Nova York: Harper & Row, 1958.

NELSON, N. "Individualism as a criterion of the Renaissance". *Journal of English and Germanic Philology*, 32, 1933, pp. 316-34.

RÜSEN, Jörn. "Jacob Burckhardt: Political standpoint and historical insight on the border of post-modernism". *History and Theory*, 24, 1985.

SALIN, Edgar. *Burckhardt und Nietzsche*. 1938, 2ª ed. Heidelberg: Rowohlt, 1948.

TREVOR-ROPER, H. R. "The Faustian historian". In *Historical Essays*, do mesmo autor. Londres: Macmillan, 1957, pp. 273-8.

WEINTRAUB, Karl J. *Visions of culture*. Chicago: University of Chicago Press, 1966, capítulo 3.

WHITE, Hayden "Burckhardt: the Ironic Vision". In *Metahistory*, do mesmo autor. Baltimore e Londres: Johns Hopkins University Press, 1973, pp. 230-64.

I. O ESTADO COMO OBRA DE ARTE

INTRODUÇÃO

É no verdadeiro sentido da palavra que esta obra carrega o título de um mero ensaio; seu autor tem suficientemente claro em sua consciência a modéstia dos meios e forças com os quais se encarregou de tarefa tão extraordinariamente grande. Pudesse ele, contudo, contemplar com maior confiança sua pesquisa, tampouco estaria mais seguro do aplauso dos conhecedores. Os contornos espirituais de uma época cultural oferecem, talvez, a cada observador uma imagem diferente, e, em se tratando do conjunto de uma civilização que é a mãe da nossa e que sobre esta ainda hoje segue exercendo a sua influência, é mister que juízo subjetivo e sentimento interfiram a todo momento tanto na escrita quanto na leitura desta obra. No vasto mar ao qual nos aventuramos, são muitos os caminhos e direções possíveis; os mesmos estudos realizados para este trabalho poderiam, nas mãos de outrem, facilmente experimentar não apenas utilização e tratamento totalmente distintos, como também ensejar conclusões substancialmente diversas. O assunto é, em si, suficientemente importante para tornar desejáveis muitas outras investigações e exortar pesquisadores dos mais diversos pontos de vista a se manifestarem. Entrementes, estaremos satisfeitos se nos for concedida uma atenção paciente e se este livro for compreendido como um todo. A necessidade de fracionar um grande *continuum* espiritual em categorias isoladas e, amiúde, aparentemente arbitrárias, com o intuito de, de alguma forma, poder apresentá-lo, constitui dificuldade capital da história cultural. Era nossa intenção, a princípio, suprir a maior lacuna deste livro mediante uma obra especial tratando da "arte do Renascimento", propósito que apenas minimamente pôde ser realizado.*

A luta entre os papas e os Hohenstaufen acabou por deixar a Itália em uma situação política que diferia substancialmente daquela do restante do Ocidente. Se na França, Espanha e Inglaterra o sistema feudal era de natureza tal a, transcorrido seu tempo de vida, desembocar fatalmente no Estado monárquico unificado; se na Alemanha ele ajudou, ao menos exteriormente, a manter a unidade do império — a Itália, por sua vez, libertara-se quase completamente desse mesmo sistema. Na melhor das hipóteses, os imperadores do século XIV não eram mais acolhidos e respeitados como senhores feudais, mas como possíveis expoentes e sustentáculos de poderes já existentes. O papado, por sua vez, com suas criaturas e pontos de apoio, era forte o bastante apenas para coibir qualquer unidade futura, sem, no entanto, ser ele próprio capaz de gerá-la. Entre aqueles e este, havia uma série de configurações políticas — cidades e déspotas, em parte já existentes, em parte recém-surgidos — cuja existência era de natureza puramente factual.** Nestas, pela primeira vez, o espírito do Estado europeu moderno manifesta-se livremente, entregue a seus próprios impulsos. Com suficiente freqüência, elas exibem em seus traços mais medonhos o egoísmo sem peias, escarnecendo de todo o direito, sufocando o germe de todo desenvolvimento sadio. Onde, porém, essa tendência é superada ou, de alguma forma, contrabalançada, ali um novo ser adentra a história: o Estado, como criação consciente e calculada, como obra de arte. Tanto nas cidades-repúblicas quanto nos Estados tirânicos, esse ser vivente manifesta-se de centenas de maneiras, determinando-lhes a configuração interna bem co-

---

* "A arquitetura e decoração do Renascimento italiano", in *Geschichte der Baukunst*, Franz Kugler (org.). v. 4.

** Os governantes e seus partidários são, conjuntamente, chamados *lo stato*, nome que, depois, adquiriu o significado da existência coletiva de um território.

mo a política externa. Contentar-nos-emos aqui com o exame de seu tipo mais completo e mais claramente definido, presente na figura dos Estados tirânicos.

A situação interna dos territórios governados por déspotas tinha um célebre modelo no Império Normando da Baixa Itália e da Sicília, tal qual o reorganizara o imperador Frederico II. Criado sob o signo da traição e do perigo, próximo dos sarracenos, Frederico acostumara-se desde cedo ao julgamento e tratamento totalmente objetivo das coisas — o primeiro homem moderno a subir a um trono. Acrescia-se a isso sua familiaridade e intimidade com o interior dos Estados sarracenos e sua administração, além de uma luta pela existência contra os papas que obrigou ambos os lados a levar para o campo de batalha todas as forças e meios imagináveis. As ordens de Frederico (principalmente a partir de 1231) têm por objetivo a total aniquilação do Estado feudal, a transformação do povo em uma massa abúlica, desarmada e, no mais alto grau, pagadora de tributos. De uma maneira até então inaudita no Ocidente, ele centralizou todo o Poder Judiciário e a administração. Nenhum cargo podia mais ser preenchido por meio da escolha popular, sob pena de devastação para a localidade que o fizesse e degradação de seus habitantes à condição de servos. Os tributos, baseados num cadastro abrangente e em práticas maometanas de tributação, eram cobrados daquela maneira martirizante e atroz, sem o auxílio da qual, é certo, não se obtém dinheiro algum dos orientais. Sob tais condições, já não há povo, mas um amontoado controlável de súditos que, por exemplo, não podem se casar fora do território sem uma permissão especial, tampouco, de forma alguma, estudar fora dele. A Universidade de Nápoles constitui o exemplo mais antigo conhecido de restrição à liberdade de estudar, ao passo que o Oriente, ao menos nessas questões, dava liberdade a seu povo. Genuinamente maometano, em contrapartida, era o comércio próprio que Frederico praticava em todo o Mediterrâneo, reservando para si o monopólio sobre várias mercadorias e tolhendo o comércio de seus súditos. Os califas fatímidas, com toda a sua doutrina esotérica da descrença, haviam sido (pelo menos no princípio) tolerantes para com as religiões de seus súditos; Frederico, pelo contrário, coroa seu sistema de governo com uma inquisição que tanto mais culposa se afigura quando se admite que ele perseguia nos hereges os representantes de uma vida municipal liberal. Serviam-no, por fim, como força policial — no plano interno — e como núcleo do exército — no plano externo —, os sarracenos transferidos da Sicília para Luceria e Nocera, surdos a toda lamentação e indiferentes à proscrição da Igreja. Mais tarde, abúlicos e desacostumados às armas, os súditos aceitaram passivamente a queda de Manfredo e a usurpação do trono por Carlos de Anjou. Este último, porém, tendo herdado um tal mecanismo de governo, seguiu utilizando-o.

Ao lado do imperador centralizador, entra em cena, então, um usurpador de caráter singularíssimo: seu vigário e genro Ezzelino da Romano. Este não representa qualquer sistema de governo ou administração, uma vez que sua atuação se reduz unicamente à luta pela supremacia na porção superior oriental da Itália; entretanto, como modelo político para a época que se seguiu, ele não é menos importante do que seu protetor imperial. Até então, todas as conquistas e usurpações medievais se haviam realizado com base em alguma herança, real ou alegada, e em direitos que tais — ou, de resto, em prejuízo dos descrentes ou excomungados. Agora, pela primeira vez, tenta-se fundar um trono por meio do assassinato em massa e de infindáveis atrocidades, isto é, mediante o emprego de quaisquer meios visando única e exclusivamente a um fim. Nenhum de seus sucessores logrou, de alguma forma, equiparar-se a Ezzelino no caráter colossal de seus crimes, nem mesmo César Borgia; o exemplo, porém, estava dado, e sua queda não significou para os povos o restabelecimento da justiça, tampouco uma advertência para futuros malfeitores.

Em vão, são Tomás de Aquino — nascido súdito de Frederico — elaborou em uma tal época a teoria de uma monarquia constitucional, na qual concebia o príncipe sustentado por uma Câmara Alta por ele nomeada e por uma representação eleita pelo povo. Teorias dessa ordem dissipavam-se nos auditórios da universidade: Frederico e Ezzelino foram e prosseguiram sendo para a Itália os maiores fenômenos políticos do século XIII. Sua imagem, refletida de maneira já semifabulosa, compõe o conteúdo principal das *Cento novelle antiche*, cuja redação original data certamente ainda desse mesmo século. Nelas, Ezzelino é já descrito com o temeroso respeito que é a manifestação de toda impressão portentosa. Toda uma literatura, da crônica das testemunhas oculares até a tragédia semimitológica, converge para sua pessoa.

Imediatamente após a queda de ambos, surgem, então, oriundos principalmente das disputas entre guelfos e gibelinos — e, em geral, na qualidade de expoentes destes últimos —, os diversos tiranos, mas sob formas e condições tão diversas, que não se pode deixar de reconhecer uma inevitabilidade comum a fundamentar seu surgimento. No tocante aos meios, eles só precisam dar continuidade àquilo que suas respectivas facções já haviam iniciado: o extermínio ou expulsão dos opositores e a destruição de suas casas.

TIRANIAS DO SÉCULO XIV

Os despotismos, maiores ou menores, do século XIV revelam com suficiente freqüência que os exemplos do passado não haviam sido esquecidos. Seus próprios delitos bradaram alto, e a história os registrou pormenorizadamente. Na qualidade de Estados erguidos totalmente sobre si mesmos e organizados em função disso, tais despotismos afiguram-se-nos, não obstante, de grande interesse.

A avaliação consciente de todos os meios disponíveis — o que, fora da Itália, não passava pela cabeça de príncipe algum —, associada a uma quase absoluta plenitude de poderes no interior das fronteiras do Estado, produziu nesses homens formas de vida muito especiais. Para os tiranos mais sábios, o segredo fundamental da dominação residia em, tanto quanto possível, conservar a tributação da maneira como eles a haviam encontrado ou, de início, estabelecido: um imposto fundiário baseado em um cadastro; determinados tributos sobre artigos de consumo e taxas alfandegárias sobre importação, somando-se a isso ainda as receitas provindas da fortuna privada da casa reinante. A única possibilidade de aumento da arrecadação vinculava-se ao crescimento da prosperidade geral e dos negócios. Inexistiam aqui os empréstimos, tal como eles ocorriam nas cidades livres; tomava-se, antes, a liberdade de, vez por outra, aplicar um bem calculado golpe de força — como, por exemplo, a verdadeiramente sultânica destituição e pilhagem do mais alto encarregado das finanças —, contanto que um tal golpe deixasse inabalado o conjunto da situação.

Procurava-se, pois, fazer com que esses rendimentos fossem suficientes para pagar as despesas da pequena corte, da guarda pessoal, dos mercenários recrutados, das edificações, bem como dos bufões e homens de talento, que compunham o séquito pessoal do príncipe. A ilegitimidade, rodeada de perigos constantes, isola o déspota; a aliança mais honrosa que ele pode eventualmente selar é aquela com o talento intelectual mais elevado, independentemente de sua origem. No século XIII, a liberalidade dos príncipes do Norte limitara-se aos cavaleiros, à nobreza que servia e cantava. Não é esse o caso do tirano italiano, que, com sua propensão para a monumentalidade e sede de glória, precisa do talento enquanto tal. Em companhia do poeta ou do erudito, ele se sente pisando novo terreno, sente-se mesmo quase de posse de uma nova legitimidade.

Mundialmente famoso sob esse aspecto é o déspota de Verona, Cangrande della Scala, que, nas pessoas dos notáveis proscritos que abrigava em sua corte, sustentava toda uma Itália. Os escritores eram-lhe gratos. Petrarca, cujas visitas a tais cortes encontraram tão severas críticas, esboçou o retrato ideal de um príncipe do século XIV [*De rep. optime administranda*]; exige muito de seu destinatário — o senhor de Pádua —, mas de maneira a conferir-lhe a capacidade de atender a essas exigências:

Tu não deves ser o senhor, mas o pai de teus súditos; deves amá-los como a teus filhos, amá-los mesmo como membros de teu corpo. Contra os inimigos, podes empregar armas, guardas e soldados — com teus súditos, a mera benevolência já basta; refiro-me, por certo, apenas àqueles súditos que amam a ordem estabelecida, pois quem diariamente planeja transformações é um rebelde e inimigo do Estado, e contra este deve imperar justiça rigorosa!

Segue-se, então, em detalhes, a ficção genuinamente moderna da onipotência do Estado: o príncipe deve cuidar de tudo, construir e manter igrejas e edifícios públicos, conservar a polícia municipal,* drenar os pântanos, zelar pelo vinho e pelos cereais, distribuir com justeza os tributos, dar apoio aos desamparados e aos doentes e dedicar sua proteção e convívio a eminentes eruditos, uma vez que estes cuidarão de sua glória junto à posteridade.

Quaisquer que possam ter sido os aspectos mais luminosos e os méritos de alguns desses tiranos, porém, já o século XIV reconheceu ou pressentiu a fugacidade e fragilidade da maioria deles. Uma vez que, por razões internas, configurações políticas dessa natureza são tanto mais duráveis quanto maior for o território sob seu domínio, os despotismos mais poderosos tenderam sempre a devorar os menores. Que hecatombe de pequenos déspotas foi, nessa época, sacrificada somente aos Visconti! Decerto, a esse perigo externo correspondeu quase sempre uma fermentação interna, e a repercussão dessa situação sobre o ânimo do déspota devia ser, na maior parte dos casos, absolutamente ruinosa. A falsa onipotência, o convite ao prazer e a toda sorte de egoísmos, por um lado; os inimigos e conspiradores, por outro, tornavam-no quase inevitavelmente um tirano da pior espécie. Pudesse ele confiar ao menos em seus parentes mais próximos! Onde, porém, tudo era ilegítimo, tampouco um

---

* Inclui-se aí, de passagem, o desejo de que fosse proibida a presença de porcos nas ruas de Pádua, uma vez que já a sua visão era desagradável e, além disso, os cavalos se assustavam.

sólido direito de herança podia constituir-se, quer no tocante à sucessão, quer na divisão dos bens. Assim é que, em momentos de perigo iminente, um primo ou tio decidido, no interesse da própria casa, desalojava o filho ainda menor ou inepto de um príncipe. Também a exclusão ou reconhecimento dos bastardos era motivo de disputas constantes. Um número considerável de famílias foi, pois, assolado por parentes insatisfeitos e vingativos — uma situação que, não raro, rompia em franca traição e em assassinatos domésticos. Outros, vivendo como refugiados em outras terras, munem-se de paciência e tratam a questão de maneira objetiva, como, por exemplo, aquele Visconti que lançava sua rede de pesca no lago de Garda; o emissário de seu inimigo perguntou-lhe de modo bastante direto quando é que ele tencionava retornar a Milão, recebendo a seguinte resposta: "Não antes que as vilezas dele tenham logrado suplantar meus crimes".* Por vezes, também, os parentes sacrificam o soberano reinante em honra da já excessivamente ofendida moral pública, visando com isso salvar o restante da casa.** Aqui e ali, o governo repousa ainda de tal modo sobre o conjunto da família, que o déspota encontra-se amarrado aos conselhos desta; também nesse caso a partilha da propriedade e da influência ensejava facilmente a mais áspera contenda.

Nos autores florentinos de então, encontra-se um ódio geral e profundo contra todo esse sistema. Já o cenário pomposo, os trajes esplendorosos por meio dos quais os déspotas desejavam menos, talvez, satisfazer a própria vaidade do que impressionar a fantasia popular, despertam naqueles autores o mais agudo sarcasmo. Ai do arrivista que lhes cai nas mãos, como o recém-constituído doge Agnello de Pisa (1364), que costumava sair a cavalgar com seu cetro dourado e, ademais, exibir-se à janela de sua casa, "como se exibem relíquias", recostado sobre ta-

---

* Faz-se referência aqui a Matteo I Visconti e a Guido della Torre, este, à época, no poder em Milão.

** Como no assassinato secreto de Matteo II Visconti, por intermédio de seus irmãos.

peçaria e almofadas adornadas com ouro; tinha-se de servi-lo de joelhos, como a um papa ou imperador. Mais freqüentemente, contudo, o tom desses antigos florentinos é o de elevada seriedade. Dante [*De vulgari eloquentia*] reconhece e nomeia com primor a ausência de nobreza, o caráter ordinário da cobiça e avidez de poder dos novos príncipes. "O que ressoa de suas trombetas, sinos, trompas e flautas senão: vinde a nós, carrascos, aves de rapina!" Imagina-se o castelo do tirano lá no alto, isolado, repleto de masmorras e escutas, como a morada da maldade e da desgraça.* Outros profetizam o infortúnio de todo aquele que adentra o serviço do déspota, lastimando afinal pelo próprio tirano, que seria, inevitavelmente, o inimigo de todos os homens bons e capazes, que não se poderia permitir confiar em pessoa alguma e lia no rosto de seus súditos a expectativa por sua queda. "Assim como os tiranos surgem, crescem e se firmam, em seu íntimo cresce também, oculto, o elemento que fatalmente lhes trará a desorientação e a ruína." A contradição mais profunda não é claramente realçada: Florença via-se então em meio ao mais rico desenvolvimento das individualidades, ao passo que os déspotas não reconheciam nem admitiam qualquer outra individualidade que não a sua própria e a de seus servidores mais próximos. Afinal, os mecanismos de controle sobre o indivíduo já haviam sido totalmente implantados, chegando ao nível de um sistema de passaportes.**

Nas mentes de seus contemporâneos, a notória crença nos astros e a irreligiosidade de muitos soberanos conferiram ainda uma coloração peculiar a essa sua existência sinistra, esquecida por Deus. Quando o último Carrara, em sua Pádua dizimada pela peste (1405) e sitiada pelos venezianos, não mais pôde defender as muralhas e portões da cidade, sua guarda pessoal o ouvia com freqüência, à noite, invocar o demônio, para que este o matasse!

---

* Isso, por certo, somente nos escritos do século XV, mas certamente tendo por base fantasias de épocas anteriores.

** Nos últimos dez anos de Frederico II, quando imperava o mais rigoroso controle pessoal, o sistema de passaportes estaria já bastante desenvolvido.

O mais completo e instrutivo desenvolvimento, em meio a essas tiranias do século XIV, encontra-se incontestavelmente nos Visconti de Milão, a partir da morte do arcebispo Giovanni (1354). Um inconfundível parentesco com o mais terrível dos imperadores romanos logo se anuncia na pessoa de Bernabò: sua prática de caçar javalis constitui o objetivo mais importante do Estado; todo aquele que nela interfere é torturado e executado; aterrorizado, o povo tem de alimentar seus 5 mil cães de caça, arcando com a agudíssima responsabilidade pelo bem-estar destes. Os tributos são elevados com o auxílio de todas as formas possíveis e imagináveis de coação; sete filhas do príncipe são dotadas com 100 mil florins de ouro cada uma, e um enorme tesouro é acumulado. Por ocasião da morte de sua esposa (1384), uma notificação "aos súditos" determina que estes devem, como antes da alegria, compartilhar agora do sofrimento de seu príncipe, trajando luto por um ano inteiro. Incomparavelmente característica é a manobra por meio da qual seu sobrinho Giovanni Galeazzo (1385) passa a tê-lo sob seu poder — um daqueles complôs bem-sucedidos cuja descrição faz bater mais forte o coração dos historiadores pósteros. Em Giovanni Galeazzo evidencia-se portentosamente o verdadeiro pendor do tirano para o colossal. Despendendo 300 mil florins de ouro, ele constrói gigantescos diques para, como bem desejasse, poder desviar o Mincio de Mântua ou o Brenta de Pádua e, assim, tornar indefesas essas cidades; não seria mesmo impensável que tivesse cismado em secar as lagunas de Veneza. Giovanni Galeazzo fundou "o mais maravilhoso de todos os mosteiros", o cartuxo de Pavia, e a catedral de Milão, "que, em grandeza e esplendor, supera todas as igrejas da cristandade"; mesmo o palácio em Pavia, cuja construção fora iniciada por seu pai — Galeazzo — e que ele concluiu, talvez tenha sido de longe a mais magnífica residência principesca da Europa de outrora. Para lá, ele transferiu também sua famosa biblioteca e a grande coleção de relíquias de santos, aos quais dedicava uma espécie particular de crença. Seria de estranhar em um príncipe de tal índole que ele não tivesse, também no campo político, almejado coroas maiores. O rei Venceslau o fez duque (1395); quando, porém, adoeceu e morreu (1402), Giovanni Galeazzo tinha em mente nada menos do que o reino da Itália ou a coroa imperial. Supõe-se que, à época, a totalidade de seus Estados devia pagar-lhe anualmente, além do tributo regular, no montante de 1,2 milhão de florins de ouro, mais 800 mil em subsídios extraordinários. Após a sua morte, o império que montara, valendo-se de toda sorte de violências, fez-se em pedaços e, por um tempo, seus territórios mais antigos mal puderam ser mantidos. Quem sabe o que teria sido de seus filhos — Giovanni Maria (morto em 1412) e Filippo Maria (morto em 1447) —, tivessem eles nascido alhures, sem nada saber da casa paterna? Herdeiros desta, no entanto, herdaram com ela também o gigantesco capital de atrocidades e covardia que ali se acumulara de geração em geração.

Giovanni Maria é, mais uma vez, famoso por seus cães — estes, não de caça, mas adestrados para dilacerar seres humanos; seus nomes foram-nos transmitidos, assim como aqueles dos ursos do imperador Valentiniano I. Quando, em maio de 1409, em meio à guerra ainda em curso, o povo faminto gritava-lhe na rua "Pace! Pace!", ele ordenou a seus mercenários que atacassem, matando duzentas pessoas; em seguida, tornou-se proibido, sob pena de enforcamento, pronunciar as palavras *pace* e *guerra* — e até mesmo os padres foram obrigados a, em vez de *dona nobis pacem*, dizer *tranquilitem*! Por fim, estando Facino Cane, condottiere-mor do desvairado duque, à beira da morte em Pavia, alguns conspiradores valeram-se do momento propício para dar cabo de Giovanni Maria junto à igreja de San Gottardo, em Milão; no mesmo dia, porém, o moribundo Facino fez seus oficiais jurarem auxílio ao herdeiro, Filippo Maria, sugerindo ainda ele próprio que, após a sua morte, sua esposa se casasse com este, como, aliás, logo se deu; o nome dela era Beatrice di Tenda. De Filippo Maria, voltaremos a falar mais adiante.

E, em tempos como esses, Cola di Rienzi confiava poder erigir, fundado no raquítico entusiasmo da decaída população romana, um novo governo sobre toda a Itália. Ao lado de déspotas como os já mencionados, ele não passa de um pobre e desorientado tolo.

TIRANIAS DO SÉCULO XV

O despotismo no século XV exibe um caráter modificado. Muitos dos pequenos tiranos, e mesmo alguns dos grandes, como os Scala e os Carrara, pereceram; os poderosos fortaleceram-se e, internamente, suas tiranias desenvolveram feições mais características. Nápoles, por exemplo, recebe um impulso mais vigoroso com a nova dinastia aragonesa. Característico, no entanto, no tocante a esse século, é, primordialmente, o anseio dos condottieri por uma soberania própria, independente — por coroas: um passo à frente no caminho do puramente factual e um alto prêmio tanto para o talento quanto para a perversidade. No intento de assegurar para si algum suporte, os tiranos menores põem-se agora, de bom grado, a serviço de Estados maiores, tornando-se condottieri destes, o que lhes propicia algum dinheiro e, decerto, também a impunidade para muitos de seus crimes, talvez até mesmo uma expansão de seus domínios. De um modo geral, grandes e pequenos precisaram esforçar-se mais, agir com maior prudência e cálculo, abstendo-se do terror excessivo; era-lhes permitido praticar o mal apenas na justa medida em que essa prática comprovadamente servisse a seus objetivos — o mesmo tanto, aliás, que lhes perdoava a opinião dos espectadores. Não há mais sinal aqui daquele capital de devoção que favorecia as casas principescas legítimas do Ocidente, mas, no máximo, uma espécie de popularidade restrita às capitais de seus domínios; para avançar, os príncipes italianos têm sempre de buscar auxílio fundamentalmente no talento e no frio calculismo. Uma figura como a de Carlos, o Temerário, que com uma paixão desenfreada aferrava-se a propósitos totalmente impraticáveis, constituía verdadeiro enigma para os italianos.

Os suíços são mesmo meros camponeses, e ainda que se os matassem todos, isso não significaria reparação alguma para os nobres borgonheses que tombassem em combate! Mesmo que o duque tomasse a Suíça sem enfrentar resistência, o acréscimo em seus rendimentos anuais daí decorrente não seria maior do que 5 mil ducados [...]. [Em: De Gingins, *Dépêches des ambassadeurs milanais*, v. 2.]

Para a Itália, tornara-se incompreensível aquilo que Carlos tinha de medieval, suas fantasias ou ideais cavalheirescos. Quando esbofeteava seus chefes militares, mas conservava-os junto de si; quando maltratava suas tropas para puni-las por uma derrota e, depois, diante dos mesmos soldados, ridicularizava seus conselheiros — em tais ocasiões, os diplomatas do Sul só podiam dá-lo por perdido. Por outro lado, Luís XI — que em sua política suplanta os príncipes italianos dentro do próprio estilo destes e que se confessava sobretudo admirador de Francesco Sforza — encontra-se muito distante daqueles príncipes no campo da formação e da cultura, graças à sua natureza vulgar.

O bem e o mal confundem-se em um amálgama deveras notável nos Estados italianos do século XV. A personalidade dos príncipes desenvolve-se de tal forma, adquire amiúde um significado tão profundo e característico de sua situação e missão, que seria difícil chegar a um juízo moral adequado a seu respeito.*

As bases da dominação são e permanecem sendo ilegítimas — uma maldição que a ela se prende e que daí se recusa a afastar-se. Sanções e investiduras imperiais não alteram esse quadro, porque o povo não dá a menor atenção ao fato de seus soberanos terem comprado um pedaço de pergaminho em alguma terra distante ou a algum estranho de passagem. Tivessem os imperadores alguma utilidade, não teriam sequer permitido o

---

* É essa associação de força e talento que Maquiavel chama de *virtù*, entendendo-a por compatível também com a *scelleratezza*. Por exemplo, *Discursos*, I, 10, sobre Sétimo Severo.

surgimento dos déspotas — ou assim rezava, então, a lógica do desinformado senso comum. Desde a expedição romana de Carlos IV, os imperadores na Itália fizeram apenas sancionar o estado de violência surgido sem a sua participação, sem, entretanto, poder garanti-lo de alguma forma que não por meio de documentos escritos. Todo o comportamento de Carlos na Itália constitui uma das mais ignominiosas comédias políticas; pode-se ler em Matteo Villani como os Visconti o escoltam por seus domínios e, por fim, para fora deles; como se apressa, feito um mascate, apenas para, rapidíssimo, obter dinheiro por suas mercadorias (ou seja, os privilégios); que papel lastimável faz em Roma e, finalmente, como, sem ter desferido um único golpe com sua espada, ele se retira novamente para além dos Alpes com a mala repleta de dinheiro. Sigismondo, ao menos em sua primeira visita à Itália (1414), ali esteve com o intuito de persuadir João XXII a participar de seu concílio; foi então que, no alto da torre de Cremona, enquanto imperador e papa desfrutavam do panorama da Lombardia, sobreveio a seu anfitrião, o tirano Gabrino Fondolo, o desejo de atirá-los a ambos para baixo. Em sua segunda visita, Sigismondo apresentou-se já na condição de completo aventureiro; ao longo de mais de seis meses, permaneceu trancafiado em Siena, como se numa prisão para devedores, e só a muito custo logrou, posteriormente, ser coroado em Roma. O que pensar, então, de Frederico III? Suas visitas à Itália têm o caráter de viagens de férias ou recreio, à custa daqueles que queriam ter seus direitos sancionados por ele ou que se sentiam lisonjeados em hospedar com grande pompa um imperador. Tal foi o caso de Afonso de Nápoles, que se permitiu despender 150 mil florins de ouro pela visita imperial. Por ocasião de seu segundo retorno de Roma (1469), Frederico passou um dia inteiro em Ferrara sem sair do quarto, distribuindo nada mais do que títulos, oitenta no total. Ali, ele nomeou notários, *cavalieri*, *dottori*, *conti* — *conti*, aliás, de matizes diversos, como, por exemplo, *conti palatini*, *conti* com direito a nomear *dottori* (sim, com direito a nomear até cinco *dottori*), *conti* com direito a legitimar bastardos, designar notários, a declarar honestos notários desonestos etc. Seu chanceler, porém, exigiu gratidão considerada um tanto alta em Ferrara pela expedição dos documentos correspondentes. O que o duque Borso pensava disso tudo, enquanto seu protetor imperial distribuía títulos, provendo destes toda a pequena corte, não é mencionado. Os humanistas, outrora com a palavra, divergiam entre si, de acordo com os interesses de cada um. Enquanto uns exaltam o imperador com o júbilo convencional dos poetas da Roma imperial, Poggio já não sabe o que a coroação significa realmente; afinal, entre os antigos, somente um imperador vitorioso era coroado, e, aliás, com louros.

Com Maximiliano I, tem início uma nova política imperial com relação à Itália, associada à generalizada intervenção estrangeira. Seu começo — a investidura de Ludovico, o Mouro, e a exclusão de seu desafortunado sobrinho — não foi do tipo auspicioso. De acordo com a teoria moderna da intervenção, quando duas forças pretendem despedaçar um país, uma terceira pode ainda surgir e participar da empreitada; assim foi que o império pôde também cobiçar a sua parte. Mas não se podia mais falar em justiça, direitos e similares. Enquanto Luís XII (1502) era esperado em Gênova, enquanto a grande águia imperial era removida da entrada do salão principal do palácio ducal e lírios eram pintados em seu lugar, Senarega, o historiador, perguntava por toda parte o que aquela águia — sempre poupada por tantas revoluções — realmente significava e que pretensões tinha o império sobre Gênova. Ninguém tinha uma resposta que não fosse a de sempre: Gênova era uma *camera imperii*. Ninguém, em toda a Itália, sabia dar resposta mais segura a tais questões. Somente quando Carlos V tomou para si a Espanha e o império juntos, foi que ele pôde fazer prevalecer, com o auxílio de forças espanholas, também as pretensões imperiais. O que ganhou com isso, porém, sabidamente não veio a beneficiar o império, mas o poder espanhol.

Atrelada à ilegitimidade política das dinastias do século XV estava, por sua vez, a indiferença quanto à descendência legítima, que tanto chamava a atenção dos estrangeiros, como Comines, por exemplo. Ambas corriam, por assim dizer, paralelamente. Enquanto no Norte, na casa de Borgonha, por exemplo, destinavam-se aos bastardos subvenções próprias, bem definidas (bispados e que tais); enquanto em Portugal uma linhagem de bastardos só a muito custo firmava-se no trono — na Itália, não havia mais casa principesca alguma que não tivesse contado em sua linhagem com alguma descendência ilegítima, e que não a tivesse pacientemente tolerado. Os aragoneses de Nápoles compunham a linhagem bastarda daquela casa, pois Aragão mesmo herdara-a o irmão de Afonso I. O grande Frederico de Urbino não era, talvez, Montefeltro nenhum. Quando Pio II encontrava-se em viagem para o Congresso de Mântua (1459), cavalgaram ao seu encontro, em Ferrara, oito bastardos da casa de Este, dentre os quais o próprio governante, duque Borso, e dois filhos ilegítimos de seu igualmente ilegítimo irmão e predecessor, Leonello. Este último, aliás, tivera uma esposa legítima, ela própria filha ilegítima de Afonso I de Nápoles com uma africana. Os bastardos eram também amiúde admitidos em função da menoridade de filhos legítimos e da iminência de perigos; uma espécie de direito do mais velho entrou em vigor, sem maiores considerações acerca da legitimidade ou ilegitimidade da descendência. A utilidade, o mérito do indivíduo e de seu talento, é aqui, por toda parte, mais poderosa do que os usos e leis do restante do Ocidente. Tratava-se, afinal, da época em que os filhos dos papas estavam fundando principados para si! No século XVI, sob a influência dos estrangeiros e da nascente Contra-Reforma, toda essa questão passou a ser vista com maior rigor; Varchi acredita que a sucessão dos filhos legítimos seja "o que ordena a razão e, desde sempre, a vontade celestial". O cardeal Ippolito de Medici fundamentava sua pretensão ao governo de Florença no fato de ser ele fruto de um casamento talvez legítimo — ou, pelo menos, filho de uma nobre, e não (como o duque Alexandre) de uma serviçal. Têm início então os casamentos morganáticos, por afeto, que, no século XV, por razões morais e políticas, não teriam tido sentido algum.

A forma mais elevada e admirada de ilegitimidade no século XV, porém, encontra-se representada no condottiere que, qualquer que seja sua origem, obtém para si um principado. Fundamentalmente, já a tomada da Baixa Itália pelos normandos, no século XI, não tivera outro caráter; agora, contudo, projetos dessa ordem começavam a manter a península numa intranqüilidade constante.

O estabelecimento de um líder mercenário como soberano era possível também sem o recurso à usurpação, quando seu empregador, por falta de dinheiro, o recompensava com terras e homens; de qualquer forma, o condottiere precisava, mesmo tendo dispensado momentaneamente a maior parte de seus comandados, de um lugar onde pudesse aquartelar-se no inverno e abrigar as necessárias provisões. O primeiro exemplo de um líder de bando assim provido é John Hawkwood, agraciado pelo papa Gregório XI com Bagnacavallo e Cotignola. Quando, no entanto, com Alberigo da Barbiano, exércitos e comandantes italianos entraram em cena, surgiu com eles uma oportunidade mais propícia de se obterem principados — ou, no caso do condottiere que era já o déspota de algum território, de expandi-lo. A primeira grande bacanal dessa avidez soldadesca de poder foi celebrada no ducado de Milão, após a morte de Giovanni Galeazzo (1402). O governo de ambos os seus filhos transcorreu principalmente sob o signo da aniquilação desses tiranos belicosos, e do maior deles todos, Facino Cane, a casa herdou, juntamente com sua viúva, uma série de cidades e 400 mil florins de ouro, acrescendo-se a isso os soldados do primeiro marido que Beatrice di Tenda trouxe consigo. Constituiu-se, então, a partir dessa época, aquele relacionamento sobremaneira imoral entre os governos e seus condottieri que é característico do século XV. Uma velha anedota — daquelas cuja veracidade é atestada ao mesmo tempo em toda parte e em parte alguma — ilustra-o aproximadamente da maneira que segue. Uma determinada cidade — provavelmente Siena — tivera, certa vez, a seu serviço um comandante que libertara seus habitantes da pressão inimiga; estes confabulavam diariamente de que maneira poderiam recompensar seu libertador pelo feito, julgando, afinal, não haver a seu alcance recompensa grande o suficiente, nem mesmo transformá-lo no senhor da cidade; por fim, levantou-se alguém e sugeriu: "Vamos matá-lo e, então, adorá-lo como o padroeiro da cidade". Dispensaram, pois, a seu comandante mais ou menos o mesmo tratamento que o Senado romano dispensou a Rômulo. De fato, os condottieri não tinham de se proteger de mais ninguém, a não ser de seus empregadores. Se lutassem com sucesso, seriam perigosos e, por isso, aniquilados, como ocorreu com Roberto Malatesta, logo após a vitória que obtivera para Sisto IV (1482); ao primeiro infortúnio, por outro lado, eram alvo de vingança, como fizeram os venezianos com Carmagnola (1432).* Do ponto de vista moral, é característico dessa situação que os condottieri fossem amiúde obrigados a entregar mulher e filhos como reféns, nem por isso experimentando eles próprios ou inspirando uma confiança maior. Seria necessário que fossem heróis da abnegação, figuras como Belisário, para que neles não se acumulasse o mais profundo ódio: somente a mais perfeita bondade interior tê-los-ia podido impedir de se tornarem completos criminosos. E é como tais — repletos de desdém pelo sagrado, de crueldade e traição com relação aos seres humanos — que ficamos conhecendo alguns deles, quase exclusivamente pessoas para as quais pouco importava morrer sob a proscrição papal. Ao mesmo tempo, porém, a personalidade, o talento de alguns desenvolve-se até a máxima virtuosidade, tornando-os, também nesse aspecto, alvo do reconhecimento e da admiração dos soldados. Seus exércitos são os primeiros da história moderna, exércitos cuja força motriz reside unicamente no crédito pessoal de seu líder. Exemplo brilhante disso é a vida de Francesco Sforza. Nela, não estão presentes quaisquer preconceitos de casta que o tivessem podido impedir de conquistar popularidade individualíssima junto a to-

---

* Teriam os venezianos envenenado também Alvino, em 1516? Seriam corretos os motivos alegados para tanto? A República fez-se a si própria herdeira de Colleoni, confiscando-lhe formalmente os bens após a sua morte, em 1475. Ela apreciava que os condottieri investissem seu dinheiro em Veneza.

dos aqueles com quem travou contato e, em momentos difíceis, fazer uso apropriado desta. Casos houve de inimigos deporem as armas ante o seu olhar e, de peito aberto, saudarem-no respeitosamente, porque todos o tinham como "pai dos guerreiros". O interesse especial que nos proporcionam os Sforza reside no fato de que neles nos julgamos capazes de ver transluzir, desde o início, o empenho por um principado. A grande fertilidade dessa família constituiu o fundamento de seu êxito. Já o bastante famoso pai de Francesco, Giacomo, tinha vinte irmãos, todos criados de maneira rude em Cotignola, perto de Faenza, sob o signo de uma daquelas infindáveis *vendette* da Romanha, entre a sua própria família e a dos Pasolini. A casa inteira era um verdadeiro arsenal e posto de guarda — mãe e filhas dotadas também de absoluta belicosidade. Aos treze anos, Giacomo cavalga secretamente de sua casa até Panicale, em busca de Boldrino, o condottiere do papa — o mesmo que, embora morto, prosseguiu liderando suas tropas: a palavra de ordem provinha de uma tenda rodeada de bandeiras na qual seu cadáver jazeu embalsamado até que se encontrasse um sucessor digno. Tornando-se pouco a pouco conhecido por serviços diversos, Giacomo também trouxe seus parentes para perto de si, desfrutando por intermédio destes das mesmas vantagens que uma numerosa dinastia confere a um príncipe. São esses parentes que mantêm o exército unido enquanto Giacomo jaz cativo em Castel dell'Uovo, em Nápoles. Com as próprias mãos, sua irmã faz prisioneiros os enviados reais, salvando-o da morte com essa penhora. Que Giacomo fosse extremamente confiável em matéria de dinheiro, por isso encontrando crédito junto aos banqueiros mesmo após suas derrotas; que, por toda parte, protegesse os camponeses contra a licenciosidade dos soldados e não apreciasse a destruição de cidades conquistadas; sobretudo, porém, que casasse sua notável concubina, Lucia (a mãe de Francesco), com outro, para permanecer disponível a um vínculo matrimonial principesco — todos esses fatos, enfim, constituem já indícios da extensão e envergadura de seus propósitos. Da mesma forma, os casamentos de seus parentes obedeceram a um plano determinado. Giacomo manteve-se distante da impiedade e da vida dissoluta de seus colegas. Os três ensinamentos com os quais lançou Francesco ao mundo advertem-no de que não toque em mulher alheia, não bata em nenhum de seus homens — ou, se o fizer, que o mande para bem longe — e, por fim, que não cavalgue cavalo duro de boca, e tampouco cavalo que perde facilmente a ferradura. Acima de tudo, Giacomo possuía a personalidade, se não de um grande comandante, por certo de um grande soldado; possuía ainda um corpo portentoso e muito bem treinado, um rosto popular de camponês e memória digna de admiração, pois sabia e era capaz de dizer, passados muitos anos, quais soldados tinha, os cavalos que estes tinham e o soldo que lhes pagava. Sua formação era exclusivamente italiana; empregava, porém, todo o seu tempo ocioso no aprendizado da história e mandava traduzir autores gregos e latinos para uso pessoal. Desde o princípio, seu filho Francesco, ainda mais famoso que ele, teve sua ambição claramente voltada para um grande poderio, e acabou por obter para si a poderosa Milão (1447-50), graças a uma brilhante condução de seu exército e a uma disposição para a traição que desconhecia hesitações.

O exemplo de Francesco revelou-se sedutor. Por essa época, Enéias Sílvio escreveu [*De dictis et factis Alphonsi*]: "Em nossa Itália, sequiosa por transformações, onde nada é sólido e nenhuma dinastia antiga existe, servos podem facilmente tornar-se reis". Um homem, porém, que se autodenominava "o homem da fortuna", ocupava, mais do que qualquer outro, a fantasia de toda a Itália: Giacomo Piccinino, o filho de Niccolò. Se também ele lograria fundar um principado, era uma questão aberta e palpitante. Os Estados de maior porte tinham evidente interesse em impedi-lo, e mesmo Francesco Sforza julgava vantajoso que a série de comandantes mercenários tornados soberanos terminasse nele próprio. Entretanto, as tropas e chefes lançados contra Piccinino quando este, por exemplo, pretendeu tomar Siena, reconheceram ser de seu próprio interesse preservá-lo [Pio II, *Comentários*]: "Se ele se for, nós teremos provavelmente de voltar a lavrar a terra". Assim, ao mesmo tempo que o mantinham cercado em Orbetello, guarneciam-no também de provisões, de modo que Piccinino escapou honrosamente do apuro. Mas não escapou definitivamente de seu destino. Toda a Itália apostava o que iria acontecer quando, após uma visita aos Sforza em Milão, ele viajou para Nápoles, ao encontro do rei Ferrante (1465). A despeito de todas as garantias e alianças solenes, o rei mandou assassiná-lo em Castel Nuovo. Mesmo aqueles condottieri que eram possuidores de Estados herdados jamais se sentiram seguros; quando, em um mesmo dia, Roberto Malatesta e Frederico de Urbino morreram (1482) — aquele em Roma, este em Bolonha —, revelou-se que, ao morrer, cada um deles recomendara seu Estado aos cuidados do outro! Contra uma categoria de pessoas que tanto se permitia, tudo parecia permitido. Ainda bem jovem, Francesco Sforza casara-se com uma rica herdeira calabresa — Polissena Ruffa, condessa de Montalto — que lhe gerou uma filhinha; uma tia envenenou esposa e filha, obtendo a herança para si.

Da queda de Piccinino em diante, o surgimento de novos Estados governados por condottieri passou a ser manifestamente considerado um escândalo que não mais deveria ser tolerado; os quatro "grandes Estados" — Nápoles, Milão, a Igreja e Veneza — pareciam constituir um sistema em equilíbrio que não mais admitia perturbações dessa ordem. No Estado pontifício, onde pululavam pequenos tiranos, parte dos quais havia sido ou era ainda condottiere, os nepotes apoderaram-se do monopólio sobre tais empreitadas a partir de Sisto IV. Bastava, contudo, alguma oscilação no estado de coisas para que também os condottieri se fizessem novamente presentes. Certa feita, por ocasião do lastimável reinado de Inocêncio VIII, faltou pouco para que um certo Boccalino, outrora capitão a serviço de Borgonha, se entregasse aos turcos, juntamente com a cidade de Osimo, que tomara para si; para felicidade geral, e graças à intermediação de Lourenço, o Magnífico, o ex-capitão contentou-se com uma soma em dinheiro, retirando-se de cena. No ano de 1495, quando a guerra de Carlos VIII abalava toda a Itália, Vidovero, um condottiere de Brescia, pôs-se a testar suas forças; havia já tomado a cidade de Cesena, valendo-se do assassinato de vários nobres e cidadãos, mas o castelo resistiu, obrigando-o a partir; agora, acompanhado de uma tropa que lhe fora cedida por outro patife malvado — Pandolfo Malatesta de Rimini, filho do já mencionado Roberto, condottiere veneziano —, tomava do arcebispo de Ravena a cidade de Castelnuovo. Os venezianos, temendo estrago ainda maior e, além disso, pressionados pelo papa, ordenaram "amigavelmente" a Pandolfo que, na primeira oportunidade, prendesse seu bom amigo; foi o que este fez, ainda que "pesarosamente", seguindo-se, então, a ordem para que o executasse na forca. Pandolfo teve a consideração de, primeiro, estrangulá-lo na prisão para, então, exibi-lo ao povo. O último e mais significativo exemplo de tais usurpações, oferece-nos o famoso Castellan de Musso, que, por ocasião da confusão reinante no Milanês após a batalha de Pavia (1525), improvisou sua soberania às margens do lago de Como.

AS TIRANIAS MENORES

De um modo geral, pode-se dizer acerca dos déspotas do século XV que seus piores feitos acumularam-se sobretudo nos Estados mais minúsculos. Nestes, era natural que numerosas famílias, cujos membros desejavam todos eles viver de acordo com sua posição, se vissem às voltas com querelas relativas à questão da herança. Bernardo Varano, de Camerino, deu cabo de dois irmãos porque seus próprios filhos queriam ser agraciados com a herança deles. Onde quer que um mero soberano de uma cidade se distinga por um governo pragmático, moderado, não sangrento e, ao mesmo tempo, pela dedicação à cultura, será ele, em regra, um soberano pertencente a uma grande casa, ou dependente da política desta. Semelhante tipo foi, por exemplo, Alessandro Sforza (morto em 1473), príncipe de Pesaro, irmão do grande Francesco e sogro de Frederico de Urbino. Após uma longa vida de guerras, Alessandro — bom administrador, regente justo e acessível — desfrutou de um governo tranqüilo, reunindo uma biblioteca magnífica e empregando seus momentos de lazer em conversas eruditas e religiosas. Pode-se incluir nessa categoria também Giovanni II Bentivoglio (1462-1506), de Bolonha, cuja política era determinada pela dos Este e dos Sforza. Em contraposição a ambos, que selvageria sangrenta encontramos nas casas dos Varano, de Camerino, dos Malatesta, de Rimini, dos Manfreddi, de Faenza, e sobretudo dos Baglioni, de Perugia! Sobre os acontecimentos que se desenrolaram nesta última casa por volta do fim do século XV, dispomos de fontes históricas primorosas — as crônicas de Graziani e de Matarazzo —, que deles nos informam com particular clareza.

Os Baglioni compunham uma daquelas casas cuja dominação não desenvolvera a estrutura de um principado formal, constituindo antes um primado municipal que repousava sobre uma grande riqueza familiar e uma efetiva influência na distribuição dos cargos públicos. No interior da família, reconhecia-se um chefe supremo; reinava, contudo, um ódio profundo e recôndito entre os membros de seus diversos ramos. Uma facção aristocrática rival, sob a liderança da família Oddi, fazia oposição aos Baglioni. O conflito acabou em armas (por volta de 1487), e todas as casas dos grandes fizeram-se repletas de *bravi*; atos de violência sucediam-se diariamente; por ocasião do funeral de um estudante alemão assassinado, duas faculdades puseram-se em armas, uma contra a outra, e, por vezes, os *bravi* de diferentes casas travavam seus combates até mesmo em plena praça. Mercadores e artesãos queixavam-se inutilmente; governadores e nepotes enviados pelo papa silenciavam ou logo deixavam a cidade. Por fim, os Oddi são obrigados a sair de Perugia, e a cidade transforma-se, então, em uma fortaleza sitiada sob o domínio despótico absoluto dos Baglioni, aos quais até mesmo a catedral tem de servir como caserna. Conspirações e ataques de surpresa são punidos com vingança medonha; após 130 intrusos terem sido já trucidados e enforcados junto ao palácio estatal (em 1491), 35 altares foram erigidos na praça e, ao longo de três dias, missas e procissões tiveram lugar, para remover a maldição que pesava sobre o local. Um nepote de Inocêncio VIII foi apunhalado na rua, em plena luz do dia; outro, de Alexandre VI, enviado para apaziguar os ânimos, não colheu mais do que franco escárnio. Guido e Ridolfo, os dois chefes da casa reinante, mantinham, para tanto, freqüentes conversações com a freira dominicana soror Colomba de Rieti, tida por santa e milagrosa, que, ameaçando-os com uma grande desgraça futura, aconselhou-os à paz — em vão, naturalmente. Ainda assim, o cronista aproveita o ensejo para chamar a atenção para a devoção e religiosidade dos melhores perugianos naqueles anos de terror. Enquanto Carlos VIII se aproximava (1494), os Baglioni e os banidos acampados em Assis e ao redor da cidade travavam uma guerra de tal natureza que todas as edificações do vale fizeram-se ao chão; os campos jaziam incultos, os camponeses degeneraram-se em ladrões e assassinos temerários, cervos e lobos povoaram o vicejante matagal, os últimos deliciando-se com os corpos dos tombados, com "carne de cristãos". Quando Alexandre VI, diante de Carlos VIII, que retornava de Milão (1495), fugiu para a Úmbria, ocorreu-lhe, em Perugia, que poderia se livrar para sempre dos Baglioni; sugeriu a Guido uma festa qualquer, um torneio ou algo semelhante, onde pudesse tê-los todos reunidos num mesmo lugar, mas Guido era da opinião de que "o mais belo dos espetáculos seria ver toda a força militar de Perugia armada e reunida", ao que o papa pôs de lado seu plano. Logo depois, os banidos lançaram-se a um novo ataque, vencido pelos Baglioni unicamente em função de sua personalíssima disposição heróica. Nessa ocasião, Simonetto Baglioni, então aos dezoito anos, defendendo-se na praça com uns poucos homens contra centenas de inimigos, tombou com mais de vinte ferimentos, mas, ajudado por Astorre Baglioni, que viera em seu auxílio, alçou-se novamente ao seu cavalo e, vestindo sua dourada armadura de ferro com um falcão a adornar-lhe o elmo, "lançou-se ao combate — em aspecto e em feitos comparável a Marte". Naquela época, aos doze anos de idade, Rafael fazia ainda seus estudos com o mestre Pietro Perugino. Impressões daqueles dias talvez tenham se imortalizado em seus primeiros e pequenos quadros retratando são Jorge e são Miguel, e, se Astorre Baglioni encontrou em alguma parte a sua glorificação, encontrou-a na figura do cavaleiro celestial do *Eliodoro*.

Os adversários dos Baglioni haviam em parte morrido, em parte fugido em pânico, incapazes, dali em diante, de novos ataques. Passado algum tempo, foi-lhes concedida uma reconciliação parcial e a possibilidade do retorno. Perugia, porém, não se tornou mais segura, nem mais tranqüila; a discórdia no interior da casa reinante rompeu, então, em atos terríveis. Em oposição a Guido, Ridolfo e seus filhos — Gianpaolo, Simonetto, Astorre, Gismondo, Gentile, Marcantonio e outros mais —, uniram-se dois sobrinhos em segundo grau: Grifone e Carlo Barciglia, este último, sobrinho também do príncipe Varano, de Camerino, e cunhado de um dos banidos de outrora, Jeronimo della Penna. Em vão, Simonetto, munido de maus pressentimentos, pediu de joelhos ao tio que o deixasse matar Penna: Guido negou-lhe a permissão. Subitamente, em meados do verão de 1500, a conspiração tomou forma, por ocasião do casamento de Astorre com Lavinia Colonna. As festividades tiveram início e se estenderam por alguns dias sob lúgubres presságios, cuja escalada encontra-se primorosamente descrita em Matarazzo. Varano, presente, transformou-os em realidade de maneira diabólica, iludindo Grifone com a perspectiva da soberania absoluta e com um imaginário relacionamento entre sua esposa, Zenobia, e Gianpaolo; por fim, distribuiu-se a cada conspirador sua vítima específica. (Os Baglioni moravam em casas separadas, a maior parte delas localizada onde hoje se encontra o castelo.) Dotou-se cada um de quinze dos *bravi* disponíveis, o restante ficando encarregado da guarda. Na noite de 15 de julho, as portas foram arrombadas e Guido, Astorre, Simonetto e Gismondo foram executados; os demais conseguiram escapar.

Ao ver jazer na rua o corpo de Astorre ao lado do de Simonetto, os espectadores, "sobretudo os estudantes estrangeiros", compararam-no ao de um antigo romano, tão digna e grandiosa era a vista; em Simonetto, viram ainda a audácia obstinada, como se mesmo a morte não o tivesse domado. Os vitoriosos, desejosos de recomendarem-se a si próprios, puseram-se a circular entre os amigos da família, encontrando-os, porém, todos em lágrimas, ocupados com os preparativos da partida para suas terras no campo. Fora de Perugia, contudo, os Baglioni que haviam logrado escapar reuniram homens e, no dia seguinte — Gianpaolo à frente —, penetravam na cidade, onde novos partidários, pessoas ameaçadas de morte por Barciglia, rapidamente se juntaram a eles; quando, junto a Santo Ercolano, Grifone caiu-lhe nas mãos, Gianpaolo deixou a seus homens a incumbência de matá-lo; Barciglia e Penna, no entanto, fugiram para Camerino, ao encontro do principal instigador da desgraça, Varano; num átimo, quase sem perdas, Gianpaolo era o soberano da cidade.

Atalanta, a ainda bela e jovem mãe de Grifone — que, juntamente com a esposa deste último, Zenobia, e dois filhos de Gianpaolo, se retirara para o campo no dia anterior e que, mais de uma vez, repelira o filho com uma maldição —, veio, então, acompanhada da nora, à procura do filho moribundo. Diante das duas mulheres, todos abriam passagem; ninguém desejava ser reconhecido como aquele que teria apunhalado Grifone, para não atrair para si a maldição da mãe. Enganavam-se, contudo; ela própria suplicou ao filho que perdoasse aquele que lhe desferira o golpe mortal, e Grifone expirou, então, sob suas bênçãos. Respeitosas, as pessoas seguiam com os olhos as duas mulheres a atravessar a praça com seus vestidos ensangüentados. Foi para essa Atalanta que, mais tarde, Rafael pintou o seu mundialmente famoso *Sepultamento*. Assim, ela depositou seu próprio sofrimento aos pés da mais elevada e sagrada dor materna.

A catedral, que assistira em suas proximidades a toda essa tragédia, foi lavada com vinho e novamente consagrada. O arco do triunfo, erigido para o casamento, permaneceu ainda em pé, adornado com os feitos de Astorre e os versos de louvor daquele que nos narra todo esse episódio: o bom Matarazzo.

Na qualidade de mero reflexo desse horror, teve origem

toda uma legendária pré-história dos Baglioni, segundo a qual os membros dessa casa teriam tido, desde sempre, uma morte terrível; 27 deles haviam, certa feita, morrido de uma só vez; no passado suas casas tinham sido demolidas, os tijolos utilizados para pavimentar as ruas, e assim por diante. Sob Paulo III teve lugar, então, verdadeiramente, a demolição de seus palácios.

Por algum tempo, porém, os Baglioni parecem ter tomado decisões benéficas, estabelecendo a ordem entre seus próprios partidários e protegendo os funcionários municipais contra os malfeitores da nobreza. Mais tarde, contudo, a maldição de fato irrompe novamente, feito um incêndio apenas aparentemente debelado. Em 1520, sob Leão X, Gianpaolo foi atraído a Roma e decapitado. Um de seus filhos, Oragio, que tomou Perugia, mas apenas temporariamente e sob circunstâncias as mais violentas (como partidário do duque de Urbino, igualmente ameaçado pelos papas), assolou ainda uma vez medonhamente a própria casa. Um tio e três primos seus foram assassinados, ao que o duque lhe mandou dizer um basta. Seu irmão, Malatesta Baglioni, é o general florentino tornado imortal pela traição de 1530, e o filho deste, Ridolfo, aquele último representante da casa que, em 1534, tendo assassinado o legado e os funcionários municipais perugianos, exerceu seu breve mas terrível domínio sobre a cidade.

Voltaremos, aqui e ali, a nos encontrar com os déspotas de Rimini. Disposição criminosa, impiedade, talento bélico e elevada formação raramente se apresentaram reunidos em um único homem como em Sigismondo Malatesta (morto em 1467). Onde, porém, os crimes se acumulam, como ocorreu nessa casa, eles se sobrepõem até mesmo ao talento, arrastando os tiranos para o abismo. O já citado Pandolfo, neto de Sigismondo, manteve-se firme apenas porque Veneza, a despeito de todos os crimes, não desejava a queda de seu condottiere. Embora maculado pelo fratricídio e por toda sorte de atrocidades, quando seus súditos, munidos de razões suficientes para tanto, bombardearam-lhe o castelo em Rimini (1497), deixando-o escapar, um comissário veneziano trouxe Pandolfo de volta. Três decênios mais tarde, os Malatesta eram pobres banidos. Os anos em torno de 1527 representaram, como os de César Borgia, uma epidemia para essas pequenas dinastias; pouquíssimas sobreviveram, e sequer se pode dizer que para o seu bem. Em 1533, encontrava-se em Mirandola, dominada por pequenos príncipes da casa dos Pico, um pobre erudito, Lilio Gregorio Giraldi, que se refugiara da devastação de Roma junto ao calor hospitaleiro do já bastante idoso Giovanni Francesco Pico (sobrinho do célebre Giovanni). De suas conversas com o príncipe acerca do túmulo que este queria mandar erigir para si, teve origem um tratado cuja dedicatória data de abril daquele mesmo ano. Quão melancólico soa o pós-escrito: "Em outubro desse mesmo ano o desafortunado príncipe foi privado de sua vida e trono por um assassinato noturno de autoria do filho de seu irmão; tendo eu próprio escapado por um triz, vivo hoje na mais profunda miséria".

Não vale a pena examinar mais de perto uma semitirania desprovida de caráter como a exercida por Pandolfo Petrucci, a partir da década de 1490, em uma Siena dilacerada por facções diversas. Insignificante e malévolo, ele governou com o auxílio de um professor de direito e de um astrólogo, vez por outra espalhando o terror por meio de assassinatos. Sua diversão de verão era fazer rolar blocos de pedra pelo monte Amiata, sem se importar com o que ou quem eles atingiam. Após ter obtido sucesso onde os mais sagazes colheram apenas insucessos — Pandolfo escapou às perfídias de César Borgia —, morreu abandonado e desprezado. Seus filhos, entretanto, mantiveram ainda longamente uma espécie de semi-soberania.

AS DINASTIAS MAIORES

Dentre as dinastias mais importantes, cumpre examinar separadamente a dos aragoneses. O regime feudal que ali perdura desde a época dos normandos, sob a forma de uma suserania dos barões, empresta já a seu Estado uma coloração singular, visto que no restante da Itália — excetuando-se a porção meridional do Estado pontifício e outras poucas regiões — vigora já, quase exclusivamente, a pura e simples propriedade fundiária, e o Estado não mais admite a hereditariedade de poderes. O grande Afonso (morto em 1458), que desde 1435 se apossara de Nápoles, revela natureza distinta da de seus descendentes, reais ou supostos. Brilhante em toda a sua existência, destemido no contato direto com seu povo, dotado de grandiosa amabilidade no convívio com as pessoas e não recriminado nem mesmo por sua tardia paixão por Lucrezia d'Alagna — que, ao contrário, granjeou-lhe admiração —, Afonso possuía o solitário defeito da prodigalidade, deste decorrendo as inevitáveis conseqüências. De início, criminosos encarregados das finanças tornaram-se todo-poderosos, até que o rei, levado à bancarrota, roubou-lhes de sua fortuna. Como pretexto para tributar o clero, pregou-se uma cruzada e, por ocasião de um grande terremoto nos Abruzos, os sobreviventes foram obrigados a seguir pagando tributos pelos mortos. Sob tais condições, Afonso foi o mais esplendoroso anfitrião de convidados ilustres de seu tempo, feliz com a infindável gastança que beneficiava todos, inclusive seus inimigos. Para empreendimentos literários, ele desconhecia qualquer medida, tanto assim que Poggio recebeu quinhentas moedas de ouro pela tradução para o latim da *Ciropedia*, de Xenofonte.

Ferrante, que o sucedeu, era tido por seu bastardo com uma dama espanhola, mas é bem possível que tenha sido gerado por uma marrana de Valência. O que quer que o tenha feito sombrio e cruel — seu próprio sangue ou as conjuras dos barões a ameaçar-lhe a existência—, Ferrante é o mais terrível dentre os príncipes seus contemporâneos. Incansavelmente ativo, reconhecido como uma das mais poderosas cabeças políticas de seu tempo e sem ser libertino, ele concentrava todas as suas forças na aniquilação de seus opositores, inclusive a força da memória, que nada perdoava, e a de uma profunda capacidade de simulação. Ultrajado de todas as formas que um príncipe pode sê-lo, visto que os chefes dos barões, embora seus parentes, aliavam-se a todos os seus inimigos externos, Ferrante habituou-se ao extraordinário como se se tratasse de algo cotidiano. A provisão dos meios para a luta contra os barões e para suas guerras externas ficou novamente a cargo daquele artifício maometano já empregado outrora por Frederico II: o comércio de óleo e grãos era feito exclusivamente pelo governo. A totalidade do comércio, aliás, Ferrante a centralizara nas mãos de um grande mercador, Francesco Coppola, que com ele dividia os lucros e pôs a seu serviço todos os armadores; empréstimos compulsórios, execuções e confisco, simonia escancarada e espoliação das corporações eclesiásticas proveram o restante. Além de caçar, atividade que praticava de maneira inescrupulosa, Ferrante permitia-se ainda duas outras formas de prazer: ter próximos de si seus adversários — vivos, em cárceres bem vigiados, ou mortos e embalsamados, trajando as vestes que carregavam em vida. Ria-se furtivamente ao falar dos prisioneiros a seus confidentes; nem sequer fazia segredo de sua coleção de múmias. Suas vítimas eram quase exclusivamente homens dos quais se apoderava por meio da traição, até mesmo à mesa real. Absolutamente infernal foi sua conduta para com o primeiro-ministro Antonello Petrucci, que, a seu serviço, tornara-se taciturno e doente; Ferrante recolhia continuamente as prendas que este, em decorrência de um crescente medo da morte, lhe oferecia, até que, por fim, uma aparente participação do ministro na derradeira conspiração dos barões deu a Ferrante o pretexto para prendê-lo e executá-lo, juntamente com Coppola. A maneira pela qual tudo isso encontra-se descrito em Caracciolo e em Porzio é de deixar os cabelos em pé.

Dos filhos do rei, o primogênito desfrutou uma espécie de co-governo, mais para o final do reinado do pai. Trata-se de Afonso, duque da Calábria, um libertino selvagem e atroz que tinha sobre o pai a vantagem de uma franqueza maior, não se intimidando em demonstrar às claras o desprezo que sentia pela religião e suas práticas. Não se há de procurar nesses príncipes os traços mais nobres e vívidos da tirania da época; o que eles tomam para si da cultura e da arte de outrora serve ao luxo e à ostentação. Até os espanhóis genuínos mostram-se na Itália quase sempre degenerados. Mas é sobretudo o ocaso dessa casa de marranos (1494 e 1503) que exibe visível falta de estirpe. Ferrante morre em decorrência de suas preocupações e tormentos interiores; Afonso alimenta a suspeita de traição por parte de seu próprio irmão Federigo, a única boa alma da família, ultrajando-o da maneira mais indigna; por fim, desnorteado, foge para a Sicília — ele, que até então era tido como um dos mais competentes comandantes da Itália —, deixando o filho, o jovem Ferrante, como presa dos franceses e da traição generalizada. Uma dinastia que governava dessa maneira teria, no mínimo, de ter cobrado mais caro pela própria vida, caso seus filhos e descendentes pretendessem alimentar esperanças de uma futura restauração. Contudo, como afirma Comines, decerto com alguma parcialidade, mas, de uma forma geral, com correção, "jamais homme cruel ne fut hardi" [um homem cruel nunca é audaz].

No espírito do século XV, é nos duques de Milão que o principado se apresenta sob forma genuinamente italiana, duques cujo governo constitui já, desde Giovanni Galeazzo, uma monarquia absoluta plenamente desenvolvida. Sobretudo o último Visconti, Filippo Maria (1412-47), compõe uma personalidade altamente notável e, felizmente, retratada com primor [Petri Candidi Decembrii, *Vita Phil. Mariae Vicecomitis*, in Muratori, v. XX]. Nele, verifica-se com precisão matemática, poder-se-ia dizer, o que o medo pode fazer de um homem dotado de consideráveis habilidades e situado em posição elevada. Meios e fins do Estado concentram-se todos na garantia a sua pessoa, mas, ainda assim, seu extremo egoísmo não se converteu em sede de sangue. Encerrado no castelo de Milão, cercado, pois, dos mais magníficos jardins, pérgulas e parques, ele ali permanece anos a fio sem sequer pisar na cidade, realizando excursões apenas para o campo, onde se localizam seus suntuosos castelos. A flotilha que, puxada por cavalos velozes, para lá o conduz por canais construídos especificamente para esse fim, foi arranjada de modo a permitir a aplicação de todas as regras da etiqueta. Quem adentrava o castelo era observado por centenas de olhos; ninguém deveria postar-se junto à janela, de modo a impedir que se acenasse para fora. Um sistema de provas rigorosamente planejado era aplicado àqueles que deveriam ser admitidos ao convívio pessoal do príncipe; a estes ele confiava, então, tanto as mais elevadas missões diplomáticas quanto tarefas ordinárias, uma vez que ambos os serviços eram ali igualmente honrosos. E, no entanto, esse mesmo homem conduziu longas e difíceis guerras e teve incessantemente de dotar seus enviados de plenos e abrangentes poderes. Sua segurança assentava no fato de que nenhum de seus homens confiava em quem quer que fosse, além do que seus condottieri, bem como os intermediários e altos funcionários, eram mantidos distantes um do outro e confusos — os primeiros, vigiados por espiões, os últimos, vítimas da discórdia engenhosamente alimentada, mais exatamente mediante a associação de um homem honesto a um patife. Mesmo em seu íntimo, Filippo Maria procura proteção em duas visões de mundo opostas: ao mesmo tempo que crê nos astros e na necessidade cega, ora também para todos os santos salvadores; lê autores da Antiguidade e romances franceses de cavalaria. E, por fim, esse mesmo homem — que jamais admitia menção à morte em sua presença e mandava retirar do castelo até mesmo seus favoritos, se moribundos, para que sombra alguma pairasse sobre a sorte de seus habitantes — apressou deliberadamente a própria morte quando, ao fechar-se-lhe uma ferida, ele se recusou a se submeter a uma sangria, perecendo com garbo e dignidade.

Seu genro e herdeiro, o afortunado condottiere Francesco Sforza (1450-66), foi, talvez, de todos os italianos, o homem que em maior grau correspondeu ao coração de sua época, o século XV. Em nenhum outro manifestou-se com maior brilho o triunfo do gênio e da força do indivíduo, e mesmo aqueles que não se mostravam dispostos a reconhecê-lo tiveram, ainda assim, de admirar nele o preferido da fortuna. Milão recebeu evidentemente como uma honra o fato de dispor ao menos de tão célebre soberano; afinal, por ocasião de sua entrada na cidade, a espessa multidão conduziu-o a cavalo até o interior da catedral, não permitindo sequer que desmontasse. Ouçamos o balanço de sua vida, conforme o avalia o papa Pio II, um especialista nessas questões [Pio II, *Comentários*]:

> No ano de 1459, quando o duque veio a Mântua para o congresso dos príncipes, contava ele sessenta (na verdade, 58) anos de idade; montado em seu cavalo, ele se assemelhava a um jovem; figura alta e extremamente imponente, de traços graves, calmo e afável ao falar, principesco no conjunto de sua conduta, sem-par em nosso tempo em sua aptidão física e intelectual e invicto no campo de batalha — foi esse homem que ascendeu de uma posição inferior ao governo de um império. Sua esposa era bela e virtuosa; seus filhos, graciosos como anjos celestiais; doenças, raras vezes as conheceu: todos os seus desejos essenciais foram atendidos. Não obstante, também ele conheceu alguma desventura. Por ciúme, sua esposa matou-lhe a amante; Troilo e Brunoro, seus amigos e companheiros nas armas, abandonaram-no, passando-se para o lado do rei Afonso; um outro, Ciarpollone, teve ele de mandar enforcar por traição; teve ainda de ver o próprio irmão instigando contra ele os franceses; um de seus filhos tramou intrigas contra o pai e foi preso; as fronteiras de Ancona, que conquistara pela guerra, veio a perdê-las do mesmo modo. Ninguém desfruta de felicidade tão imaculada que não tenha alguma vez de lutar contra instabilidades. Feliz daquele que enfrenta poucas adversidades.

Com essa definição negativa de felicidade, o sábio papa abandona seu leitor. Tivesse ele podido lançar um olhar para o futuro, ou ainda, porventura, pretendido explicar ao menos as conseqüências de um poder principesco absolutamente ilimitado, não lhe teria escapado uma patente constatação: a ausência de garantias no tocante à própria família. Aqueles filhos de beleza angelical e, mais do que isso, de uma formação cuidadosa e multifacetada, ao se tornarem homens maduros, sucumbiram à completa degeneração do egoísmo desmedido. Galeazzo Maria (1466-76), um virtuose das aparências, tinha orgulho de suas belas mãos, dos altos soldos que pagava, do crédito de que desfrutava, de seu tesouro de 2 milhões de moedas de ouro, das renomadas personalidades que o circundavam, do exército e da falcoaria que mantinha. Tinha prazer em se ouvir falando, porque falava bem e, talvez, com a máxima fluência quando tinha oportunidade de insultar, por exemplo, um emissário veneziano. Vez por outra, tinha também caprichos, como o de mandar pintar, em uma única noite, um aposento inteiro com figuras; cometeu atrocidades medonhas contra pessoas que lhe eram próximas, além de excessos levianos. A alguns entusiastas, pareceu possuir todas as qualidades de um tirano; eles o mataram, entregando assim o Estado nas mãos de seus irmãos, um dos quais — Ludovico, o Mouro —, posteriormente, preterindo o sobrinho aprisionado, arrebatou para si o governo. É dessa usurpação que decorre, em seguida, a intervenção dos franceses e o infortúnio de toda a Itália. Ludovico é, porém, o mais perfeito caráter principesco do período, o que o faz parecer um produto da natureza ao qual não se é inteiramente capaz de condenar. Em que pese a profunda imoralidade de seus meios, ele se mostra totalmente ingênuo na sua aplicação; teria, provavelmente, ficado bastante surpreso se alguém tivesse pretendido tornar-lhe compreensível a existência de uma responsabilidade moral não apenas no tocante aos fins, mas também no que diz respeito aos meios; teria mesmo, talvez, querido fazer valer o pouco uso que, na medida do possível, fez da sentença de morte como uma virtude muito especial. O respeito semimítico dos italianos por sua capacidade política, ele o aceitava como um merecido tributo; ainda em 1496, Ludovico gabava-se de ter o papa Alexandre como seu capelão, o imperador Max como seu *condottiere*, Veneza como seu camarista, e o rei da França como seu mensageiro, obrigado a ir e vir conforme lhe aprouvesse. Demonstrando uma espantosa capacidade de reflexão, ele pondera ainda, em face da mais premente necessidade (1499), as possíveis saídas, fiando-se enfim, para sua honra, na bondade da natureza humana. Repele o irmão, o cardeal Ascanio, que se prontifica a permanecer no castelo de Milão, em razão de amargas querelas do passado: "*Monsignore*, não levai a mal, mas não confio em vós, ainda que sejais meu irmão". Havia já escolhido um comandante para seu castelo, uma "garantia de seu regresso", um homem a quem jamais fizera o mal, somente o bem, e que, não obstante, entregaria o castelo em seguida.

No plano interno, Ludovico esforçou-se por realizar uma administração boa e proveitosa, contando sempre com sua popularidade não só em Milão como também em Como. A partir de 1496, entretanto, sobrecarregara em demasia a capacidade tributária de seu Estado, e, em Cremona, por exemplo, mandara enforcar em segredo e por pura conveniência um cidadão respeitado que se manifestara contra os novos impostos. A partir de então, nas audiências que concedia, passou a manter as pessoas afastadas de si por uma barra, de modo que estas precisavam falar bem alto para poder tratar com ele seus assuntos. Em sua corte — a mais esplendorosa da Europa, uma vez que a de Borgonha não mais existia —, grassava extrema imoralidade: o pai entregava a filha; o marido, a esposa; o irmão, a irmã. O príncipe, porém, permaneceu sempre ativo e, como cria de seus feitos, via-se aparentado àqueles que viviam igualmente de seus próprios recursos intelectuais: os eruditos, literatos, músicos e artistas. A academia fundada por Ludovico existe, antes de mais nada, em função dele próprio, e não da formação de discípulos; o príncipe tampouco necessita da glória daqueles que o cercam, mas sim de sua proximidade e de suas realizações. É certo que Bramante foi, de início, parcamente remunerado; Leonardo, no entanto, o foi à altura até 1496 — e o que, afinal, o prendeu a essa corte, senão a vontade própria? O mundo estava aberto para ele como talvez para nenhum outro mortal à sua época, e se algo corrobora a presença viva de um elemento superior na natureza de Ludovico, o Mouro, esse algo é a longa permanência do enigmático mestre em sua proximidade. Se, mais tarde, Leonardo serviu a César Borgia e Francisco I, terá também neles apreciado a natureza extraordinária.

Dos filhos de Ludovico, mal educados por estranhos após a sua queda, o mais velho, Maximiliano, já não se parece nem um pouco com o pai. Francisco, o caçula, ao menos não era incapaz de alçar-se a alturas maiores. Milão, que nessa época tantas vezes trocou de mãos, sendo por isso vítima de interminável sofrimento, procura pelo menos garantir-se contra as reações adversas. Em 1512, batendo em retirada diante do exército da Santa Liga e de Maximiliano, os franceses são convencidos a firmar uma declaração inocentando os milaneses de qualquer participação em sua expulsão e autorizando-os a, sem incorrer em crime de rebelião, entregar-se a um novo conquistador. Politicamente, deve-se atentar também para o fato de que, em tais momentos de transição, a desafortunada cidade era vítima constante da pilhagem por bandos de malfeitores (alguns, inclusive, bastante nobres) — precisamente como Nápoles, por exemplo, quando da fuga dos aragoneses.

Na segunda metade do século XV, dois domínios particularmente bem estruturados e representados por príncipes hábeis são o dos Gonzaga, de Mântua, e o dos Montefeltro, de Urbino. Já a vida familiar dos primeiros era relativamente harmoniosa; em seu seio, havia muito tempo que não ocorriam mais quaisquer assassinatos recônditos e eles podiam exibir seus mortos. O marquês Francesco Gonzaga* e sua consorte, Isabella d'Este, permaneceram sempre um casal respeitável e unido, por mais que seu comportamento tenha por vezes revelado certa liberdade de costumes. Criaram filhos notáveis e afortunados em uma época na qual seu Estado, pequeno mas altamente importante, via-se com freqüência à beira dos maiores perigos. Que Francesco, na condição de príncipe e condottiere, viesse a seguir uma política de particular retidão e honestidade, não o teria exigido, ou mesmo esperado, à época nem o imperador, nem os reis da França, nem Veneza. Pelo menos desde a batalha de

---

* Nasceu em 1466; seu noivado com Isabella, que contava então seis anos de idade, ocorreu em 1480; foi sucedido no trono em 1484; casou-se em 1490 e morreu em 1519. Isabella morreu em 1539. Seus filhos: Federigo, 1519-40, feito duque em 1530, e o célebre Ferrante Gonzaga.

Taro (1495), porém, ele se sentia, no tocante à honra militar, um patriota italiano e transmitia esse mesmo sentimento a sua esposa. Esta recebe, a partir de então, cada manifestação de heróica lealdade — como, por exemplo, a defesa de Faenza contra César Borgia — como uma defesa da honra italiana. Nosso juízo a seu respeito não necessita apoiar-se nos artistas e escritores que souberam recompensar fartamente o mecenato da bela princesa; suas próprias cartas já bastam para nos revelar uma mulher de inabalável serenidade, espirituosa e amável em suas observações. Bembo, Bandello, Ariosto e Bernardo Tasso enviaram suas obras para essa corte, ainda que pequena, desprovida de poder e tendo seus cofres amiúde bem vazios. Desde a desagregação da antiga corte de Urbino (1508), não havia mais em parte alguma um círculo social mais refinado do que o de Mântua, decerto suplantando no essencial — a liberdade de movimento — até mesmo a corte de Ferrara. Isabella tinha um conhecimento particularmente apurado da arte: apreciador algum lerá sem emoção o catálogo de sua pequena mas selecionadíssima coleção.

Urbino teve no grande Frederico (1444-82) — tenha ele sido um verdadeiro Montefeltro ou não — um dos mais primorosos de todos os príncipes. Como condottiere, compartilhava da moral política de seus pares — uma característica de que não se pode culpá-los senão parcialmente; como príncipe de seu pequeno território, seguia a política de empregar nele o soldo ganho no exterior, tributando-o o menos possível. Dele, e de ambos os seus sucessores — Guidobaldo e Francesco Maria —, diz-se [F. Vettori, *Archivio storico italiano*, v. VI]: "Erigiram edificações, fomentaram o cultivo da terra, viveram na terra que lhes cabia e deram emprego a muita gente; o povo os amava". Mas não somente o Estado era uma obra de arte bem planejada e organizada: também a corte o era, e, aliás, em todos os sentidos. Frederico sustentava quinhentas pessoas; a estruturação dos cargos em sua corte era tão completa quanto praticamente nenhuma outra nas cortes dos grandes monarcas; nada, porém, era desperdiçado, tudo tinha seu propósito e estava sujeito a rigoroso controle. Ali não se jogava, não se blasfemava nem se bravateava, já que a corte tinha de ser também um estabelecimento de educação militar para os filhos de outros grandes senhores, cuja formação era questão de honra para o duque. O palácio que construiu para si não era o mais suntuoso, mas clássico na perfeição de sua planta; ali, ele acumulou seu maior tesouro: a famosa biblioteca. Como vivesse em uma terra na qual o sustento ou lucro de todos dele provinha e ninguém mendigava, sentia-se totalmente seguro, freqüentemente saindo desarmado e quase desacompanhado; ninguém podia imitá-lo em seus passeios pelos jardins abertos, na refeição frugal feita em salão devassado, enquanto trechos de Lívio lhe eram lidos (ou de livros de orações, durante a quaresma). Após a refeição, numa mesma tarde, ouvia ainda uma preleção acerca de algum tópico relativo à Antiguidade, dirigindo-se, então, ao convento das clarissas, para, através da grade do parlatório, conversar com a madre superiora sobre assuntos religiosos. Ao entardecer, no prado junto a San Francesco, com sua magnífica vista, comandava de bom grado os exercícios físicos dos jovens de sua corte, cuidando para que aprendessem com perfeição os movimentos. Sua permanente aspiração consistia na mais alta afabilidade e acessibilidade possíveis; visitava aqueles que trabalhavam para ele em suas oficinas, concedia freqüentes audiências, atendendo, sempre que possível, no mesmo dia os pedidos que cada um lhe endereçava. Não admira que as pessoas ajoelhassem ao vê-lo passar na rua, exclamando: "Dio ti mantenga, signore!". Os bem pensantes, por sua vez, chamavam-no "a luz da Itália". Seu filho Guidobaldo — de elevadas qualidades, mas perseguido por toda sorte de doenças e infortúnios — pôde afinal entregar o Estado (1508) nas mãos seguras de Francesco Maria — sobrinho de Frederico e nepote do papa Júlio II —, e este, da mesma forma, manter o território a salvo pelo menos de dominação estrangeira permanente. Notável é a segurança com que esses príncipes se curvam e fogem, Guidobaldo diante de César Borgia e Francesco Maria diante das tropas de Leão X; ambos têm consciência de que seu retorno será tanto mais tranqüilo e desejado quanto menos seu território sofrer em razão de uma defesa infrutífera. Se também Ludovico, o Mouro, assim pensava, esqueceu-se, porém, dos muitos outros motivos para o ódio a agir contra ele. A corte de Guidobaldo, enquanto elevada escola da mais refinada sociabilidade, foi imortalizada por Baldassare Castiglione, que diante dela e em sua honra representou a écloga "Tirsi" (1506), mais tarde (1508) situando ainda os diálogos de seu *Cortigiano* em meio ao círculo da erudita duquesa (Elisabetta Gonzaga).

O governo dos Este sobre Ferrara, Modena e Reggio mantém-se, de forma notável, a meio caminho entre a violência e a popularidade. No interior do palácio, acontecimentos terríveis têm lugar; em razão de um suposto adultério com um enteado, uma princesa é decapitada (1425); príncipes legítimos e ilegítimos fogem da corte, sendo ameaçados até mesmo em terra estranha por assassinos enviados em sua perseguição (1471). Acrescentem-se a isso as constantes conjurações externas; o bastardo de um bastardo quer arrebatar o trono de seu único herdeiro legal (Ercole I); mais tarde (1493), terá este último envenenado a própria esposa, após descobrir que ela tencionava envenená-lo — aliás, a mando do irmão, Ferrante, de Nápoles. O fecho dessas tragédias fica a cargo da conspiração de dois bastardos contra seus irmãos, o duque Afonso I, no poder, e o cardeal Ippolito (1506), conspiração esta que é descoberta a tempo e expiada com prisão perpétua.

Nesse Estado, o sistema fiscal é altamente desenvolvido, e tem de sê-lo, já em razão de ser ele o mais ameaçado dentre todos os Estados grandes e médios da Itália, necessitando, pois, no mais alto grau, de armas e fortificações. Contudo, na mesma proporção em que se elevava a capacidade tributária, dever-se-ia também aumentar o nível de bem-estar do território; era desejo expresso do marquês Niccolò (morto em 1441) que seus súditos se tornassem mais ricos do que outros povos. Se o rápido crescimento da população constitui prova do alcance de um real nível de bem-estar, então trata-se de um dado efetivamente importante o fato de que na capital, que se expandira extraordinariamente, não havia mais casas para alugar (1497). Ferrara é a primeira cidade moderna da Europa; ali, a um aceno dos príncipes, surgiram pela primeira vez bairros grandes, de implantação regular; uma população residente agrupou-se ali, graças à concentração na cidade dos funcionários e à atração para ela, por meio de artifícios diversos, de uma indústria; ricos refugiados de toda a Itália, sobretudo florentinos, são levados a ali se fixar e construir seus palácios. A tributação indireta, porém, deve no mínimo ter atingido um nível de desenvolvimento no limite do suportável. Por certo, o príncipe prestava assistência aos desamparados, como o faziam à época outros déspotas italianos, como Galeazzo Maria Sforza, por exemplo. Quando havia fome, mandava trazer de longe cereais, distribuindo-os, ao que parece, gratuitamente; em tempos normais, porém, ressarcia-se por meio do monopólio, se não dos cereais, certamente de muitos outros gêneros alimentícios: carne salgada, peixes, frutos, legumes — os últimos, plantados cuidadosamente nos e junto dos valados de Ferrara. A receita mais importante, contudo, provinha da venda de cargos públicos, cujos titulares eram renovados anualmente — um costume disseminado por toda a Itália, mas de cuja prática em Ferrara estamos mais bem informados. Por ocasião do Ano-Novo, em 1502, por exemplo, consta que a maioria comprou seus cargos a preços salgados (*salati*); funcionários de diversos tipos são mencionados — coletores alfandegários, administradores de territórios (*massari*), notários, *podestà*, juízes e mesmo *capitani* —, ou seja, governadores ducais de cidades de província. Citado entre esses "devoradores de gente" que pagaram caro por seus cargos — e aos quais o povo odeia "mais do que ao diabo" —, encontra-se um Tito Strozzi, oxalá outro que não o célebre poeta. Por essa mesma época do ano, o duque, qualquer que fosse, costumava dar pessoalmente uma volta por

Ferrara — o assim chamado "andar per ventura" —, fazendo-se presentear ao menos pelos súditos mais abastados. A oferenda, porém, não era em dinheiro, mas somente em produtos naturais. O orgulho do duque, entretanto, era que toda a Itália soubesse que, em Ferrara, os soldados recebiam seu soldo e os professores da universidade seu salário sempre em dia; que não se permitia aos soldados tirar proveito arbitrariamente de cidadãos e camponeses; que Ferrara era inexpugnável e que o castelo abrigava uma portentosa soma em moeda. De uma separação dos cofres, não havia qualquer sinal: o ministro das Finanças era, ao mesmo tempo, o ministro responsável pela administração do palácio. Borso (1430-71), Ercole I (até 1505) e Afonso I (até 1534) construíram numerosas edificações, em sua maior parte, porém, de reduzida envergadura, o que aponta para uma casa principesca que, em todo o seu gosto pelo esplendor — Borso jamais aparecia em público sem que estivesse vestido com ouro e jóias —, não deseja entregar-se a dispêndios incalculáveis.* Afonso possivelmente sabia que suas pequenas e graciosas vilas sucumbiriam aos acontecimentos futuros — tanto Belvedere, com seus umbrosos jardins, quanto Montana, com seus belos afrescos e fontes.

É inegável que a situação de perigos constantes a que estavam expostos desenvolveu nesses príncipes uma grande habilidade pessoal. Só um virtuose podia mover-se em meio a uma existência tão artificial, e cada um precisava justificar-se e demonstrar-se merecedor de sua soberania. Suas personalidades possuem aspectos totalmente obscuros, mas em cada um deles havia algo daquilo que compunha para os italianos o ideal. Que príncipe europeu de então dedicou-se tanto à própria formação quanto, por exemplo, Afonso I? A viagem deste à França, Inglaterra e aos Países Baixos foi uma verdadeira viagem de estudos, conferindo-lhe conhecimento mais preciso do comércio e da in-

---

* Embora Borso tenha construído, entre outras coisas, a cartuxa de Ferrara, que, afinal, pode ser considerada uma das mais belas edificações desse tipo da Itália de então.

dústria daqueles países.* É insensato censurar-lhe os trabalhos de tornearia de seus momentos de lazer, pois estes vinculavam-se diretamente a sua maestria na fundição de canhões e a sua maneira isenta de preconceitos de rodear-se dos mestres de cada ofício. Ao contrário dos príncipes do Norte seus contemporâneos, os italianos não estão restritos ao convívio com uma nobreza que se vê a si própria como a única classe do mundo digna de consideração, enredando os príncipes nessa mesma presunção; na Itália, o príncipe pode e deve conhecer a todos e precisar de todos, e, se também ali a nobreza compõe um círculo isolado em função de sua origem, ela se pauta, no convívio social, pelo mérito pessoal e não pelo de casta — assunto de que voltaremos a tratar mais adiante.

A disposição da população de Ferrara em relação a essa casa de soberanos compõe-se da mais notável mistura de um pavor silente, daquele espírito genuinamente italiano da demonstração bem calculada de seus sentimentos e de uma lealdade absolutamente moderna. A admiração pessoal transforma-se num novo senso de dever. Em 1451, a cidade de Ferrara erigiu em sua *piazza* uma estátua eqüestre em bronze em honra do falecido (1441) príncipe Niccolò; Borso não se intimida em colocar, nas proximidades desta, sua própria estátua em bronze (1454), além do que a cidade decretara, logo no princípio de seu governo, a construção de uma "coluna triunfal em mármore" em sua homenagem. Um habitante de Ferrara que, no exterior — em Veneza —, falara mal publicamente de Borso é denunciado ao regressar e condenado pelo juiz ao exílio e a ter seus bens confiscados, sendo inclusive quase morto por um cidadão leal diante do tribunal. Já com a corda no pescoço, ele então se dirige ao duque, implorando perdão total por sua ofensa. Acima de tudo, essa casa principesca encontra-se bem provida de espias, e o du-

---

* A esse respeito, pode-se mencionar também a viagem de Leão X como cardeal. Seu propósito era menos sério, voltado mais para a distração e o conhecimento do mundo, de uma forma geral — no que, aliás, era inteiramente moderno. À época, nenhum habitante do Norte viajava munido unicamente de tais objetivos.

que em pessoa verifica diariamente o informe acerca dos estrangeiros que as hospedarias estão rigorosamente obrigadas a apresentar-lhe. No caso de Borso, poder-se-á ainda vincular tal prática a sua hospitalidade — ele não desejava deixar partir qualquer viajante importante sem antes prestar-lhe as devidas honras —, mas, no que diz respeito a Ercole I, tratava-se pura e simplesmente de uma medida de segurança. Também em Bolonha, à época sob Giovanni II Bentivoglio, cada estrangeiro de passagem tinha de obter um documento ao entrar por um portão da cidade para poder, depois, sair pelo outro.

Altamente popular torna-se o príncipe quando derruba funcionários opressores: quando Borso prende pessoalmente seus principais e mais íntimos conselheiros; quando Ercole I depõe, expondo-o à vergonha, um coletor que por longos anos se locupletara, o povo, alegre, acende fogueiras e faz repicar os sinos. Houve um caso, porém, no qual Ercole permitiu que as coisas fossem longe demais: o de seu chefe de polícia, ou como se queira chamá-lo (*capitano di giustizia*), Gregorio Zampante, de Lucca (sim, pois para postos dessa natureza não eram apropriados os nativos). Diante deste, até mesmo os filhos e irmãos do duque tremiam; as multas que aplicava atingiam sempre a casa das centenas, milhares de ducados, e a tortura tinha início antes mesmo do interrogatório. Zampante deixava-se subornar pelos maiores criminosos, ganhando-lhes, por meio de mentiras, o perdão do duque. Com que prazer não teriam os súditos pago ao duque 10 mil ducados ou mais para que destituísse esse inimigo de Deus e do mundo! Ercole, contudo, o fizera seu compadre e o tornara *cavaliere*. E, a cada ano, Zampante desviava 2 mil ducados; verdade que, agora, comia unicamente pombos criados em sua própria casa e não saía mais à rua sem um bando de besteiros e esbirros a acompanhá-lo. Estava na hora de liquidá-lo. Foi então que dois estudantes e um judeu batizado — aos quais injuriara mortalmente — o mataram (1496) em sua própria casa, durante a sesta, saindo depois pela cidade em seus cavalos, já à espera para esse fim, a proclamar: "Saiam todos! Venham! Nós matamos Zampante!". Os homens enviados em seu encalço chegaram tarde demais, quando os três já se encontravam em segurança, do outro lado da fronteira, próxima dali. Naturalmente, choveram pasquins, uns em forma de soneto, outros, de *canzone*.

Por outro lado, bem de acordo com o espírito dessa casa principesca, o soberano impunha igualmente à corte e à população sua alta estima por servidores valorosos. Quando, em 1469, Lodovico Casella, conselheiro privado de Borso, morreu, proibiu-se aos tribunais, ao comércio da cidade e aos auditórios da universidade que permanecessem abertos no dia do funeral; todos deveriam acompanhar o corpo até San Domenico, porque o próprio duque o faria. De fato, vestindo luto e chorando, ele seguiu o caixão — "o primeiro da casa dos Este a acompanhar o corpo de um súdito"; atrás dele, os parentes de Casella, cada um conduzido por um senhor da corte; nobres carregaram o corpo do cidadão comum da igreja até o claustro, onde foi sepultado. Foi nesses Estados italianos que, pela primeiríssima vez, manifestou-se a simpatia oficial dos súditos para com as emoções de um príncipe. Em sua essência, essa simpatia pode encerrar belo valor humano, mas sua expressão, sobretudo nos poetas, é em geral dúbia. Um dos poemas da juventude de Ariosto, acerca da morte de Leonora de Aragão, esposa de Ercole I, contém já, além das inevitáveis flores do pesar, comuns a todos os séculos, alguns traços totalmente modernos. Diz ele que

> essa morte desferira um golpe em Ferrara do qual esta não se recuperaria em muitos e muitos anos; sua benfeitora tornara-se agora sua intercessora no céu, já que a terra dela não fora digna; decerto a deusa da morte dela não se aproximara como o faz de nós, comuns mortais, com sua foice sangrenta, mas da maneira apropriada [*onesta*] e com semblante tão amigável que todo o medo ter-se-á dissipado.*

---

* Indubitavelmente, o poeta, então aos dezenove anos, desconhecia a causa dessa morte (v. p. 74).

Mas deparamo-nos também com manifestações bastante diversas de simpatia. Novelistas aos quais importava sobretudo o favor das casas em questão, com o qual contam, narram-nos as histórias de amor dos príncipes, por vezes estando estes ainda em vida, e o fazem de um modo que aos séculos posteriores pareceria o cúmulo da indiscrição, mas que outrora era encarado como uma amabilidade inofensiva. Poetas cantam as paixões passageiras de seus elevados — e legitimamente casados — senhores: Angelo Poliziano, as de Lourenço, o Magnífico, e Gioviano Pontano, com particular ênfase, as de Afonso da Calábria. O poema em questão revela involuntariamente a alma medonha do aragonês: também nesse terreno ele tem de ser o mais afortunado, do contrário, ai daqueles que tivessem maior sorte! Desnecessário dizer que os grandes pintores, como Leonardo, por exemplo, retratavam as amantes de seus senhores.

A casa de Este, por sua vez, não ficou esperando que outros a enaltecessem, mas enalteceu-se a si mesma. No palácio Schifanoia, Borso fez-se retratar em uma série de atos de seu governo, e Ercole comemorou o aniversário do seu (o primeiro, em 1472) com uma procissão que foi expressamente comparada à de Corpus Christi: todas as lojas permaneceram fechadas, como num domingo; no meio do cortejo, toda a casa de Este, até mesmo os bastardos, desfilava com vestes adornadas de ouro. Que todo o poder e a dignidade emanam do príncipe, constituem uma distinção por ele conferida, expressava-o nessa corte, já havia muito tempo e de forma emblemática, a existência de uma Ordem do Esporão Dourado, que nada mais tinha em comum com a cavalaria medieval. Ercole I acrescentou ao esporão uma espada, um manto bordado a ouro e uma dotação, em troca do que uma prestação regular de serviços era, sem dúvida, exigida.

O mecenato, que tornou a corte dos Este mundialmente famosa, estava ligado em parte à universidade — que contava entre as mais completas da Itália —, em parte a cargos no serviço da corte e do Estado: dificilmente requeria sacrifícios especiais. Boiardo, na qualidade de nobre e rico senhor de terras e alto funcionário, pertenceu exclusivamente a essa categoria. Quando Ariosto começou a se tornar alguém, já não existiam as cortes milanesa e florentina, ao menos no verdadeiro sentido da palavra, e logo não haveria mais a corte de Urbino, para não falar na de Nápoles; Ariosto contentou-se, então, com um lugar entre os músicos e bufões do cardeal Ippolito, até que Afonso o acolhesse em seu serviço. Algo diferente se deu, mais tarde, com Torquato Tasso, por cuja posse a corte zelava com verdadeiro ciúme.

OS OPOSITORES DOS TIRANOS

Em face desse poder concentrado dos príncipes, toda e qualquer resistência no interior do Estado estava fadada ao fracasso. Os elementos para a criação de uma república municipal se haviam extinguido para sempre, tudo convergindo para o poder e o exercício da violência. A nobreza, politicamente desprovida de direitos mesmo onde ainda dispunha de propriedades feudais, podia dividir-se entre guelfos e gibelinos, fantasiar-se a si própria e a seus *bravi* com a pluma no barrete ou os chumaços nas calças, como quisesse: os bem pensantes, como Maquiavel, sabiam, sem sombra de dúvida, que Milão ou Nápoles eram por demais "corruptas" para uma república [*Discursos*, I, 17]. Estranhos julgamentos recaem sobre aqueles dois supostos partidos, que já havia tempos nada mais eram do que rivalidades familiares plantadas à sombra do poder. Um príncipe italiano, a quem Agrippa de Nettesheim aconselhou que pusesse fim a elas, respondeu: "Mas as brigas entre eles rendem-me até 12 mil ducados em multas por ano!". Quando em 1500, por exemplo — por ocasião do breve retorno de Ludovico, o Mouro, a seus Estados —, os guelfos de Tortona chamaram para a cidade uma parcela próxima do exército francês, a fim de que desse cabo dos gibelinos, os franceses, de fato, primeiro os saquearam e arruinaram, mas em seguida fizeram o mesmo também com os próprios guelfos, até que Tortona estivesse completamente devastada. Também na Romanha, onde as paixões e as vinganças eram imortais, aqueles dois nomes haviam perdido totalmente o significado político. Contribuía ainda para a alienação política do pobre povo o fato de que os guelfos, vez por outra, se acreditassem obrigados a uma simpatia pela França e os gibelinos, por sua vez, pela Espanha. Não vejo como aqueles que exploravam essa sandice dela pudessem tirar grande proveito. A França, depois de todas as suas intervenções, sempre precisou abandonar a Itália, e o que se tornou a Espanha, após ter liquidado a Itália, sabemo-lo muito bem.

Mas voltemos aos príncipes do Renascimento. Uma alma totalmente pura teria, talvez, àquela época, argumentado que todo o poder provém de Deus e que esses príncipes, se apoiados com boa vontade e de coração aberto, teriam, com o tempo, fatalmente se tornado bons e esquecido sua origem violenta. Não se há, porém, de exigir um tal raciocínio de imaginações e índoles ardentes e apaixonadas. Como maus médicos, viram a cura da doença na eliminação do sintoma, acreditando que, uma vez assassinados os príncipes, a liberdade viria por si mesma. Ou, então, não foram assim tão longe, pretendendo apenas dar vazão ao ódio geral e disseminado, ou, ainda, somente vingar um infortúnio familiar ou ultraje pessoal. Da mesma forma como a dominação é incondicional, liberta de todas as barreiras legais, assim o são também os meios de seus adversários. Já Boccaccio proclama abertamente [*De casibus virorum illustrium*, liv. II, cap. 15]:

> Devo chamar rei ou príncipe ao déspota e permanecer-lhe leal como a meu senhor? Não! Ele é inimigo de nossa vida em comum; contra ele posso me valer de armas, conspiração, espiões, ciladas, astúcia, e esse é um trabalho necessário e sagrado. Não há sacrifício mais adorável do que o do sangue de um tirano.

Dos casos individuais, não devemos aqui nos ocupar. Maquiavel, em um capítulo bastante conhecido de seus *Discursos* [III, 6], tratou das conspirações antigas e modernas, desde o velho período tirânico grego, julgando-as friamente a partir de seus diversos planos e chances de sucesso.* Permito-me aqui fazer observações acerca de dois aspectos somente: dos assassinatos cometidos durante o ofício divino e da influência da Antiguidade.

Era praticamente impossível lograr deitar a mão no bem guardado déspota, a não ser por ocasião de suas solenes idas à igreja; mais do que isso, nenhuma outra ocasião ensejava o encontro de toda a família principesca reunida. Assim foi que os fabrianeses assassinaram (1435) toda a casa reinante, a dos Chiavelli, durante uma missa solene, e, aliás, conforme o combinado, no momento em que eram proferidas as palavras do Credo: "Et incarnatus est". Em Milão, foram assassinados os duques Giovanni Maria Visconti, à entrada da igreja de San Gottardo (1412), e Galeazzo Maria Sforza, no interior da igreja de San Stefano (1476) — e, certa feita (1484), Ludovico, o Mouro, só escapou dos punhais dos partidários da enviuvada duquesa Bona por ter adentrado a igreja de Santo Ambrogio por outra porta que não a esperada. Não havia aí qualquer propósito ímpio em particular; pouco antes do crime, os assassinos de Galeazzo oravam ainda ao padroeiro da igreja em questão e assistiram à primeira missa. De outra parte, uma das causas do malogro parcial da conspiração dos Pazzi contra Lourenço e Giuliano de Medici (1478) foi o fato de o bandido, Montesecco, tendo já acertado cometer o crime durante um banquete, ter se recusado a perpetrá-lo no interior da catedral de Florença, ao que, então, padres "acostumados aos recintos sagrados e, em razão disso, não se deixando intimidar", tomaram o seu lugar.

No que diz respeito à Antiguidade, cuja influência sobre as

---

* A descrição de conspirações é, desde muito cedo, uma paixão dos italianos. Encontramo-la já em Liutprando, pelo menos de forma mais detalhada do que em qualquer de seus contemporâneos do século X. Do século XI (1060), um exemplar significativo desse gênero representa a libertação de Messina das mãos dos sarracenos pelo normando convocado para esse fim, Rogério (in Baluz., *Miscell.*, I), para não falarmos do tratamento dramático dispensado às Vésperas Sicilianas (1282). O mesmo gosto por tais descrições, é sabido, está presente também nos historiadores gregos.

questões morais e especialmente sobre as políticas será ainda amiúde abordada aqui, eram os próprios soberanos que davam o exemplo, na medida em que, tanto em sua concepção de Estado quanto em sua conduta, tomavam freqüente e manifestamente como modelo o antigo Império Romano. Da mesma forma, seus oponentes, quando agiam munidos de conhecimento teórico, baseavam-se nos tiranicidas da Antiguidade. Será difícil provar que, no essencial — na própria decisão de agir —, seu modelo tenha desempenhado papel determinante sobre eles, mas o apelo à Antiguidade decerto não se limitou a uma questão retórica ou estilística. Dispomos de informações as mais singulares acerca dos assassinos de Galeazzo Sforza: Lampugnani, Olgiati e Visconti. Todos os três tinham motivos bastante pessoais para cometer o crime e, no entanto, a decisão talvez tenha provindo de uma razão de caráter mais genérico. Cola de Montani, um humanista e professor de eloqüência, inflamara um grupo bem jovem da nobreza milanesa com uma vaga sede de glória e de grandes feitos patrióticos, saindo-se afinal com a idéia de uma libertação de Milão, que expôs a Lampugnani e Olgiati. Não tardando em se tornar alvo de suspeitas, Cola de Montani foi banido, tendo de deixar os jovens entregues a seu flamejante fanatismo. Uns dez dias antes da empreitada, eles conspiraram solenemente no interior do convento de Santo Ambrogio; "então", conta Olgiati, "num recinto afastado e diante da imagem de santo Ambrósio, ergui meus olhos e roguei-lhe ajuda para nós e para todo o seu povo". O santo padroeiro da cidade deve dar proteção à empresa, tanto quanto, posteriormente, santo Estêvão, em cuja igreja ela terá lugar. Muitas outras pessoas vêm, então, a tomar parte no intento, tendo na casa de Lampugnani seu quartel-general de todas as noites e exercitando-se com suas bainhas no manejo do punhal. A empreitada teve êxito, mas Lampugnani foi morto imediatamente pelos acompanhantes do duque, e os demais, capturados. Visconti mostrou-se arrependido, mas Olgiati, apesar de toda a tortura que sofreu, seguiu afirmando que o crime fora um sacrifício do agrado de Deus e, enquanto o carrasco golpeava-lhe o peito, proclamou: "Controla-te, Girolamo! Serás lembrado durante muito tempo; a morte é amarga, mas a glória, eterna!".

Por mais idealistas que propósitos e intenções possam ser nesse episódio, ainda assim reluz na maneira como a conspiração é conduzida a imagem do mais abominável dos conspiradores, que nada tem em comum com a liberdade: a de Catilina. Os anais de Siena afirmam expressamente que os conspiradores teriam estudado Salústio, o que a confissão de Olgiati, de forma indireta, demonstra claramente. Também noutras partes deparamos com o terrível nome de Catilina. De fato, abstraindo-se de suas intenções, não havia mesmo modelo mais convidativo do que ele para as conjuras secretas.

Junto aos florentinos, tantas vezes quantas lograram ou pretenderam livrar-se dos Medici, o tiranicídio era abertamente reconhecido como um ideal. Após a fuga dos Medici, no ano de 1494, o grupo em bronze de Donatello, retratando Judite com o moribundo Holofernes, foi arrancado de seu palácio e colocado defronte ao Palazzo della Signoria (onde hoje se encontra o *Davi*, de Michelangelo) com esta inscrição: "Exemplum salutis publicae cives posuere 1495". Invocava-se agora, com especial predileção, o jovem Brutus, que ainda em Dante encontra-se plantado, juntamente com Cássio e Judas Iscariotes, nas profundezas do inferno por ter traído o império ["Inferno", XXXIV, 64]. Pietro Paolo Boscoli, cuja conspiração contra Giuliano, Giovanni e Giulio de Medici malogrou (1513), era fervoroso admirador de Brutus e se arrogara o desejo de imitá-lo, bastando para tanto que encontrasse um Cássio; encontrou-o, então, na figura de Agostino Capponi. Seus derradeiros pronunciamentos na prisão — um dos mais importantes documentos acerca da situação da religião à época — dão conta de quanto ele se esforçou para libertar-se novamente daquelas fantasias romanas, no intuito de morrer cristão. Um amigo e seu confessor precisam assegurar-lhe que são Tomás de Aquino condenava todo e qualquer tipo de conjuração; mais tarde, porém, o confessor admitia sigilosamente para esse mesmo amigo que são Tomás fazia uma distinção, aceitando a conspiração contra o tirano que, à força, se houvesse imposto a um povo contra a vontade deste.

Tendo Lorenzino de Medici assassinado o duque Alexandre (1537) e se refugiado, uma apologia do feito veio à luz — provavelmente, de próprio punho ou, ao menos, por ele encomendada —, louvando o tiranicídio em si como a mais meritória das obras; supondo ter sido Alexandre verdadeiramente um Medici legítimo e, portanto, seu parente (ainda que distante), Lorenzino compara-se, sem hesitação, a Timolêon, fratricida por patriotismo. Outros valeram-se, também nesse caso, da comparação com Brutus, sendo lícito concluir, em função de seu busto de Brutus (Uffizi), que o próprio Michelangelo tenha entretido deveras tardiamente pensamentos dessa ordem. O busto, deixou-o inconcluso, como fez com quase toda a sua obra — decerto, porém, não porque o assassinato de César lhe pesasse demasiadamente no coração, como quer o dístico ali gravado.

Seria inútil procurar nos Estados principescos do Renascimento um radicalismo popular semelhante àquele que se desenvolveu nas monarquias mais recentes. Em seu íntimo, é certo que cada indivíduo protestasse contra o principado, mas procurava muito mais ajustar-se a ele, sofrendo ou disso tirando proveito, do que reunir forças para atacá-lo. Para que uma população se dispusesse a aniquilar ou escorraçar a casa reinante, era necessário que as coisas tivessem ido já tão longe quanto na Camerino, na Fabriano, na Rimini de outrora. Sabia-se, aliás, em geral muito bem que, ao fazê-lo, estar-se-ia apenas trocando um soberano por outro. A estrela das repúblicas estava decididamente naufragando.

AS REPÚBLICAS

Tempos houve em que as cidades italianas tinham desenvolvido no mais alto grau aquela força que fazia da cidade um Estado. Para tanto, nada mais era necessário do que a união dessas cidades em uma grande federação — uma idéia sempre recorrente na Itália, ainda que revestida de uma ou outra fórmula, conforme o caso. As lutas dos séculos XII e XIII levaram, de fato, a poderosas e belicosas ligas de cidades, e Sismondi crê enxergar no período em que a Liga Lombarda ultimava seus preparativos militares contra Barba-Roxa (a partir de 1168) o momento no qual uma federação italiana teria podido constituir-se. Entretanto, as cidades poderosas haviam já desenvolvido características próprias que tornavam isso impossível: permitiamse, na condição de concorrentes comerciais, valer-se dos meios mais extremos umas contra as outras, mantendo cidades vizinhas, mais fracas, numa condição de dependência desprovida de quaisquer direitos; ou seja, acreditavam, afinal, em seu êxito individual, julgando desnecessária a união e preparando assim o terreno para futuros despotismos. Estes chegaram quando as disputas internas entre as facções da nobreza e as desta com os cidadãos despertaram o anseio por um governo sólido, num momento em que as já existentes tropas de mercenários emprestavam seu apoio ao que quer que fosse em troca de dinheiro, depois que os partidos tinham havia tempos se acostumado a julgar inútil o recrutamento geral de cidadãos. A tirania devorou a liberdade da maior parte das cidades; aqui e ali, logrou-se desalojá-la, mas apenas parcial ou temporariamente; ela retornava sempre, porque persistiam as condições internas para a sua existência e porque as forças que a ela se opunham haviam se desgastado.

Dentre as cidades que preservaram sua independência, duas são da maior importância para toda a história da humanidade: Florença — a cidade em constante movimento, que nos legou testemunho de todas as idéias e propósitos individuais e coletivos daqueles que, ao longo de três séculos, tomaram parte nesse movimento — e Veneza — a cidade da aparente ausência de movimento e do silêncio político. A contraposição das duas revela os mais gritantes contrastes imagináveis; ambas, porém, não admitem comparação com nada neste mundo.

VENEZA NO SÉCULO XV

Veneza via-se a si própria como uma criação maravilhosa e enigmática, na qual, desde sempre, algo mais do que o engenho humano atuara. Havia um mito acerca da solene fundação da cidade: em 25 de março de 413, ao meio-dia, os emigrantes provindos de Pádua teriam lançado a pedra fundamental em Rialto, com o intuito de criar ali uma cidade livre e sagrada, inexpugnável em uma Itália dilacerada pelos bárbaros. A posteridade alojou na alma desses fundadores o pressentimento da grandeza futura. M. Antonio Sabellico, que celebrou o acontecimento em magníficos e caudalosos hexâmetros, faz o padre que consagrou a cidade invocar aos céus: "Quando grandes feitos ousarmos, concedei-nos o triunfo! Agora, ajoelhamo-nos diante de um pobre altar; se, porém, nossos votos não forem em vão, daqui erguer-se-ão a Ti, ó Deus, centenas de templos de mármore e ouro!".* Ao final do século XV, a cidade insular revelava-se a caixinha de jóias do mundo de então. É o mesmo Sabellico que a descreve como tal, com suas cúpulas antiqüíssimas, suas torres inclinadas, suas fachadas incrustadas de mármore e seu exíguo esplendor, onde ao ouro dos adornos alia-se a ocupação de cada cantinho disponível. Sabellico conduz-nos à agitada praça diante de San Giacometto, em Rialto, onde os negócios de todo um mundo são denunciados não por gritos ou por um ruidoso burburinho, mas por um sussurrar polifônico; onde, nos pórticos ao redor e naqueles das ruas que para ali convergem, os cambistas e as centenas de ourives têm o seu lugar — sobre suas cabeças, lojas e armazéns sem fim;** para além da ponte, descreve-nos ainda o grande Fondaco dos alemães, cujos salões abrigam suas mercadorias e sua gente e diante do qual, a todo momento, em-

---

* A mais antiga das crônicas venezianas (Pertz, *Monum*. IX, pp. 5 e 6) situa a fundação da cidade insular somente no período lombardo e a de Rialto, decididamente bem mais tarde.

** Toda essa região foi modificada pelas novas construções do princípio do século XVI.

barcações repousam lado a lado no canal; um pouco mais acima, frotas de vinho e óleo e, paralelamente a estas, na praia — onde pululam os carregadores —, as cavas dos mercadores; depois, de Rialto até a praça de São Marcos, as bancas de perfumes e as estalagens. Assim, Sabellico conduz o leitor de uma parte a outra da cidade, até os dois hospitais, que contam entre as instituições públicas de grande utilidade encontráveis em tal grau de desenvolvimento somente ali. A assistência à população era traço distintivo dos venezianos, em tempos de paz ou de guerra, quando o tratamento dos feridos, mesmo dos inimigos, era objeto da admiração dos estrangeiros. As instituições públicas, quaisquer que fossem, podiam encontrar seu modelo em Veneza; mesmo o sistema de pensões era administrado sistematicamente, inclusive no que diz respeito às viúvas e aos órfãos. Riqueza, segurança política e conhecimento do mundo haviam feito amadurecer a reflexão sobre tais questões. Aquele povo louro e esbelto, com seu passo leve e cauteloso e seu falar ponderado, exibia poucas diferenças em seus trajes e maneiras; adornos, sobretudo pérolas, enfeitavam mulheres e moças. A prosperidade geral era, então, resplandecente ainda, apesar das pesadas perdas impingidas pelos turcos; a energia armazenada, porém, e o generalizado conceito favorável de que gozava em toda a Europa foram suficientes para permitir que, mais tarde, Veneza sobrevivesse longamente até mesmo aos mais duros golpes: a descoberta do caminho marítimo para as Índias Orientais, a queda da soberania mameluca no Egito e a guerra da Liga de Cambrai.

Sabellico, nascido na região de Tivoli e acostumado ao desembaraçado discurso dos filólogos de então, nota com algum espanto, em outro de seus escritos [*Epistolae*, liv. v, fol. 28], que os jovens nobres que ouviam suas preleções matinais não queriam de modo algum entrar a discutir política com ele: "Se lhes pergunto o que as pessoas pensam, dizem e esperam deste ou daquele movimento em curso na Itália, respondem todos em uníssono que nada sabem". Não obstante a inquisição estatal, podia-se descobrir muita coisa junto à parcela desmoralizada da nobreza, ainda que não a preços módicos. No último quartel do século xv, havia traidores entre as mais altas autoridades; os papas, os príncipes italianos e mesmo medíocres condottieri a serviço da República tinham todos seus informantes, parte deles remunerada regularmente; a situação chegou a tal ponto que o Conselho dos Dez houve por bem ocultar informações políticas importantes do Conselho dos Pregadi, chegando-se mesmo a supor que Ludovico, o Mouro, dispunha de uma bem definida quantidade de votos entre os últimos. Se o enforcamento noturno de culpados isolados e a alta recompensa aos delatores (uma pensão vitalícia de sessenta ducados, por exemplo) renderam muitos frutos, é difícil dizer; não era possível remover subitamente uma das causas básicas desse mal: a pobreza de muitos nobres. No ano de 1492, dois deles apresentaram uma sugestão: o Estado deveria, anualmente, despender 70 mil ducados de auxílio àqueles nobres pobres que não possuíam cargo algum; a proposta esteve perto de chegar ao Grande Conselho, onde teria podido obter maioria favorável, quando, então, ainda a tempo, o Conselho dos Dez interveio, banindo ambos os proponentes para Nicósia, em Chipre, em caráter permanente. Por volta dessa época, um Soranzo foi enforcado no exterior por roubar igrejas, e um Contarini condenado aos grilhões por arrombamento; outro membro desta mesma família apresentou-se perante a senhoria, em 1499, queixando-se de que estava já havia muito tempo sem um cargo, de que seus rendimentos somavam apenas dezesseis ducados, de que tinha nove filhos e sessenta ducados de dívidas, não tinha ofício algum e fora recentemente jogado na rua. É compreensível, pois, que alguns nobres ricos construíssem casas para nelas abrigar gratuitamente seus pares pobres. A construção de tais casas, e mesmo de fileiras delas, figura em testamentos como obra de caridade.

Mas, se os inimigos de Veneza alguma vez depositaram sérias esperanças em embaraços desse tipo, enganaram-se redondamente. Poder-se-ia acreditar que já o ímpeto do comércio, que assegurava mesmo aos mais humildes generosa remuneração de seu trabalho, ou que as colônias na porção oriental do Mediterrâneo tivessem afastado da política as forças de maior perigo. A despeito, porém, de vantagens semelhantes, não teve Gênova a mais tempestuosa das histórias políticas? Na verdade, a razão da imperturbabilidade de Veneza repousa antes na ação conjunta de circunstâncias que em nenhum outro lugar estiveram reunidas. Inexpugnável como cidade, ela desde sempre se pautara exclusivamente pela mais fria reflexão em suas relações com o exterior, ignorando quase por completo as facções que dividiam o restante da Itália e selando alianças externas somente em função de propósitos passageiros, e, ainda assim, ao preço mais alto possível. A tônica da índole veneziana foi, pois, a de um isolamento orgulhoso e até mesmo desdenhoso e, conseqüentemente, de uma forte solidariedade interna, para a qual contribuiu o ódio de que era alvo por parte de todo o restante da Itália. Na própria cidade, o conjunto da população compartilhava dos mais vigorosos interesses comuns, tanto no tocante às colônias quanto às possessões em terra firme, permitindo aos habitantes destas últimas (ou seja, das cidades até Bérgamo) comprar e vender somente em Veneza. Uma vantagem de natureza tão artificial só podia ser mantida mediante tranqüilidade e concórdia internas — assim pensava, por certo, a esmagadora maioria da população, tornando Veneza, já em função disso, terreno ruim para conspiradores. E, se insatisfeitos havia, a separação entre nobres e burgueses os apartava de tal forma a dificultar bastante qualquer aproximação. No interior da nobreza, por outro lado, as grandes empreitadas comerciais, as viagens e a participação nas sempre recorrentes guerras contra os turcos amputaram aos possíveis perigosos — isto é, aos ricos — uma fonte capital de todas as conspirações: a ociosidade. Nas guerras, os comandantes os poupavam, por vezes de forma condenável, o que levou um Catão veneziano a profetizar a ruína da cidade, caso persistisse, em detrimento da justiça, esse receio dos nobres de causar sofrimento uns aos outros. Seja como for, esse grande trânsito ao ar livre deu à nobreza veneziana, de forma geral, um saudável direcionamento. E, se a inveja e a cobiça porventura almejavam satisfação, tinham a seu dispor uma vítima oficial, autoridades e meios legais. O martírio moral ao qual, durante longos anos, o doge Francisco Foscari (morto em 1457) foi submetido aos olhos de toda Veneza é, talvez, o mais terrível exemplo de um tipo de vingança só possível nas aristocracias.

O Conselho dos Dez — que em tudo intervinha, dono de um direito irrestrito sobre a vida e a morte, sobre o tesouro e o comando do exército, que abrigava os inquisidores e que derrubou Foscari, bem como muitos outros poderosos — era renovado anualmente, eleito pelo conjunto da casta dirigente, o *Gran Consiglio*, constituindo por isso a expressão mais imediata desta. Tais eleições não eram, provavelmente, palco de grandes intrigas, uma vez que o curto mandato e a responsabilidade que acarretava não tornavam o cargo muito desejável. Por mais subterrânea e violenta que fosse a atividade dessa e de outras autoridades, o verdadeiro veneziano não fugia, pelo contrário, submetia-se a ela — não apenas porque a República tinha longos braços, podendo, em vez de atormentar a ele, atormentar sua família, mas também porque, na maioria dos casos, eram as razões, e não a sede de sangue, que lhe orientavam o procedimento. Acima de tudo, jamais um Estado exerceu tamanho poder moral sobre seus cidadãos, mesmo à distância. Se havia traidores entre os Pregadi, por exemplo, compensava-o largamente o fato de que todo veneziano no estrangeiro era um espião inato de seu governo. Desnecessário dizer que também os cardeais venezianos em Roma relatavam aos conterrâneos o conteúdo dos secretos consistórios papais. Certa feita, o cardeal Domenico Grimani mandou interceptar, nas proximidades de Roma (1500), os despachos que Ascanio Sforza estava enviando a seu irmão, Ludovico, o Mouro, mandando-os para Veneza; seu pai, justamente à época alvo de graves acusações, fez valer, então, publicamente perante o *Gran Consiglio* — isto é, perante todo o mundo — o meritório serviço prestado pelo filho.

De que maneira Veneza mantinha seus condottieri é assunto que já se abordou aqui anteriormente. Desejasse ela ainda uma garantia particular qualquer da lealdade deles, encontrava-a, por exemplo, em seu grande número, o que, fatalmente, tanto dificultava a traição quanto facilitava sua descoberta. À vista dos registros do exército veneziano, é de se perguntar como era possível a tropas de uma composição tão heterogênea qualquer ação conjunta! Nos registros relativos à guerra de 1495, figuram 15 526 cavalos destinados sempre a pequenos destacamentos: Gonzaga de Mântua tinha, sozinho, 1200 deles; Gioffredo Borgia, 740; seguem-se seis chefes com seiscentos a setecentos cavalos, dez com quatrocentos, doze com duzentos a quatrocentos, por volta de catorze com cem a duzentos, nove com oitenta, seis com cinqüenta a sessenta, e assim por diante. Trata-se, em parte, de antigas tropas venezianas, em parte, de tropas sob o comando da nobreza citadina e rural; a maioria dos chefes, porém, é composta de príncipes italianos e governadores de cidades ou seus parentes. Acresce-se a isso uma infantaria de 24 mil homens — sobre cuja proveniência e comando nada se diz —, além de outros 3300, provavelmente pertencentes a destacamentos especiais. Em tempos de paz, guarnição alguma, ou um número inacreditavelmente pequeno delas, ocupava as cidades do continente. Veneza não confiava propriamente na devoção, mas no discernimento de seus súditos. É sabido que, quando da guerra da Liga de Cambrai (1509), ela os desobrigou do juramento de fidelidade, confiando em que comparariam as amenidades de uma ocupação inimiga com a dominação branda a que os submetia: não tendo havido traição em seu abandono de São Marcos e, portanto, sem precisar temer qualquer punição, os venezianos regressaram com o maior fervor à dominação a que estavam acostumados. Essa guerra foi, diga-se de passagem, o resultado de um clamor centenário contra a ânsia expansionista de Veneza. De fato, esta incorreu por vezes no erro dos muito astuciosos, que não crêem que o inimigo vá desferir-lhes um golpe na sua opinião imprudente e insensato.* "Em razão desse otimismo — que é, talvez, próprio sobretudo das aristocracias —, já se ha-

---

* Guicciardini (*Ricordi*, N. 150) é, talvez, o primeiro a observar que a necessidade política de vingança é capaz de tornar inaudível até mesmo a voz nítida do interesse próprio.

via anteriormente ignorado por completo os preparativos bélicos de Maomé II para a tomada de Constantinopla e mesmo aqueles para a campanha de Carlos VIII — até que, não obstante, o inesperado aconteceu. A Liga de Cambrai constituía, também ela, um evento dessa natureza, na medida em que ia de encontro ao interesse evidente de seus principais promotores, Luís XII e Júlio II. O próprio papa, porém, abrigava em si o antigo ódio de toda a Itália contra os venezianos conquistadores, de modo que fechou os olhos à invasão estrangeira, e quanto à política do cardeal D'Amboise e de seu rei no tocante à Itália, Veneza deveria já havia tempos ter lhe reconhecido e temido a malévola parvoíce. Com referência aos demais, a maioria participou da liga em razão daquela inveja de que são alvos a riqueza e o poder e que, se, por um lado, pode servir-lhes como um profícuo açoite, por outro, constitui também, em si, algo deplorável. Veneza retirou-se honrosamente da batalha, mas não sem prejuízo duradouro.

Um poder cujos fundamentos eram tão complexos, cuja ação e interesses estendiam-se por campo tão vasto, não seria concebível sem que dispusesse de uma ampla visão de conjunto, de um contínuo balanço de suas forças e fardos, de sua expansão e retração. Veneza certamente estaria autorizada a reivindicar para si a condição de berço da estatística moderna, juntamente com Florença, talvez, e, num segundo plano, com os principados italianos mais desenvolvidos. O Estado feudal da Idade Média produz, no máximo, registros gerais dos direitos e proveitos (*urbaria*) senhoriais; compreende a produção como algo estático — o que, em se tratando fundamentalmente de propriedade da terra, ela não deixa de ser. Contrariamente a isso, e provavelmente desde cedo, as cidades em todo o Ocidente encararam sua produção, relativa à indústria e ao comércio, como altamente dinâmica, tratando-a de acordo com essa visão. Ainda assim, mesmo à época em que florescia a Liga Hanseática, elas não foram além de um simples balanço comercial. Esquadras, exércitos, pressão política e influência acabavam por se alojar meramente sob as rubricas "débito" e "crédito" do livro-mestre de um contador. É somente nos Estados italianos que as conseqüências de uma total consciência política, o modelo da administração maometana e uma prática antiqüíssima de produção e comércio reúnem-se para fundar uma verdadeira ciência estatística.* O Estado despótico do imperador Frederico II na Baixa Itália fora organizado com base exclusivamente na concentração do poder, tendo em vista uma batalha de vida ou morte. Em Veneza, pelo contrário, os objetivos últimos são gozar o poder e a vida, ampliar o legado dos antepassados, reunir as mais lucrativas indústrias e abrir constantemente novos mercados.

Os escritores da época pronunciam-se sobre essas questões com o maior desembaraço. Ficamos sabendo, assim, que a população da cidade somava 190 mil pessoas em 1422; talvez os italianos tenham começado mais cedo do que os outros a contar seus habitantes não mais pelo número de fogões, de homens aptos para as armas, daqueles que podiam andar com as próprias pernas e assim por diante, mas pelo número de almas, identificando nesse procedimento a base mais neutra para outros cálculos. Quando, por essa época, os florentinos desejaram aliar-se a Veneza contra Filippo Maria Visconti, foram naquele momento repelidos em função da clara convicção, embasada em um preciso balanço comercial, de que qualquer guerra entre Milão e Veneza — isto é, entre comprador e vendedor — seria uma tolice. Já a mera ampliação de seu exército por parte do duque, acarretando imediato aumento de impostos, tornaria seu ducado um pior consumidor. "Melhor deixar sucumbir os florentinos para que, então, acostumados à vida em uma cidade livre, emigrem para cá, trazendo consigo suas tecelagens de seda e lã, como, acossados,

---

* Esboçado de forma ainda relativamente limitada, mas já de grande importância, é o panorama estatístico de Milão (*Manipulus Florum*, in Muratori, XI, 711) do ano de 1288. Enumeram-se ali as casas, a população, os aptos para o uso de armas, as *loggie* dos nobres, poços, fornos, tabernas, as lojas dos açougueiros, pescadores, o consumo de grãos, os cães, os pássaros para a caça, os preços da madeira, feno, vinho e do sal, e mais: juízes, notários, médicos, professores escolares, copistas, oficinas de armas, ferrarias, hospitais, monastérios, fundações e corporações eclesiásticas.

o fizeram os habitantes de Lucca." Digno de nota, porém, é sobretudo o discurso proferido pelo moribundo doge Mocenigo (1423) a alguns senadores que convocara ao seu leito de morte, discurso que contém os elementos mais importantes de uma estatística acerca do conjunto das forças e posses de Veneza. Não sei onde e se existe uma explicação pormenorizada desse complexo documento; a título de curiosidade, porém, podem-se citar os dados que seguem. Após o pagamento de um empréstimo motivado pela guerra, no valor de 4 milhões de ducados, a dívida do Estado (*il monte*) somava ainda, à época, 6 milhões de ducados. O total do dinheiro em circulação no comércio perfazia (ao que parece) a quantia de 10 milhões, rendendo um lucro de 4 milhões (assim diz o texto). As 3 mil *navigli*, trezentas *navi* e 45 galeras levavam, respectivamente, 17 mil, 8 mil e 11 mil marinheiros (mais de duzentos homens por galera). Somavam-se a estes 16 mil trabalhadores na construção naval. As casas de Veneza estavam avaliadas em 7 milhões, rendendo meio milhão em aluguéis.* Havia mil nobres com rendimentos variando entre 70 e 4 mil ducados. Em outra passagem do texto, a receita regular do Estado, naquele mesmo ano, é avaliada em 1,1 milhão de ducados; em razão das perturbações no comércio causadas pelas guerras, ela cairia para 800 mil ducados em meados do século.

Se, por um lado, em função de tais cálculos e de sua aplicação prática, Veneza foi a primeira a apresentar por completo uma porção significativa do moderno aparelho estatal, por outro, revelava certo atraso no plano cultural — o mais elevado, na apreciação dos italianos da época. Faltava-lhe, de uma forma geral, o impulso literário e, particularmente, aquele entusiasmo pela Antiguidade clássica.** Sabellico julga que o talento para a filosofia e a eloqüência era ali tão grande quanto aquele para o

---

* Faz-se referência aqui, certamente, a todas as casas, e não apenas àquelas pertencentes ao Estado. Estas últimas, aliás, por vezes rendiam enormemente.

** Essa desafeição deve mesmo ter se transformado em ódio no veneziano Paulo II, a tal ponto que ele chamava todos os humanistas de heréticos (Platina, *Vita Pauli*, p. 323).

comércio e para os negócios do Estado. Já em 1459, Jorge de Trebizonda colocava aos pés do doge a tradução para o latim das *Leis* de Platão, sendo nomeado professor de filologia, com vencimentos anuais da ordem de 150 ducados, e dedicando à senhoria a sua *Retórica*. Percorrendo-se, porém, a história literária de Veneza que Francesco Sansovino anexou ao seu conhecido livro [*Venezia*], verifica-se, no século XIV, a presença quase exclusiva de obras específicas sobre teologia, direito e medicina, além daquelas de história; também no século XV, à exceção de Ermolao Barbaro e Aldo Manucci, o humanismo encontra-se apenas muito parcamente representado na literatura veneziana, considerando-se a importância da cidade. A biblioteca que o cardeal Bessarion legou ao Estado recebe cuidados que mal lhe permitem escapar à dispersão e à destruição. Afinal, para questões eruditas, havia Pádua, onde, aliás, médicos e juristas dispunham de remunerações incomparavelmente mais altas, os últimos na condição de autores de pareceres acerca do direito público. A participação de Veneza na beletrística italiana permanece igualmente mínima durante um longo período, até que o princípio do século XVI viesse a recuperar o tempo perdido. O próprio pendor artístico renascentista é trazido de fora para Veneza, que só por volta do final do século XV nele se movimenta com a plenitude de suas próprias energias. Mas há indícios ainda mais característicos desse seu retardamento intelectual.

O mesmo Estado que tinha o clero tão completamente sob seu poder, que reservava para si a nomeação de todos os postos de importância e que seguidamente ostentava uma postura desafiadora perante a cúria, exibia também uma devoção oficial de coloração bastante singular. Corpos sagrados e outras relíquias provindas da Grécia conquistada pelos turcos são adquiridos à custa dos maiores sacrifícios e recepcionados pelos doges em grandiosas procissões.* Para a compra da toga sem costura, por

---

* Quando o corpo de São Lucas chegou da Bósnia, houve briga com os beneditinos de Santa Giustina, em Pádua, que já se acreditavam seus possuidores, e a decisão coube ao papa.

exemplo, decidiu-se empregar até 10 mil ducados (1455), sem, contudo, lograr obtê-la. Não se tratava, em casos como esse, de um entusiasmo popular pela compra, mas sim de uma tranqüila decisão das mais altas autoridades estatais, decisão esta que teria sido possível, sem causar maior sensação, não levar a cabo, como certamente teria ocorrido em Florença, sob circunstâncias semelhantes. Deixemos de lado a devoção da população e sua sólida crença nas indulgências de um Alexandre VI. O próprio Estado, entretanto, após ter absorvido a Igreja mais do que em qualquer outra parte, tinha em si, de fato, uma espécie de componente eclesiástico. Assim foi que o doge, símbolo desse Estado, figurou em doze grandes procissões (*andate*) desempenhando função semiclerical. Tratava-se quase exclusivamente de festividades em honra de acontecimentos políticos passados e que concorriam com aquelas grandiosas, promovidas pela Igreja — a mais esplêndida de todas, o famoso casamento com o mar, celebrado anualmente na Ascensão.

FLORENÇA, A PARTIR DO SÉCULO XIV

A mais elevada consciência política, a maior riqueza em modalidades de desenvolvimento humano encontram-se reunidas na história de Florença, que, nesse sentido, por certo merece o título de primeiro Estado moderno do mundo. Ali, é todo um povo que se dedica àquilo que, nos Estados principescos, constitui assunto de família. O maravilhoso espírito florentino, dotado igualmente de um aguçado caráter racional e artístico, transforma incessantemente as condições políticas e sociais, descrevendo-as e julgando-as com igual freqüência. Florença tornou-se, assim, o berço das doutrinas políticas e teorias, dos experimentos e saltos adiante; tornou-se ainda, juntamente com Veneza, o berço da estatística e, solitária, precedendo todos os demais Estados do mundo, o berço da escrita da história, em seu sentido moderno. Contribuíram para tanto a contemplação da antiga Roma e o conhecimento de seus historiadores. Giovanni Villani confessa ter recebido o impulso inicial para sua grande obra por ocasião do jubileu do ano de 1300, tendo se lançado a ela logo após o retorno à terra natal.* E, no entanto, quantos dentre os 200 mil peregrinos que naquele ano se dirigiram a Roma não abrigariam talento e propósito semelhantes, nem por isso tendo efetivamente escrito a história de suas cidades! Mas nem todos podiam acrescê-la de observação tão encorajadora quanto esta: "Roma está decaindo, mas minha cidade natal está em ascensão e pronta para a realização de grandes feitos. Por isso, quis registrar todo o seu passado, e pretendo prosseguir registrando-o até o presente e enquanto seguir vivendo os acontecimentos". Além do testemunho de seu passado, Florença alcançou algo mais por intermédio de seus historiadores: uma glória maior do que a que logrou atingir qualquer outro Estado italiano.

Nossa tarefa aqui não é escrever a história desse memorável Estado, mas tão-somente fornecer algumas indicações concernentes à liberdade intelectual e à objetividade que essa história despertou nos florentinos.

Por volta do ano de 1300, Dino Compagni descreveu as lutas que se desenrolavam na cidade à sua época. A situação política, a mola propulsora interna dos partidos, os caracteres dos líderes, em suma, todo o emaranhado de causas e efeitos, próximos ou distantes, é ali apresentado de tal forma a tornar palpável a superioridade geral do juízo crítico e da arte de descrever dos florentinos. E que político é a maior vítima dessas crises, Dante Alighieri, amadurecido pela vivência em sua própria terra e no exílio! As mudanças constantes e experimentos com a Constituição, ele os fundiu no escárnio de suas tercinas brônzeas ["Purgatório", VI, final], que permanecerão proverbiais onde quer que algo semelhante se dê; dirigiu-se a sua terra com uma insolência e uma ansiedade que só podiam fazer estremecer o coração dos florentinos. Mas seus pensamentos expandem-se, abarcando a Itália e o mundo, e, ainda que sua paixão pelo im-

---

* O ano de 1300 é igualmente a data fixada na *Divina comédia*.

pério, como ele o concebia, não passasse de um equívoco, cumpre reconhecer que, nele, o sonhar juvenil da recém-nascida especulação política reveste-se de certa grandeza poética. Dante orgulha-se de ser o primeiro a trilhar esse caminho, decerto conduzido pela mão de Aristóteles, mas, à sua maneira, com considerável independência [*De monarchia*, I, 1]. Seu imperador ideal é um juiz supremo justo e amante dos homens, subordinado apenas a Deus, herdeiro da dominação romana, aprovada pelo direito, pela natureza e pela determinação divina. Assim, para Dante, a conquista do globo teria sido legítima, uma sentença divina sobre Roma e os demais povos, e Deus teria reconhecido tal império nele fazendo-se homem, submetendo-se, ao nascer, ao censo do imperador Augusto e, ao morrer, ao julgamento de Pôncio Pilatos — e assim por diante. Embora apenas com dificuldade logremos seguir esses e outros argumentos, a paixão de Dante nos cativa sempre. Em suas cartas, encontramos um dos primeiros publicistas, talvez o primeiro leigo a produzir de próprio punho escritos políticos sob essa forma. Começa a fazê-lo bem cedo; já em seguida à morte de Beatriz, endereça um panfleto sobre a situação de Florença "aos grandes do globo terrestre"; também suas cartas abertas posteriores, datadas da época do exílio, são todas dirigidas exclusivamente a imperadores, príncipes e cardeais. Nessas cartas e em sua obra *De vulgari eloquentia*, é recorrente, sob diversas formas, o sentimento, que tanto sofrimento lhe custou, de que ao banido é lícito encontrar, mesmo fora de sua terra natal, uma nova pátria espiritual na língua e na cultura, que dele não mais podem ser tomadas — um ponto ao qual haveremos de retornar, mais adiante.

Aos Villani — tanto a Giovanni quanto a Matteo —, devemos não apenas profundas observações políticas, mas sobretudo novas e práticas apreciações, os fundamentos da estatística florentina e informações importantes sobre outros Estados. O comércio e a indústria haviam, também ali, despertado o pensamento não apenas político, mas também econômico. Em parte alguma do mundo dispunha-se de informações tão precisas acerca da situação financeira global, a começar pela da corte pontifícia de Avignon, cuja enorme riqueza acumulada (25 milhões de florins de ouro, à época da morte de João XXII) só se torna crível em função dessas tão boas fontes a informá-la. É somente por meio destas que ficamos sabendo de empréstimos colossais como, por exemplo, aquele tomado pelo rei da Inglaterra junto às casas florentinas dos Bardi e dos Peruzzi, que, mesmo tendo perdido nessa operação (1338) a quantia de 1 365 000 florins de ouro — dinheiro provindo em parte de seus próprios bolsos, em parte de seus associados —, conseguiram recuperar-se. O mais importante, contudo, são as informações referentes ao Estado, por essa mesma época: suas receitas (superiores a 300 mil florins de ouro) e despesas; sua população e a da cidade (esta, estimada ainda de forma bastante rudimentar — em *bocche*, isto é, em bocas, de acordo com o consumo de pão — em 90 mil habitantes); o excedente de trezentas a quinhentas crianças do sexo masculino dentre as 5,8 mil a 6 mil registradas anualmente no batistério;* o número de crianças que freqüentavam a escola, das quais de 8 a 10 mil aprendem a ler e de mil a 1,2 mil a calcular, estas em seis diferentes escolas — juntando-se a todas elas por volta de seiscentas outras que, em quatro escolas, recebem aulas de gramática (latina) e lógica. Há ainda a estatística acerca das igrejas, conventos e hospitais (com mais de mil leitos, no total); valiosas e detalhadas informações acerca da indústria de lã; dados sobre a moeda, o abastecimento da cidade, os funcionários públicos e muito mais.** Outras informações, obtemo-las casualmente, como quando da implantação dos novos fundos do Estado (*monte*), no ano de 1353 — ocasião em que, do púlpito, os franciscanos manifestaram-se favoráveis, os dominicanos e agostinianos contrários à medida. As conseqüências econômicas da peste negra decerto não encontraram em parte alguma da Europa a atenção e a descrição de que foram objeto ali, e nem po-

---

* O padre separava um feijão-preto para cada menino e um branco para cada menina — assim era feito o controle.

** Na sólida Florença, havia já um corpo de bombeiros permanente.

dia ser de outra forma.* Só um florentino podia nos transmitir como a população, em função de sua redução, esperava o barateamento das mercadorias e como, em vez disso, o preço dos gêneros básicos e os salários dobraram; como, de início, as pessoas simples não queriam mais trabalhar, mas apenas viver bem; como criados e criadas só podiam ser obtidos pagando-se salários altíssimos; como os camponeses só queriam cultivar as melhores terras, deixando intocadas as de pior qualidade; e como as enormes heranças legadas aos pobres, por ocasião da peste, posteriormente pareceram inúteis, uma vez que estes haviam, em parte, morrido e, em parte, não eram mais pobres. Por fim, em decorrência de uma grande herança deixada por um benfeitor sem filhos, da qual cada mendigo da cidade receberia a quantia de seis dinheiros, intentou-se uma abrangente estatística dos mendigos de Florença.

Mais tarde, essa contemplação estatística das coisas desenvolveu-se ainda mais amplamente entre os florentinos. Sua beleza reside no fato de que ela, em geral, deixa entrever sua conexão com o histórico, em seu sentido mais elevado, com a arte e com a cultura de um modo geral. Um registro do ano de 1422 menciona, de uma só penada, as 72 casas de câmbio que circundam o *mercato nuovo*, o montante de dinheiro em circulação (2 milhões de florins de ouro), a então recente indústria de fios de ouro, os tecidos de seda, Filippo Brunelleschi — que desenterra a arquitetura clássica —, Leonardo Aretino — secretário da República, que desperta de seu sono a literatura e a eloqüência antigas — e, finalmente, a prosperidade geral da cidade, vivendo então um período de tranqüilidade política, além da felicidade da Itália, que se libertara das tropas mercenárias estrangeiras. Por certo, aquela já citada estatística veneziana, datada quase desse mesmo ano, revela posses, rendimentos e um horizonte muito maiores; há tem-

---

* Sobre a peste propriamente dita, veja-se sobretudo o famoso retrato de Boccaccio, no princípio do *Decameron*.

pos Veneza domina os mares com suas embarcações, ao passo que Florença lança ao mar sua primeira galera própria em 1422, em direção a Alexandria. Mas quem não reconhece no registro florentino a presença de um espírito superior? Apontamentos desse gênero e semelhantes são ali efetuados a cada década, e, aliás, organizados já sob a forma de panoramas gerais, enquanto noutras partes encontramos, na melhor das hipóteses, dados isolados. Assim, ficamos conhecendo aproximadamente a fortuna e os negócios dos primeiros Medici, que, de 1434 a 1471, despendiam em esmolas, edificações públicas e impostos não menos do que 663 755 florins de ouro — mais de 400 mil dos quais provindos apenas de Cosme; e Lourenço, o Magnífico, alegra-se de que o dinheiro seja tão bem empregado. Posteriormente a 1478, encontramos um novo panorama altamente importante e, à sua maneira, completo do comércio e das indústrias florentinas, dentre estas, muitas ligadas total ou parcialmente à arte, como aquelas relacionadas aos tecidos bordados em ouro e prata, aos damascos, à escultura de arabescos em mármore ou arenito, às figuras de cera, à ourivesaria e à confecção de jóias. De fato, o talento inato dos florentinos para a sistematização de toda a sua existência material revela-se também em seus livros acerca da economia doméstica, dos negócios e da agricultura, livros que por certo se distinguem consideravelmente daqueles do restante da Europa do século XV. Não sem razão, começou-se a publicar trechos escolhidos deles, mas muitos estudos serão ainda necessários para que deles possamos tirar conclusões claras e definitivas. Seja como for, também aí dá-se a conhecer aquela Florença na qual pais moribundos solicitam ao Estado, em seus testamentos, que seus filhos sejam punidos em mil florins de ouro, caso não desejem praticar um ofício regular qualquer.

Talvez nenhuma outra cidade do mundo possua um documento relativo à primeira metade do século XVI semelhante à magnífica descrição de Florença de autoria de Varchi. Assim, também no campo da estatística descritiva — como em tantos outros —, Florença tinha um modelo a apresentar, antes que sua liberdade e grandeza tivessem um fim.*

Paralelamente a essa sistematização da existência material, no entanto, caminha aquela contínua descrição da vida política da qual se falou aqui anteriormente. Florença não apenas experimenta um maior número de configurações e nuances políticas, como também delas nos presta contas com um grau de reflexão incomparavelmente maior do que aquele que encontramos nos demais Estados livres italianos e no Ocidente em geral. Constitui, assim, o mais perfeito espelho da relação de classes e indivíduos com um todo variável. Os quadros das grandes demagogias burguesas na França e em Flandres, como os esboça Froissart, bem como as narrativas contidas em nossas crônicas alemãs do século XIV, são verdadeiramente de grande importância, mas, em sua plenitude intelectual, assim como na fundamentação multifacetada do desenrolar dos acontecimentos descritos, os florentinos revelam-se infinitamente superiores a todos os outros. A dominação da nobreza, as tiranias, as lutas das camadas médias da população contra o proletariado, a completa, parcial

---

* Acerca do valor do dinheiro e da riqueza na Itália, na falta de meios que auxiliem na investigação, posso aqui apenas reunir alguns dados esparsos colhidos ao acaso. Exageros evidentes há que se deixar de lado. As moedas de ouro às quais remete a maior parte das informações são o ducado, o cequim, o florim de ouro e o escudo de ouro. Seu valor é, aproximadamente, o mesmo: de onze a doze francos de nossa moeda. Em Veneza, o doge Andrea Vendramin (1476), por exemplo, possuidor de 170 mil ducados, era tido por muito rico (Malipiero, *Ann. Veneti*, in *Archivio storico italiano*, VII, II, p. 666). Na década de 1460, o patriarca de Aquiléia, Lodovico Patavino, com seus 200 mil ducados, é chamado "quase o mais rico de todos os italianos" (Gasp. Veronens., *Vita Pauli II*, in Muratori, III, II, col. 1027). Outras fontes fornecem-nos informações já fabulosas. A nomeação para cardeal de seu filho Domenico custou a Antonio Grimani 30 mil ducados. Estimava-se que, somente em dinheiro vivo, este possuísse 100 mil ducados (*Chron. Venetum*, in Muratori, XXIV, col. 125). Sobre o comércio de cereais e seu preço no mercado de Veneza, ver sobretudo Malipiero, op. cit., VII, II, p. 709 ss. (anotações de 1498). Por volta de 1522, Gênova, e não mais Veneza, é tida como a cidade mais rica da Itália, depois de Roma (crível em função da autoridade de um F. Vettori. Ver sua *Storia*, in *Archivio storico italiano*, apênd.,

ou aparente democracia, o primado de uma única casa, a teocracia (com Savonarola) e, por fim, aquelas formas híbridas de governo que prepararam o terreno para o principado despótico dos Medici — tudo isso é descrito de tal forma a trazer à luz a motivação dos envolvidos. Em suas *Histórias florentinas* (até 1492), enfim, Maquiavel concebe já sua cidade natal como um ser absolutamente vivo, e o processo de desenvolvimento desta como um processo individual e natural — uma concepção à qual chega na condição do primeiro dentre os modernos a fazê-lo. Ultrapassa o âmbito deste ensaio examinar se e em que pontos Maquiavel procedeu arbitrariamente ali, como é notório que o fez em sua *Vida de Castruccio Castracane*, o retrato de um tirano que pintou de forma caprichosamente autoritária. Objeções poderiam ser levantadas a cada uma das linhas dessas *Histórias florentinas*; ainda assim, seu valor único e elevado permaneceria, em essência, intocado. Que plêiade de nomes ilustres compõem os contemporâneos e sucessores de Maquiavel — Jacopo Pitti, Guicciardini, Segni, Varchi, Vettori! E que história retratam esses mestres! As últimas décadas da República florentina, palco

---

v. VI, p. 343). Bandello menciona o mais rico mercador genovês de seu tempo, Ansaldo Grimaldi. F. Sansovino supõe, entre 1400 e 1580, uma queda pela metade do valor do dinheiro (*Venezia*, fol. 151, bis.). Na Lombardia, acredita-se que a relação entre o preço dos cereais em meados do século XV e o mesmo preço em meados do século XIX seja de três para oito (*Sacco di Piacenza*, in *Archivio storico italiano*, apênd., vol. V, nota do editor, Scarabelli). Em Ferrara, à época do duque Borso, havia riquezas de até 50, 60 mil ducados (*Diario Ferrarese*, in Muratori, XXIV, col. 207, 214 e 218). Acerca de Florença, há informações de caráter bastante excepcional, que não conduzem a uma média. É o que se verifica quanto àqueles empréstimos tomados por príncipes estrangeiros, que, embora atribuídos a uma ou duas casas, constituíam, na verdade, negócios de grandes companhias. É esse, ainda, o caso da enorme tributação imposta a membros de partidos derrotados. Assim é que, por exemplo, de 1430 a 1453, 4 875 000 florins de ouro foram pagos por 77 famílias (Varchi, III, p. 115 ss.). A fortuna de Giovanni de Medici somava, por ocasião de sua morte (1428), 179 221 florins de ouro. De seus dois filhos — Cosme e Lourenço —, porém, somente este último deixou, ao morrer (1440), 235 137 florins (Fabroni, *Laurentii Medicei magnifici vita*, adnot. 2). Um testemunho da prosperidade geral dá-nos, por exemplo, o

de acontecimentos inesquecíveis e grandiosos, são-nos por eles transmitidas em sua totalidade. Nesse registro colossal do ocaso da mais elevada e singular forma de vida do mundo de outrora, é possível que uns reconheçam nada mais do que uma coletânea de curiosidades de primeira categoria; outros, munidos de alegria infernal, constatarão a falência do nobre e do elevado; um terceiro poderá interpretar o conjunto como um grande processo judicial — seja como for, tal registro permanecerá objeto de reflexão até o final dos tempos.

Desventura capital a turvar renovadamente a história de Florença constituiu sua dominação sobre inimigos outrora poderosos por ela sujeitados, como ocorreu com Pisa, o que teve por conseqüência necessária um constante estado de violência. O único remédio possível, decerto bastante extremo, que somente Savonarola teria podido ministrar, e mesmo assim apenas com o auxílio de circunstâncias particularmente fortuitas, teria sido a dissolução da Toscana em uma federação de cidades livres — uma idéia que, já na condição de um delírio febril e tardio, conduzirá um patriótico cidadão de Lucca ao cadafalso (1548).* Desse infortúnio, e da infeliz simpatia guelfa dos florentinos por um príncipe estrangeiro — o que os familiarizou, portanto, com a idéia de intervenções estrangeiras —, decorre todo o restante.

---

fato de que, já no século XIV, as 44 lojas de ourives na Ponte Vecchio rendiam ao Estado oitocentos florins de ouro em aluguéis anuais (Vasari, II, 114, *V. di Taddeo Gaddi*). O diário de Buonaccorso Pitti (in Delécluze, *Florence et ses vicissitudes*, v. II) está repleto de números que, no entanto, comprovam apenas genericamente o alto preço das mercadorias e o reduzido valor do dinheiro. Quanto a Roma, as receitas da cúria, provindas de toda a Europa, naturalmente não nos oferecem parâmetro algum. Tampouco são confiáveis as informações acerca de tesouros papais e das fortunas dos cardeais. O conhecido banqueiro Agostino Chigi legou (1520) uma fortuna no valor total de 800 mil ducados.

* Sabemos bem de que maneira Milão, por sua dureza em relação às cidades irmãs no século XI e até o XIII, facilita a formação de um grande Estado despótico. Em 1447, ao perecerem os Visconti, Milão põe a perder a liberdade da Itália setentrional sobretudo por não querer saber de uma federação de cidades com direitos iguais.

Quem, no entanto, não admirará esse povo, que sob o comando de seu monge santo e sob uma atmosfera de constante elevação dá o primeiro exemplo italiano de indulgência com relação aos inimigos derrotados, quando toda a época precedente nada mais prega senão a vingança e o extermínio? O fogo que ali funde patriotismo e conversão moral e religiosa em um só todo parece, à distância, logo extinguir-se novamente, mas suas melhores conseqüências resplandecem, então, de maneira renovada, naquele memorável cerco de 1529-30. Por certo, foram "loucos" os que evocaram uma tal tempestade sobre Florença — como Guicciardini os caracterizou então, reconhecendo ele próprio, contudo, que lograram atingir o que se acreditava impossível; e quando diz que os sábios teriam evitado a desgraça, não quer dizer outra coisa senão que Florença deveria, de maneira totalmente inglória e silente, ter se entregado às mãos de seus inimigos: teria, assim, preservado os magníficos subúrbios e jardins, além da vida e do bem-estar de inúmeros cidadãos, mas teria também ficado mais pobre, privada de uma de suas mais grandiosas lembranças.

Em muitas coisas importantes, coisas que tiveram ali sua primeira expressão, os florentinos constituem um modelo não só para os italianos como também para os europeus modernos de um modo geral; o mesmo pode-se dizer de seus aspectos mais sombrios. Quando já Dante comparava Florença — sempre a emendar sua Constituição — com um doente a mudar constantemente de posição para escapar das próprias dores, caracterizava assim um traço básico permanente da vida desse Estado. O grande equívoco moderno de acreditar que se pode fazer uma constituição, que se pode renová-la mediante o cômputo das forças e tendências existentes, ressurgia sempre em Florença em tempos agitados — e mesmo Maquiavel não esteve a salvo dessa idéia.*
Artífices do Estado se formam, pretendendo, por meio da trans-

---

* No terceiro domingo do Advento, em 1494, pregando acerca do modo de produzir uma nova constituição, Savonarola propôs que cada uma das dezesseis companhias da cidade elaborasse um projeto. Os quatro melhores seriam, então,

ferência e distribuição artificiais do poder, de sistemas eleitorais altamente refinados, de pseudo-autoridades e similares, fundar uma situação duradoura, querendo contentar — ou também iludir — em igual medida grandes e pequenos. Ao fazê-lo, tomam ingenuamente como exemplo a Antiguidade clássica, dela tomando emprestados também, e oficialmente, os nomes dos partidos, como, por exemplo, *ottimati*, *aristocrazia* etc. Foi apenas a partir daí que o mundo começou a se habituar a essas expressões, conferindo-lhes um sentido convencional, europeu, ao passo que, anteriormente, todos os nomes de partidos remetiam a sua própria área de atuação, caracterizando de forma imediata sua proposta ou originando-se dos caprichos do acaso. Em que grande medida, porém, o nome colore ou descolore o objeto que o carrega!

De todos os que julgaram poder construir um Estado, Maquiavel é, incomparavelmente, o maior. Ele toma as forças existentes sempre como vivas e ativas, apresenta as alternativas de forma correta e admirável e não procura iludir nem a si próprio nem aos outros: Não há nele qualquer traço de vaidade ou ostentação; tampouco escreve, afinal, para o público, mas apenas para autoridades, príncipes ou para amigos. O perigo em Maquiavel jamais reside numa falsa genialidade, e tampouco num desfiar equivocado de conceitos, mas numa poderosa imaginação que, claramente, lhe custa esforço domar. Sua objetividade política é, por vezes, indubitavelmente terrível em sua franqueza, mas nascida em uma época de necessidades e perigos os mais extremos, em que os homens já não podiam facilmente crer no direito nem ter por pressuposto a justiça. Não nos impressiona grandemente a indignação virtuosa contra tal objetividade, não a nós que, neste nosso século XIX, vimos por toda parte o poder em ação. Maquiavel era, pelo menos, capaz de esquecer de si próprio em meio às questões que tratava. Acima de tudo, ele é um patriota, no sentido mais estrito da palavra, embora seus es-

---

escolhidos pelos *gonfalonieri* e destes, finalmente, a *signoria* escolheria o melhor de todos! O que se deu, no entanto, foi algo bem distinto, e, aliás, por influência do próprio pregador.

critos (com poucas exceções) sejam totalmente destituídos de qualquer entusiasmo imediato, e os próprios florentinos o vejam, afinal, como um criminoso. Por mais que tenha se excedido em seus costumes e palavras — conforme o hábito da maioria —, era efetivamente o bem-estar do Estado que lhe ocupava os pensamentos. Seu programa mais completo para a organização de um novo aparelho estatal florentino encontra-se registrado no memorial a Leão X [*Discorso sopra il reformar lo stato di Firenze*], escrito após a morte do jovem Lourenço de Medici, duque de Urbino (morto em 1519), a quem dedicara *O príncipe*. A situação geral é já irreversível e totalmente dominada pela corrupção, e os meios e caminhos sugeridos não obedecem todos a preceitos morais; é, entretanto, altamente interessante observar como Maquiavel alimenta a esperança de introduzir a república como a herdeira dos Medici, e, aliás, sob a forma de uma democracia moderada. Um conjunto mais engenhoso de concessões ao papa, aos vários sequazes deste e aos diversos interesses florentinos não é possível conceber: acreditamos estar vendo por dentro o mecanismo de um relógio. Numerosos outros princípios, observações isoladas, paralelos, perspectivas políticas etc. relativos a Florença, encontram-se nos *Discursos*, dentre os quais há visões luminosas de rara beleza. Maquiavel reconhece, por exemplo, a lei de um desenvolvimento progressivo das repúblicas — um desenvolvimento que, aliás, se manifesta de forma intermitente — e exige que o aparelho estatal seja flexível e capaz de transformações, uma vez que só assim os súbitos derramamentos de sangue e os banimentos seriam evitados. Por um motivo semelhante — ou seja, a fim de barrar o caminho a atos individuais de violência e à intervenção estrangeira ("a morte de toda liberdade") —, deseja ver introduzida uma forma de acusação judicial (*accusa*) contra cidadãos detestados, contra os quais Florença, desde sempre, dispusera apenas da maledicência. Com maestria, caracteriza as decisões forçadas e tardias que, em épocas críticas, tão grande papel desempenham na vida das repúblicas. Em meio a tudo isso, a imaginação e a pressão dos tempos seduzem Maquiavel, em uma passagem, a fazer uma louvação incondicional do povo, que saberia escolher seus auxiliares melhor do que qualquer príncipe e, "aconselhado", deixar-se-ia demover de equívocos.* Quanto ao domínio sobre a Toscana, ele não punha em dúvida que este pertencia a sua cidade, considerando (em um *Discurso* especial) questão vital a reconquista de Pisa; lamenta que, após a rebelião de 1502, Arezzo não tivesse sido posta abaixo; chega mesmo a admitir, de um modo geral, que as repúblicas italianas deveriam poder expandir-se livremente em direção ao exterior, aumentando seus domínios, para que não fossem elas próprias atacadas e para disporem de tranqüilidade interna; Florença, porém, segundo acredita, teria sempre agido às avessas, fazendo-se desde o início inimiga mortal de Pisa, Siena e Lucca, ao passo que Pistoia, "tratada fraternalmente", a ela se sujeitara voluntariamente.

Seria impróprio pretender traçar até mesmo um paralelo entre as poucas repúblicas restantes ainda existentes no século XV e essa Florença única, que foi de longe o mais importante laboratório do espírito italiano e até do moderno espírito europeu em geral. Siena sofreu dos mais graves males organizacionais, e não nos devemos deixar iludir por seu relativo desenvolvimento na indústria e nas artes. De sua cidade natal, Enéias Sílvio dirige um olhar verdadeiramente desejoso para as "felizes" cidades imperiais alemãs, onde inexistem o confisco de propriedades e heranças, as autoridades violentas e as facções a arruinar a existência.** Gênova pouco se enquadra no panorama aqui contem-

---

* Ponto de vista que, sem dúvida, tendo aqui sua origem, reaparecerá em Montesquieu.

** De que maneira uma precária cultura e capacidade de abstração modernas interfeririam por vezes na vida política, mostram-no as lutas partidárias de 1535. Um certo número de merceeiros, inflamados pela leitura de Tito Lívio e dos *Discursos* de Maquiavel clama, com toda a seriedade, por tribunos do povo e outros magistrados da antiga Roma, para fazer frente ao desgoverno dos nobres e dos funcionários.

plado, uma vez que mal teve participação no conjunto do Renascimento anteriormente à época de Andrea Dória, razão pela qual o habitante da Riviera era tido na Itália como um desdenhador de toda a alta cultura. As lutas partidárias exibem ali um caráter tão selvagem, fazendo-se acompanhar de tão violentas oscilações na vida da cidade, que mal se pode compreender como é que os genoveses, tendo dado início a tudo isso e após tantas revoluções e ocupações, lograram sempre retornar a uma situação suportável — o que talvez tenha sido possível pelo fato de todos aqueles que estavam envolvidos com o aparelho estatal serem, ao mesmo tempo e quase sem exceção, mercadores. Gênova nos ensina, de modo surpreendente, que grau de insegurança o trabalho, de maneira geral, e a riqueza podem suportar e com que circunstâncias internas a possessão de colônias distantes é compatível.

Lucca não possui grande importância no século XV. Da primeira década desse século, quando a cidade vivia sob a semitirania da família Guinigi, preservou-se um parecer do historiador luquense Giovanni di Ser Cambio, parecer que, no tocante à situação das casas soberanas nas repúblicas, pode ser considerado um expressivo monumento. Nele, o autor fala do tamanho e distribuição das tropas de mercenários na cidade e região; da concessão dos cargos públicos a partidários escolhidos; do registro de todas as armas de propriedade privada e do desarmamento das pessoas suspeitas; da vigilância sobre os banidos, que, sob ameaça de confisco total, são induzidos a não deixar o lugar que lhes foi determinado para o exílio; da eliminação de rebeldes perigosos por meio de atos de violência praticados às ocultas; da intimação a mercadores e industriais emigrados para que retornem; da eliminação, tanto quanto possível, das assembléias mais amplas de cidadãos (*consiglio generale*), substituídas por uma comissão contendo de doze a dezoito membros e composta exclusivamente por partidários do soberano; da contenção de todas as despesas em função dos imprescindíveis mercenários, sem os quais viver-se-ia exposto a perigos constantes e os quais precisam ser mantidos de bom humor ("i soldati si faccino amici, confidanti e savi" [façam-se os soldados amigos, confiantes e sábios]); e, finalmente, admite a presente situação de dificuldade, sobretudo a decadência da indústria da seda, mas também de todas as demais, bem como da vinicultura, sugerindo, como medida de emergência, um pesado tributo sobre vinhos estrangeiros e obrigatoriedade, a ser aplicada à zona rural (*contado*), de comprar tudo na cidade, à exceção de gêneros alimentícios. Tal parecer necessitaria também de um comentário mais aprofundado de nossa parte. Contudo, seja ele aqui apenas mencionado como uma das muitas provas de que, na Itália, uma reflexão política coerente desenvolvera-se muito antes do que no Norte.

A POLÍTICA EXTERNA DOS ESTADOS ITALIANOS

Assim como, em sua maioria, os Estados italianos constituíam obras de arte — ou seja, eram produto da reflexão, criações conscientes, embasadas em manifestos e bem calculados fundamentos —, também sua relação entre si e com o exterior tinha de ser uma obra de arte. O fato de repousarem quase todos sobre usurpações deveras recentes é-lhes, para as relações exteriores, tão fatal quanto para sua situação interna. Estado algum reconhece o outro sem reservas; o mesmo jogo de azar que presidiu a fundação e consolidação da própria dominação pode também presidir o relacionamento com o vizinho. Se vai ou não governar tranqüilo é algo que absolutamente não depende do déspota. A necessidade de se expandir, ou mesmo de se mover, é própria de todos os governantes ilegítimos. Assim, a Itália torna-se a pátria de uma "política externa" que, paulatinamente e também em outros países, assumiu a posição de um reconhecido estado de direito. O tratamento puramente objetivo das questões internacionais, livre tanto de preconceitos quanto de escrúpulos morais, atinge por vezes uma perfeição que o faz parecer elegante e grandioso, embora em seu conjunto produza a impressão de um abismo sem fundo.

Juntos, intrigas, alianças, armamentos, subornos e traição generalizada compõem a história da política exterior italiana de então. Particularmente Veneza foi, durante muito tempo, alvo de acusações generalizadas, como se quisesse conquistar toda a Itália ou, pouco a pouco, rebaixá-la a tal ponto que seus Estados, impotentes, tivessem de cair-lhe nos braços, um após o outro. Observando-se mais de perto esse quadro, porém, percebe-se que tal grita não provém do povo, mas da vizinhança imediata de príncipes e governantes, quase todos fortemente detestados por seus súditos, enquanto Veneza, com seu governo razoavelmente brando, goza de confiança geral.* A própria Florença, com o ranger de dentes das cidades a ela sujeitas, via-se numa posição mais do que desvantajosa com relação a Veneza, mesmo desconsiderando-se a inveja pela posição comercial desta e seu avanço na Romanha. Por fim, a Liga de Cambrai logrou enfraquecer de fato aquele Estado que toda a Itália, reunindo suas forças, deveria ter amparado.

Todos os demais Estados provêem-se também mutuamente dos piores golpes, conforme lhes dita a má consciência, estando continuamente prontos a extremos. Ludovico, o Mouro, os aragoneses de Nápoles, Sisto IV — para não falar de forças menores — mantêm acesa na Itália a mais perigosa inquietação. Tivesse esse terrível jogo ao menos se restringido unicamente à Itália! Mas a própria natureza das coisas contribuiu para que se procurasse por intervenção e auxílio no estrangeiro, principalmente junto a franceses e turcos.

De início, as simpatias da própria população voltam-se quase totalmente para a França. Com uma ingenuidade de despertar pavor, Florença sempre confessara sua simpatia guelfa pelos franceses. Quando, então, Carlos VIII efetivamente surgiu no Sul

---

* Galeazzo Maria Sforza, é verdade, diz o contrário disso a um agente veneziano em 1467, mas o faz por mera fanfarronice. Havendo oportunidade, campos e cidades entregam-se voluntariamente a Veneza, sobretudo as que logram escapar de mãos tirânicas, ao passo que Florença tem de reprimir repúblicas vizinhas, acostumadas à liberdade, como nota Guicciardini (*Ricordi*, N. 29).

dos Alpes, toda a Itália o acolheu com uma alegria que a ele próprio e aos seus pareceu bastante estranha.* Na imaginação dos italianos (veja-se Savonarola, por exemplo), permanecia viva a imagem ideal de um salvador, de um soberano grandioso, sábio e justo — só que não mais um imperador, como o desejava Dante, mas o rei capeto da França. Com a retirada deste, desfez-se completamente a ilusão, mas levou ainda muito tempo até que se compreendesse quão redondamente Carlos VIII, Luís XII e Francisco I haviam se equivocado quanto a sua verdadeira relação com a Itália e por que motivações secundárias se haviam deixado levar. Diferentemente do povo, os príncipes procuraram servir-se da França. Terminadas as guerras franco-inglesas, tendo já Luís XI lançado suas redes diplomáticas em todas as direções e estando Carlos de Borgonha a embalar-se com seus planos aventureiros, os gabinetes italianos mostraram-se inteiramente receptivos a seus propósitos, razão pela qual a intervenção francesa tinha necessariamente de acontecer, mais cedo ou mais tarde: ainda que inexistisse a pretensão sobre Nápoles e Milão, ela certamente ocorreria, da mesma forma como ocorrera havia tempos em Gênova e no Piemonte, por exemplo. Os venezianos já a esperavam em 1462. O medo mortal que sentia o duque Galeazzo Maria, de Milão, durante a guerra de Borgonha, temendo o assalto tanto de Luís XI quanto de Carlos, aliado que estava, aparentemente, a ambos, depreende-se visivelmente de sua correspondência.** A idéia de um equilíbrio entre os quatro principais Estados italianos, como o concebia Lourenço, o Magnífico, era, na verdade, apenas o postulado de um espírito lúcido, mas otimista, acima tanto de uma política experimental criminosa quanto das superstições guelfas dos florentinos, e que se esforçava por esperar o melhor. Quando Luís XI ofereceu-lhe tropas de auxílio na guerra contra Ferrante, de Nápoles, e Sisto IV, ele respondeu [Niccolò Valori, *Vita di Lorenzo*]: "Não me é ainda possível pri-

---

* Os franceses eram vistos *comme saints* (Comines, *Charles VIII*).
** Certa feita, Carlos já falara em dar Milão ao jovem Luís de Orléans.

vilegiar o proveito próprio à custa do perigo para toda a Itália. Queira Deus que jamais ocorra aos reis franceses testar suas forças nesta terra! Se tal vier a acontecer, a Itália estará perdida". Para outros príncipes, ao contrário, o rei da França é, alternadamente, instrumento ou objeto de pavor: ameaçam com ele, tão logo se vêem incapazes de encontrar saída confortável para um embaraço qualquer. Os papas acreditam piamente poder jogar com a França, sem com isso correr qualquer perigo, e até Inocêncio VIII chegou a crer que podia retirar-se amuado para o Norte para, de lá, com o auxílio de um exército francês, retornar à Itália como conquistador.

Homens bem pensantes previram, portanto, a conquista estrangeira muito antes da campanha de Carlos VIII. Foi apenas quando este encontrava-se já de volta ao outro lado dos Alpes que ficou claro a todos que uma era de intervenções começava. Desse momento em diante, os infortúnios se sucedem. Tarde demais, percebe-se que França e Espanha — os dois principais interventores — haviam se tornado, nesse meio-tempo, grandes e modernas potências, que não podem mais dar-se por satisfeitas com homenagens superficiais, mas têm de travar uma batalha de morte pela posse da Itália e por sua influência sobre ela. Ambas haviam começado a igualar-se aos Estados italianos centralizados e mesmo a imitá-los, mas em proporções colossais. Por certo tempo, planos de anexação e troca de territórios adquirem caráter obrigatório. É sabido, porém, que o resultado final foi a total preponderância da Espanha, que, como ponta-de-lança da Contra-Reforma, sujeita também o papado a uma longa dependência. A melancólica reflexão dos filósofos da época consistiu, então, unicamente em demonstrar que todos aqueles que tinham invocado os bárbaros haviam tido um triste fim.

Abertamente e sem qualquer receio, estabelecem-se também no século XV relações com os turcos — o que parecia ser um instrumento de atuação política como outro qualquer. O conceito de uma "cristandade ocidental" solidária havia já, por diversas vezes no decorrer das Cruzadas, sofrido consideráveis abalos. Frederico II já o havia possivelmente superado, mas o renovado avanço do Oriente, a miséria e a ruína do Império Grego renovaram também, em sua essência, aquele velho sentimento (ainda que não seu fervor). Nesse aspecto, a Itália constitui uma completa exceção: por maior que possa ter sido o medo diante dos turcos e o perigo real, não há praticamente governo algum de maior significação que não tenha alguma vez se aliado criminosamente a Maomé II e seus sucessores contra outros Estados italianos. E mesmo aos que não o fizeram creditou-se, de qualquer forma, a possibilidade de que o tivessem feito — uma acusação não tão grave quanto, por exemplo, a imputada pelos venezianos ao herdeiro do trono de Afonso, de Nápoles, inculpado de ter enviado pessoas para envenenar as cisternas de Veneza. De um criminoso como Sigismondo Malatesta, não se esperava outra coisa a não ser que chamasse os turcos para a Itália. Mas também os aragoneses de Nápoles, dos quais um dia Maomé tomara Otranto — supõe-se que incitado por outros governos italianos —, posteriormente açularam o sultão Bajazé II contra Veneza. Ludovico, o Mouro, deixou-se imputar culpa semelhante: "O sangue dos que tombaram e a desgraça dos prisioneiros nas mãos dos turcos clamam a Deus por vingança contra ele", diz o analista do Estado. Em Veneza, onde tudo se sabia, era também fato conhecido que Giovanni Sforza, príncipe de Pesaro e primo de Ludovico, dera abrigo aos enviados turcos a caminho de Milão. Dos papas do século XV, os dois mais respeitáveis, Nicolau V e Pio II, morreram em meio à mais profunda apreensão quanto aos turcos — este último, inclusive, quando dos preparativos para uma cruzada que ele próprio pretendia liderar. Seus sucessores, em contrapartida, desviam o dinheiro coletado junto a toda a cristandade para o combate aos turcos, aviltando as indulgências nele fundadas mediante a especulação financeira em proveito próprio. Inocêncio VIII presta-se a servir de carcereiro ao príncipe Djem, fugitivo, em troca de uma soma anual a ser paga pelo irmão deste, Bajazé II, e Alexandre VI dá suporte às iniciativas de Ludovico, o Mouro, em Constantinopla, no sentido de incentivar um ataque turco a Veneza (1498), ao que esta cidade o ameaça com um concílio. Vê-se, pois, que a famigerada aliança de Francisco I com Solimão II não constituiu fato novo e inaudito no gênero. De resto, havia ainda populações inteiras às quais a passagem para as mãos dos turcos não mais se afigurava particularmente terrível. Mesmo que elas disso se tenham valido apenas para ameaçar governos opressores, seria esse, de qualquer forma, um indício de que se haviam já, em larga medida, familiarizado com a idéia. Já por volta de 1480, Battista Mantovano dá claramente a entender que a maioria dos habitantes da costa adriática previa algo do gênero, e que Ancona, em particular, o desejava. Certa feita, sentindo-se a Romanha fortemente oprimida sob Leão X um deputado de Ravena, diante do cardeal legado, Giulio de Medici, disparou [Tommaso Gar, *Relazioni della corte di Roma*]: "*Monsignore*, a insigne República de Veneza não nos quer, por não desejar entrar em conflito com a Igreja. Mas, se os turcos vierem a Ragusa, a eles nos entregaremos".

Em vista da sujeição da Itália pelos espanhóis, então já em curso, constitui um triste mas absolutamente não infundado consolo que, a partir de então, o país se encontrasse protegido ao menos ante a possibilidade de ser barbarizado pela dominação turca. Em face da divisão interna no tocante a seu domínio, dificilmente teria a Itália, por si só, logrado preservar a si própria de tal destino.*

Se, depois de todo o exposto, cabe aqui dizer algo de bom acerca da arte italiana de conduzir o Estado, tal elogio só pode ser dirigido ao tratamento objetivo e desprovido de preconceitos dispensado àquelas questões ainda não turvadas pelo medo, paixão ou maldade. Não há na Itália um sistema feudal semelhante àquele que encontramos no Norte, com os direitos arti-

---

* Não me convence a opinião de Michelet (*Réforme*, p. 467) de que os turcos ter-se-iam ocidentalizado na Itália.

ficiais dele decorrentes, mas o poder que cada um possui, ele ao menos o possui (geralmente) de fato. Tampouco há ali uma nobreza a circundar o príncipe e a manter vivo em seu espírito um senso abstrato de honra, com todas as suas bizarras conseqüências; ao contrário, príncipes e conselheiros concordam em que devem agir conforme a situação e os objetivos a serem atingidos. Inexiste um orgulho de casta a excluir quem quer que fosse na escolha daqueles de quem se faz uso ou na dos aliados, viessem de onde viessem. Do poder real nos fala abundantemente, e com voz audível o bastante, a classe dos condottieri, no seio da qual a questão da origem é absolutamente indiferente. Por fim, os governos, liderados por déspotas cultos, conhecem o próprio território e os vizinhos com uma exatidão incomparavelmente maior do que seus contemporâneos do Norte conheciam os seus, e calculam até os mínimos detalhes a capacidade de ação de aliados e inimigos, tanto em seu aspecto econômico quanto moral. A despeito dos mais graves equívocos que cometeram, parecem estatísticos inatos.

Com tais governantes podia-se negociar, alimentar esperanças de convencê-los, isto é, determinar-lhes a atitude por meio de argumentos baseados em fatos. Tendo se tornado prisioneiro de Filippo Maria Visconti, o grande Afonso de Nápoles (1434) soube persuadi-lo de que a dominação da casa de Anjou, em vez da sua própria, sobre aquele reino faria dos franceses os senhores da Itália; Filippo Maria Visconti libertou-o sem exigir qualquer resgate e selou com ele uma aliança. Dificilmente um príncipe do Norte teria agido dessa forma, e, com certeza, nenhum dotado das demais características morais de Visconti. Uma sólida confiança no poder dos argumentos fundados em fatos demonstra também a famosa visita que Lourenço, o Magnífico — para a perplexidade geral dos florentinos —, fez, em Nápoles, ao infiel Ferrante, que certamente sentiu-se tentado a retê-lo ali como prisioneiro e não era bondoso demais para deixar de fazê-lo. Aprisionar um príncipe poderoso e, depois, tendo dele arrancado algumas assinaturas e outras profundas humilhações, libertá-lo novamente com vida — como o fizera Carlos, o Temerário, com Luís XI em Péronne (1468) — parecia aos italianos uma insensatez, de modo que Lourenço nem sequer era aguardado de volta, ou o era coberto de glória. Dessa arte do convencimento político, empregada à época sobretudo pelos embaixadores venezianos, só se teve notícia ao norte dos Alpes pelos italianos, e não é lícito julgá-la a partir dos discursos oficiais, pois estes pertencem à retórica escolar humanística. Rudezas e ingenuidades tampouco faltaram às relações diplomáticas, em que pese o já bastante avançado desenvolvimento geral da etiqueta. Um espírito como Maquiavel, em suas *Legazioni*, afigura-se-nos, todavia, quase comovente. Instruído precariamente, miseravelmente equipado, tratado como um agente subalterno, ele jamais perde seu livre e elevado espírito de observação e seu gosto pelo relato vívido.

A Itália é, então, e permanece sendo sobretudo a terra das "instruções" e "relações" políticas. Decerto, a excelência na negociação esteve presente também em outros domínios; só ali, no entanto, encontramos desde muito cedo tão numerosos marcos. Já o longo despacho datado das últimas semanas de vida do amedrontado Ferrante de Nápoles (17 de janeiro de 1494) e endereçado pelas mãos de Pontano ao gabinete de Alexandre VI transmite-nos o mais elevado conceito desse gênero de documento estatal — e esse é apenas um exemplo casual de que dispomos, dentre um grande número de despachos de autoria de Pontano. Quantos, de semelhante significação e vivacidade, oriundos de outros gabinetes do já quase findo século XV e do princípio do século XVI — para não falar do seguinte —, não jazerão ainda ocultos!

Do estudo do homem, como povo e como indivíduo, que, entre os italianos, caminhou lado a lado com o estudo das condições gerais da vida humana, falar-se-á adiante, em um segmento especial.

A GUERRA COMO OBRA DE ARTE

Um breve exame da maneira pela qual também a guerra assumiu o caráter de obra de arte será aqui esboçado em poucas palavras. Dentro dos limites do sistema de defesa e ataque então em vigor, a formação do guerreiro na Idade Média ocidental era bastante completa. Sempre presentes estiveram também, certamente, inventores geniais na arte da fortificação e do sítio. A estratégia e a tática, porém, tiveram seu desenvolvimento perturbado pelas muitas limitações impostas ao caráter e à duração do serviço militar e pela ambição da nobreza — que, por exemplo, diante do inimigo, disputava a primazia no combate e, já pela mera impetuosidade, punha a perder justamente as principais batalhas, como as de Crécy e Maupertuis. Entre os italianos, pelo contrário, as tropas mercenárias, organizadas diferentemente, fizeram-se predominantes antes do que em qualquer outra parte, assim como também o desenvolvimento precoce de armas de fogo contribuiu para, de certa maneira, democratizar a guerra, não apenas porque as mais sólidas cidadelas estremeciam ante as bombardas, mas também porque a perícia do engenheiro, do fundidor de armas e do artilheiro — adquirida por vias burguesas — assumiu o primeiro plano. Sentiu-se, então, não sem alguma dor, que o valor do indivíduo — a alma dos pequenos e excelentemente preparados exércitos italianos de mercenários — fora afetado por aquele instrumento de destruição à distância, tendo havido alguns condottieri isolados que protestaram veementemente ao menos contra o arcabuz, então recém-inventado na Alemanha. Assim foi que Paolo Vitelli mandou arrancar os olhos e decepar as mãos dos *schioppettieri* [escopeteiros] inimigos capturados, mesmo reconhecendo como legítima a utilização de canhões, dos quais ele próprio se valia.* De um modo geral, porém, admitiu-se o predomínio dessas invenções, explorando-lhes todas as possibili-

---

* Atitude que nos lembra Frederico de Urbino, que "se teria envergonhado" de admitir em sua biblioteca um livro impresso (ver p. 194).

dades, de maneira que, tanto no tocante aos instrumentos de ataque quanto à construção de fortificações, os italianos tornaram-se os mestres de toda a Europa. Príncipes como Frederico de Urbino e Afonso de Ferrara muniram-se de uma proficiência no assunto diante da qual até mesmo os conhecimentos de um Maximiliano I parecerão apenas superficiais. À Itália coube a primazia sobre uma ciência e uma arte da guerra como um todo, todo este tratado coerentemente em suas partes. Ali, pela primeira vez, encontramos um prazer neutro na condução correta de uma guerra, como cabia à freqüente troca de partido e à maneira de agir puramente objetiva dos condottieri. Durante a guerra milanesa-veneziana de 1451 e 1452, entre Francesco Sforza e Giacomo Piccinino, o literato Porcellio acompanhou o quartel-general deste último, incumbido pelo rei Afonso, de Nápoles, de escrever um relato da campanha. Escrito em um latim não muito puro, mas corrente, e dentro do espírito bombástico do humanismo de então, seu relato tem, no geral, César por modelo e encontra-se entremeado de discursos, prodígios e similares. Uma vez que já havia cem anos que se discutia seriamente quem teria sido o maior, se Cipião, o Africano, ou Aníbal, Piccinino e Sforza têm de resignar-se a serem chamados respectivamente Cipião e Aníbal ao longo de toda a obra. Cumpria ainda fazer um relato objetivo acerca do exército milanês; o sofista, então, fez-se apresentar a Sforza, foi conduzido pelas fileiras de seu exército, teceu altos elogios a tudo que viu e prometeu transmiti-lo à posteridade. A literatura italiana da época é, de uma forma geral, rica em relatos de guerra e no registro de estratagemas, escritos para uso tanto de observadores especializados quanto do conjunto do mundo culto, ao passo que relatos redigidos concomitantemente no Norte — como, por exemplo, o da guerra de Borgonha, de Diebold Schilling — conservam ainda a fidelidade amorfa e protocolar das crônicas. Maquiavel, o maior dos diletantes a, como tal, tratar desse assunto, escrevia então sua *Arte della guerra*. A formação subjetiva, individual do guerreiro, porém, encontrou sua mais completa expressão naqueles combates solenes, envolvendo um ou mais pares, prática que já se havia incorporado aos costumes muito antes do célebre combate de Barletta (1503). Neles, o vitorioso tinha como certa sua glorificação por parte dos poetas e humanistas, uma glorificação que faltava ao guerreiro do Norte. No desfecho de tais combates, não está mais presente o julgamento divino, mas uma vitória do indivíduo, e — para os espectadores — a decisão de um empolgante desafio, bem como a satisfação pela honra do exército ou da nação.

É evidente que, sob determinadas circunstâncias, todo esse tratamento racional dispensado aos assuntos bélicos deu lugar aos mais terríveis horrores, prescindindo mesmo, para tanto, da colaboração do ódio político: bastava, por exemplo, que um saque fosse prometido às tropas. Após a devastação de Piacenza (1447), que se estendeu por quarenta dias e que Sforza tivera de permitir a seus soldados, a cidade permaneceu vazia por um longo período de tempo, precisando ser repovoada à força. Fatos desse tipo, contudo, pouco significam comparados à desgraça impingida posteriormente à Itália pelas tropas estrangeiras — sobretudo pelos espanhóis, nos quais talvez o elemento não ocidental presente em seu sangue, talvez a familiaridade com os espetáculos proporcionados pela Inquisição tenham desencadeado o lado mais diabólico da natureza humana. Àquele que vier a conhecê-los pelos horrores que perpetraram contra Prato, Roma etc. será difícil interessar-se mais tarde, num sentido mais elevado, por Fernando, o Católico, e Carlos V. Estes conheciam suas hordas e, no entanto, permitiram que agissem livremente. A carga de documentos oriundos de seus gabinetes que, pouco a pouco, vem à luz pode permanecer uma fonte de informações as mais importantes — mas ninguém mais procurará neles um pensamento político fecundo.

O PAPADO E SEUS PERIGOS

Na determinação do caráter dos Estados italianos em geral, ocupamo-nos, até o momento, apenas de forma passageira do papado e do Estado pontifício, enquanto criação inteiramente excepcional. Precisamente aquilo que torna interessantes os demais Estados italianos — a multiplicação e concentração conscientes dos instrumentos de poder —, verifica-se ali em menor grau do que em qualquer outra parte, na medida em que, no Estado pontifício, o poder espiritual auxilia incessantemente a ocultar e suprir o desenvolvimento deficiente do mundano. Que provas de fogo não suportou esse Estado assim constituído ao longo do século XIV e no princípio do século XV! Quando o papado foi conduzido ao cativeiro no Sul da França, de início, tudo saiu dos eixos. Avignon, porém, tinha dinheiro, tropas e um grande estadista e guerreiro — o espanhol Albornoz —, que, mais uma vez, subjugou completamente o Estado pontifício. Maior ainda se fez o perigo de sua dissolução definitiva quando a isso veio juntar-se o Cisma, quando nem o papa romano nem o de Avignon eram ricos o suficiente para subjugar o Estado recém-perdido. Tal se fez novamente possível, afinal, sob Martinho V, após o restabelecimento da unidade da Igreja, e, ainda uma vez, depois que o perigo se renovara sob Eugênio IV. Naquele momento, porém, o Estado pontifício era e prosseguiu sendo uma completa anomalia dentre os demais Estados italianos. Em e ao redor de Roma, as grandes famílias nobres dos Colonna, Savelli, Orsini, Anguillara e outras desafiavam o papado; na Úmbria, Marche e Romanha já quase não havia mais aquelas cidades-repúblicas cuja devoção o papado tão pouco soubera agradecer outrora; em seu lugar, havia uma porção de casas principescas, grandes e pequenas, cuja obediência e lealdade pouco significavam. Na qualidade de dinastias especiais, existentes por suas próprias forças, também elas possuem seu interesse particular — aspecto já abordado aqui, quando se tratou das mais importantes dentre elas.

Não obstante, devemos também ao Estado pontifício como um todo uma rápida análise. Novos e notáveis perigos e crises abatem-se sobre esse Estado a partir de meados do século XV, quando, sob diversos ângulos, o espírito da política italiana procura apoderar-se também dele, pretendendo fazê-lo trilhar o mesmo caminho dos demais. Desses perigos, os menores provêm do exterior ou do povo; os maiores têm sua fonte na própria índole dos papas.

Podemos nos permitir, a princípio, desconsiderar o exterior transalpino. Se uma ameaça mortal pesava sobre o papado na Itália, ela não contaria nem poderia contar com o menor auxílio da parte da França, sob Luís XI, da Inglaterra, no princípio da Guerra das Duas Rosas, da Espanha, então completamente destroçada, ou ainda da Alemanha, ludibriada no Concílio de Basiléia. Na própria Itália havia um certo número de homens cultos — e, certamente, também de incultos — que encaravam com uma espécie de orgulho nacional o fato de o papado lhes pertencer; muitos tinham interesse especial em que assim fosse e permanecesse. Além disso, porção considerável acreditava ainda na força das consagrações e bênçãos papais; nessa porção estavam, entre outros, grandes criminosos como Vitellozzo Vitelli, que ainda rogava pelo perdão de Alexandre VI quando o filho do papa mandou estrangulá-lo.* Mas nem mesmo todos esses simpatizantes juntos teriam salvo o papado de inimigos verdadeiramente decididos, que tivessem sabido fazer uso do ódio e da inveja então existentes.

E, diante de tão mínimas perspectivas de ajuda exterior, os perigos maiores desenvolvem-se justamente no próprio seio do papado. Já na medida em que, essencialmente, ele agora vivia e agia dentro do espírito de um principado italiano secular, tinha também de conhecer os momentos mais sombrios deste; sua natureza singular, porém, contribuiu ainda para lançar sobre ele sombras muito particulares.

Inicialmente, no que se refere à cidade de Roma, o papado

* Mesmo assassinos profissionais não ousam atacar o papa. As grandes celebrações são tratadas como algo essencial pelo pomposo Paulo II e por Sisto IV, que, sentado, celebrava a missa de Páscoa, apesar da gota. Notável é a maneira pela qual o povo diferencia o poder mágico da bênção da indignidade daquele que o abençoa. Quando, em 1481, no dia da Ascensão, Sisto não pôde dar a bênção, os fiéis resmungaram e praguejaram contra ele.

jamais alterou seu comportamento, como se pouco temesse as efervescências dessa cidade, visto que tantos papas, expulsos em função de tumultos populares, haviam regressado, e os romanos, em razão de seu interesse próprio, haviam de desejar a presença da cúria. Roma, porém, não apenas desenvolveu por vezes um radicalismo específico antipapal, como também a atuação de mãos estrangeiras invisíveis revelou-se presente em meio às mais graves conjuras. Assim foi por ocasião da conspiração de Stefano Porcari contra o papa que proporcionou justamente as maiores vantagens a Roma, Nicolau V (1453). Porcari visava à derrubada da soberania papal em si, contando para isso com graúdos cúmplices que, embora não nomeados, certamente figuram entre os governantes italianos da época. Foi sob esse mesmo pontificado que Lorenzo Valla concluiu sua célebre proclamação contra a Doação de Constantino, expressando seu desejo de uma breve secularização do Estado pontifício.

Também o bando de Catilinas contra o qual Pio II (1459) precisou lutar não dissimulava seu desígnio de derrubar a soberania clerical como um todo, e seu principal líder, Tiburzio, atribuiu a culpa a adivinhos, que lhe teriam prometido a realização de tal desejo precisamente para aquele mesmo ano. Vários dos grandes de Roma, o príncipe de Tarento e o condottiere Giacomo Piccinino estavam entre seus cúmplices e apoiadores. Levando-se em consideração os prêmios que os aguardavam nos palácios de ricos prelados (o bando de Tiburzio tinha em mente sobretudo o cardeal de Aquileia), é, aliás, surpreendente que, numa cidade onde a vigilância era quase nula, tais tentativas não fossem mais freqüentes e bem-sucedidas. Não sem razão, Pio preferia residir em qualquer parte, menos em Roma, e mesmo Paulo II foi acometido de medo intenso (1468) ante uma conspiração de natureza semelhante, real ou pretensa. Ao papado, nada mais restava senão sucumbir a um ataque desse gênero ou, então, reprimir com violência as facções dos grandes de Roma, sob cuja proteção medravam aqueles bandos de malfeitores.

Tal tarefa impôs-se o terrível Sisto IV. Foi ele o primeiro a ter Roma e seus arredores quase inteiramente sob seu poder, sobretudo a partir da perseguição aos Colonna, razão pela qual lhe foi possível proceder com tão ousada audácia tanto nas questões relativas ao pontificado quanto naquelas pertinentes à política italiana, não dando ouvidos às queixas de todo o Ocidente, que o ameaçava com um concílio. Uma simonia subitamente crescente, tendendo à ausência de limites e à qual tudo se subordinava, desde a nomeação de cardeais até as mais insignificantes graças e concessões, proveu-o dos fundos necessários. O próprio Sisto obtivera a dignidade papal não sem o recurso ao suborno.

Tamanha e tão generalizada venalidade podia, um dia, atrair terríveis desventuras para o trono romano; estas, porém, encontravam-se ainda a distância incalculável do presente. Algo diferente se deu com o nepotismo, que, por um momento, ameaçou tirar o próprio pontificado dos trilhos. De todos os nepotes, o cardeal Pietro Riario foi aquele que, em princípio, desfrutou os maiores e quase exclusivos favores de Sisto. Em pouco tempo, o cardeal ocupou a fantasia de toda a Itália — em parte, devido ao gigantesco luxo em que vivia, em parte, graças aos ruidosos rumores referentes a sua impiedade e a seus planos políticos. O cardeal acertara com o duque Galeazzo Maria, de Milão, que este deveria se tornar o rei da Lombardia para, então, apoiá-lo — ou seja, ao nepote — com dinheiro e tropas, a fim de que este, quando de seu regresso a Roma, pudesse ascender ao trono papal; ao que parece, Sisto teria abdicado voluntariamente em seu favor.*
Esse plano, que, tornando hereditário o trono, teria decerto conduzido à secularização do Estado pontifício, acabou por fracassar em razão da morte súbita de Pietro. Girolamo Riario, o segundo nepote, manteve-se laico, deixando intocado o pontificado. A partir dele, porém, os nepotes papais contribuem para

---

* Pietro já auxiliara na condução da eleição de Sisto. Notável é que, já em 1469, predissera-se para dali a três anos uma desgraça provinda de Savona (terra de Sisto, eleito em 1471). Segundo Maquiavel (*Histórias florentinas*, liv. VII), os venezianos teriam envenenado o cardeal. De fato, motivos para tanto não lhes faltavam.

intensificar a intranqüilidade da Itália, graças a seus anseios por grandes principados. Na verdade, os papas já haviam anteriormente desejado fazer valer sua suserania sobre Nápoles em favor dos parentes, mas, desde o malogro de Calisto III, tal intento não era mais encarado como de fácil realização, e, tendo já fracassado o plano para a sujeição de Florença (e sabe-se lá quantos outros planos semelhantes), Girolamo Riario teve de se contentar com a fundação de um principado dentro dos limites do próprio Estado pontifício. Esse fato podia ser justificado em razão da ameaça por parte da Romanha, com seus príncipes e tiranos locais, de emancipar-se totalmente da suserania papal, ou de que ela em breve poderia se tornar presa dos Sforza e dos venezianos, caso Roma não interferisse. Mas, naqueles tempos e sob aquelas condições, quem podia garantir a obediência duradoura de tais nepotes, agora tornados soberanos, e seus descendentes a papas que já não mais lhes interessavam? Mesmo ainda em vida, o papa nem sempre estava seguro quanto a seus próprios filhos e sobrinhos e, além disso, havia a evidente tentação de desalojar o nepote de um predecessor para dar lugar a um próprio. As repercussões de toda essa situação sobre o próprio papado foram da mais grave natureza; sem qualquer receio, foram empregados todos os meios de coação, inclusive os religiosos, para o alcance do mais questionável dos objetivos, ao qual todos os outros desígnios do trono de Pedro tiveram de se subordinar, e, uma vez alcançado esse objetivo — à custa de violentos abalos e do ódio generalizado —, havia se criado uma dinastia que tinha o maior interesse na ruína do papado.

Após a morte de Sisto, Girolamo só conseguiu se manter no principado que obtivera fraudulentamente (Forlì e Ímola) à custa de um esforço extremo e da proteção da casa dos Sforza (à qual pertencia sua esposa). Por ocasião do conclave que se seguiu (1484) — no qual foi eleito Inocêncio VIII —, assistiu-se a um fenômeno que parece quase assemelhar-se a uma nova garantia externa ao papado: dois cardeais, príncipes de casas regentes — mais exatamente, Giovanni d'Aragona, filho do rei Ferrante, e Ascanio Sforza, irmão de Ludovico, o Mouro —, deixam-se comprar vergonhosamente em troca de dinheiro e honrarias.* Assim, pelo menos as casas regentes de Nápoles e Milão adquiriram interesse, graças à participação no saque, na continuidade do papado. Também por ocasião do conclave seguinte, no qual todos os cardeais se venderam, à exceção de cinco, Ascanio aceitou enormes subornos, preservando ainda a esperança de, na próxima vez, tornar-se ele próprio papa.

Lourenço, o Magnífico, por sua vez, não desejava que a casa dos Medici acabasse de mãos vazias. Em razão disso, casou sua filha Maddalena com o filho do novo papa, Franceschetto Cybò, esperando com isso obter não apenas todo o tipo de favor eclesiástico para seu próprio filho, o cardeal Giovanni (futuro Leão X), como também uma rápida ascensão do genro. Mas, no que diz respeito a este último, Lourenço estava querendo o impossível. Com relação ao pontificado de Inocêncio VIII, não se pode falar de um nepotismo audacioso, fundador de Estados, pois Franceschetto não passava de uma pobre criatura, preocupada apenas — como seu pai, o papa — com a fruição do poder em seu sentido mais ordinário: a aquisição de uma grande fortuna.** Contudo, a maneira pela qual pai e filho perseguiam tal intento teria, a longo prazo, fatalmente de conduzir a uma catástrofe de grandes proporções: a dissolução do Estado.

Se Sisto conseguira dinheiro através da venda de toda espécie de graças e dignidades eclesiásticas, Inocêncio e seu filho, por sua vez, erigem um banco para a negociação de graças mundanas, junto ao qual, mediante o pagamento de altas taxas, pode-se obter o perdão para assassinatos e mortes; de cada penitência, 150 ducados vão para o tesouro do papa, o excedente cabendo a

---

* Um observador diz de ambos que "hanno in ogni elezione a mettere a sacco questa corte, e sono i maggior ribaldi del mondo" [a cada eleição saqueiam esta corte e são os maiores pilantras do mundo].

** E de feudos napolitanos, razão pela qual Inocêncio chamou novamente os Anjou contra o rei Ferrante, surdo a tais pretensões. A conduta do papa nessa questão, sua participação no segundo levante dos barões napolitanos, foi tão inábil quanto desonesta.

Franceschetto. Pululam em Roma, nos últimos anos desse pontificado, assassinos protegidos e não protegidos; novamente florescem ali, com toda a força, as facções cuja sujeição havia marcado o início do pontificado de Sisto. Ao papa, bem protegido no Vaticano, basta instalar aqui e ali armadilhas para capturar criminosos em condições de pagar pelo perdão; quanto a Franceschetto, ocupa-lhe apenas uma questão central: morrendo o papa, como poderia ele safar-se com a maior soma em dinheiro possível? Certa feita, por ocasião de um anúncio falso da morte do papa (1490), ele se trai: quis levar consigo todo o dinheiro disponível — o tesouro da Igreja — e, impedido pelos que o cercavam, pelo menos o príncipe turco, Djem, capital vivo que podia ser negociado a alto preço com, por exemplo, Ferrante, de Nápoles. É difícil avaliar possibilidades políticas de tempos já tão remotos, mas uma questão imperiosa impõe-se: teria Roma suportado mais dois ou três pontificados desse gênero? Também no que diz respeito à Europa devota, era insensato deixar que as coisas fossem tão longe a ponto de não apenas os viajantes e peregrinos, mas também toda uma delegação do rei romano Maximiliano serem despidos até as camisas nas proximidades de Roma, e a ponto de muitos enviados a caminho da cidade regressarem sem tê-la adentrado.

Por certo, uma tal situação não se coadunava com o conceito de fruição do poder do extremamente talentoso Alexandre VI (1492-1503), cuja primeira medida foi restabelecer a segurança pública e o pagamento rigoroso de todos os salários.

A rigor, poder-se-ia omitir aqui — em se tratando de manifestações culturais italianas — esse pontificado, uma vez que os Borgia são tão pouco italianos quanto a casa de Nápoles. Alexandre conversa publicamente com César em espanhol, e Lucrécia, quando recebida em Ferrara, vestindo trajes espanhóis, é entretida por bufões também espanhóis; espanhola é a criadagem mais íntima da casa, tanto quanto os mal-afamadíssimos guerreiros de César Borgia na guerra de 1500 — e mesmo o carrasco a seu serviço, don Micheletto, bem como seu envenenador, Sebastian Pinzón, parecem ter sido espanhóis. Dentre todas as suas demais atividades, Borgia abate, certa feita, fazendo jus à arte espanhola, seis touros bravios em um pátio fechado. A corrupção, porém, cujo auge essa família representa, ele a encontra em Roma num estágio já bastante avançado.

O que foram e o que fizeram os Borgia foi já amiúde e profusamente descrito. Sua meta imediata — que também lograram atingir — era a total sujeição do Estado pontifício. Todos os pequenos soberanos — a maior parte composta de vassalos mais ou menos insubmissos da Igreja — foram expulsos ou aniquilados,* e, na própria Roma, as duas grandes facções foram esmagadas: os Orsini, pretensos guelfos, e os Colonna, pretensos gibelinos. Contudo, os meios empregados para tanto foram tão pavorosos que o papado teria fatalmente de sucumbir em conseqüência deles, não tivesse um episódio intermediário (o envenenamento simultâneo de pai e filho) alterado súbita e completamente o estado de coisas.

Alexandre, entretanto, não precisou dar grande atenção à indignação moral do Ocidente: arrancava pavor e reverência dos que o circundavam. Os príncipes estrangeiros deixaram-se conquistar por ele, e Luís XII chegou mesmo a empregar todas as suas forças para ajudá-lo. As populações européias, por sua vez, nem sequer suspeitavam do que se passava na Itália central. Nesse sentido, o único momento de verdadeiro perigo — a presença de Carlos VIII nas proximidades — foi inesperada e fortuitamente superado, e, mesmo então, não foi o papado enquanto tal que esteve em jogo, mas, no máximo, a substituição de Alexandre por um papa melhor.** O grande, duradouro e crescen-

---

* À exceção dos Bentivoglio de Bolonha e da casa dos Este de Ferrara, esta última obrigada a aparentar-se à dos Borgia: Lucrécia Borgia casou-se com o príncipe Afonso.

** Segundo Corio, Carlos tinha em mente um concílio, a deposição do papa e mesmo levá-lo para a França, isso ao retornar de Nápoles. Segundo Benedictus (*Carolus VIII*, in Eccard, *Scriptores*, II, col. 1584), Carlos teria, em Nápoles, quando papa e cardeais negavam-lhe o reconhecimento à nova coroa, cogitado de "de Italiae imperio de que pontificis statu mutando" [corrigir o domínio

te perigo para o papado residia no próprio Alexandre e, sobretudo, em seu filho, César Borgia.

No pai, a ambição pelo poder, a cobiça e a volúpia associavam-se a uma natureza forte e brilhante. Desde o princípio, ele se permitiu em larga medida tudo que dissesse respeito à fruição do poder e do bem viver. No tocante aos meios empregados para tanto, parece totalmente inescrupuloso; soube-se desde logo que não se limitaria apenas a ressarcir-se dos sacrifícios feitos para sua eleição, que a simonia da compra seria amplamente sobrepujada pela da venda.* Além disso, em função da vice-chancelaria e de outros cargos que ocupara anteriormente, Alexandre conhecia melhor as possíveis fontes de renda e tinha maior talento para lidar com elas do que qualquer outro membro da cúria. Já no decorrer do ano de 1494, sucedeu que um carmelita, Adamo de Gênova, que pregara em Roma contra a simonia, foi encontrado morto em sua cama, assassinado com vinte punhaladas. Alexandre não nomeou cardeal algum que não fosse mediante o pagamento de elevadas somas.

Quando, porém, com o passar do tempo, o papa sucumbiu à dominação de seu filho, o recurso à violência assumiu caráter absolutamente satânico, o que, necessariamente, repercute nos objetivos a serem atingidos. O que se verificou na luta contra os grandes de Roma e contra os príncipes da Romanha excedeu, no campo da deslealdade e da atrocidade, até mesmo aqueles parâmetros aos quais o mundo já se habituara por intermédio, por exemplo, dos aragoneses de Nápoles; também o talento para o engodo revelou-se maior. Inteiramente medonha é a maneira

---

da Itália e o poder do papa], em seguida contentando-se com a humilhação pessoal de Alexandre. O papa, porém, escapou-lhe. Mesmo no caminho de volta, Carlos não desejou fazer-lhe mal algum.

* Em Malipiero (op. cit., p. 565) vê-se o grau de rapacidade que devia imperar nessa família. Na qualidade de legado papal, um nepote é recebido magnificamente em Veneza e faz fortuna com a distribuição de dispensas. Quando de sua partida, a criadagem rouba tudo que lhe esteve ao alcance das mãos, inclusive uma peça de brocado de ouro do altar principal de uma igreja de Murano.

131

pela qual César isola o pai, assassinando o irmão, o cunhado e outros parentes e cortesãos tão logo as graças que estes desfrutam junto ao papa e sua posição, de um modo geral, se lhe afiguram incômodas. Constantemente tremendo ele próprio diante de César, Alexandre teve de consentir no assassinato de seu filho mais querido, o duque de Gândia.

Mas quais eram, afinal, os planos mais recônditos do primeiro? Mesmo nos últimos meses de sua dominação, tendo ele acabado de assassinar os condottieri em Sinigaglia e sendo, de fato, o senhor do Estado pontifício (1503), as manifestações a esse respeito daqueles que lhe eram próximos prosseguem sendo bastante modestas: o duque desejaria apenas reprimir as facções e os tiranos, tudo em benefício da Igreja; para si, reservaria no máximo a Romanha, e poderia estar certo do sentimento de gratidão por parte de todos os papas futuros, por ter-lhes livrado o pescoço das garras dos Orsini e dos Colonna. Ninguém, entretanto, emprestará seu aval a tais manifestações como sendo o desígnio último de César Borgia. O próprio papa Alexandre, certa feita, revelou mais a respeito, conversando com um enviado veneziano e recomendando seu filho à proteção daquela república [Tommaso Gar, *Relazione della corte di Roma*]: "Pretendo cuidar para que o papado venha a cair nas mãos dele ou de vossa República", disse ele. E César, naturalmente, acrescentou: deveria tornar-se papa aquele que Veneza desejasse, e, para esse fim, os cardeais venezianos precisariam apenas manter-se unidos. Se se referia a si próprio, permanece em suspenso; em todo caso, basta a declaração do pai para demonstrar o propósito de César Borgia de ascender ao trono papal. Mais sobre seus verdadeiros desígnios, descobrimos ainda, indiretamente, por meio de Lucrécia Borgia, na medida em que certas passagens dos poemas de Ercole Strozza podem ter dado eco a manifestações as quais, na condição de duquesa de Ferrara, ela certamente se podia permitir. Inicialmente, fala-se também ali da aspiração de César ao papado, não, porém, sem que ressoem aí certos tons a indicar que ele esperava dominar toda a Itália; e, ao final, sugere-se que seu maior desígnio estaria voltado precisamente para a soberania temporal, razão pela qual ele, outrora, teria deposto o barrete cardinalício. Na verdade, não pode haver qualquer dúvida de que, após a morte de Alexandre, eleito papa ou não, César tencionava conservar a qualquer preço o Estado pontifício e de que, depois de tudo que cometera, ter-lhe-ia sido impossível a longo prazo lograr fazê-lo na qualidade de papa. Ele, mais do que ninguém, teria secularizado o Estado pontifício, e teria precisado fazê-lo para seguir governando.* A não ser que estejamos redondamente enganados, essa é a razão fundamental da secreta simpatia que Maquiavel dispensa a esse grande criminoso: de César e de ninguém mais cabia-lhe esperar que "retirasse o ferro da ferida" — isto é, que aniquilasse o papado, a fonte de todas as intervenções e de toda a fragmentação da Itália. Ao que parece, os intrigantes que, acreditando adivinhar-lhe os desígnios, acenaram a César com o reinado da Toscana, foram por ele repelidos com desdém.**

No entanto, todas as conclusões lógicas derivadas das premissas de César Borgia são, talvez, fúteis, e não em razão de uma particular genialidade demoníaca — que ele abrigava tão pouco quanto, por exemplo, o duque de Friedland —, mas porque os meios que empregou não são, em linhas gerais, compatíveis com uma maneira conseqüente de agir. Talvez o excesso de perversidade tivesse aberto uma nova perspectiva de salvação para o papado, mesmo que o acaso não houvesse contribuído para tanto, pondo fim à dominação de César Borgia.

Ainda que se suponha que a aniquilação de todos os soberanos intermediários do Estado pontifício nada mais tenha ren-

---

* Como se sabe, César era casado com uma princesa da casa de Albret, de quem teve uma filha. De algum modo, teria provavelmente tentado fundar uma dinastia. Não se tem conhecimento de esforços seus no sentido de retomar o barrete cardinalício, embora, segundo Maquiavel, ele contasse com a morte próxima do pai.

** Planos com relação a Siena e, eventualmente, a toda a Toscana, ele os tinha, mas estes não estavam ainda suficientemente maduros. Para tanto, fazia-se necessário o consentimento da França.

dido a César do que simpatias, ainda que se tomem as tropas — os melhores soldados e oficiais da Itália, tendo Leonardo da Vinci como engenheiro-mor — que, em 1503, acompanharam-no em sua sorte como prova de seus grandiosos desígnios, outros elementos há que pertencem ao terreno do irracional, fazendo com que um juízo qualquer de nossa parte a respeito de César Borgia resulte tão equivocado quanto o de seus contemporâneos. Elemento dessa espécie constitui particularmente a devastação e a péssima conduta com relação ao Estado recém-conquistado, que César, afinal, tenciona preservar para si e dominar. Ou, da mesma forma, a situação de Roma e da cúria nos últimos anos do pontificado. Quer tenham pai e filho esboçado uma lista formal de proscrições, quer tenham tomado separadamente as decisões relativas aos assassinatos, os Borgia dedicaram-se à aniquilação secreta de todos aqueles que, de uma forma ou de outra, barraram-lhes o caminho, ou daqueles cuja herança lhes pareceu desejável. Capitais e bens móveis constituíam a parte menos importante de sua motivação; muito mais rendoso para o papa era o fato de que as rendas vitalícias das dignidades clericais atingidas eram extintas, de modo que ele recolhia os proventos relativos a seus cargos, enquanto vagos, e, posteriormente, aqueles relativos à venda dos mesmos a novos titulares. No ano de 1500, o embaixador veneziano Paolo Capello informava [Tommaso Gar, op. cit.]: "Toda noite, quatro ou cinco pessoas assassinadas são encontradas em Roma — ou seja, bispos, prelados e outros —, de modo que todos na cidade tremem ante a possibilidade de serem assassinados pelo duque [César]". Ele próprio circula à noite pela cidade apavorada, acompanhado de sua guarda, e há motivos de sobra para crer que não o fazia simplesmente porque, como Tibério, não desejasse mostrar à luz do dia o semblante já monstruoso, mas para satisfazer seu insano desejo de matar, e satisfazê-lo, talvez, em pessoas totalmente desconhecidas. Já em 1499, o desespero daí resultante era tão grande e generalizado que o povo atacou e matou muitos membros da guarda papal.

Aqueles, porém, que os Borgia não logravam apanhar por meio da violência escancarada sucumbiam a seu veneno. Para os casos nos quais alguma discrição parecia necessária, fazia-se uso daquele pó, branco como a neve e agradável ao paladar, que não surtia efeito imediato, mas paulatino, e se deixava misturar imperceptivelmente a todo prato ou bebida. Já o príncipe Djem provara dele em uma bebida doce, antes que Alexandre o entregasse a Carlos VIII (1495) — e, ao final de sua carreira, pai e filho envenenaram-se com esse mesmo pó, ao desfrutarem casualmente um vinho preparado para um rico cardeal. Onofrio Panvinio, o redator oficial da história dos papas, menciona três cardeais que Alexandre mandou envenenar (Orsini, Ferrerio e Michiel), sugerindo ainda um quarto (Giovanni Borgia), cujo envenenamento é creditado a César; possivelmente, raros foram os prelados ricos mortos à época em Roma sobre cuja morte não tenha pesado suspeita desse gênero. O impiedoso veneno alcançou até mesmo tranqüilos eruditos que se haviam retirado para alguma cidade de província.

Em torno do papa, uma atmosfera algo sinistra começou a se instalar; raios e borrascas, pondo abaixo muros e aposentos, já o haviam atormentado e assustado de forma notável no passado; quando, em 1500, tais fenômenos se repetiram, viu-se neles uma *cosa diabolica*. O rumor acerca desse estado de coisas parece ter, então, por ocasião do freqüentadíssimo* jubileu de 1500, se espalhado amplamente pela Europa; sem dúvida, a ignominiosa e corrente exploração das indulgências cuidou do resto, no sentido de dirigir todos os olhos para Roma. Além dos peregrinos em regresso, penitentes singulares, vestidos de branco, deixavam também a Itália em direção ao norte, dentre eles, disfarçados, fugitivos do Estado pontifício, que não terão guardado silêncio. Quem pode, no entanto, calcular durante quanto tempo e em que medida a indignação do Ocidente teria precisado intensificar-se até que gerasse um perigo imediato para Alexan-

---

* E pesadamente explorado pelo papa.

dre? "Ele teria acabado também com todos os cardeais e prelados ricos ainda restantes para apossar-se de sua herança", afirma Panvinio em outra obra, "não lhe tivesse sido a vida ceifada em meio a grandes projetos para o filho." Tê-lo-ia feito César, não jazesse ele próprio também moribundo no momento em que morria o pai? Que conclave não teria então tido lugar se ele, armado de todos os seus meios, se tivesse deixado eleger papa por um colégio de cardeais convenientemente reduzido pelo veneno, sobretudo em um momento no qual não havia exército francês algum nas proximidades! A fantasia se perde em um abismo, tão logo se põe a perseguir tais hipóteses.

Em vez disso, seguiu-se o conclave que elegeu Pio III e, tendo este morrido pouco tempo depois, também aquele no qual Júlio II foi eleito — ambos sob o signo de uma reação generalizada.

Quaisquer que tenham sido os costumes e a moral particular de Júlio II, ele é, em seus aspectos essenciais, o salvador do papado. A observação do curso dos acontecimentos desde o pontificado de seu tio Sisto havia lhe proporcionado ampla visão dos verdadeiros fundamentos e condições da autoridade papal, visão esta a partir da qual orientou seu próprio pontificado, dedicando-lhe toda a energia e paixão de sua alma inabalável. Embora não prescindindo de negociações duvidosas, mas decerto da prática da simonia, Júlio II galgou sob aplausos gerais os degraus até o trono de Pedro; a partir daí, cessava totalmente ao menos o verdadeiro comércio de que eram alvo as mais altas dignidades eclesiásticas. Júlio tinha seus protegidos, dentre eles alguns bastante indignos, mas, por uma felicidade particular, esteve isento do nepotismo. Seu irmão, Giovanni della Rovere, era o marido da herdeira de Urbino, irmã do último Montefeltro — Guidobaldo —, desse casamento resultando um filho, Francesco Maria della Rovere, nascido em 1491, que era ao mesmo tempo herdeiro daquele ducado e nepote papal. Quanto a Júlio, o que quer que conquistasse, quer por vias diplomáticas, quer em suas campanhas, submetia-o com grande orgulho à Igreja, e não à própria casa. O Estado pontifício, que encontrara totalmente desagregado, legou-o a seu sucessor apaziguado e acrescido de Parma e Piacenza. Não por sua causa Ferrara deixou, também ela, de ser incorporada aos domínios da Igreja. Os 700 mil ducados que tinha constantemente guardados em Castel Sant'Angelo deveriam ser entregues pelo castelão ao futuro papa e a mais ninguém. Se proveito tirou da herança dos cardeais, e mesmo de todos os demais eclesiásticos mortos em Roma — e o fez, aliás, de maneira inescrupulosa —,* não envenenou nem matou qualquer um deles. Que participasse ele próprio de suas campanhas militares, era-lhe inevitável, e certamente contribuiu apenas para beneficiá-lo em uma Itália na qual só se podia então ser bigorna ou martelo, quando mais valia a personalidade do que o mais incontestável dos direitos adquiridos. Se, a despeito de seu enfático "Fora com os bárbaros!", foi ele quem mais contribuiu para que os espanhóis verdadeiramente se firmassem na Itália, é possível que tal situação se afigurasse indiferente e até mesmo relativamente vantajosa para o papado. Não era, afinal, sobretudo da coroa espanhola que até então se podia esperar um contínuo respeito pela Igreja, ao passo que os príncipes italianos não alimentavam contra esta nada além de pensamentos criminosos? Fosse como fosse, o homem poderoso e original, incapaz de engolir qualquer rancor ou ocultar suas verdadeiras simpatias, causava, no conjunto, a impressão de um *pontefice terribile*, impressão esta altamente desejável para sua situação. Júlio II pôde até mesmo, com a consciência relativamente limpa, ousar convocar novamente um concílio para Roma, desafiando assim a grita por tal concílio da parte de toda a oposição européia.

Um soberano desse feitio necessitava ainda de um grandioso símbolo exterior de seus desígnios, encontrando-o na reconstrução da catedral de São Pedro: o projeto desta, como o queria Bramante, é talvez a maior expressão jamais vista do poder uno.

---

* Daí a suntuosidade dos túmulos erigidos pelos prelados enquanto ainda em vida: privavam assim os papas ao menos de uma parte do saque.

Também as demais artes mantêm vivas, no mais alto grau, a memória e a figura desse papa, não carecendo de importância o fato de que a própria poesia latina de então reserva para Júlio um ardor distinto daquele que dedicou a seus predecessores. A entrada em Bolonha, ao final do "Iter Julii Secundi", do cardeal Adriano da Corneto, exibe um tom magnífico particular, e Giovan Antonio Flaminio, em uma das mais belas elegias, roga ao caráter patriótico do papa proteção para a Itália.

Por intermédio de uma tonitruante bula de seu Concílio de Latrão, Júlio proibira a prática da simonia nas eleições papais. Após a sua morte (1513), os cardeais ávidos por dinheiro pretenderam contornar essa proibição, propondo um acordo geral segundo o qual as prebendas e cargos até então relativos ao pontífice a ser eleito deveriam ser equanimemente distribuídos entre eles próprios; teriam, assim, escolhido o cardeal de mais altos rendimentos (o absolutamente inepto Rafaele Riario). A reação, todavia, principalmente dos membros mais jovens do Sacro Colégio — os quais queriam, acima de tudo, um papa liberal —, acabou por frustrar esse deplorável pacto: o escolhido foi Giovanni de Medici, o famoso Leão X.

Nós o encontraremos ainda repetidas vezes, onde quer que venhamos a falar do esplendor do Renascimento; por enquanto, basta apontar para os grandes perigos, internos e externos, a que esteve novamente exposto o papado sob seu pontificado. Dentre tais perigos, não se deve contar a conspiração dos cardeais Petrucci, Sauli, Riario e Corneto, uma vez que esta poderia, no máximo, ter como conseqüência uma troca de pessoas; além disso, Leão X encontrou o antídoto perfeito para ela, sob a forma daquela inaudita criação de 31 novos cardeais — o que, ademais, teve efeito positivo, pois, em parte, premiava o verdadeiro mérito.*

Altamente perigosos, contudo, foram certos caminhos pelos

---

* Além de, acredita-se, render-lhe 500 mil florins de ouro, 30 mil dos quais pagos somente pela Ordem dos Franciscanos, cujo superior foi feito cardeal.

quais Leão X se deixou levar nos dois primeiros anos de seu pontificado. Negociando seriamente, ele procurou assegurar para seu irmão Giuliano o reino de Nápoles e para seu sobrinho Lourenço um vasto império no Norte da Itália, que teria abrangido Milão, Toscana, Urbino e Ferrara. É evidente que, assim emoldurado, o Estado pontifício ter-se-ia transformado num apanágio dos Medici, tornando mesmo desnecessária sua secularização. O plano fracassou em razão das circunstâncias políticas gerais. Giuliano morreu prematuramente. Em benefício de Lourenço, no entanto, Leão X lançou-se à empreitada de expulsar de Urbino o duque Francesco Maria della Rovere, por meio dessa guerra atraindo para si nada mais que pobreza e um ódio incomensurável; teve, afinal, quando da morte do próprio Lourenço, em 1519, de entregar à Igreja o que duramente conquistara. Fez, pois, pressionado e de forma inglória, aquilo que, feito voluntariamente, ter-lhe-ia conferido glória eterna. O que, a seguir, tentou ainda contra Afonso de Ferrara, e o que efetivamente logrou fazer contra um punhado de pequenos tiranos e condottieri, não foram em absoluto feitos do tipo que engrandece a reputação de um homem. E isso tudo numa época em que os reis do Ocidente habituavam-se, ano a ano, a um colossal jogo de cartas político cujo cacife e prêmio consistiam sempre neste ou naquele pedaço da Itália. Quem poderia garantir que, tendo seu poder no interior de seus próprios Estados crescido infinitamente nas últimas décadas, eles não estenderiam seus planos na direção do Estado pontifício? O próprio Leão X teve de assistir a um prelúdio daquilo que, em 1527, efetivamente aconteceria, quando, por volta do final de 1520, uns poucos bandos da infantaria espanhola surgiram — aparentemente por iniciativa própria — nas fronteiras do Estado pontifício com o simples objetivo de extorquir dinheiro do papa, sendo, porém, rechaçados pelas tropas deste. Também a opinião pública acerca da corrupção da hierarquia amadurecera mais rapidamente nos últimos tempos do que no passado, fazendo com que homens perspicazes como o jovem Pico della Mirandola, por exemplo, clamassem com urgência por reformas. Nesse meio-tempo, Lutero já entrara em cena.

Pequenas e acanhadas reformas para fazer frente ao grande movimento alemão vieram, já demasiado tarde, com Adriano VI (1521-3). Este pouco pôde fazer além de manifestar sua repulsa pelo curso dos acontecimentos: pela simonia, pelo nepotismo, pelo inescrupuloso preenchimento dos cargos, pela acumulação de riquezas, pela prodigalidade, pelo banditismo e pela imoralidade. O perigo representado pelo luteranismo nem sequer parecia ser o maior: um engenhoso observador veneziano, Girolamo Negro, expressa seus pressentimentos relativos a uma iminente e terrível desgraça a se abater sobre a própria Roma.*

Sob Clemente VII, todo o horizonte romano reveste-se de fumos semelhantes àquele véu amarelo-cinzento que sobre aquela cidade estende o siroco, por vezes arruinando o final do verão. O papa é detestado em casa e no estrangeiro; enquanto os bem pensantes vêem-se às voltas com um persistente mal-estar, eremitas surgem nas ruas e praças a pregar, profetizando a ruína da Itália, do próprio mundo, e chamando ao papa Clemente o anticristo; a facção dos Colonna ergue a cabeça da forma mais insolente: o indômito cardeal Pompeo Colonna, cuja simples existência constituía já permanente flagelo para o papado, permite-se tomar Roma de assalto (1526) na esperança de, com a ajuda de Carlos V e sem maiores delongas, tornar-se papa, tão logo Clemente caia morto ou prisioneiro. Não para a sorte de Roma, o papa logrou refugiar-se em Castel Sant'Angelo; mas o destino para o qual ele seria poupado pode ser considerado pior do que a morte.

Por meio de uma série de falsidades daquele gênero permitido aos poderosos, mas ruinoso para os mais fracos, Clemente provocou o avanço do exército hispano-germânico, sob Bour-

* Expressa-os em uma carta datada de Roma, 17 de março de 1523 (*Lettere de' principi*, I): "Por diversas razões, este Estado encontra-se na corda bamba. Deus permita que não precisemos em breve fugir para Avignon ou para os confins do oceano. Vejo claramente a iminente queda dessa monarquia eclesiástica [...]. Se Deus não nos ajudar, será o nosso fim".

bon e Frundsberg (1527). É certo que o gabinete de Carlos V planejara para ele um grande castigo, sem, contudo, lograr avaliar antecipadamente quão longe o fervor de suas hordas não pagas as levaria. Quase sem dinheiro, o recrutamento não teria obtido êxito na Alemanha, se não se soubesse que o alvo seria Roma. É possível que ainda se encontrem, em alguma parte, as eventuais ordens escritas a Bourbon, e que seu conteúdo venha a revelar-se moderado, mas a pesquisa histórica não se deixará iludir por isso. O rei e imperador católico deveu unicamente à sorte que seus homens não tenham assassinado papa e cardeais. Tivesse isso acontecido, sofística alguma no mundo tê-lo-ia absolvido de sua parcela de culpa. O assassinato de inumeráveis pessoas de menor graduação e a espoliação das restantes, com o auxílio de tortura e tráfico de vidas humanas, mostram com suficiente nitidez tudo aquilo que foi possível aos participantes do Saque de Roma.

Mesmo depois de lhe ter extorquido enormes somas, Carlos V, segundo consta, quis ainda mandar trazer para Nápoles o papa, que, novamente, refugiara-se em Castel Sant'Angelo. Que este, em vez disso, tenha fugido para Orvieto, é algo que deve ter sido possível sem qualquer conivência da parte dos espanhóis. Se, por um momento, Carlos pensou na secularização do Estado pontifício (com o que contava o mundo todo), se realmente se deixou demover de tal intento por influência de Henrique VIII, da Inglaterra — tais questões provavelmente permanecerão para sempre na obscuridade.

Se, todavia, semelhantes propósitos existiram, decerto não perseveraram longamente. Da própria devastação de Roma ergue-se o espírito de uma restauração tanto da Igreja quanto do Estado. Sadoleto, por exemplo, pressente-a de imediato e escreve:

> Se nossa desolação satisfaz a cólera e o rigor divinos, se essas terríveis penas nos abrem novamente o caminho para melhores leis e costumes, então talvez não tenha sido tão grande nosso infortúnio... O que a Deus pertence, Dele re-

ceberá cuidados; nós, de nossa parte, temos pela frente uma vida de correção que o poder das armas não nos pode arrancar; dirijamos, pois, nossas ações e pensamentos no sentido de procurar em Deus a verdadeira glória do sacerdócio, e também Nele nossa verdadeira grandeza e poder.

De fato, tantos proveitos trouxe esse ano crítico de 1527 que novamente vozes sérias puderam se fazer ouvir. Roma sofrera demasiadamente para, mesmo sob um Paulo III, poder algum dia voltar a tornar-se a cidade alegre e fundamentalmente corrupta de Leão X.

Uma vez mergulhado profundamente na dor, o papado conheceu então alguma simpatia de natureza em parte política, em parte religiosa. Os reis não podiam tolerar que qualquer um dentre eles se arrogasse o papel de carcereiro particular do papa, selando assim o Tratado de Amiens (18 de agosto de 1527) — entre outros motivos, para libertar Clemente. Dessa maneira, pelo menos exploravam em proveito próprio o ódio de que eram depositários os feitos das tropas imperiais. Ao mesmo tempo, porém, o imperador viu-se em consideráveis apuros na própria Espanha, na medida em que seus prelados e grandes, quantas vezes com ele se avistassem, dirigiam-lhe as mais enfáticas repreensões. Às vésperas de receber numerosa delegação de clérigos e leigos, todos vestindo luto, Carlos foi tomado pela preocupação de que algo perigoso disso resultasse, à maneira do levante reprimido poucos anos antes; a visita foi proibida. Não apenas ter-lhe-ia sido absolutamente impossível prolongar os maus-tratos ao papa, como o premia também a mais urgente necessidade de, abstraindo de toda a política externa, reconciliar-se com um papado terrivelmente ofendido, uma vez que Carlos desejava tão pouco apoiar-se na atmosfera reinante na Alemanha — que decerto ter-lhe-ia indicado caminho diverso — quanto na situação alemã de um modo geral. É igualmente possível que, como crê um veneziano, a lembrança da devastação de Roma lhe tenha pesado na consciência, apressando assim aquela expiação selada por meio da permanente sujeição dos florentinos à casa dos

Medici, à qual pertencia o papa. O nepote e novo duque Alexandre de Medici será, então, feito esposo da filha natural do imperador.

A seguir, por intermédio da idéia de um concílio, Carlos mantém o papado essencialmente sob seu poder, logrando, ao mesmo tempo, oprimi-lo e protegê-lo. Contudo, aquele grande perigo, a secularização, e sobretudo aquela de dentro para fora, por meio dos próprios papas e nepotes, fora afastado por séculos pela Reforma alemã. Do mesmo modo como esta, sozinha, possibilitara a realização e o êxito da expedição contra Roma (1527), ela obrigou também o papado a tornar-se novamente a expressão de um poder espiritual mundial, na medida em que este teve de posicionar-se à testa de toda a oposição à Reforma, de arrancar-se das "profundezas das questões puramente materiais". O que então paulatinamente se desenvolve — ao final do pontificado de Clemente VII; depois, sob Paulo III, Paulo IV e seus sucessores, e em meio à defecção de metade da Europa — é uma hierarquia inteiramente nova e regenerada, que evita todo e qualquer grande e perigoso escândalo em seu seio, particularmente o nepotismo fundador de Estados e, aliada aos príncipes católicos, e movida por novo impulso espiritual, faz da recuperação do que se perdera seu principal negócio. Ela só existe e só pode ser compreendida em oposição àqueles renegados. Nesse sentido, pode-se dizer a bem da verdade que o papado, no aspecto moral, foi salvo por seus inimigos mortais. Também sua posição política consolidou-se a partir de então até a intangibilidade, sem dúvida que sob a permanente vigilância da Espanha; sem qualquer esforço, ele herdou, com a extinção de seus vassalos (da linhagem legítima dos Este e da casa della Rovere), os ducados de Ferrara e Urbino. Sem a Reforma, pelo contrário — se é que se pode conceber sua não-ocorrência —, a totalidade do Estado pontifício ter-se-ia provavelmente transferido para mãos mundanas.

A ITÁLIA DOS PATRIOTAS

Para concluir, consideremos brevemente a repercussão dessas circunstâncias no espírito da nação como um todo.

É evidente que a insegurança política geral na Itália dos séculos XIV e XV tinha de suscitar indignação patriótica e o espírito de resistência nas almas mais nobres. Já Dante e Petrarca proclamam em altos brados uma Itália unida, para a qual se deveriam envidar os mais elevados esforços. Decerto, há aqueles que objetam ter sido esse apenas um entusiasmo restrito a espíritos isolados de grande erudição, do qual a massa da nação nem sequer tomou conhecimento. No entanto dificilmente terá se passado algo diverso na Alemanha de então, ainda que esta, ao menos a julgar pelo nome, tivesse uma unidade e um soberano reconhecido: o imperador. A primeira sonora exaltação literária da Alemanha (à exceção de alguns versos dos *Minnesänger*) cabe aos humanistas da época de Maximiliano I, e surge quase como um eco das declamações italianas. Não obstante, a Alemanha principiara a ser de fato um povo, e em uma medida totalmente diversa, mais cedo do que a Itália jamais o foi desde a época romana. Fundamentalmente, a França deve a consciência de sua unidade apenas às lutas contra os ingleses, e a Espanha não logrou sequer absorver por muito tempo seu parente muito próximo, Portugal. Para a Itália, a existência e as condições de vida do Estado pontifício constituíram, de forma geral, um obstáculo à unidade de cuja remoção jamais se pôde ter esperança. Se, não obstante, a pátria comum é vez por outra enfaticamente cogitada no intercâmbio político do século XV, isso se dá, na maioria das vezes, com o propósito de ferir um outro Estado qualquer, igualmente italiano. Os apelos realmente sérios, profundamente dolorosos ao sentimento nacional só se deixam ouvir novamente no século XVI, quando já era tarde demais, quando franceses e espanhóis haviam já invadido o país. Do patriotismo local, pode-se talvez dizer que representa aquele sentimento, sem, contudo, substituí-lo.

II. O DESENVOLVIMENTO DO INDIVÍDUO

O ESTADO ITALIANO E O INDIVÍDUO

É na natureza desses Estados, tanto das repúblicas quanto das tiranias, que se encontra decerto não a única, mas a mais poderosa razão do desenvolvimento precoce do italiano em direção ao homem moderno. Decorre daí que tivesse de ser ele o primogênito dentre os filhos da Europa atual.

Na Idade Média, ambas as faces da consciência — aquela voltada para o mundo exterior e a outra, para o interior do próprio homem — jaziam, sonhando ou em estado de semivigília, como que envoltas por um véu comum. De fé, de uma prevenção infantil e de ilusão tecera-se esse véu, através do qual se viam o mundo e a história com uma coloração extraordinária; o homem reconhecia-se a si próprio apenas como raça, povo, partido, corporação, família ou sob qualquer outra das demais formas do coletivo. Na Itália, pela primeira vez, tal véu dispersa-se ao vento; desperta ali uma contemplação e um tratamento *objetivo* do Estado e de todas as coisas deste mundo. Paralelamente a isso, no entanto, ergue-se também, na plenitude de seus poderes, o *subjetivo*: o homem torna-se um *indivíduo* espiritual e se reconhece como tal.* Assim erguera-se outrora o grego ante os bárbaros; o árabe, em sua individualidade, ante os demais povos asiáticos, estes vendo-se ainda como membros de uma raça. Não será difícil demonstrar que as circunstâncias políticas desempenharam aí o papel mais significativo.

Já em épocas bem mais remotas, verifica-se aqui e ali o de-

---

* Atente-se para as expressões "uomo singolare" e "uomo unico", designando os estágios mais elevados de desenvolvimento individual.

senvolvimento de uma personalidade entregue a si própria, desenvolvimento que, à mesma época, não tem paralelo no Norte, ou não se revela de maneira semelhante. O círculo de poderosos malfeitores do século X retratado por Liutprando — alguns contemporâneos de Gregório VII e certos opositores dos primeiros Hohenstaufen — exibe uma fisionomia dessa natureza. Findo o século XIII, porém, a Itália começa a fervilhar de tais personalidades; rompe-se ali inteiramente o encanto que pesava sobre o individualismo; desconhecendo limites, milhares de rostos adquirem feição própria. O grandioso poema de Dante teria sido impossível em qualquer outra parte, simplesmente pelo fato de que o restante da Europa encontrava-se ainda sob aquele encanto da raça; para a Itália, o sublime poeta tornou-se, já pela plenitude de sua individualidade, o arauto nacional por excelência de seu tempo. Contudo, a representação da riqueza humana na literatura e na arte — o retrato multifacetado do caráter — será aqui discutida em segmentos específicos; objeto de discussão no momento é o fato psicológico em si. Decidido e em toda a sua plenitude, ele adentra a história; no século XIV, a Itália praticamente desconhece a falsa modéstia e a hipocrisia de um modo geral; ser humano algum receia sobressair, ser e parecer diferente dos demais.*

Inicialmente, como vimos, o despotismo desenvolve em alto grau a individualidade do tirano, do próprio condottiere;** em seguida, porém, desenvolve também aquela do talento que é objeto não só de sua proteção, mas igualmente de sua inescrupu-

---

* Em razão disso, já não há em Florença, por volta de 1390, uma moda masculina predominante, uma vez que cada um procurava vestir-se a sua maneira. Ao final do século XVI, Montaigne traça o seguinte paralelo (*Essais*): "Ils [les Italiens] ont plus communement des belles femmes, et moins des laides que nous; mais des rares et excellentes beautéz j'estime que nous allons à pair. Et [je] en juge autant des esprits: de ceux de la commune façon ils en ont beaucoup plus et evidemment; la brutalité y est sans comparaison plus rare: d'âmes singulières et du plus hault estage, nous ne leur en debvons rien".

** E também a de suas esposas, como se nota com relação aos Sforza e às mais diversas famílias de soberanos da Alta Itália. Veja-se a respeito, no *De plu-*

losa exploração: a do secretário particular, do funcionário, do poeta, daquele que priva de sua companhia. Premido pela necessidade, o espírito dessas pessoas aprende a conhecer todos os seus mananciais interiores, os perenes e os momentâneos; do mesmo modo, sua forma de gozar a vida torna-se, por meios espirituais, mais elevada e concentrada, a fim de que possam obter o máximo possível da provável brevidade de seu poder e influência.

Os súditos, por sua vez, tampouco se viram inteiramente isentos de impulso semelhante. Deixemos de lado aqueles que consumiram suas vidas na resistência secreta, nas conspirações, para considerarmos apenas os que se resignaram a seguir levando suas vidas privadas, como, por exemplo, a maioria dos habitantes das cidades do Império Bizantino e dos Estados maometanos. Com certeza, fez-se amiúde difícil para o súdito dos Visconti, por exemplo, afirmar a dignidade de sua própria casa e pessoa, de modo que numerosos deles devem ter sofrido danos em seu caráter moral em decorrência da servidão. Não, porém, naquele a que chamamos caráter individual, pois, justamente no seio da generalizada impotência política, por certo vicejaram com maior força e multiplicidade as mais diversas tendências e anseios da vida privada. Riqueza e cultura — tanto quanto se lhes permitia a exibição e a emulação —, associadas a uma sempre grande liberdade municipal e à presença de uma Igreja que, ao contrário daquela de Bizâncio e do mundo islâmico, não era idêntica ao Estado — o conjunto, pois, de todos esses elementos sem dúvida favoreceu o surgimento do pensamento individual, acrescentando-se a isso ainda o necessário sossego provido precisamente pela ausência dos conflitos partidários. O homem privado, politicamente indiferente, com suas ocupações em parte

---

rimis claris selectisque mulieribus, de Jacobus Bergomensis, as biografias de Battista Malatesta, Paola Gonzaga, Orsina Torella, Bona Lombarda, Riccarda d'Este e das mulheres mais importantes da família Sforza. Dentre tais mulheres encontramos mais de uma virago, e não lhes falta sequer a complementação de seu desenvolvimento individual segundo a mais alta cultura humanística.

sérias, em parte diletantes, surgiu possivelmente pela primeira vez já plenamente desenvolvido nesses Estados despóticos do século XIV. Provas documentais disso decerto não podem ser exigidas; os novelistas, dos quais poderíamos esperar alguns sinais nesse sentido, de fato retratam muitas figuras singulares, mas sempre enfocando-as sob um único aspecto e somente na medida em que elas afetam a história que é objeto de sua narrativa; palco dos acontecimentos narrados são, além disso, predominantemente as cidades-república.

Nestas últimas, as circunstâncias favoreciam igualmente, mas de forma distinta, o desenvolvimento do caráter individual. Quanto maior a freqüência com que os partidos se alternavam no governo, tanto mais vigorosamente o indivíduo era levado a empenhar-se no exercício e no gozo da dominação. Assim, e sobretudo na história de Florença, os estadistas e líderes populares adquirem caráter tão singular e pessoal que praticamente inexiste no mundo de então qualquer termo de comparação — nem mesmo na figura de um Jacques van Artevelde.

Os membros dos partidos derrotados, por sua vez, viam-se freqüentemente numa posição semelhante àquela dos súditos dos Estados tirânicos, a não ser pelo fato de que a liberdade ou a dominação de que já haviam provado, e, talvez, também a esperança de recuperá-las, conferiam a seu individualismo um maior ímpeto. É precisamente dentre esses homens vitimados pelo ócio involuntário que se encontra, por exemplo, um Agnolo Pandolfini (morto em 1446), cujo tratado acerca da economia doméstica constitui o primeiro programa de uma vida privada já plenamente desenvolvida [*Trattato del governo della famiglia*].* O confronto que faz entre os deveres do indivíduo e a insegurança e ingratidão da vida pública constitui, à sua maneira, um verdadeiro marco da época.

Dentre todas as coisas, porém, é sobretudo o banimento que possui a qualidade de desgastar o homem ou de desenvol-

---

* Uma hipótese recente atribui essa obra ao arquiteto Leon Battista Alberti.

vê-lo ao máximo. "Em todas as nossas cidades mais populosas", afirma Giovano Pontano [*De fortitudine*, liv. II], "encontramos uma porção de gente que abandonou voluntariamente sua terra natal; as virtudes, porém, o homem as carrega consigo por toda parte." Na realidade, não se tratava absolutamente de verdadeiros exilados, mas daqueles milhares que haviam deixado espontaneamente a terra natal porque a situação política ou econômica em si tornara-se insuportável. Os emigrantes florentinos em Ferrara, os de Lucca em Veneza etc. formavam verdadeiras colônias.

O cosmopolitismo que se desenvolveu nos banidos mais ilustrados é um estágio elevado do individualismo. Dante, como já foi mencionado, encontra nova pátria na língua e na cultura italianas, mas ultrapassa-as também com estas palavras [*De vulgari eloquentia*, liv. I, cap. 6]: "Minha pátria é o mundo todo!". E, quando, sob condições indignas, lhe é oferecido o retorno a Florença, ele responde [*Epistolae*]: "Não sou eu capaz de ver a luz do sol e dos astros em toda a parte? De meditar onde quer que seja sobre as mais nobres verdades, sem que para isso tenha de apresentar-me perante o povo e a cidade de forma inglória e mesmo ignominiosa? Nem sequer o pão há de me faltar!". Também os artistas, com superior insolência, acentuam sua liberdade diante da obrigatoriedade da residência fixa: "Somente aquele que tudo aprendeu", diz Ghiberti [*Secondo commentario*, cap. XV], "não é em parte alguma um estranho; ainda que roubado de sua fortuna e sem amigos, é ele cidadão de todas as terras, podendo desprezar sem medo as oscilações do destino". Algo semelhante declara um humanista refugiado [*Codri Urcei vita*]: "Onde quer que um homem instruído estabeleça sua moradia, ali terá o seu lar".*

---

* O que já beira o "ubi bene, ibi patria" [onde está o bem, lá está a pátria]. A massa de prazeres intelectuais neutros, independentes de quaisquer circunstâncias locais e para cuja fruição os italianos cultos se vêem cada vez mais capacitados, aliviava-lhes consideravelmente o exílio. O cosmopolitismo é, de resto, uma característica peculiar às épocas nas quais novos mundos são descobertos,

O APERFEIÇOAMENTO DA PERSONALIDADE

Um olhar histórico-cultural bastante aguçado certamente seria capaz de seguir, passo a passo, o aumento no número de indivíduos plenamente desenvolvidos ao longo do século XV. Se eles tiveram por meta consciente e manifesta o remate harmonioso de suas existências espiritual e material, é difícil dizer; muitos, porém, lograram atingi-lo, tanto quanto isso é possível em face da imperfeição de tudo quanto é terreno. Mesmo que renunciemos, por exemplo, a fazer um balanço geral da personalidade de Lourenço, o Magnífico — sua sorte, talento e caráter —, observemos em seu lugar uma individualidade como a de Ariosto, principalmente como ela se apresenta em suas sátiras. Com que harmonia encontram-se ali equilibrados o orgulho do homem e do poeta, a ironia voltada contra os próprios prazeres, o mais refinado sarcasmo e a mais profunda benevolência!

Quando, pois, um tal impulso para o mais elevado desenvolvimento da personalidade combinou-se com uma natureza realmente poderosa e multifacetada, capaz de dominar ao mesmo tempo todos os elementos da cultura de então, o resultado foi o surgimento do "homem universal" — *l'uomo universale* — que à Itália e somente a ela pertence. Homens de saber enciclopédico existiram ao longo de toda a Idade Média em diversos países, uma vez que esse saber configurava então um todo reunido e delimitado; da mesma forma, encontramos ainda artistas universais até o século XII, quando os problemas da arquitetura eram relativamente simples e uniformes e, no campo da escultura e da pintura, o objeto a ser representado prevalecia sobre a forma. Na Itália do Renascimento, pelo contrário, encontramos concomitantemente em todas as áreas artistas a criar o puramente

---

quando os homens já não mais se sentem em casa no velho mundo. Ele se manifesta muito nitidamente entre os gregos, após a Guerra do Peloponeso. Platão, como afirma Niebuhr, não era um bom cidadão e Xenofonte um mau. Diógenes proclamava francamente a ausência de uma pátria como um verdadeiro prazer, chamando-se a si próprio *apolis*, conforme se lê em Laertius.

novo e, em seu gênero, perfeito, impressionando-nos ainda grandemente como seres humanos. Outros são também universais fora dos limites de sua arte, na colossal amplidão do domínio do espiritual.

Dante — que, ainda em vida, foi chamado por uns poeta, por outros filósofo e por outros ainda teólogo — verte em todos os seus escritos uma contundente profusão de poder pessoal ante o qual, independentemente do tema tratado, o leitor se sente subjugado. Que força de vontade pressupõe já o trabalho de composição regular e inabalável da *Divina comédia*! Examinando-se ainda seu conteúdo, verifica-se que não há em todo o mundo material ou espiritual um único tema de importância que ele não tenha ali investigado e sobre o qual seu juízo — freqüentemente expresso apenas em poucas palavras — não revele a voz de maior peso de sua época. Para as artes plásticas, ele representa um documento — e, aliás, por razões mais importantes do que suas poucas linhas acerca dos artistas de então: Dante logo se tornou ele próprio fonte de inspiração.*

O século XV é, sobretudo, aquele dos homens multifacetados. Não há biografia que não mencione atividades paralelas capitais — para além do diletantismo — da personalidade que tem por objeto. O mercador e estadista florentino é, amiúde, também um homem versado em ambas as línguas clássicas; os mais renomados humanistas lêem para si e para os filhos a *Política* e a *Ética*, de Aristóteles, e mesmo as filhas da casa recebem educação igualmente elevada. É, pois, sobretudo nessas esferas que se deve procurar pelo início da educação privada. Do humanista, por sua vez, exige-se a mais ampla versatilidade, na medida em que já há tempos seu saber filológico não deve, como hoje, servir meramente ao conhecimento objetivo da Antiguidade clássica, mas ser também aplicável no cotidiano da vida real. As-

---

* Os anjos que, por ocasião do aniversário da morte de Beatriz, ele desenhou em tabuinhas (*Vita nuova*, XXXV) podem ter sido mais do que obra de um diletante. Leonardo Aretino afirma que Dante desenhava *egregiamente* e que era um grande amante da música.

sim, paralelamente a seus estudos sobre Plínio, por exemplo, ele reúne um museu de história natural; a partir da geografia dos antigos, torna-se um cosmógrafo moderno; tendo como modelo a historiografia daqueles, escreve a história de seu tempo; tradutor das comédias de Plauto, será também, provavelmente, o diretor de suas encenações; imita tão bem quanto possível todas as formas de expressão da literatura antiga, até o diálogo de Luciano, e, além disso tudo, atua ainda como secretário particular e diplomata, nem sempre para sua felicidade.

Alçando-se acima desses homens multifacetados, porém, surgem também alguns dotados de verdadeira universalidade. Antes de contemplarmos pormenorizadamente os aspectos mais significativos da vida e da cultura de então, cumpre aqui, no limiar do século XV, conferir ao retrato de uma figura portentosa o lugar que lhe cabe: Leon Battista Alberti. Sua biografia — um fragmento apenas — pouco fala dele enquanto artista e nem sequer menciona sua grande significação na história da arquitetura. Ainda que privado dessa glória particular, vejamos a seguir quem ele realmente foi.

Desde a infância, Leon Battista foi sempre o primeiro em tudo quanto se pode louvar. Contam-se façanhas inacreditáveis acerca de seus exercícios físicos e de sua destreza na ginástica: como era capaz, por exemplo, de, com os pés juntos, saltar por sobre a cabeça das pessoas; ou de, na catedral, arremessar para o alto uma moeda, fazendo-a tilintar na mais alta abóbada; como se amedrontavam e estremeciam sob seu comando os mais fogosos cavalos. Em três coisas, ele desejava apresentar-se irrepreensível ante as pessoas: no caminhar, no cavalgar e no falar. Ainda que tendo aprendido música sem o auxílio de um mestre, suas composições foram alvo da admiração dos conhecedores. Sob o peso da pobreza, estudou ambas as modalidades do direito durante longos anos, até cair gravemente enfermo, em decorrência do esgotamento. E, quando, aos 24 anos, viu-se enfraquecido em sua memória para as palavras, mas incólume em seu senso para as coisas objetivas, lançou-se à física e à matemática, desenvolvendo paralelamente todas as habilidades possíveis, pois interrogava artistas, eruditos e artífices de toda sorte, inclusive sapateiros, acerca de seus segredos e experiências. Além disso, dedicava-se ainda à pintura e à modelagem, produzindo, aliás, retratos de extrema semelhança com seus modelos, mesmo quando os fazia apenas de memória. Particular admiração despertou sua misteriosa *camera obscura*, na qual fazia aparecer ora os astros e a lua, ascendendo por sobre montanhas rochosas, ora amplas paisagens, com montanhas e golfos estendendo-se até vaporosas distâncias e frotas avançando sob o brilho do sol ou à sombra das nuvens. Mas Alberti saudava também com alegria o que outros criavam, considerando algo quase divino qualquer produto humano que, de alguma forma, obedecesse às leis da beleza. A tudo isso somou-se ainda a atividade como escritor, dedicada sobretudo à própria arte e gerando marcos e obras capitais para o renascimento da forma, principalmente na arquitetura. Dedicou-se também à prosa em latim, às novelas e escritos do gênero, alguns dos quais chegaram a ser tomados por obras da Antiguidade, tendo escrito ainda elegias, éclogas e jocosos discursos para serem proferidos à mesa de refeições. Em italiano, compôs uma obra em quatro volumes sobre a vida doméstica* e até mesmo uma oração fúnebre para seu cão. Suas palavras, as sérias e as espirituosas, foram importantes o suficiente para serem reunidas; amostras dessa coletânea, estendendo-se por diversas colunas, são citadas na já mencionada biografia. Tudo que possuía e sabia, Alberti revelava sem a menor reserva, como sempre o fazem as naturezas verdadeiramente nobres, oferecendo gratuitamente aos outros suas maiores descobertas. Por fim, também a fonte mais profunda de sua natureza é nomeada: um conviver a que se poderia chamar quase nervoso, repleto de simpatia, com e em todas as coisas. Chorava ante a visão de árvores magníficas e dos campos prontos para a colheita; venerava a velhice bela e plena de dignida-

---

* É essa obra que, recentemente, tem-se por fundamentalmente idêntica ao *Trattato*, de Pandolfini.

de como um "deleite da natureza", não se cansando de contemplá-la; animais de perfeita constituição desfrutavam também de sua estima, porque teriam sido particularmente agraciados pela natureza; mais de uma vez, a visão de uma bela paisagem curou-o quando esteve doente. Não é, pois, de admirar que aqueles que o conheceram em seu tão enigmático e íntimo contato com o mundo exterior tenham lhe atribuído também o dom da profecia. Afirma-se que, com alguns anos de antecedência, Alberti teria profetizado uma sangrenta crise na casa de Este, o destino de Florença e o dos papas, assim como disporia também do dom de, a qualquer momento, enxergar o interior dos homens, sua verdadeira fisionomia. Desnecessário dizer que uma força de vontade extremamente intensa permeava e sustentava essa personalidade. Como os grandes do Renascimento, também ele afirmou: "Os homens, por si sós, tudo podem; basta que queiram".

Alberti está para Leonardo da Vinci assim como o princípio para a conclusão, o diletante para o mestre. Tomara tivesse a obra de Vasari sido ao menos complementada por uma descrição como a que se fez de Leon Battista! Para sempre, porém, os colossais contornos da pessoa de Leonardo só poderão ser divisados a distância.

A GLÓRIA MODERNA

A esse desenvolvimento do indivíduo tratado até aqui corresponde também uma nova modalidade de mérito, voltada para o exterior: a glória moderna.

Fora da Itália, as diferentes camadas sociais viviam cada uma por si, com suas respectivas noções de honra remanescentes das castas medievais. A glória literária dos trovadores e *Minnesänger*, por exemplo, restringe-se ao interior da cavalaria. Na Itália, ao contrário, a igualdade das camadas sociais precede o surgimento dos tiranos ou da democracia; estão já presentes ali também os primeiros sinais de um convívio social comum, que tem sua base nas literaturas italiana e latina, como cumpre desde já antecipar — e tal base era necessária para fazer germinar aquele novo elemento. A isso veio somar-se o fato de que os autores romanos, que então começaram a ser estudados diligentemente, encontram-se prenhes e impregnados do conceito de glória, e que já seu tema — o retrato da dominação mundial romana — impôs-se como um ideal permanente à vida italiana. A partir disso, todas as aspirações e realizações dos italianos são governadas por um pressuposto moral que o restante do Ocidente ainda desconhece.

Mais uma vez, é primeiro a Dante que precisamos dar ouvidos, como, de resto, em todas as questões essenciais. Dante ansiou pelos louros poéticos com toda a força de sua alma; como publicista e homem de letras, salienta que seus feitos constituem algo novo, que não apenas é mas deseja ser visto como o primeiro a trilhar tais caminhos [*De monarchia*, liv. I, cap. 1]. Mas, em seus escritos em prosa, ele trata também dos desconfortos da glória suprema; sabe que muitos ficam insatisfeitos ao conhecer pessoalmente o homem famoso e explica que a culpa disso cabe, em parte, à fantasia infantil das pessoas, em parte, à inveja e, em parte ainda, às fraquezas peculiares à própria celebridade [*Convito*]. Seu grande poema, porém, registra firmemente a convicção da nulidade da glória, ainda que de forma a revelar que o coração do poeta não se libertara totalmente do anseio por ela. No "Paraíso" [VI, 112 ss.], a esfera de Mercúrio é a morada daqueles bem-aventurados que, na terra, aspiraram à glória, maculando assim os "raios do verdadeiro amor". Particularmente significativo é, porém, que, em seu "Inferno", as pobres almas exijam dele que renove e vele pela memória e glória terrena delas, ao passo que aquelas do "Purgatório" rogam apenas por suas preces. Em uma passagem famosa ["Purgatório", XI, 79-117], aliás, a sede de glória — "lo gran disio dell'eccellenza" — é já alvo de censura por não ser absoluta a glória intelectual, mas dependente do tempo, sendo por isso, de acordo com as circunstâncias, superada ou obscurecida pela de sucessores de maior estatura.

A nascente geração de poetas-filólogos que sucede a Dante apodera-se rapidamente desse duplo sentido da glória, na medida em que seus próprios poetas tornam-se as mais reconhecidas celebridades da Itália e, ao mesmo tempo, dispõem conscientemente, na condição de poetas e historiadores, da glória de outrem. Símbolo exterior desse tipo de glória constitui especialmente a coroação dos poetas, de que se voltará a falar mais adiante.

Um contemporâneo de Dante, Albertino Musatto ou Mussato, poeta laureado em Pádua por bispo e reitor, desfrutou já de uma glória que beirava a deificação; todo ano, no dia de Natal, doutores e estudantes de ambas as faculdades da universidade desfilavam diante de sua casa em cortejo solene — com trombetas e, ao que parece, velas acesas — para saudá-lo e presenteá-lo. Tal esplendor durou até que ele caísse em desgraça (1318) junto ao tirano da casa reinante, a dos Carrara.

Petrarca desfrutou também desse novo incenso, outrora reservado apenas aos heróis e santos, dele respirando a plenos pulmões e, em seus últimos anos, até mesmo convencendo-se de que seu perfume era companhia vã e importuna. Sua carta "À posteridade" é a prestação de contas do homem idoso e famosíssimo, obrigado a satisfazer a curiosidade pública: se, por certo, apreciaria desfrutar da glória junto à posteridade, preferiria privar-se dela no tocante a seus contemporâneos. Em seus diálogos sobre a felicidade e a infelicidade [*De remediis utriusque fortunae*], é sobre o interlocutor que recai a ênfase, quando este demonstra a nulidade da glória. Devemos, contudo, ser rigorosos com Petrarca pela alegria constante que lhe proporciona o fato de o autocrata paleólogo de Bizâncio conhecê-lo tão bem, através de seus escritos, quanto o conhece Carlos IV? Sim, porque, na verdade, sua reputação ultrapassou as fronteiras da Itália estando ele ainda em vida. E não foi justificada a emoção que sentiu quando, por ocasião de uma visita à cidade natal — Arezzo —, os amigos o conduziram à casa onde nascera, anunciando que a cidade cuidaria para que nela jamais se permitisse qualquer modificação? No passado, apenas as moradas de alguns santos particularmente importantes eram celebradas e conservadas, como a cela de são Tomás de Aquino no convento dos dominicanos, em Nápoles, ou a porciúncula de são Francisco de Assis. No máximo, apenas uns poucos grandes juristas gozavam também da reputação semimítica que conduzia a tal honraria, razão pela qual, ao final do século XIV em Bagnolo, não muito longe de Florença, o povo chamava a uma velha edificação o "estúdio de Accorso" (nascido por volta de 1150), permitindo, não obstante, que fosse destruída. Provavelmente, os altos rendimentos e os contatos políticos de alguns juristas (atuando como consultores e redatores de memoriais) causavam impressão duradoura na imaginação popular.

Ligado ao culto da casa onde nasceram as celebridades, encontra-se também o de seus túmulos. No caso de Petrarca, há de se acrescentar ainda a localidade onde ele morreu, uma vez que esta — Arquà —, em honra à sua memória, tornou-se alvo predileto da visitação dos habitantes de Pádua, sendo adornada com graciosas moradias, e isso em uma época na qual, no Norte, havia tempos não existiam mais "lugares clássicos", mas unicamente peregrinações a imagens e relíquias. Para as cidades, tornou-se questão de honra possuir os ossos de celebridades nativas e estrangeiras. Causa espanto ver com que seriedade os florentinos, já no século XIV — muito antes de Santa Croce, portanto —, almejavam alçar sua catedral à condição de panteão. Accorso, Dante, Petrarca, Boccaccio e o jurista Zanobi della Strada teriam ali magníficas tumbas. Ainda ao final do século XV, Lourenço, o Magnífico, intercede pessoalmente junto aos habitantes de Spoleto, para que lhe cedam o corpo do pintor fra Filippo Lippi para a catedral de Florença, recebendo deles a resposta de que sua cidade não desfrutava absolutamente de abundância em matéria de honrarias, sobretudo no tocante a pessoas famosas, razão pela qual solicitavam a Lourenço que os poupasse. Este, de fato, teve de se contentar com um cenotáfio. A despeito de todas as diligências às quais Boccaccio, com enfático amargor, instigou sua cidade natal, também Dante prosseguiu em seu sono tranqüilo em São Francisco, em Ravena, "em meio a antiqüíssimas tumbas de imperadores e criptas de santos, em companhia mais honrosa do que tu, ó Pátria, poder-lhe-ias oferecer". Já àquela época sucedeu, certa feita, de um homem singular remover impunemente as velas do altar onde se encontrava o crucifixo para depositá-las junto ao túmulo de Dante, com as seguintes palavras: "Aceita-as; és mais digno delas do que aquele — o crucificado".

A partir de então, as cidades italianas voltam a recordar seus cidadãos e habitantes da Antiguidade. Nápoles talvez jamais tenha esquecido inteiramente seu túmulo de Virgílio, já em função do significado semimítico que se apoderara desse nome. Pádua, ainda no século XVI, acreditava piamente possuir não apenas os ossos legítimos de seu fundador troiano, Antenor, como também os de Tito Lívio. "Sulmona", diz Boccaccio [*Vita di Dante*], "queixa-se de que Ovídio esteja enterrado em terras distantes, no exílio; Parma alegra-se de ter Cássio repousando no interior de seus muros." No século XIV, Mântua cunhou uma moeda com o busto de Virgílio, erigindo ainda uma estátua que pretendia representá-lo; movido por fidalga altivez medieval, Cario Malatesta — o tutor do Gonzaga de então — mandou derrubá-la em 1392, tendo, posteriormente, de mandar erguê-la de novo, uma vez que a glória do antigo poeta foi mais forte. Àquela época, ainda a duas milhas da cidade, talvez já se mostrasse a gruta onde se acreditava que, no passado, Virgílio teria meditado, precisamente como se fazia em Nápoles com a "Scuola di Virgilio". Como se apropriou de ambos os Plínios, enaltecendo-os, por volta do final do século XV, com estátuas postadas sob elegantes baldaquins na fachada de sua catedral.

A história e a recém-nascida topografia passaram também a orientar-se pela determinação de não mais deixar sem registro qualquer glória nativa, ao passo que as crônicas do Norte somente aqui e ali — entre papas, imperadores, terremotos e cometas — observam que, em determinada época, este ou aquele homem famoso "floresceu". De que forma uma primorosa arte da biografia se desenvolveu essencialmente sob o signo desse conceito de glória, examinaremos ainda mais adiante; aqui, limitar-nos-emos ao patriotismo local dos topógrafos a registrar as pretensões de glória de suas cidades natais.

Na Idade Média, as cidades haviam se orgulhado dos santos e dos restos mortais e relíquias destes que suas igrejas abrigavam. É por estes que, por volta de 1450, o panegirista de Pádua, Michele Savonarola, principia sua lista [*De laudibus Patavii*, in Muratori, XXIV, col. 1151 ss.]. Em seguida, porém, passa aos "homens famosos, que, embora não tendo sido santos, mereceram ser associados [*adnecti*] a estes, graças a seu espírito notável e a sua elevada energia [*virtus*]" — precisamente da mesma forma como, na Antiguidade, o homem célebre é situado contiguamente ao *heros*. A enumeração de Michele Savonarola prossegue de maneira altamente característica de seu tempo. Inicialmente, apresenta Antenor, o irmão de Príamo, que, com um bando de fugitivos troianos, fundou Pádua; segue-se o rei Dárdano, que derrotou Átila nos Campos Cataláunicos, perseguindo-o adiante até golpeá-lo mortalmente com um tabuleiro de xadrez, em Rimini; em seguida, vem o imperador Henrique IV, que construiu a catedral, e um rei Marcus, cuja cabeça é preservada em Monselice; depois, alguns cardeais e prelados, na condição de fundadores de instituições de caridade, colégios e igrejas; a enumeração prossegue, então, com o famoso teólogo agostiniano fra Alberto, uma série de filósofos — a começar por Paolo Veneto e pelo mundialmente famoso Pietro d'Albano —, o jurista Paolo Padovano e com Tito Lívio e os poetas Petrarca, Mussato e Lovato. Se a lista ressente-se de certa ausência de celebridades militares, o autor consola-se dessa falta com o sucedâneo que lhe propicia a abundância de eruditos e a maior durabilidade da glória intelectual, uma vez que a glória bélica é amiúde enterrada juntamente com seu portador e, quando perdura, deve-o, afinal, apenas aos eruditos. Ainda assim, Michele Savonarola sustenta ser uma honra para a cidade que, pelo menos, famosos guerreiros estrangeiros estejam, atendendo a seus próprios desejos, ali enterrados, como é o caso de Pietro de Rossi, de Parma, Filippo Arcelli, de Piacenza, e, particularmente, de Gattamelata de Narni (morto em 1442), cuja estátua eqüestre em bronze, "equiparando-se a um César triunfante", repousa ereta junto à igreja do Santo. Prosseguindo, o autor menciona legiões de juristas e médicos que, ao contrário de tantos outros, "não apenas receberam, mas mereceram o título de cavaleiros". Finalmente, Savonarola enumera mecânicos, pintores e compositores famosos, concluindo com um mestre da esgrima, Michele Rosso, cujo retrato, sendo ele o mais célebre em sua arte, podia ser visto em diversos lugares.

Ao lado desses templos locais da fama, para cuja ornamentação convergem o mito, a lenda, o renome conferido pela literatura e a admiração popular, os poetas-filólogos trabalham na construção de um panteão comum da glória universal, produzindo coletâneas de homens e mulheres célebres, com freqüência derivadas diretamente da imitação de Cornélio Nepos, do falso Suetônio, de Valério Máximo, Plutarco (*Mulierum virtutes*), Jerônimo (*De viris illustribus*) e outros. Ou, então, escrevendo acerca de visionários cortejos triunfais e idealizadas assembléias olímpicas, como o fez Petrarca, em seu *Trionfo della fama*, e Boccaccio, em *Amorosa visione*, com centenas de nomes, dos quais no mínimo três quartos pertencem à Antiguidade, o restante pertencendo à Idade Média. Esse novo elemento, relativamente moderno, passa a receber, pouco a pouco, um tratamento cada vez mais enfático; os historiadores começam a inserir descrições de caráter em suas obras, dando origem a coletâneas de biografias dedicadas a seus contemporâneos famosos, como as de Filippo Villani, Vespasiano Fiorentino, Bartolommeo Fazio e, por último, a de Paolo Giovio.

O Norte, pelo menos até que a Itália começasse a influenciar seus autores (como Trithemius, por exemplo), possuía apenas as legendas dos santos, e histórias e retratos esparsos de príncipes e eclesiásticos — histórias apoiadas ainda nitidamente naquelas legendas e, em essência, desprovidas da noção de glória, isto é, da notoriedade conquistada individualmente. A fama literária limita-se a determinadas camadas sociais, e o nome de seus artistas nos é dado conhecer quase exclusivamente na medida em que eles são mencionados como artesãos e membros de corporações.

Na Itália, porém, como já se observou, o poeta-filólogo dispõe também da plena consciência de ser ele quem confere a glória, a imortalidade e, da mesma forma, o esquecimento. Já Boccaccio queixa-se de uma beldade por ele celebrada pelo fato de ela permanecer insensível, pretendendo com isso tornar-se alvo de contínua celebração e, por meio desta, famosa; dá-lhe, pois, a entender que tentará obter êxito pelo caminho inverso: o da censura. Sannazaro, em dois magníficos sonetos, ameaça Afonso de Nápoles com a eterna obscuridade, porque este fugira covardemente de Carlos VIII. Angelo Poliziano adverte seriamente (1491) o rei João, de Portugal, com respeito aos descobrimentos na África, exorta-o a cuidar a tempo de sua glória e imortalidade enviando para Florença o material "a ser estilizado" (*operosius excolenda*), do contrário poderia suceder ao rei o mesmo que acontece com todos aqueles cujos feitos, carecendo do auxílio dos eruditos, "permanecem ocultos no imenso amontoado da fragilidade humana". O rei (ou seu chanceler, de ideais humanistas) deu-lhe ouvidos, ao menos prometendo que os anais já redigidos em português acerca dos assuntos africanos seriam, após tradução para o italiano, enviados a Florença para receber novo tratamento em latim; se efetivamente o fez, não se sabe. Ainda que, à primeira vista, pretensões dessa natureza pareçam totalmente fúteis, elas não o são em absoluto: a forma pela qual as coisas (mesmo as mais importantes) são apresentadas à contemporaneidade e à posteridade pode ser tudo, menos indiferente. Os humanistas italianos, com sua maneira de expô-las e seu latim, dominaram de fato, e por um período de tempo longo o bastante, o universo leitor ocidental, o mesmo acontecendo com os poetas italianos, cujas obras, até o século XVIII, passavam por mais mãos do que aquelas provenientes de qualquer outra nação. O nome de batismo de Américo Vespúcio, de Florença, transformou-se, em razão de seu relato de viagem, naquele da quarta parte do mundo, e, se Paolo Giovio, a despeito de toda sua ligeireza e elegante arbitrariedade, prometeu a si próprio a imortalidade, não estava inteiramente enganado ao fazê-lo.

Em meio a todas essas providências no sentido de garantir

exteriormente a glória, aqui e ali uma cortina se abre, revelando a expressão assustadoramente verdadeira da mais colossal ambição e sede de grandeza, independentemente de objetivo ou resultado. Assim é no prefácio de Maquiavel às *Histórias florentinas*, no qual censura seus predecessores (Leonardo Aretino, Poggio) pelo silêncio demasiado inescrupuloso quanto às facções políticas da cidade:

> Enganaram-se redondamente, demonstrando pouco saber da ambição dos homens e da avidez pela perpetuação de um nome. Como tantos, que não lograram distinguir-se por feitos louváveis, almejam-no pelo ignominioso! Não ponderaram aqueles escritores que as ações que já em si abrigam a grandeza — como se dá com aquelas dos regentes e dos Estados — parecem sempre acarretar mais glória que censura, sejam de que natureza forem e tragam o resultado que trouxerem.

Força motriz de mais de uma empreitada notável e terrível, informam-nos ponderados historiadores, constitui o desejo ardente pelo grandioso e pelo memorável. Tal revela não a mera degeneração da vaidade ordinária, mas sim algo verdadeiramente demoníaco — ou seja, a ausência de liberdade de decisão, combinada com o emprego dos meios mais extremos e com a indiferença quanto ao resultado em si. O próprio Maquiavel concebe dessa maneira o caráter de Stefano Porcari, por exemplo. Os documentos nos dizem aproximadamente a mesma coisa acerca dos assassinos de Galeazzo Maria Sforza, e o próprio Varchi (Livro V) atribui o assassinato do duque Alexandre de Florença (1537) à ânsia de glória do assassino, Lorenzino de Medici. Paolo Giovio acentua ainda mais nitidamente tal motivação. Segundo ele, levado ao pelourinho por um panfleto de Molza, em razão de ter mutilado estátuas antigas em Roma, Lorenzino trama outro feito, cujo caráter de "novidade" deveria lançar no esquecimento o ultraje anterior: assassina seu parente, o príncipe. São esses, pois, traços marcantes de uma época de forças e paixões extraordinariamente exaltadas, mas desesperadas, tanto quanto o foi na época de Filipe da Macedônia o incêndio do templo de Éfeso.

O ESCÁRNIO E A ESPIRITUOSIDADE MODERNOS

Os corretivos não apenas da glória e da moderna ambição por ela, mas também do individualismo altamente desenvolvido de uma forma geral, são o escárnio e o sarcasmo moderno, surgindo, sempre que possível, sob a forma triunfante da espirituosidade. Da Idade Média, sabemos como exércitos hostis, príncipes e poderosos provocavam-se mutuamente ao extremo por meio do sarcasmo simbólico, ou como a parte derrotada é coberta de opróbrio também altamente simbólico. Paralelamente a isso, aqui e ali, em disputas teológicas e sob a influência da retórica e da epistolografia antigas, a espirituosidade começa a se tornar uma arma. A poesia provençal desenvolve um gênero próprio de cantigas de desafio e escárnio; o mesmo tom não falta ocasionalmente aos *Minnesänger*, como o demonstram suas poesias políticas.* Entretanto, a espirituosidade só poderia adquirir vida autônoma quando sua vítima regular, o indivíduo plenamente desenvolvido, com suas pretensões pessoais, estivesse também presente. A partir daí, ela já não se limita à palavra e à escrita, mas toma corpo nas farsas e nas peças que prega — as chamadas *burle* e *beffe* — e que compõem o conteúdo central de várias coletâneas de novelas.

As *Cento novelle antiche*, que devem ter sido compostas já no final do século XIII, ainda não exibem essa espirituosidade —

---

* Além disso, a Idade Média é rica das chamadas poesias satíricas. Trata-se, porém, de uma sátira ainda não voltada para a individualidade, mas para o coletivo — camadas sociais, categorias, populações etc. —, e que facilmente assume tom didático. Toda essa tendência cristaliza-se sobretudo na fábula de "Renart, a raposa", nas diferentes versões dela que encontramos entre os diversos povos ocidentais.

produto do contraste —, que está igualmente ausente da *burla*: seu propósito é apenas reproduzir palavras sábias, histórias e fábulas engenhosas, conferindo-lhes expressão simples e bela. Se existe algo que comprova a antiguidade dessa coletânea, esse algo é a ausência do sarcasmo, pois, logo a seguir, com o século XIV, surge Dante, deixando para trás todos os poetas do mundo quando se trata de dar expressão ao desdém. Já em função unicamente daquele grandioso e infernal quadro de costumes dedicado aos embusteiros, por exemplo ["Inferno", XXI, XXII],* há de se chamar Dante o mestre supremo da comédia colossal. Com Petrarca, têm início já as coletâneas de ditos espirituosos à maneira de Plutarco (*Apophthegmata* etc). Mas é Franco Sacchetti, em suas novelas, quem nos dá a mais representativa seleção daquilo que Florença, no já mencionado século, reunira em termos de escárnio. Trata-se ali, em sua maior parte, não de histórias propriamente ditas, mas de respostas dadas sob certas circunstâncias, ingênuas e terríveis tolices por meio das quais semibufões, bobos da corte, pândegos e mulheres libertinas pretendem justificar-se. O cômico reside, então, na oposição gritante entre essa ingenuidade — real ou aparente —, o mundo, tal qual ele se apresenta em seus demais aspectos, e a moral convencional; tudo está de ponta-cabeça. Sacchetti busca auxílio em todos os meios disponíveis de expressão, inclusive na imitação de certos dialetos do norte da Itália, para citar um exemplo. Com freqüência, a crua e atrevida insolência toma o lugar da espirituosidade, assumindo a forma da trapaça grosseira, da blasfêmia e da obscenidade. Dentre o que ali se registrou de mais grosseiro e malicioso, encontram-se uma ou duas pilhérias acerca de condottieri. Algumas *burle* são altamente cômicas; outras, porém, meras e pretensas demonstrações de superioridade pessoal, do triunfo de um indivíduo sobre o outro. Quanto as pessoas estavam dispostas a perdoar umas às outras, ou com que freqüência a vítima contentava-se em, com um contragolpe, re-

---

* Para o qual o único paralelo possível seria Aristófanes.

direcionar o riso contra seu adversário, não sabemos. Havia aí, de fato, muito de certa maldade desalmada e desprovida de espírito, sendo possível que, em função disso, a vida em Florença tenha amiúde se tornado verdadeiramente incômoda. O inventor e contador de pilhérias logo se torna figura inevitável, devendo ter havido entre eles os que se tornaram clássicos no gênero, superando em muito os meros bobos da corte, aos quais faltava a concorrência, a alternância de público e a rapidez de compreensão por parte dos ouvintes (todas elas, prerrogativas da vida florentina). Por essa razão, na condição de convidados, alguns florentinos circulavam pelas cortes tirânicas da Lombardia e da Romanha, encontrando nisso melhor remuneração do que lhes reservava a cidade natal, onde não ganhavam muito, pois nela a espirituosidade corria as ruas. De toda essa gente, o homem divertido (*l'uomo piacevole*) compunha o melhor tipo, o mais baixo sendo representado pelo *buffone* e pelo penetra ordinário, que surge em casamentos e banquetes apoiado no seguinte argumento: "Se não fui convidado, a culpa não é minha". Aqui e ali, estes auxiliam algum jovem perdulário a deitar fora tudo que tem; em geral, porém, são tratados como parasitas e alvo de escárnio, ao passo que aqueles dotados de maior espírito, em uma posição superior, julgam-se em pé de igualdade com os príncipes, tendo sua espirituosidade por algo verdadeiramente soberano. Dolcibene, declarado "o rei dos galhofeiros italianos" pelo imperador Carlos IV, disse a este último em Florença [Franco Sacchetti, nov. 156]: "Vós vencereis o mundo, pois sois amigo meu e do papa. Vós combateis com a espada, o papa com suas bulas e eu com a língua!". Ao contrário de um mero gracejo, tal afirmação constitui uma antevisão de Pietro Aretino.

Em meados do século XV, os dois mais famosos galhofeiros eram um padre das proximidades de Florença, Arlotto — no campo da espirituosidade mais refinada (*facezie*) —, e o bobo da corte de Ferrara, Gonnella — no campo das bufonarias. É perigoso comparar suas histórias àquelas do pároco de Kalenberg e de Till Eulenspiegel. Esses últimos tiveram origem bastante distinta, semimítica, envolvendo o trabalho de imaginação de todo um povo e tendendo, pois, mais para o domínio do universalmente aceito e compreensível, ao passo que Arlotto e Gonnella foram personalidades conhecidas e definidas local e historicamente. Se, contudo, por uma única vez, quisermos admitir a comparação, estendendo-a ainda às "facécias" dos povos não italianos de forma geral, concluiremos que, no conjunto, a "facécia" nos *fabliaux* franceses, assim como a dos alemães, visa antes de mais nada à conquista de alguma vantagem ou prazer, enquanto a espirituosidade de Arlotto e as pilhérias de Gonnella abrigam, por assim dizer, um fim em si mesmas — isto é, existem em decorrência do próprio triunfo e satisfação. (Till Eulenspiegel, por sua vez, afigura-se como representante de um gênero peculiar, ou seja, como a personificação da zombaria, o mais das vezes deveras desprovida de espírito, dirigida contra camadas e ofícios específicos.) O bobo da corte de Este logrou mais de uma vez ressarcir-se por intermédio do amargo escárnio e da vingança cuidadosamente escolhida.

Ambas as espécies, a do *uomo piacevole* e a do *buffone*, sobreviveram longamente ao fim da liberdade de Florença. Sob o duque Cosme, floresceu Barlacchia e, no princípio do século XVII, Francesco Ruspoli e Curzio Marignolli. A genuína predileção florentina por galhofeiros evidencia-se de maneira particularmente notável no papa Leão X. Esse príncipe, "voltado para os mais refinados prazeres intelectuais, e neles insaciável", não apenas tolera, mas exige ter à mesa alguns farsantes e glutões espirituosos, dentre eles dois monges e um aleijado; em ocasiões festivas, com um elaborado escárnio à moda da Antiguidade, tratava-os como parasitas, fazendo servir-lhes macacos e corvos sob a aparência de deliciosos assados. Mas Leão X reservava as *burle* sobretudo para uso próprio; mais exatamente, era próprio de seu espírito tratar por vezes suas atividades prediletas — a literatura e a música — de maneira irônica, promovendo caricaturas destas juntamente com seu factótum, o cardeal Bibbiena. Ambos julgaram não estar abaixo de sua dignidade empregar todas as energias no demorado trabalho de convencimento de um bom e velho secretário, até que este se julgasse um grande teórico da música. Por meio de constantes adulações, Leão X instigou de tal maneira o improvisador Baraballo de Gaeta, que este acabou por se candidatar seriamente à coroação como poeta no Capitólio. No dia consagrado aos patronos da casa dos Medici, são Cosme e são Damião, Baraballo, vestindo púrpura e coroa de louros, teve, inicialmente, de divertir o banquete papal com recitações e, posteriormente, quando já explodia o riso, de montar, no pátio do Vaticano, o elefante arreado com ouro com que Manuel, o Venturoso, de Portugal, presenteara Roma. Enquanto isso, lá do alto, o papa assistia através de seu monóculo ao espetáculo que se desenrolava mais abaixo. O animal, porém, ficou tão assustado com o ruído dos timbales, trombetas e dos gritos de "Bravo!", que não foi possível fazê-lo atravessar a ponte de Sant'Angelo.

A paródia do solene e do sublime, que aqui encontramos sob a forma de um cortejo, ocupara já, à época, uma posição de força na poesia.* Precisava, contudo, buscar para si uma outra vítima que não a que Aristófanes, por exemplo, se pudera permitir, pondo em cena, em suas comédias, os grandes trágicos gregos. Mas a mesma maturidade cultural que, em determinada época, produziu a paródia entre os gregos fê-la florescer também na Itália. Já ao final do século XVI, sonetos imitando os lamentos de amor de Petrarca e similares cobrem de escárnio tal gênero; a solenidade da forma dos catorze versos é já, em si, ironizada em sonetos de um misterioso absurdo. Além disso, a *Divina comédia* oferece vigoroso convite à paródia, e Lourenço, o Magnífico, soube desenvolver a mais admirável comicidade a

---

* Ela tampouco está ausente das artes plásticas. Basta que nos lembremos, por exemplo, da conhecida gravura apresentando o grupo de *Laocoonte* transformado em três macacos. Tais manifestações, porém, raramente foram além de um esboço, embora muita coisa possa ter sido destruída. A caricatura, por sua vez, é algo essencialmente distinto. Em suas caretas (Biblioteca Ambrosiana), Leonardo representa o feio porque e quando ele é cômico, exagerando esse caráter cômico a seu bel-prazer.

partir do estilo do "Inferno" (*Simposio* ou *I beoni*). Em seu *Morgante*, Luigi Pulci imita nitidamente os improvisadores, sendo já, ademais, sua poesia e a de Boiardo uma paródia ao menos semiconsciente da poesia cavalheiresca medieval, na medida em que pairam sobre seu objeto. Nessa mesma linha atua, muito diretamente, o grande parodista Teofilo Folengo (que floresceu por volta de 1520). Sob o pseudônimo de Limerno Pitocco, ele compõe o *Orlandino*, no qual a cavalaria figura apenas como ridícula moldura rococó a guarnecer uma profusão de idéias e retratos da vida moderna. Sob o pseudônimo de Merlin Coccaio, o mesmo Folengo retrata ainda, igualmente tendencioso, os feitos e jornadas de seus fantásticos vagabundos, em hexâmetros semilatinos e sob a aparência cômica da epopéia erudita da época (*Opus macaronicorum*). A partir de então, a paródia esteve sempre representada no Parnaso italiano, por vezes de maneira verdadeiramente resplandecente.

A meio caminho do apogeu do Renascimento, também a espirituosidade faz-se alvo de análise teórica, e seu emprego prático no convívio social mais refinado é definido com maior precisão. O teórico é Gioviano Pontano. Em sua obra dedicada à arte de falar — mais exatamente, no quarto livro —, ele procura abrir caminho até um princípio geral mediante a análise particular de numerosos ditos espirituosos ou *facetiae*. Como fazer uso deles entre pessoas de posição, ensina-nos Baldassare Castiglione em seu *Cortigiano*. Naturalmente, trata-se sobretudo de divertir os outros reproduzindo histórias e ditos cômicos e graciosos. O emprego direto da espirituosidade é, na verdade, desaconselhado por Castiglione, uma vez que feriria os desafortunados, prestaria demasiada honra aos criminosos e incitaria à vingança os poderosos e os amimalhados pela fortuna. Além disso, recomenda-se ao homem de posição que, ao narrar, empregue com sábia moderação sua capacidade dramática de imitar — ou seja, os trejeitos. A seguir, porém, o autor apresenta — não apenas como recomendação para a reprodução, mas como paradigma para futuros criadores de ditos espirituosos — uma rica coletânea de frases e trocadilhos, ordenados metodicamente conforme os gêneros, muitos deles absolutamente primorosos. Muito mais severa e cautelosa soa, aproximadamente duas décadas mais tarde, a doutrina de Giovanni della Casa em suas instruções relativas às boas maneiras [*Il Galateo*]. Tendo em vista suas conseqüências, este pretende ver totalmente banido dos ditos espirituosos e *burle* o propósito do triunfo. Ele é o arauto de uma reação que tinha necessariamente de surgir.

Na realidade, a Itália transformara-se em uma escola de injúrias desde então sem paralelo no mundo, nem mesmo na França de Voltaire. Não que faltasse a este último e a seus contemporâneos o espírito da negação, mas de onde teriam podido tirar, no século XVIII, a profusão de vítimas adequadas, aquele incontável número de seres humanos alta e peculiarmente desenvolvidos, celebridades de toda sorte — estadistas, eclesiásticos, inventores e descobridores, literatos, poetas e artistas — que, ademais, dessem livre vazão a sua peculiaridade? Nos séculos XV e XVI, havia um exército deles, e, paralelamente a este, o elevado nível cultural geral criara toda uma linhagem de impotentes espirituosos, de críticos e detratores inatos cuja inveja exigia suas hecatombes. A isso somava-se ainda a inveja das celebridades entre si. Esta teve início notoriamente com os filólogos — Filelfo, Poggio, Lorenzo Valia e outros —, ao passo que os artistas do século XV, por exemplo, conviviam ainda em uma rivalidade quase inteiramente pacífica, o que a história da arte documenta.

Conforme já foi dito, Florença, com seu grande mercado da fama, encontra-se algum tempo à frente de todas as demais cidades. "Olhos perspicazes e línguas maldosas" são as características atribuídas aos florentinos.* Um leve escárnio com relação

---

* Dos jovens senhores florentinos da segunda metade do século XV, diz-nos Maquiavel (*Histórias florentinas*, l. VII): "Gli studi loro erano apparire col vestire splendidi, e col parlare sagaci ed astuti, e quello che più destramente mordeva gli altri, era più savio e da più stimato".

a tudo e a todos era, possivelmente, o tom predominante no cotidiano. No prólogo assaz notável de sua *Mandrágora*, Maquiavel, com ou sem razão, identifica na maledicência generalizada o visível naufrágio da força moral, ameaçando, aliás, seus detratores com a afirmação de que também ele sabe falar mal dos outros. Além de Florença, há ainda a corte papal, já há muito ponto de encontro das piores e mais espirituosas línguas. As próprias *facetiae* de Poggio datam, afinal, da Câmara de Mentiras (*bugiale*) dos notários apostólicos, e, considerando-se o grande número de desiludidos caçadores de cargos, de desesperançados inimigos e concorrentes dos favorecidos e de passatempos de prelados imorais ali reunidos, não há por que surpreender-se com o fato de que Roma tenha se tornado verdadeira pátria tanto da pasquinagem selvagem quanto da sátira mais contemplativa. Somando-se a isso a antipatia geral pela dominação eclesiástica e a conhecida necessidade da malta de atribuir aos poderosos o que há de mais medonho, o resultado será um inaudito montante de ignomínia. Quem pôde, dele resguardou-se servindo-se de um conveniente desdém, tanto no tocante às acusações verdadeiras quanto às mentirosas, ou, então, de uma resplandecente e alegre ostentação.* Índoles mais sensíveis, porém, podiam muito bem mergulhar em uma espécie de desespero, quando profundamente enredadas em culpa e, mais profundamente ainda, na difamação. Paulatinamente, passou-se a dizer o pior de cada um, e a mais austera virtude era precisamente o alvo mais certo da maledicência. De fra Egidio de Viterbo — o grande pregador a quem, por seus méritos, Leão X alçou ao cardinalato e que, por ocasião do infortúnio de 1527, revelou-se um monge valoroso e popular —, Giovio dá a entender que conservava a palidez ascética valendo-se da fumaça proveniente de palha molhada e similares. Em tais questões, Gio-

---

* De um modo geral, assim procedeu Leão X, e seu raciocínio ao fazê-lo revelou-se basicamente correto: por mais terrível que tenha sido o tratamento a ele dispensado pelos pasquineiros — sobretudo após sua morte —, eles não lograram desempenhar papel dominante no tocante à imagem global do papa.

vio revela-se um genuíno membro da cúria: em geral, conta sua historiazinha, acrescentando a seguir não acreditar nela, para, por fim, deixar transparecer por meio de uma observação de caráter mais genérico que é possível, afinal, que haja algo de verdadeiro no que acabou de contar. A verdadeira vítima sacrificada ao escárnio romano foi, entretanto, o bom Adriano VI. Firmou-se uma espécie de acordo em contemplá-lo exclusivamente pelo lado burlesco. Logo de início, ele se indispôs com a temível pena de Francesco Berni, ao ameaçar mandar jogar não a estátua de Pasquino — como se dizia —, mas os próprios pasquineiros no Tibre. A vingança veio por intermédio do famoso *capitolo* "Contra o papa Adriano", ditado não propriamente pelo ódio, mas pelo desprezo com relação ao ridículo e bárbaro holandês; a ameaça selvagem é reservada aos cardeais que o elegeram. Berni e outros retratam também a circunvizinhança do papa, com os mesmos tons picantes e mentirosos com que o folhetim das grandes cidades de hoje transforma o assim no assado e o nada em alguma coisa. A biografia que o cardeal de Tortosa incumbe Paolo Giovio de escrever, e que deveria, na verdade, constituir um panegírico, compõe um verdadeiro prodígio de escárnio para todos aqueles capazes de lê-la nas entrelinhas. Soa deveras cômico (sobretudo para a Itália de outrora) o modo pelo qual Adriano pleiteia a queixada de são Lambert junto ao capítulo de Saragoça; ou como, a seguir, os devotos espanhóis o guarnecem de toda sorte de adornos, "até que se pareça de fato com um papa muito bem vestido"; como mantém seu turbulento e insosso cortejo de Óstia até Roma, aconselha-se quanto a afundar ou incinerar a estátua de Pasquino, interrompe subitamente as mais importantes negociações ao anúncio da refeição e, por fim, depois de um desafortunado governo, morre de tanto beber cerveja — ao que a casa de seu médico particular é coroada e adornada por entusiastas noturnos com a inscrição "Liberatori Patriae SPQR". É verdade que, por ocasião do confisco geral das pensões públicas, Giovio também perdera a sua, recebendo pequeno benefício, a título de indenização, apenas porque não era "um poeta", isto é, um pagão. Estava escrito, porém, que Adriano seria a última grande vítima desse gênero. A partir do infortúnio de Roma (1527), também o discurso injurioso perece, juntamente com a extrema perversidade da vida privada.

Contudo, enquanto ele ainda florescia, formara-se, principalmente em Roma, o maior detrator dos novos tempos: Pietro Aretino. Um breve exame de sua pessoa poupar-nos-á de nos determos com representantes menores de sua classe.

Conhecemos Aretino sobretudo a partir de suas três últimas décadas de vida (1527-56), passadas naquele que era para ele o único asilo possível: Veneza. A partir dessa cidade, ele manteve todas as celebridades da Itália numa espécie de estado de sítio. Ali desembocavam os presentes de príncipes estrangeiros que necessitavam dos serviços de sua pena ou que a temiam. Carlos V e Francisco I concederam-lhe uma pensão, ambos ao mesmo tempo e cada um na esperança de que Aretino trouxesse dissabores ao outro. Este, por sua vez, adulava a ambos, acercando-se, porém, naturalmente, mais de Carlos V, porque este último permaneceu o senhor da Itália. Após a vitória sobre Túnis (1535), seu tom passa da adulação à mais ridícula deificação, devendo-se considerar a esse respeito que Aretino deixou-se continuamente entreter pela esperança de, com o auxílio de Carlos V, tornar-se cardeal. Supostamente, gozava de proteção especial na qualidade de agente espanhol, na medida em que se podia, mediante sua manifestação ou seu silêncio, exercer pressão sobre os príncipes italianos de menor importância e sobre a opinião pública. Aparentava um profundo desprezo pelo papado, por conhecê-lo de perto; o motivo real para tanto, porém, residia no fato de Roma não mais poder e tampouco querer pagá-lo. Sobre Veneza, que o abrigou, Aretino sabiamente guardou silêncio. No mais, seu relacionamento com os grandes compõe-se de pura mendicância e chantagem vulgar.

Em Aretino encontramos o primeiro exemplo de um abuso assaz grande da publicidade para fins pessoais. Os libelos que, um século antes, Poggio e seus adversários haviam trocado são igualmente infames em propósito e tom, mas não visavam ao prelo, e sim uma espécie de circulação parcial, privada. Aretino, por outro lado, faz da publicidade total e ilimitada seu negócio, sendo, num certo sentido, um dos pais do jornalismo. Periodicamente, manda imprimir suas cartas e outros escritos, depois de já terem eles circulado em meio a um amplo público.*

Comparada às afiadas penas do século XVIII, a de Aretino apresenta a vantagem de não estar carregada de princípios — nem os do esclarecimento, nem os da filantropia ou outra virtude qualquer, e tampouco os da ciência; toda a sua bagagem resume-se ao conhecido moto: "Veritas odium parit" [A verdade gera o ódio]. Por essa razão, inexistem para ele posições errôneas, como as há, por exemplo, para Voltaire, que teve de renegar sua *Pucelle* e ocultar outros escritos ao longo de toda a vida. Aretino apôs seu nome a tudo que escreveu, chegando mesmo a gabar-se abertamente de seus tardios e famigerados *Ragionamenti*. Seu talento literário, sua prosa clara e picante, suas ricas observações acerca dos homens e das coisas tê-lo-iam, sob quaisquer circunstâncias, tornado digno de atenção, ainda que jamais tenha concebido uma verdadeira obra de arte, uma genuína comédia dramática, por exemplo. Acrescente-se a isso, ainda, além da mais crua e refinada malvadez, um dom luminoso para a espirituosidade grotesca que, tomado isoladamente, não fica atrás do de Rabelais.

Sob tais circunstâncias, e munido de tais propósitos e meios, Aretino lança-se sobre sua presa ou, por vezes, circunda-a. A maneira pela qual exorta Clemente VII não ao lamento, mas ao perdão, enquanto os clamores da Roma desolada elevam-se ao Castel Sant'Angelo — cárcere do papa —, revela o mero escárnio de um demônio ou de um macaco. Por vezes, quando se vê obrigado a renunciar inteiramente à esperança de ser agraciado com

---

* Como isso o fez temido especialmente entre os artistas, seria assunto para outra obra. O instrumento de publicidade da Reforma alemã é, fundamentalmente, a brochura tratando de eventos específicos, conforme estes ocorriam. Aretino, pelo contrário, é um jornalista no sentido de que traz dentro de si próprio um motivo permanente para escrever e publicar.

presentes, sua cólera rompe em um bramido selvagem, como, por exemplo, no *capitolo* dedicado ao príncipe de Salerno, que lhe pagara durante algum tempo, não desejando, porém, continuar a fazê-lo. Por outro lado, ao que parece, o terrível Pierluigi Farnese, duque de Parma, jamais tomou conhecimento de Aretino. Uma vez que esse senhor por certo já desistira inteiramente de gozar de boa reputação, não mais constituía tarefa fácil atingilo. Aretino tenta, ao caracterizar-lhe a aparência como a de um esbirro, moleiro e padeiro. Burlesco ao máximo, ele se mostra ao dar expressão a sua pura, melancólica mendicância, como, por exemplo, no *capitolo* a Francisco I. Em que pese toda a comicidade, porém, é impossível ler suas cartas e poemas, combinando ameaça e adulação, sem que se seja tomado por uma profunda repugnância. Uma carta como aquela dirigida a Michelangelo, em novembro de 1545, talvez jamais tenha par; em meio a toda a admiração que expressa (motivada pelo *Juízo final*), Aretino o acusa de irreligiosidade, indecência e roubo (contra os herdeiros de Júlio II), acrescentando em um tranqüilizante post-scriptum: "Pretendi apenas mostrar-vos que, se vós sois *divino* [di vino], também eu não sou *d'acqua*". De fato, Aretino atribuía grande importância — não se sabe se por desvairada presunção ou se em razão do gosto pela paródia de quem quer que fosse famoso — a que lhe chamassem igualmente divino, e tão longe chegou sua fama pessoal que a casa onde nascera, em Arezzo, era tida como uma das atrações da cidade. Por outro lado, passava meses inteiros em Veneza sem se arriscar além da soleira da porta, para não cair nas mãos de algum florentino encolerizado, como, por exemplo, nas do mais jovem dos Strozzi. Punhaladas e terríveis surras não faltaram, ainda que não tenham obtido o êxito profetizado por Berni em um famoso soneto: Aretino morreu em casa, vítima de apoplexia.

Na adulação, ele faz consideráveis distinções: aos não-italianos, ostenta-a pesada e grosseira, mas no trato de pessoas como o duque Cosme, de Florença, sabe se comportar diferentemente. Louva a beleza do então ainda jovem príncipe, que, em grande medida, efetivamente tinha também essa característica em comum com Augusto; louva sua conduta moral, com uma oblíqua referência aos negócios financeiros da mãe de Cosme, Maria Salviati, e conclui com uma chorosa mendicância, lamentando a carestia da época etc. Quando Cosme concede-lhe uma pensão — e, aliás, relativamente alta, considerando-se a habitual parcimônia do príncipe (nos últimos tempos, tal pensão somava anualmente 160 ducados) —, provavelmente o faz levando em conta, em certa medida, a periculosidade de Aretino, na qualidade de agente espanhol. Permite-se-lhe que, num piscar de olhos, zombe de Cosme e o insulte pesadamente e, ao mesmo tempo, ameace o encarregado de negócios florentino com a exoneração, a ser obtida de pronto junto ao duque. E, por fim, sabendo-se já transparente aos olhos de Carlos V, é improvável que Cosme de Medici desejasse ter ditos espirituosos e versos satíricos a seu respeito, de autoria de Aretino, circulando por sua corte. Admiravelmente sujeita a restrições é a adulação de que é alvo o famigerado marquês de Marignano, que, na qualidade de "castelão de Musso", intentara fundar um Estado próprio. Em agradecimento pelo envio de cem escudos, Aretino escreve-lhe [*Lettere*, 16 de junho de 1529]: "Todas as qualidades que um príncipe precisa ter estão presentes em vós, e todos o perceberiam se a violência inevitável a todo começo não vos fizesse parecer ainda um tanto rude [*aspro*]".

Salienta-se amiúde como algo especial que Aretino tenha injuriado somente o mundo, e nunca Deus. Qualquer que fosse sua crença, ela é absolutamente insignificante ante os demais impulsos que o moviam, bem como insignificantes são suas obras edificantes, compostas unicamente em função de circunstâncias externas.* De resto, eu realmente não saberia dizer como é que ele teria podido incorrer em blasfêmias: não era professor, teórico nem escritor; tampouco podia extorquir dinheiro de Deus

---

* Sejam elas a esperança de obter o barrete vermelho ou o temor diante das sentenças de morte da Inquisição, que ele ousara atacar asperamente em 1535 e que, após a reorganização da instituição, em 1542, intensificou suas atividades, silenciando todas as vozes discordantes.

por intermédio de suas ameaças e adulações, não podendo, portanto, ser incitado à blasfêmia em razão de uma recusa. E um tal homem não se entrega a esforços inúteis.

Trata-se de um bom sinal para o espírito italiano atual que um tal caráter e um tal modo de agir se tenham tornado absolutamente impossíveis. Do ponto de vista da contemplação histórica, porém, Aretino desfrutará sempre de uma posição importante.

III. O REDESPERTAR DA ANTIGUIDADE

OBSERVAÇÕES PRELIMINARES

Tendo chegado a este ponto de nosso panorama da história cultural, cumpre que nos dediquemos agora à Antiguidade, cujo "renascimento", de maneira unilateral, conferiu o nome à época. As circunstâncias até aqui descritas teriam agitado e amadurecido a nação mesmo sem a presença dessa Antiguidade, assim como sem ela seria decerto igualmente concebível a maioria das novas tendências intelectuais a serem ainda enumeradas aqui. Não obstante, tanto quanto o que aqui já se tratou, também o que se vai tratar reveste-se de muitas maneiras da coloração que lhe empresta a influência exercida pela Antiguidade, e, onde sem esta a essência das coisas seria igualmente compreensível e estaria também presente, é só com e através dela que sua expressão adquiriu vida. O Renascimento não se teria configurado na elevada e universal necessidade histórica que foi se se pudesse abstrair tão facilmente dessa Antiguidade. Nesse ponto temos de insistir, como proposição central deste livro: não foi a Antiguidade sozinha, mas sua estreita ligação com o espírito italiano, presente a seu lado, que sujeitou o mundo ocidental. É desigual a liberdade que, nessa aliança, esse espírito preservou para si, parecendo amiúde muito pequena, quando se examina, por exemplo, a literatura neolatina. Nas artes plásticas, no entanto, e em várias outras esferas, sua dimensão é notável, fazendo com que a aliança entre duas longínquas épocas culturais de um mesmo povo se revele una, porque autônoma em suas partes, e, por isso, legítima e fecunda. O restante do Ocidente pôde estudar de que maneira repelir o impulso proveniente da Itália, ou como apropriar-se total ou parcialmente dele. Onde este último caso se deu, poupem-se-nos as lamentações acerca do declínio precoce de nossas concepções e manifestações culturais medievais: tivessem elas tido força suficiente para se defender, estariam ainda vivas; tivessem esses espíritos elegíacos e saudosos de passar uma única hora em meio delas, ansiariam avidamente por ares modernos. É certo que, ante processos históricos de tamanha envergadura, muitos nobres botões pereceram sem ver assegurado seu florescimento imorredouro na tradição e na poesia; nem por isso, todavia, é lícito desejar que o processo, em sua totalidade, não tivesse ocorrido. Tal processo consiste no fato de que, paralelamente à Igreja, que até então mantivera o Ocidente coeso (e não lograria continuar a fazê-lo por muito mais tempo), surge uma nova força espiritual que, espraiando-se a partir da Itália, torna-se a atmosfera vital para todo europeu de maior instrução. A crítica mais severa que se pode externar acerca desse processo é aquela referente a seu caráter não popular, ou seja, à fatal separação entre cultos e incultos que então se estabelece em toda a Europa. Tal crítica perde, porém, seu valor tão logo nos vemos obrigados a admitir que essa mesma questão hoje, ainda que claramente percebida, não pode ser alterada. Além disso, já há tempos essa separação não se revela tão cruel e inexorável na Itália quanto em outras partes. Ali, afinal, o mais artístico de seus poetas, Tasso, anda também nas mãos dos mais pobres.

A Antiguidade greco-romana, que desde o século XIV intervém tão poderosamente na vida italiana — enquanto suporte e base da cultura, enquanto meta e ideal da existência e, em parte, também como uma nova e consciente reação ao já existente —, havia muito tempo vinha exercendo influência parcial sobre toda a Idade Média, inclusive fora da Itália. Aquela erudição representada por Carlos Magno constituía essencialmente um renascimento, em contraposição à barbárie dos séculos VII e VIII, e nem podia ser diferente. Da mesma maneira como, além dos fundamentos formais gerais herdados da Antiguidade, notáveis imitações diretas dos antigos imiscuem-se na arquitetura romana do Norte, também o conjunto do saber monástico absorvera grande massa de elementos oriundos dos autores romanos, e mesmo seu estilo, a partir de Einhard, não permanece imune à imitação.

Na Itália, entretanto, diferentemente do que ocorre no Norte, a Antiguidade torna a despertar. Tão logo a barbárie tem fim, a consciência do próprio passado faz-se novamente presente em um povo ainda parcialmente ligado à Antiguidade; ele a celebra e deseja reproduzi-la. Fora da Itália, o que ocorre é uma utilização erudita e refletida de elementos isolados da Antiguidade; dentro dela, trata-se de uma objetiva tomada de partido ao mesmo tempo erudita e popular pela Antiguidade de forma geral, uma vez que esta constitui ali a lembrança da própria grandeza de outrora. A fácil compreensibilidade do latim, o montante de recordações e monumentos ainda presentes, estimula decisivamente esse desenvolvimento. Dele e de sua interação com um espírito italiano que se alterou com o passar do tempo — com as instituições do Estado germano-lombardo, com a cavalaria comum a toda a Europa, com as demais influências culturais provindas do Norte, com a religião e com a Igreja — surge, então, o novo todo: o moderno espírito italiano, destinado a tornar-se o modelo decisivo para todo o Ocidente.

De que forma o antigo se manifesta nas artes plásticas, tão logo finda a barbárie, verifica-se nitidamente nas edificações toscanas do século XII e em suas esculturas do século seguinte. Paralelos desse gênero tampouco faltam à literatura, se é lícito supor que o maior poeta latino do século XII — aquele que deu o tom a todo um gênero da poesia latina de então — tenha sido um italiano. Referimo-nos ao autor das melhores canções da chamada *Carmina burana*. Uma alegria sem entraves pela vida e seus prazeres, sob a proteção dos antigos deuses pagãos, que ali reaparecem, flui numa magnífica torrente de estrofes rimadas. Quem as lê de uma só vez dificilmente poderá negar a impressão de que ali fala um italiano, provavelmente da Lombardia; evidências específicas corroboram ainda essa impressão.* Em certa medida, essas poesias latinas dos *clerici vagantes* do século XII, juntamente com sua grande e notável frivolidade, são um produto do conjunto da Europa. Mas quem compôs a canção *De Phyllide et Flora*, o *Aestuans Interius* etc. não foi, presume-se, alguém oriundo do Norte, bem como tampouco era esta a origem do sibarita refinado e observador a quem devemos *Dum Dianae vitrea sero lampas oritur*. O que aqui se verifica é um renascimento da visão de mundo dos antigos, tornada ainda mais evidente pelo uso da rima medieval. Há diversas obras desse século e do seguinte que exibem cuidadosa imitação de hexâmetros, pentâmetros e de toda sorte de elementos, sobretudo mitológicos, pertencentes à Antiguidade, sem com isso produzir, de modo algum, aquela impressão do antigo. Nas crônicas em hexâmetros e em outras obras a partir de Guiglielmus Appulus, deparamos freqüentemente com evidências de um diligente estudo de Virgílio, Ovídio, Lucano, Estácio e Claudiano, mas a forma antiga permanece mera questão de erudição, tanto quanto a temática antiga em compiladores como Vicente de Beauvais ou no mitológico e alegórico Alanus ab Insulis. Todavia, o Renascimento não significa imitação ou compilação fragmentária, e sim o nascer de novo, e este nascer de novo encontra-se, na realidade, naqueles poemas do *clericus* desconhecido do século XII.

A grande e geral tomada de partido dos italianos pela Antiguidade começa, no entanto, apenas no século XIV. Para tanto, foi necessário certo desenvolvimento da vida municipal, desenvolvimento este que se deu somente na Itália e naquele momen-

---

* A estadia em Pavia, as referências locais à Itália de um modo geral, a cena com a *pastorella* sob a oliveira, a menção do *pinus* como uma umbrosa árvore das pradarias, o repetido uso da palavra *bravium* e, sobretudo, o emprego da forma *Madii* em vez de *Maji* parecem confirmar nossa hipótese. Que o poeta se chame Walter não nos dá qualquer indício sobre sua origem. Costumava-se identificá-lo como sendo Gualterus de Mapes, cônego de Salisbury e capelão dos reis ingleses por volta do final do século XII. Mais recentemente acredita-se ser ele um certo Walther de Lille ou Châtillon.

to: a convivência sob um mesmo teto e a efetiva igualdade entre nobres e burgueses; a formação de um meio social comum que sentia necessidade de educar-se e dispunha de tempo e meios para tanto. Tal educação, porém, tão logo pretendesse libertar-se das fantasias do mundo medieval, não poderia subitamente abrir caminho até o conhecimento do mundo físico e intelectual através do mero empirismo; ela necessitava de um guia, e foi enquanto tal que a Antiguidade clássica, com toda sua enorme bagagem de verdades objetivas e luminosas em todas as áreas do conhecimento, se apresentou. Absorveu-se-lhe, então, forma e substância com gratidão e admiração, tornando-a o conteúdo central de toda educação. A situação geral da Itália era também favorável a isso. O império medieval, desde o declínio dos Hohenstaufen, renunciara a ela, ou não pôde mantê-la para si; o papado transferira-se para Avignon, e os poderes efetivamente existentes eram, em grande parte, violentos e ilegítimos. O espírito que despertou para a consciência, por sua vez, estava à procura de um novo e sólido ideal, de modo que a falsa imagem e o postulado de uma dominação mundial romano-italiana apoderaram-se da imaginação popular, intentando mesmo sua realização prática na figura de Cola di Rienzi. Da forma como este abraçou tal tarefa, especialmente quando tribuno pela primeira vez, só poderia mesmo resultar uma comédia estrambólica. A despeito disso, para o sentimento nacional, a lembrança da antiga Roma não constituía absolutamente um suporte desprovido de valor. Armados outra vez de sua cultura, os italianos logo se sentiram, de fato, a mais avançada nação do mundo.

Traçar esse movimento dos espíritos não em sua plenitude mas em seus contornos gerais — e, sobretudo, em seu início — constitui agora a nossa tarefa.

AS RUÍNAS DE ROMA

Antes de mais nada, a própria Roma das ruínas é, então, alvo de uma espécie distinta de reverência do que aquela de que desfrutara à época em que as *Mirabilia Romae* e a obra histórica de Guilherme de Malmesbury foram compostas. Agora, a imaginação do peregrino devoto, tanto quanto a do crente na magia e a do escavador de tesouros, recua em favor da do historiador e patriota. É nesse sentido que as palavras de Dante [*Convito*] desejam ser compreendidas quando afirmam que as pedras das muralhas de Roma são merecedoras de reverência, e o chão sobre o qual a cidade foi construída é mais digno do que dizem os homens. A freqüência colossal dos jubileus mal deixa na literatura propriamente dita um único registro devoto. Giovanni Villani traz consigo para casa, como proveito supremo do jubileu do ano de 1300, sua decisão de lançar-se à escrita da história, decisão que a visão das ruínas de Roma nele desperta. Petrarca dá-nos ainda a conhecer um espírito dividido entre as Antiguidades clássica e cristã. Conta-nos quão freqüentemente, na companhia de Giovanni Colonna, ele subia até as gigantescas abóbadas das Termas de Diocleciano para, ali — ao ar livre, em meio ao mais profundo silêncio e à ampla paisagem ao redor —, conversarem não sobre negócios, assuntos domésticos ou políticos, mas, circundados pela visão das ruínas, sobre história — conversas nas quais Petrarca posicionava-se mais pela Antiguidade clássica e Giovanni mais pela cristã —, sobre filosofia e sobre os inventores das artes. Com que freqüência, até Gibbon e Niebuhr, esse mundo de ruínas não despertou a contemplação histórica!

A mesma sensibilidade dividida manifesta também Fazio degli Uberti em seu *Dittamondo* — a imaginária e visionária descrição de uma viagem escrita por volta de 1360, viagem na qual o acompanha o velho geógrafo Solinus, assim como Virgílio acompanha Dante. Da mesma forma como eles visitam Bari, em honra de são Nicolau, e o monte Gargano, por devoção ao arcanjo Miguel, também em Roma são mencionadas as lendas de Aracoeli e de Santa Maria in Trastevere, mas o esplendor profano da Roma antiga é já visivelmente preponderante. Uma augusta anciã em trajes esfarrapados — trata-se da própria Roma — conta-lhes sua história coroada de glórias, descrevendo minuciosamente os antigos triunfos; a seguir, conduz os forasteiros pela cidade, explicando-lhes as sete colinas e uma porção de ruínas — "che comprender potrai, quanto fui bella!".

Infelizmente, no tocante ao legado da Antiguidade, essa Roma dos papas cismáticos de Avignon já não era nem de longe o que fora havia algumas gerações. Devastação mortal, que deve ter arrancado às edificações mais importantes ainda remanescentes o seu caráter, foi a demolição de 140 casas fortificadas pertencentes aos grandes de Roma, devida ao senador Brancaleone, por volta de 1258. A nobreza havia, sem dúvida, se aninhado nas ruínas mais altas e mais bem conservadas. Não obstante, o que restou desse ato foi ainda muito mais do que hoje subsiste: muito do que permaneceu em pé deve ainda ter conservado seus revestimentos e incrustações em mármore, suas colunas frontais e outros adornos, dos quais hoje resta apenas a estrutura de pedra. Foi a partir desse estado de coisas que teve início, então, um sério levantamento topográfico da velha cidade. Nas peregrinações de Poggio por Roma,* o estudo das próprias ruínas é, pela primeira vez, relacionado mais intimamente àquele dos autores antigos e inscrições (que ele persegue por entre a vegetação que as encobre), recebendo um tratamento que repele a fantasia e afasta diligentemente a memória da Roma cristã. Tomara fosse a obra de Poggio mais extensa e provida de ilustrações! À sua época, havia ainda muito mais remanescentes das antigas ruínas do que encontraria Rafael, oitenta anos mais tarde. Poggio ainda pôde ver com seus próprios olhos a tumba de Cecílio Metelo e as colunas frontais de um dos templos na encosta do Capitólio — de início, inteiras, mais tarde, semidestruídas, graças àquela desafortunada característica peculiar ao mármore, que o torna facilmente calcinável. Até mesmo uma portentosa colunata junto ao templo de Minerva sucumbiu, pedaço por pedaço, a esse mesmo destino. No ano de 1443, um cronista [Fabroni] registra a continuidade desse processo de cal-

---

* Por volta de 1430, ou seja, pouco antes da morte de Martinho V. As Termas de Caracala e Diocleciano ostentavam ainda suas colunas e incrustações.

cinação, "que é uma vergonha, uma vez que as edificações mais novas são deploráveis e o belo em Roma são as ruínas". Os romanos de então, em seus rústicos casacos e botas, pareciam meros vaqueiros aos forasteiros, e, de fato, o gado ia até os Banchi pastar. As idas à igreja, em ocasiões determinadas, constituíam a única modalidade de convívio social, quando, então, as belas mulheres podiam ser vistas.

Nos últimos anos do pontificado de Eugênio IV (morto em 1447), Blondus de Forlì escreveu sua *Roma instaurata*, valendo-se já de Frontinus e dos velhos *Libri regionali*, bem como (ao que parece) de Anastácio. Seu objetivo já está longe de ser a mera descrição do existente, sendo antes a investigação do que perecera. Em consonância com a dedicatória dirigida ao papa, Blondus consola-se da ruína generalizada com as magníficas relíquias dos santos que Roma possuía.

Com Nicolau V (1447-55), ascende ao trono papal aquele novo e monumental espírito peculiar ao Renascimento. Em decorrência do novo prestígio e do embelezamento da cidade de Roma, decerto crescia agora, por um lado, o perigo para as ruínas, mas, por outro, também o respeito por elas, enquanto portadoras da glória da cidade. Pio II revela-se inteiramente tomado de enorme interesse pelo antigo, e, se pouco fala das antiguidades de Roma, em compensação dedica sua atenção àquelas de todo o restante da Itália, sendo o primeiro a conhecer e descrever com exatidão as da circunvizinhança mais longínqua da cidade. Como eclesiástico e cosmógrafo, interessam-no, porém, em igual medida, os monumentos clássicos e cristãos, bem como as maravilhas da natureza. Ou estaria ele praticando uma violência contra si próprio ao escrever, por exemplo, que a memória de são Paulino conferia a Nola glória maior do que as reminiscências da Roma antiga e da luta heróica de Marcelo? Não que se deva colocar em dúvida sua crença nas relíquias; seu espírito, contudo, inclinava-se já, evidentemente, mais para o interesse especulativo pela natureza e pela Antiguidade, para a preocupação com o monumental, para a observação engenhosa da vida humana. Ainda em seus últimos anos de pontificado, atormentado pela gota, mas munido da melhor das disposições, ele se faz carregar em uma liteira por montanhas e vales até Túsculo, Alba, Tíbure, Óstia, Falérios e Otriculum, registrando tudo que vê; segue pelas velhas estradas e aquedutos romanos, procurando determinar as fronteiras das antigas povoações ao redor de Roma. Por ocasião de uma excursão a Tíbure, em companhia do grande Frederico de Urbino, ambos passam agradavelmente o tempo em conversas acerca da Antiguidade e de suas guerras, sobretudo a de Tróia. Mesmo em sua viagem para o Congresso de Mântua (1459), Pio II procura, embora em vão, pelo labirinto de Clusium mencionado por Plínio e visita a assim chamada *villa* de Virgílio, às margens do Mincio. Que este mesmo papa exigisse também de seus compendiadores o uso do latim clássico, é algo relativamente óbvio; afinal, por ocasião da guerra napolitana, ele anistiara os homens de Arpino por serem conterrâneos de Cícero e Mário, em homenagem aos quais muitos deles haviam sido batizados. Somente a Pio II, na qualidade de conhecedor e protetor, Blondus podia e devia dedicar sua *Roma triumphans*, a primeira grande tentativa de apresentar a Antiguidade romana em sua totalidade.

Por essa época, naturalmente, o entusiasmo pela Antiguidade romana encontrava-se desperto também no restante da Itália. Já Boccaccio chama as ruínas de Baia [*Fiammetta*, cap. 5] "antigas muralhas, novas, todavia, para espíritos modernos". Desde sua época, elas são tidas como a maior atração das cercanias de Nápoles. Coletâneas de antiguidades de todos os gêneros já haviam igualmente surgido. Ciríaco de Ancona percorreu não apenas a Itália, mas também outras terras da antiga *orbis terrarum*, trazendo consigo abundantes inscrições e desenhos. Perguntado acerca do porquê de tanto trabalho, respondeu que era para despertar os mortos. Desde sempre, as histórias das diversas cidades aludiam a um verdadeiro ou pretenso vínculo com Roma, à sua fundação direta ou colonização a partir dali. Genealogistas prestativos parecem já há tempos fazer derivar algumas famílias de famosas estirpes romanas — o que soava tão bem que as pessoas seguiram aferrando-se a tal prática, mesmo à luz da crítica nascente do século XV. Em Viterbo, Pio II fala com grande desembaraço aos oradores romanos que lhe rogam para que regresse rapidamente a Roma [*Comentários*, liv. IV]: "Roma é minha cidade natal tanto quanto Siena o é, pois minha casa — a dos Piccolomini — emigrou, em tempos passados, de Roma para Siena, como o demonstra o freqüente emprego dos nomes Enéias e Sílvio em nossa família". É de supor que não o teria desagradado ser um Júlio. Também para Paulo II — um Barbo, de Veneza — providenciou-se a desejada ascendência, visto que sua casa, em que pese uma discordante origem alemã, acabou por se fazer derivar dos Ahenobarbus romanos, que teriam fundado uma colônia em Parma e cujos descendentes, em razão de conflitos partidários, teriam emigrado para Veneza. Não há, pois, por que estranhar que os Massini pretendessem descender de Q. Fábio Máximo e os Cornaro, dos Cornelii. Contrariando essa tendência, constitui exceção verdadeiramente notável para o século seguinte, o XVI, que o novelista Bandello procure sua ascendência em meio a nobres ostrogodos (I, nov. 23).

Mas voltemos a Roma. Os habitantes "que então se autodenominavam romanos" acolhiam sequiosos a exaltação que o restante da Itália lhes oferecia. Sob Paulo II, Sisto IV e Alexandre VI, assistiremos a faustosos cortejos carnavalescos representando a fantasia predileta daqueles tempos: o triunfo dos antigos imperadores romanos. Onde quer que sentimentos exaltados se manifestassem, faziam-no sempre dessa forma. Sob um tal estado de ânimo, espraiou-se, a 18 de abril de 1485, o rumor do descobrimento do corpo bem conservado de uma jovem e belíssima romana da Antiguidade. Escavando um antigo túmulo situado no interior de um terreno pertencente ao convento de Santa Maria Nuova, na via Appia, para além da tumba de Cecílio Metelo, pedreiros lombardos encontraram um sarcófago de mármore supostamente contendo a seguinte inscrição: "Júlia, filha de Cláudio". O restante da história pertence ao domínio da fantasia. Os pedreiros teriam desaparecido imediatamente, levando consigo os tesouros e pedras preciosas que, no sarcófago, serviam de adorno e escolta ao cadáver; este estaria revestido de uma essência protetora, que o teria mantido tão fresco e mesmo tão vívido quanto o de uma moça de quinze anos recém-falecida; dele se disse até que teria ainda em si a cor da vida e os olhos e a boca semi-abertos. O corpo foi, então, levado para o palácio dos *conservatori*, no Capitólio, e, a fim de vê-lo, teve início uma verdadeira peregrinação; muitos iam também para desenhá-lo, "pois ela era bela de uma forma que não se pode dizer ou escrever, e, ainda que se falasse e escrevesse sobre sua beleza, aqueles que não a viram não acreditariam". Uma noite, porém, por ordem de Inocêncio VIII, o corpo teve de ser enterrado em um local secreto, para além da Porta Pinciana, no palácio dos *conservatori* permanecendo apenas o sarcófago vazio. Provavelmente, uma máscara colorida, de cera ou material semelhante, fora modelada ao estilo clássico sobre o rosto do cadáver, o que decerto combinaria com os cabelos dourados de que se fala. O tocante nessa história não é o fato em si, mas a sólida crença de que o corpo antigo, que acreditavam estar finalmente vendo de fato diante de si, teria necessariamente de ser mais magnífico do que tudo quanto então vivia.

Entrementes, em decorrência das escavações, crescera o conhecimento objetivo acerca da antiga Roma. Já sob Alexandre VI, foram descobertos os assim chamados grutescos — ou seja, as decorações de muros e abóbadas dos antigos — e encontrou-se, em porto d'Anzio, o Apolo de Belvedere. Sob Júlio II, seguiram-se as gloriosas descobertas do Laocoonte, da Vênus do Vaticano, do Torso e de Cleópatra, entre tantas mais.* Também os palácios dos grandes e dos cardeais começaram a povoar-se de estátuas e fragmentos antigos. Rafael executou para Leão X aquela restauração ideal de toda a Roma antiga de que fala sua (ou de Castiglione) famosa carta. Após queixar-se amargamente das sempre presentes destruições — isso ainda sob Júlio II —, ele roga ao papa que proteja os poucos testemunhos ainda re-

---

* Já sob Júlio II escavava-se à procura de estátuas.

manescentes da grandeza e força daquela alma divina da Antiguidade, à memória da qual se inflamam ainda os capazes de coisas superiores. Munido de notável perspicácia, Rafael fixa a base para uma história comparada da arte, concluindo com aquele conceito de registro arquitetônico desde então vigente: de cada edificação remanescente, ele exige planta, elevação e corte, em separado. Não é possível prosseguir expondo aqui em que medida, a partir dessa época, a arqueologia — sobretudo em conexão com a cidade sagrada e sua topografia — alçou-se à condição de ciência específica, ou de que maneira a Academia Vitruviana impôs-se ao menos metas colossais. Atenhamo-nos, pois, ao pontificado de Leão X, sob o qual a fruição da Antiguidade enredou-se a todos os demais prazeres, assumindo aquela feição admirável que conferiu à vida romana sua consagração. No Vaticano, ressoavam o canto e os instrumentos de corda, ecoando por toda Roma como uma conclamação à alegria de viver, ainda que Leão X não lograsse desse modo afugentar suas próprias preocupações e tormentos — e ainda que sua disposição consciente de prolongar a própria vida por meio dessa alegria tenha sido frustrada pela morte prematura. É impossível escapar da imagem resplandecente da Roma de Leão X traçada por Paolo Giovio, em que pese o testemunho igualmente preciso que ela nos dá do lado sombrio da cidade: o servilismo dos que almejavam ascender, a miséria oculta dos prelados — que, a despeito de suas dívidas, tinham de viver de acordo com sua posição —, a arbitrariedade e o caráter fortuito do mecenato literário do papa e, finalmente, sua administração financeira absolutamente ruinosa. Em sua sexta sátira, o mesmo Ariosto que tão bem conhecia tudo isso e de tudo isso escarnecia dá-nos, não obstante, uma imagem assaz nostálgica de seu convívio com os poetas altamente ilustrados que o acompanhavam pelas ruínas da cidade, do conselho de eruditos que ali encontrou para suas próprias obras e, por fim, dos tesouros da biblioteca do Vaticano. Isso tudo, acredita ele, e não a esperança já havia muito perdida na proteção dos Medici, é que poderia verdadeiramente atraí-lo, caso pretendessem novamente convencê-lo a, na qualidade de embaixador de Ferrara, transferir-se para Roma.

Além do fervor arqueológico e da atmosfera solenemente patriótica, as ruínas em si despertaram também, dentro e fora de Roma, um ardor elegíaco-sentimental. Os acordes iniciais deste encontram-se já em Petrarca e Boccaccio. Poggio faz freqüentes visitas a Roma e ao templo de Vênus, acreditando ser este o de Castor e Pólux, onde outrora o Senado costumava reunir-se, ali mergulhando na recordação dos grandes oradores: Crasso, Hortênsio e Cícero. De maneira completamente sentimental exprime-se, posteriormente, Pio II, sobretudo ao descrever Tíbure [*Comentários*, liv. V], e, logo a seguir, em Polifilo, surge a primeira imagem ideal das ruínas, acompanhada de uma descrição: restos de portentosas abóbadas e colunatas entremeados por antigos plátanos, loureiros, ciprestes e por um selvagem matagal. Na história sagrada, torna-se hábito — e é quase impossível dizer como — transferir o cenário do nascimento de Cristo para as ruínas mais suntuosas possíveis de um palácio.* Que, mais tarde, por fim, as ruínas artificiais tenham se tornado presença obrigatória em faustosos jardins, constitui apenas a manifestação prática desse sentimento.

OS AUTORES DA ANTIGUIDADE

Infinitamente mais importantes do que os restos arquitetônicos e artísticos da Antiguidade foram, naturalmente, os legados escritos, tanto em grego quanto em latim. Estes eram tidos como as próprias fontes de todo o conhecimento, no sentido mais absoluto. A situação dos livros àquela época de grandes descobertas foi já amiúde alvo de descrição; a esse respeito, podemos apenas acrescentar aqui alguns aspectos menos abordados.

---

* Ao passo que todos os patriarcas da Igreja e peregrinos falam apenas em uma gruta, e os próprios poetas logram prescindir do palácio.

Pôr maior que pareça a influência dos escritores antigos sobre a Itália — datando já de muito tempo, mas sobretudo ao longo do século XIV —, na verdade, o número de novas descobertas foi menor do que o de obras já bastante conhecidas propagando-se por numerosas mãos. A provisão de obras que entusiasmou a geração de Boccaccio e Petrarca compunha-se, essencialmente, dos poetas, historiadores, oradores e epistológrafos latinos mais populares, juntamente com um certo número de traduções latinas de escritos isolados de Aristóteles, Plutarco e mais uns poucos autores gregos. Petrarca possuía, e sabidamente venerava, um Homero em grego, sem contudo poder lê-lo. Com a ajuda de um grego da Calábria, Boccaccio logrou, na medida do possível, produzir a primeira tradução para o latim da *Ilíada* e da *Odisséia*. É apenas no século XV que tem início a grande série de novas descobertas, a criação sistemática de bibliotecas por meio de cópias e o mais fervoroso esforço de tradução a partir do grego.*

Sem o entusiasmo de alguns colecionadores de então, cujo esmero chegava à mais extrema abnegação, nós certamente disporíamos hoje apenas de pequena parte das obras, sobretudo as dos gregos, que chegaram até nós. Ainda quando monge, o papa Nicolau V endividou-se para comprar manuscritos ou mandar copiá-los; já naquela época, ele professava abertamente as duas grandes paixões do Renascimento: os livros e as edificações. Manteve a palavra quando papa. Enquanto os copistas escreviam, emissários vasculhavam meio mundo sob suas ordens. Perotto recebeu quinhentos ducados pela tradução para o latim de Políbio; Guarino, mil florins de ouro pela de Strabo, e teria recebido outros quinhentos, não fosse a morte prematura do papa. Nicolau V deixou 5 mil volumes — ou 9 mil, dependendo da maneira como se calcula — para uma biblioteca criada para

---

* Sabidamente, forjaram-se também algumas obras falsas, com o intuito de iludir ou explorar o apetite pela Antiguidade. Vejam-se a esse respeito nas histórias literárias os artigos sobre Annius de Viterbo.

o uso efetivo de todos os membros da cúria, biblioteca esta que se tornou o núcleo da biblioteca do Vaticano e que seria instalada no próprio palácio, na qualidade de seu mais nobre adorno, como outrora o fizera o rei Ptolomeu Filadelfo de Alexandria. Quando, em conseqüência da peste, o papa teve de transferir-se com sua corte para Fabriano, levou consigo tradutores e compiladores, a fim de que não fossem dizimados.

O florentino Niccolò Niccoli, membro do ilustrado círculo de amigos que se reunia em torno do já idoso Cosme de Medici, aplicou toda sua fortuna na aquisição de livros. Por fim, quando já não tinha mais nada, os Medici colocaram seus próprios cofres à disposição dele, para qualquer soma que desejasse para aquele mesmo fim. A ele devemos o fato de dispormos dos últimos livros da obra de Ammianus Marcellinus, do *De oratore*, de Cícero, e de outros mais; foi ele também quem levou Cosme a comprar o melhor Plínio de um convento em Lübeck. Dotado de admirável confiança nas pessoas, Niccoli emprestava seus livros, permitindo inclusive que, tanto quanto o desejassem, elas os lessem em casa, para depois conversarem sobre o que haviam lido. Após sua morte, a coleção de oitocentos volumes, avaliada em 6 mil florins de ouro, transferiu-se, graças à intermediação de Cosme, para o convento de São Marcos, sob a condição de que fosse aberta ao público.

Dos dois grandes descobridores de livros, Guarino e Poggio, o último — em parte na qualidade de agente de Niccoli — esteve também, sabidamente, nas abadias do Sul da Alemanha, por ocasião do Concílio de Constança. Ali encontrou seis discursos de Cícero e o primeiro Quintiliano completo: o manuscrito de Sankt Gallen — ou de Zurique, como é chamado hoje; consta que Poggio copiou-o na íntegra no espaço de 32 dias, e, aliás, com bela caligrafia. Com seus achados, Poggio logrou completar, em sua essência, as obras de Sílio Itálico, Manílio, Lucrécio, Valério Flaco, Asconius Pedianus, Columella, Celso, Aulo Gélio, Estácio e de outros mais; juntamente com Leonardo Aretino, trouxe à luz ainda as doze últimas peças de Plauto, bem como as *Verrinas*, de Cícero.

Movido pelo patriotismo e pelo amor à Antiguidade, o famoso cardeal grego Bessarion compilou, com enorme sacrifício, seiscentos manuscritos, tanto de conteúdo pagão quanto cristão, procurando, a seguir, por um local seguro onde pudesse abrigá-los, a fim de que sua desafortunada pátria, se algum dia voltasse a ser livre, pudesse reencontrar a literatura perdida. A senhoria de Veneza declarou-se, então, pronta a construir um local, e ainda hoje a Biblioteca Marciana preserva parte daqueles tesouros.

A constituição da célebre biblioteca dos Medici tem história bastante singular, acerca da qual não podemos nos estender aqui. O principal compilador de Lourenço, o Magnífico, foi Janus Lascaris. É sabido que a coleção teve de ser readquirida, volume por volume, pelo cardeal Giovanni de Medici (Leão X), após a pilhagem do ano de 1494.

A biblioteca de Urbino (hoje no Vaticano) foi obra do grande Frederico de Montefeltro, que ainda na infância começou a compilá-la. Mais tarde, teve sempre de trinta a quarenta *scrittori* em diversos locais a seu serviço e, ao longo dos anos, empregou nela acima de 30 mil ducados. Graças sobretudo à ajuda de Vespasiano, essa biblioteca foi sistematicamente ampliada e complementada, e o que ele relata a seu respeito é particularmente notável enquanto concepção ideal de uma biblioteca da época. Possuíam-se, por exemplo, na Urbino de então, os catálogos das bibliotecas do Vaticano, de São Marcos, em Florença, da dos Visconti, de Pavia, e mesmo o catálogo da biblioteca de Oxford — e era com orgulho que se verificava que, no tocante à totalidade das obras de um mesmo autor, a biblioteca de Urbino era muito mais completa e superior a todas as outras. Na quantidade, predominavam talvez as obras da Idade Média e as de teologia; encontrava-se ali toda a obra de são Tomás de Aquino, de Alberto Magno, de Bonaventura e assim por diante. No mais, era bastante variada e continha, por exemplo, todas as obras de medicina então disponíveis. Dentre os *moderni*, figuravam com destaque os grandes autores do século XIV, como Dante e Boccaccio, com suas obras completas; a seguir, vinham 25 humanistas selecionados, sempre com suas obras em latim e em italiano, e o que mais houvessem traduzido. Dentre os manuscritos gregos, predominavam em larga escala os patriarcas da Igreja, mas no tocante aos clássicos havia ali, de uma só vez, as obras completas de Sófocles, as de Píndaro e as de Menandro — este último manuscrito, evidentemente, deve ter desaparecido cedo de Urbino, do contrário os filólogos logo o teriam editado.

Dispomos ainda de alguma informação no que respeita à maneira pela qual, àquela época, manuscritos e bibliotecas surgiam. A compra direta de um manuscrito mais antigo, que contivesse texto raro ou o único completo ou mesmo o único existente de um autor da Antiguidade, era, naturalmente, uma dádiva rara da sorte, com a qual não se contava. Dentre os copistas, aqueles que entendiam grego ocupavam lugar de destaque, sendo eles, especificamente, os que carregavam o honroso título de *scrittori*: eram e permaneceram sendo poucos e muito bem pagos. Os demais, os meros copistas, eram, em parte, trabalhadores que viviam exclusivamente dessa atividade, em parte, eruditos pobres que necessitavam de renda complementar. Surpreendentemente, os copistas romanos à época de Nicolau V eram, em grande parte, alemães e franceses, provavelmente pessoas com alguma pretensão junto à cúria e que tinham, de alguma forma, de ganhar o seu sustento. Quando, por exemplo, Cosme de Medici quis rapidamente dotar de uma biblioteca sua criação predileta, a abadia um pouco abaixo de Fiesole, mandou chamar Vespasiano, recebendo deste o conselho de renunciar à compra dos livros disponíveis, uma vez que os que desejava não estavam disponíveis e melhor seria que mandasse copiá-los, ao que Cosme fez um acordo com Vespasiano, que, mediante pagamento diário e o emprego de 45 copistas, entregou-lhe duzentos volumes acabados em 22 meses. O catálogo do que deveria ser copiado, Cosme o recebera das mãos de Nicolau V.* (Predominavam, na-

---

* Gentileza de que foram alvo também as bibliotecas de Urbino e Pesaro (a de Alessandro Sforza).

turalmente, a literatura eclesiástica e as obras necessárias para o serviço do coro.)

A caligrafia de tais volumes era aquela bela e moderna caligrafia italiana, que faz já da mera visão de um livro dessa época um prazer e cujo emprego teve início ainda no século XIV. Tanto o papa Nicolau V quanto Poggio, Giannozzo Manetti, Niccolò Niccoli e outros eruditos de renome eram calígrafos já de casa, exigindo e tolerando apenas o belo. No mais, mesmo quando desprovidos das iluminuras, os volumes eram adornados com extremo bom gosto, como o demonstram particularmente os manuscritos da Biblioteca Laurenciana, com seus graciosos ornamentos no princípio e ao final de cada linha. Quando a cópia era feita para grandes senhores, o material utilizado era sempre o pergaminho; a encadernação, na biblioteca do Vaticano e na de Urbino, feita uniformemente em um veludo carmesim com guarnições prateadas. Em face de uma tal disposição de desejar trazer à luz o respeito pelo conteúdo dos livros conferindo-lhes a aparência mais nobre possível, é compreensível que o súbito surgimento do livro impresso tenha, de início, esbarrado em resistências. Frederico de Urbino "ter-se-ia envergonhado" de possuir um tal exemplar.

Todavia, os cansados copistas — não aqueles que viviam dessa atividade, mas os muitos que, para disporem de um livro, precisavam copiá-lo — receberam com júbilo a invenção alemã. Esta foi logo posta em atividade na Itália — e, durante muito tempo, apenas ali —, para a multiplicação dos clássicos romanos e, posteriormente, também dos gregos. Não obstante, seu avanço não foi tão rápido quanto se poderia pensar, ante o entusiasmo geral por essas obras. Passado certo tempo, constituem-se os rudimentos da relação moderna entre autor e editora, e, sob Alexandre VI, surge a censura preventiva, na medida em que a possibilidade de aniquilar um livro tornara-se não tão simples quanto fora para Cosme determinar que Filelfo o fizesse.*

---

* Em razão de um panfleto intitulado *De exilio*.

* * *

Examinar de que maneira, a partir de então, em conexão com o progresso do estudo das línguas, desenvolveu-se uma crítica textual constitui em tão pouca medida o objetivo deste livro quanto traçar a história da erudição, de uma forma geral. Não nos cabe ocuparmo-nos aqui da erudição dos italianos enquanto tal, mas da reprodução da Antiguidade na literatura e na vida. Seja-nos, contudo, permitida uma observação acerca de tais estudos.

No tocante aos gregos, a erudição concentra-se, essencialmente, em Florença e no século XV e início do XVI. O que Petrarca e Boccaccio haviam impulsionado parece ainda não ter ido além da simpatia de alguns diletantes entusiasmados. De outra parte, com o desaparecimento da colônia de refugiados gregos eruditos, morre também, na década de 1520, o estudo do grego, constituindo verdadeira sorte que, no Norte, nesse meio-tempo, alguns houvessem já logrado dominar aquela língua (Erasmo, os Estienne, Budé). A referida colônia tivera início com Manuel Chrisólora e seu parente João, bem como com Jorge de Trebizonda. Posteriormente, à época da conquista de Constantinopla e depois, vieram João Argyropulos, Teodoro Gaza, Demetrios Chalcondylas — que criou seus filhos, Teophilos e Basilios, para serem excelentes helenistas —, Andronikos Kallistos, Marcos Musuros e a família dos Lascaris, além de muitos outros. Entretanto, desde que se completara a sujeição dos gregos pelos turcos, deixaram de surgir novas gerações de eruditos, à exceção dos filhos dos refugiados e, talvez, de um ou dois candiotas e cipriotas. Que o declínio dos estudos helenísticos, de um modo geral, coincida aproximadamente com a morte de Leão X, deveu-se por certo em parte a uma mudança da tendência intelectual como um todo, e à já relativa saturação no tocante à literatura clássica. Certamente, porém, a coincidência com o desaparecimento dos gregos eruditos não constitui mero acaso. Tomando-se por base a época em torno de 1500, o estudo do grego entre os próprios italianos parece particularmente florescente. Aprenderam o grego por essa época homens que, meio século mais tarde, já idosos, falavam ainda a língua, como os papas Paulo III e Paulo IV. Mas justamente esse tipo de interesse pressupunha o contato com gregos nativos.

Além de Florença, Roma e Pádua tiveram quase sempre professores pagos de grego; Bolonha, Ferrara, Veneza, Perugia, Pavia e outras cidades os tiveram também, ao menos temporariamente. Os estudos helenísticos muito deveram a Aldo Manucci, em cuja oficina foram impressas, pela primeira vez em grego, as obras mais volumosas e dos principais autores. Aldo arriscou tudo que tinha nessa empreitada; foi um editor de cuja estirpe o mundo conheceu bem poucos.

Há que se mencionar aqui, ainda que apenas de passagem, que, ao lado dos estudos clássicos, também os orientais assumiram proporções relativamente significativas. Giannozzo Manetti, estadista e grande erudito florentino (morto em 1459), foi o primeiro a aliar à polêmica dogmática contra os judeus o aprendizado do hebraico e de toda a ciência judaica. Desde criança, seu filho teve de aprender latim, grego e hebraico, e o próprio papa Nicolau V incumbiu Manetti de traduzir novamente a Bíblia, uma vez que o pensamento filológico da época compelia ao abandono da Vulgata. Muito antes de Reuchlin, mais de um humanista acolheu o hebraico entre seus estudos; Pico della Mirandola, por exemplo, dispunha de todo o saber talmúdico e filosófico de um instruído rabino. Quanto ao árabe, era sobretudo a medicina que, não mais desejando dar-se por satisfeita com as traduções mais antigas dos grandes médicos árabes, requeria seu aprendizado. O ensejo para tanto talvez tenha sido dado pelos consulados venezianos no Oriente, que abrigavam médicos italianos. Hieronimo Ramusio, um médico veneziano que morreu em Damasco, traduziu obras do árabe. Andrea Mongaio de Belluno deteve-se longamente naquela cidade motivado por Avicena, tendo aprendido o árabe e emendado o texto deste último; posteriormente, o governo de Veneza empregou-o em Pádua, para o ensino dessa matéria específica.

Quanto a Pico della Mirandola, faz-se necessário que nos

detenhamos um pouco mais nele, antes de passarmos à influência geral do humanismo. Ele foi o único a defender em voz alta e de maneira enérgica a ciência e a verdade de todas as épocas contra a ênfase unilateral dada à Antiguidade clássica. Sabe apreciar não apenas Averróis e os pesquisadores judeus, mas também os escolásticos da Idade Média, cada um de acordo com sua especialidade, e acredita ouvi-los dizer:

> Nós viveremos eternamente, não nas escolas dos pedantes, mas no círculo dos sábios, onde não se discute acerca da mãe de Andrômaca ou dos filhos de Níobe, mas sim sobre as causas mais profundas das questões divinas e humanas; quem delas se acerca, verá que também os bárbaros possuíam inteligência [*mercurium*] — não na língua, mas no peito.

Possuidor de um vigoroso latim, absolutamente não desprovido de beleza e clareza de exposição, Pico della Mirandola despreza o purismo pedante e toda a supervalorização de uma forma tomada emprestada, tanto mais quando ela se revela associada a uma visão unilateral e danosa à grande e total verdade. Nele, pode-se perceber o rumo sublime que a filosofia italiana teria tomado, se a Contra-Reforma não tivesse destruído a totalidade da vida espiritual mais elevada.

O HUMANISMO NO SÉCULO XIV

Quem foram, pois, aqueles que atuaram como mediadores entre sua época e a venerada Antiguidade, alçando esta última à condição de elemento central da cultura da primeira?

Trata-se de uma legião multiforme, exibindo ora uma ora outra face. Sabiam, porém, eles próprios, bem como o sabia a época, que compunham um elemento novo da sociedade. Podem-se identificar seus precursores sobretudo naqueles *clerici vagantes* do século XII, de cuja poesia já se falou aqui: comungam da mesma existência instável, da mesma forma livre, e mais do que livre, de encarar a vida e, de início ao menos, de uma mesma tendência pagã na poesia. Agora, porém, uma nova cultura contrapõe-se àquela da Idade Média, àquela cultura, em essência, sempre eclesiástica e cultivada por eclesiásticos; uma nova cultura que se apega predominantemente àquilo que se encontra para além da Idade Média. Seus representantes ativos tornam-se personagens importantes porque sabem o que sabiam os antigos, porque procuram escrever como estes o faziam e porque começam a pensar, e logo também a sentir, como pensavam e sentiam os antigos.* A tradição à qual se dedicam converte-se, em milhares de pontos, em pura reprodução.

Autores mais modernos lamentam amiúde que os germes de uma cultura incomparavelmente mais autônoma e aparentemente italiana em sua essência, como os que se manifestaram por volta de 1300 em Florença, tenham sido, posteriormente, tragados por completo pela torrente do humanismo. Argumentam eles que, àquela época em Florença, todos podiam ler, que até mesmo os arrieiros cantavam as *canzoni* de Dante e que os melhores manuscritos italianos de que ainda dispomos teriam pertencido originalmente a artesãos florentinos; teria sido possível então — dizem eles — o surgimento de uma enciclopédia popular, como o *Tesoro* de Brunetto Latini, e tudo isso teria tido por base uma força e firmeza de caráter resultante da participação de todos nos negócios de Estado, do comércio, das viagens e, principalmente, da sistemática eliminação de todo o ócio — fatores que vicejavam na Florença de então. Além disso — prossegue a argumentação —, os florentinos eram à época respeitados e de grande serventia no mundo todo, não em vão sendo chamados pelo papa Bonifácio VIII, naquele mesmo ano, "o quinto elemento". A presença mais forte do humanismo, a partir de 1400, teria, pois, atrofiado esse impulso nacional, na

---

* Poggio (*De avaritia*) denuncia a avaliação que eles faziam de si próprios ao manifestar a opinião de que só poderiam dizer que tinham vivido aqueles que tivessem escrito livros eruditos e eloquentes em latim, ou aqueles que houvessem traduzido do grego para o latim.

medida em que se passou a esperar exclusivamente da Antiguidade a solução para todo e qualquer problema, permitindo-se, além disso, que a literatura fosse absorvida pela mera citação; a própria perda da liberdade estaria relacionada a isso, na medida em que tal erudição repousaria numa servidão à autoridade, sacrificando o direito municipal ao romano e, já em razão disso, procurando e encontrando o favor dos déspotas.

Ocupar-nos-emos ainda, aqui e ali, dessas acusações, para examinar-lhes a verdadeira medida e a compensação oferecida aos danos. Para o momento, cabe sobretudo constatar que mesmo a cultura do vigoroso século XIV conduzia necessariamente para o completo triunfo do humanismo, e que foram precisamente os maiores expoentes no domínio do espírito nacional italiano que abriram portas e portões para o culto sem fronteiras à Antiguidade do século XV.

E, dentre eles, Dante mais do que qualquer outro. Se uma sucessão de gênios da sua categoria tivesse podido levar adiante a cultura italiana, esta exibiria e conservaria, mesmo que fortemente permeada por elementos da Antiguidade, um caráter nacional fortemente acentuado. Mas nem a Itália nem o restante do Ocidente lograram produzir um segundo Dante, que foi e permaneceu sendo aquele que, pela primeira vez e de maneira enfática, trouxe a Antiguidade para o primeiro plano da vida cultural. Na *Divina comédia*, é verdade, ele não dispensa tratamento equânime aos mundos antigo e cristão, mas os situa continuamente em planos paralelos; assim como, em seus primórdios, a Idade Média reunira modelos e antimodelos extraídos das histórias e figuras do Velho e do Novo Testamento, Dante reúne, em geral, um exemplo cristão e um pagão para ilustrar um mesmo fato. Não se deve esquecer que o imaginário e a história cristã eram conhecidos, ao passo que imaginário e história da Antiguidade, pelo contrário, eram relativamente desconhecidos, auspiciosos e estimulantes, e que esta última tinha necessariamente de preponderar no interesse geral, não mais havendo um Dante para estabelecer o equilíbrio.

Petrarca está presente hoje no pensamento da maioria como

um grande poeta italiano; entre seus contemporâneos, pelo contrário, sua fama advinha em muito maior grau do fato de que ele, por assim dizer, representava a Antiguidade em pessoa, imitando todos os gêneros da poesia latina e escrevendo cartas cujo valor, na qualidade de dissertações acerca de determinados tópicos da Antiguidade, se hoje não mais entendemos, é perfeitamente compreensível para uma época na qual inexistiam ainda os manuais.

O caso de Boccaccio é bastante semelhante. Em razão unicamente de suas compilações mitográficas, geográficas e biográficas em língua latina, ele já era famoso havia dois séculos em toda a Europa antes que, ao norte dos Alpes, se tivesse notícia de seu *Decameron*. Uma daquelas compilações, *De genealogia deorum*, contém um notável apêndice aos 14º e 15º livros, no qual Boccaccio discute a posição do jovem humanismo à sua época. Não nos devemos deixar iludir pelo fato de que ele se refira incessantemente apenas à "poesia", já que um exame mais aproximado nos fará notar que é, na verdade, ao conjunto da atividade intelectual dos poetas-filólogos que se refere.* São os inimigos desta que ele combate da forma mais renhida: os frívolos ignorantes que não pensam senão em comer e beber à farta; os teólogos sofistas, para os quais Helicon, a fonte de Castália e o bosque de Febo parecem meras tolices; os juristas ávidos de ouro, que consideram a poesia supérflua, porque não se ganha dinheiro com ela; e, por fim, os frades mendicantes (caracterizados por meio de perífrase, mas identificáveis), que apreciam denunciar o paganismo e a imoralidade. Segue-se, então, a defesa da poesia, sua louvação; mais exatamente, a do sentido mais profundo, sobretudo alegórico, que a ela cumpre sempre atribuir, a de sua legítima obscuridade, que deve servir à intimidação da mente insensível dos ignorantes. Por fim, o au-

---

* Em Dante (*Vita nuova*), *poeta* refere-se ainda exclusivamente àqueles que compunham em latim, ao passo que as expressões *rimatore* e *dicitore per rima* são empregadas para os que escrevem em italiano. Com o tempo, porém, tais expressões e conceitos confundiram-se.

tor justifica o novo relacionamento da época com o paganismo como um todo, fazendo clara referência a sua própria obra erudita.* Tal relacionamento, segundo ele, pode outrora ter sido diferente, quando a Igreja, em seus primórdios, precisava ainda defender-se contra os pagãos; à sua época — graças a Jesus Cristo! —, a verdadeira religião estaria fortalecida, o paganismo, eliminado, e a Igreja, vitoriosa, de posse do território inimigo; assim, poder-se-ia então contemplar e estudar o paganismo quase (*fere*) sem perigo algum. O argumento é o mesmo que, mais tarde, todo o Renascimento empregou para se defender.

Havia, pois, um elemento novo no mundo, e uma nova classe de pessoas a representá-lo. É ocioso discutir se, em meio a seu curso vitorioso, cabia a tal elemento deter-se, limitar-se voluntariamente, concedendo ao puramente nacional certo privilégio. Não se tinha convicção mais firme do que a de que a Antiguidade constituía justamente a mais alta glória da nação italiana.

Peculiar a essa primeira geração de poetas-filólogos é, essencialmente, uma cerimônia simbólica que, se não desaparece mesmo nos séculos XV e XVI, perde, todavia, seu caráter mais elevado: trata-se do coroamento dos poetas com a coroa de louros. Suas origens medievais são obscuras, e ele jamais chegou a ser dotado de um ritual fixo. Tratava-se de uma demonstração pública, uma visível eclosão da glória literária e, já por isso, de algo variável. Dante, por exemplo, parece tê-la encarado como uma consagração semi-religiosa: queria coroar-se a si próprio no batistério de San Giovanni, onde centenas de milhares de florentinos, inclusive ele próprio, haviam sido batizados ["Paraíso", XXV, v. 1 ss.]. Em razão de sua fama, diz seu biógrafo, ele teria podido receber a coroa de louros onde quer que fosse, mas jamais desejou fazê-lo senão em sua terra natal, razão pela qual morreu sem ser coroado. Por essa mesma fonte, é-nos dado sa-

---

* Numa carta posterior a Jacobus Pizinga (*Opere volgari*, v. XVI), Boccaccio atém-se com maior rigor à poesia propriamente dita. Também ali, contudo, reconhece como poesia apenas a que trata da Antiguidade, ignorando os trovadores.

ber que o costume não era até então habitual, sendo tido como herança grega dos antigos romanos. Prática semelhante e posterior constituíam as disputas entre tocadores de cítara, poetas e outros artistas. Instituídas segundo o modelo grego e tendo lugar no Capitólio, elas eram, desde Domiciano, celebradas de cinco em cinco anos, e, possivelmente, sobreviveram ainda algum tempo após a queda do Império Romano. Se, pois, por um lado, ninguém ousaria facilmente coroar-se a si próprio, como Dante o desejava, por outro, surgiu a questão acerca de qual seria a autoridade responsável pela coroação. Em Pádua, por volta de 1310, Albertino Mussatus foi coroado pelo bispo e pelo reitor da universidade. Pela coroação de Petrarca (1341), disputaram a Universidade de Paris — que tinha justamente à época um reitor florentino — e as autoridades municipais romanas. Além disso, o examinador que o próprio Petrarca escolhera, o rei Roberto de Anjou, teria de bom grado transferido a cerimônia para Nápoles. Petrarca, no entanto, preferiu a todas as outras a coroação no Capitólio, pelo senador romano. Na verdade, a coroação permaneceu durante algum tempo alvo de ambição, enquanto tal atraindo, por exemplo, Jacobus Pizinga, um nobre funcionário siciliano. Carlos IV, que tinha verdadeiro prazer em impressionar com cerimônias homens vaidosos e a massa ignorante, apareceu então na Itália. Partindo da premissa fictícia de que a coroação dos poetas fora outrora assunto dos antigos imperadores romanos e de que, portanto, era agora assunto seu, ele coroou em Pisa o erudito florentino Zanobi della Strada, para grande desgosto de Boccaccio, que se recusa a reconhecer a legitimidade dessa *laurea pisana*. E, de fato, podia-se perguntar como é que o meio-eslavo se arrogara o direito de julgar o valor dos poetas italianos. Não obstante, imperadores em viagem seguiram coroando poetas aqui e ali, prática à qual aderiram, no século XV, os papas e outros príncipes, não desejando ficar para trás, até que, afinal, local e circunstâncias da coroação passaram a não mais ter qualquer importância. Em Roma, à época de Sisto IV, a academia de Pomponius Laetus distribuía coroas de louros por conta própria. Os florentinos tiveram o cuidado de coroar seus famosos humanistas somente após a morte; assim foram coroados Carlo e Leonardo Aretino — o panegírico do primeiro tendo sido pronunciado por Matteo Palmieri, o do segundo, por Giannozzo Manetti, diante de todo o povo e na presença dos membros do conselho: o orador em pé, à cabeceira do esquife onde, trajando seda, jazia o corpo.* Em honra de Carlo Aretino erigiu-se ainda um mausoléu (em Santa Croce) que conta entre os mais magníficos de todo o Renascimento.

UNIVERSIDADE E ESCOLAS

A influência da Antiguidade sobre a cultura, de que trataremos a partir de agora, pressupunha, inicialmente, que o humanismo se apoderasse das universidades. Isso se deu, embora não na medida e tampouco com o efeito que se poderia imaginar.

A maioria das universidades italianas só surge verdadeiramente no decorrer dos séculos XIII e XIV, quando a crescente riqueza da vida italiana passou a exigir também preocupação mais rigorosa com a educação.** No princípio, a maioria delas possuía apenas três cátedras: as de direito canônico e civil e a de medicina. A estas juntaram-se, com o passar do tempo, as de retórica, de filosofia e de astronomia — esta última, geralmente, mas não sempre, idêntica à de astrologia. Os salários dos catedráticos eram extremamente variados; às vezes, recebiam até

---

* Ainda em vida, a fama de Leonardo Aretino era, na verdade, tão grande, que vinham pessoas de todas as partes unicamente para vê-lo, um espanhol tendo inclusive se prostrado de joelhos diante dele.

** A Universidade de Bolonha é, sabidamente, mais antiga. A de Pisa, pelo contrário, é um produto tardio do governo de Lourenço, o Magnífico. A Universidade de Florença, que existia desde 1321 e na qual o estudo era obrigatório para os florentinos, foi reinstituída após a peste negra de 1348 e dotada anualmente de 2,5 mil florins de ouro; posteriormente, voltou a desaparecer e a experimentar nova fundação em 1357. A cadeira dedicada ao estudo de Dante, fundada em 1373 a pedido de muitos cidadãos, esteve daí em diante ligada, geralmente, às de filologia e retórica, o mesmo acontecendo ao tempo de Filelfo.

mesmo algum capital de presente. O avanço da educação trouxe consigo a competição, de modo que as diferentes instituições lançaram-se ao intento, de parte a parte, de atrair para si renomados professores de suas rivais. Sob tais circunstâncias, diz-se que Bolonha teria, em certas épocas, aplicado metade de suas receitas (20 mil ducados) na universidade. As nomeações dos catedráticos eram, em geral, por tempo limitado, até mesmo por um único semestre, de modo que os docentes levavam uma vida errante, como se fossem atores. Contudo havia também nomeações vitalícias. Por vezes, prometiam não ensinar em qualquer outro local o que haviam ensinado em uma universidade. Além disso, havia também professores voluntários, não remunerados.

Das cátedras mencionadas, a de retórica era, naturalmente, a meta preferencial dos humanistas. Havia, porém, a possibilidade de virem a atuar também como professores de direito, medicina, filosofia ou astronomia, dependendo em grande parte do conhecimento que haviam adquirido das coisas da Antiguidade. As condições internas, da ciência, e externas, do docente, eram ainda bastante variáveis. Não se pode, porém, ignorar que certos juristas e médicos tinham e mantinham salários de longe os mais elevados — os primeiros, principalmente na qualidade de consultores para as reivindicações e processos do Estado que lhes pagava. No século XV, em Pádua, havia um jurista que recebia anualmente mil ducados; também ali, pretendeu-se empregar um médico famoso pagando-lhe 2 mil ducados e concedendo-lhe o direito à prática particular de sua profissão, um médico que até então atuara em Pisa, lá recebendo setecentos florins de ouro. Quando o jurista Bartolommeo Socini, catedrático em Pisa, aceitou uma nomeação de Veneza para trabalhar em Pádua e quis viajar para lá, o governo florentino tomou-o prisioneiro, libertando-o somente mediante o pagamento de caução no valor de 18 mil florins de ouro. Já em função de tamanha valorização dessas áreas, é compreensível que importantes filólogos se tenham firmado como juristas e médicos. Por outro lado, todo aquele que desejasse apresentar sua contribuição em qualquer campo que fosse era, paulatinamente, obrigado a assumir forte coloração humanista. Outras modalidades de atuação prática dos humanistas serão consideradas em breve, mais adiante.

Todavia, a atividade do filólogo enquanto tal, embora vinculada, em casos particulares, a salários relativamente elevados e emolumentos paralelos,* configurava-se em geral fugaz e passageira, de modo que um mesmo catedrático podia atuar em toda uma série de diferentes instituições. Evidentemente, apreciava-se a diversidade e esperava-se de cada um o novo, o que é facilmente explicável pelo fato de a ciência encontrar-se então ainda em formação e, portanto, bastante dependente das personalidades dos mestres. Além disso, nem sempre aquele que ministrava cursos sobre autores antigos pertencia de fato à universidade da cidade onde lecionava: dada a facilidade de ir e vir e a grande quantidade de acomodações disponíveis (conventos etc.), ministrar cursos privados podia também ser o bastante. Na mesma primeira década do século XV, quando a Universidade de Florença atingiu o auge de seu brilho, quando os cortesãos de Eugênio IV e, talvez, já os de Martinho V comprimiam-se nos auditórios, quando Carlo Aretino e Filelfo competiam entre si em suas aulas, havia não apenas uma segunda e quase completa universidade junto aos agostinianos do Santo Spirito, não apenas toda uma associação de eruditos junto aos camáldulos do convento dos Anjos, mas também grupos privados de pessoas respeitáveis que se reuniam ou se esforçavam isoladamente para receber cursos de filologia e filosofia, para si e para outros. Em Roma, o estudo da filologia e da Antiguidade havia tempos não tinha qualquer vínculo com a universidade (*Sapienza*), repousando quase exclusivamente em parte na proteção pessoal e particular de papas e prelados, em parte nas nomeações feitas na chancelaria pontifícia. Somente sob Leão X é que ocorreu a grande reorganização da *Sapienza*, com seus 88 professores, dentre os

---

* Chamado para lecionar na recém-fundada Universidade de Pisa, Filelfo exigiu no mínimo quinhentos florins de ouro.

quais as maiores celebridades da Itália, inclusive no campo dos estudos dedicados à Antiguidade. Mas o novo brilho durou apenas um curto espaço de tempo. Das cadeiras relativas ao grego e à Grécia na Itália, já se falou aqui de maneira sucinta.

De modo geral, para que tenhamos presente a maneira pela qual o conhecimento científico era então transmitido, será necessário que desviemos o olhar o mais possível de nossas instituições acadêmicas atuais. A convivência pessoal, as disputas, o uso constante do latim e, em não poucos casos, também do grego, além, finalmente, das freqüentes mudanças de professores e da raridade dos livros, conferiam aos estudos da época uma configuração que apenas com dificuldade logramos imaginar.

Escolas de latim existiam em todas as cidades de algum renome, e, aliás, não apenas enquanto instrução preparatória para os estudos mais avançados, mas porque o conhecimento do latim era tão necessário quanto o aprendizado da leitura, da escrita e do cálculo, sendo, então, seguido do estudo da lógica. Fundamental afigura-se o fato de essas escolas não dependerem da Igreja, mas da administração municipal, algumas delas decerto constituindo empreendimentos privados.

Esse sistema escolar, sob a direção de alguns notáveis humanistas, não apenas atingiu grande perfeição organizacional, como tornou-se também instrumento de uma educação mais elevada. Em duas casas principescas da Alta Itália, a educação das crianças esteve associada a instituições às quais se poderia chamar únicas em seu gênero.

Em Mântua, na corte de Giovan Francesco Gonzaga (que governou de 1407 a 1444), apareceu o magnífico Vittorino da Feltre, um daqueles homens que dedicam toda sua existência a uma causa para a qual, por sua força e perspicácia, encontram-se plenamente equipados. Inicialmente, ele educou os filhos e filhas da casa regente — conduzindo, aliás, uma destas últimas até as alturas da verdadeira sabedoria. Quando, porém, sua fama espraiou-se para muito além da Itália e jovens de grandes e ricas famílias, provindos de todas as partes, a ele acorreram, Gonzaga não apenas permitiu que seu mestre educasse também a estes, como parece ainda ter considerado uma honra para Mântua que esta fosse um centro de educação para o mundo aristocrático. Ali, pela primeira vez para toda uma escola, a ginástica e todo tipo de exercício físico mais nobre foram colocados lado a lado com o ensinamento científico, produzindo um equilíbrio entre ambas as coisas. A esses nobres pupilos, contudo, veio juntar-se um outro grupo em cuja formação Vittorino reconheceu, talvez, a mais elevada meta de sua vida: os pobres e talentosos que, em sua casa, ele alimentou e educou "per l'amore di Dio", juntamente com os nobres, que tiveram de habituar-se a conviver sob um mesmo teto com o mero talento. Na verdade, Gonzaga devia pagar-lhe trezentos florins de ouro anuais, mas cobria-lhe também as despesas, que amiúde somavam o mesmo tanto. Sabia que Vittorino não reservava um único centavo para si e, sem dúvida, pressentia que a concomitante educação dos que não tinham recursos era a condição tácita sob a qual aquele homem admirável o servia. A condução da casa era de uma rigorosa religiosidade, dificilmente encontrável mesmo em um convento.

Guarino de Verona dava maior ênfase à erudição. Em 1429, ele foi chamado a Ferrara por Niccolò d'Este, para educar-lhe o filho, Leonello, e, a partir de 1436, quando seu pupilo era já quase um adulto, atuou também como professor de eloqüência e de ambas as línguas clássicas na universidade. Além de Leonello, Guarino tinha ainda numerosos alunos de diversas partes da Itália e, em sua própria casa, sustentava, total ou parcialmente, um número selecionado de pupilos pobres. À instrução destes dedicava o final de seu dia, até tarde da noite. Também esse era um local de rigorosa religiosidade e moralidade; se a maior parte dos humanistas desse século não se revelou louvável nesses dois aspectos, isso se deveu tão pouco a Guarino quanto a Vittorino. Incompreensível é que, paralelamente a uma atividade como a sua, Guarino lograsse ainda traduzir incessantemente autores gregos e escrever volumosas obras próprias.

Pelo menos em parte, e ao longo de certo número de anos, a educação dos filhos dos príncipes esteve, também na maioria das demais cortes italianas, nas mãos dos humanistas, que, assim, deram um passo adiante na direção da vida cortesã. A escritura de tratados acerca da educação dos príncipes, outrora tarefa dos teólogos, agora passa também a ser, naturalmente, assunto dos humanistas. Enéias Sílvio, por exemplo, endereçou a dois jovens príncipes alemães da casa dos Habsburgo dissertações detalhadas sobre a continuidade de sua formação, incutindo-lhes, compreensivelmente, o cultivo do humanismo, no sentido italiano deste. Sílvio devia saber que pregava no deserto, cuidando assim para que seus escritos circulassem também por outras paragens. Discutiremos particularmente, mais adiante, o relacionamento entre humanistas e príncipes.

OS PROMOTORES DO HUMANISMO

Antes disso, são dignos de nossa atenção aqueles cidadãos que, principalmente em Florença, fizeram do interesse pela Antiguidade uma das metas principais de suas vidas, tornando-se eles próprios grandes eruditos, ou grandes diletantes a dar apoio aos primeiros. Eles foram de grande importância para o período de transição, no princípio do século XV, porque é neles que, pela primeira vez, o humanismo manifesta-se, na prática, como um elemento necessário da vida cotidiana. Foi somente depois deles que príncipes e papas dedicaram-se seriamente a cultivá-lo.

Já se falou aqui, por diversas vezes, em Niccolò Niccoli e Giannozzo Manetti. O primeiro é-nos descrito por Vespasiano como um homem que nada tolerava a seu redor que pudesse perturbar o espírito da Antiguidade. Sua bela figura, com seus trajes longos e fala amigável, em uma casa repleta de magníficas peças antigas, causava impressão singularíssima. Niccoli era sobremaneira asseado em todas as coisas, sobretudo à mesa, tendo diante de si, sobre o linho mais branco, vasos antigos e taças de cristal.* A maneira pela qual conquistou um jovem florentino

---

* São intraduzíveis as seguintes palavras de Vespasiano: "A vederlo in tavola così antico come era, era una gentilezza".

amante dos prazeres para seus próprios interesses espirituais é por demais graciosa para que aqui deixemos de narrá-la.

Filho de um distinto mercador e destinado a seguir os passos do pai, Piero de Pazzi, belo em aparência e bastante dedicado aos prazeres do mundo, pensava em tudo, menos na ciência. Um dia, estando ele a passar pelo Palazzo del Podestà, Niccoli chamou-o para si. Piero atendeu ao aceno daquele homem tão respeitado, embora jamais tivesse conversado com ele. Niccoli perguntou-lhe quem era seu pai. Piero respondeu: "Messer Andrea de Pazzi". Perguntado acerca de sua ocupação, Piero respondeu como o fazem comumente os jovens: "Aproveito a vida" [*Attendo a darmi buon tempo*]. Niccoli disse-lhe, então, que, como filho de um tal pai e dotado de tal figura, ele devia se envergonhar por não conhecer a ciência latina, que constituiria para ele tão grande adorno. E mais: que, se não a aprendesse, não seria ninguém, transformando-se, tão logo fanada a flor da juventude, em homem sem qualquer valor (*virtù*). Ao ouvir isso, Piero prontamente reconheceu estar diante da verdade, respondendo que se dedicaria de bom grado àquele aprendizado, se encontrasse um mestre. Niccoli disse-lhe que cuidaria disso. E, de fato, arranjou-lhe um homem erudito para o ensino do latim e do grego, chamado Pontano, a quem Piero acolheu como a um membro de sua família, pagando-lhe cem florins de ouro ao ano. Em vez da habitual luxúria, Piero passou então a se dedicar, dia e noite, aos estudos, tornando-se amigo de todos os homens cultos e magnânimo estadista. Aprendeu de cor toda a *Eneida* e muitos dos discursos de Tito Lívio, em geral no caminho de Florença até sua casa de campo, em Trebbio.

Giannozzo Manetti representa a Antiguidade em um outro sentido, mais elevado. Precoce, concluíra já, quase um menino, o aprendizado do comércio e trabalhava como escriturário para um banqueiro. Passado algum tempo, porém, tal atividade pareceu-lhe fútil e passageira, e ele começou a ansiar pelo conhecimento científico — para ele, a única maneira pela qual o homem pode garantir sua imortalidade. Na qualidade do primeiro nobre florentino a fazê-lo, enterrou-se nos livros, tornando-se, como já foi dito, um dos maiores eruditos de seu tempo. Designado pelo Estado encarregado de negócios, coletor de impostos e governador (em Pescia e Pistoia), desempenhou suas funções como se um ideal elevado houvesse despertado dentro dele — produto da combinação de seus estudos humanistas com sua religiosidade. Deu cumprimento à cobrança dos mais detestados impostos decretados pelo Estado, não aceitando nenhum pagamento por seus serviços. Como governador de província, repeliu presentes, zelou pelo abastecimento de grãos, apaziguou infatigavelmente os conflitos judiciais e tudo fez pela contenção das paixões por meio da bondade. Os habitantes de Pistoia jamais lograram descobrir por qual de seus dois partidos ele se inclinava. Como a simbolizar o destino e o direito comum de todos, escreveu, em suas horas de lazer, a história da cidade, posteriormente preservada no palácio municipal em encadernação púrpura, como um objeto sagrado. Por ocasião de sua partida, a cidade presenteou-o com uma bandeira contendo o brasão municipal e com um magnífico elmo de prata.

Quanto aos demais cidadãos ilustrados de Florença, há que se ler sobre eles em Vespasiano (que os conhecia a todos), porque o tom e a atmosfera de que se reveste o que escreveu, as condições sob as quais conviveu com essas pessoas, afiguram-se mais importantes do que os feitos de cada um. Se esse valor mais precioso de sua obra estaria já fadado a perder-se em uma tradução, que dirá então nas breves indicações a que, forçosamente, vemo-nos limitados aqui. Vespasiano não é grande escritor, mas conhece o assunto que tratou e possui um senso profundo de seu significado intelectual.

Quando se procura, então, analisar o encanto que os Medici do século XV — sobretudo Cosme (morto em 1464) e Lourenço, o Magnífico (morto em 1492) — exerceram sobre Florença e sobre seus contemporâneos de modo geral, verifica-se que a força desse encanto passa ao largo da esfera política, para localizar-se em sua liderança no campo da educação. Alguém na posição de Cosme, mercador e chefe partidário local, tendo ainda a seu lado todos os pensadores, pesquisadores e escritores; alguém que já de berço é tido como o mais importante dos florentinos e mais, por sua cultura, como o maior dos italianos — este alguém é efetivamente um príncipe. Cosme é ainda possuidor da glória particular de ter reconhecido na filosofia platônica o mais belo rebento do pensamento antigo, de ter disseminado esse reconhecimento a seu redor e, assim, de ter estimulado um segundo e mais elevado renascer da Antiguidade no interior do humanismo.* O modo como isso se deu foi-nos relatado com bastante precisão. Tudo se vincula à convocação do erudito João Argyropulos e ao entusiasmo pessoal de Cosme em seus últimos anos de vida, de tal modo que — no tocante ao platonismo — o grande Marsilio [Ficino] pôde se permitir autodesignar-se filho espiritual de Cosme. Sob Pietro de Medici, Ficino viu-se já à testa de uma escola. Abandonando os peripatéticos, para ele acorreu o filho de Pietro e neto de Cosme, o ilustre Lourenço. Dentre seus mais renomados companheiros são mencionados Bartolommeo Valori, Donato Acciaiuoli e Pierfilippo Pandolfini. O entusiasmado mestre declara, em várias passagens de seus escritos, que Lourenço investigou todas as profundezas do platonismo, manifestando a convicção de que, sem este, seria difícil ser bom cidadão e bom cristão. O famoso grupo de eruditos que se reuniu ao redor de Lourenço tinha por vínculo comum o elevado espírito de uma filosofia idealista, distinguindo-se de todos os demais agrupamentos do gênero por esse mesmo fator. Somente em um tal círculo podia alguém como Pico della Mirandola sentir-se feliz. O que há de mais belo para se dizer a esse respeito, porém, é que tal grupo constituía, paralelamente a todo o culto da Antiguidade, um santuário da poesia italiana e que, de todos os raios de luz que emanaram da personalidade de Lourenço, esse pode ser considerado o mais poderoso. Como estadista, julgue-o cada um como o desejar — um estrangeiro

---

* O conhecimento anterior da filosofia platônica só pode ter sido fragmentário. Um singular debate acerca da oposição entre Platão e Aristóteles teve lugar em Ferrara, em 1438. Os debatedores eram, de um lado, Hugo de Siena, do outro, os gregos que tinham vindo para o concílio.

não se imiscui, se não é obrigado a fazê-lo, no balanço do que em Florença é culpa ou destino; mas não há polêmica mais injusta do que aquela que acusa Lourenço de ter, no domínio da cultura, protegido predominantemente os medíocres, culpando-o assim pela ausência de Leonardo da Vinci e do matemático fra Luca Paccioli e por ter, no mínimo, negado incentivo a Toscanella, Vespúcio e outros. Por certo, Lourenço não foi possuidor de um espírito universal. Mas, de todos os grandes que alguma vez intentaram proteger e estimular as coisas do espírito, foi ele um dos mais multifacetados — e aquele no qual essa multiplicidade, mais do que em qualquer outro, decorreu de profunda necessidade interior.

O século XIX costuma igualmente proclamar com suficiente veemência o valor da cultura, de um modo geral, e o da Antiguidade, em particular. Contudo, uma dedicação tão completa e entusiástica, um reconhecimento de que essa necessidade é a mais importante de todas, não se encontra em parte alguma com intensidade semelhante à que se verificou junto aos florentinos do século XV e do princípio do XVI. A esse respeito, dispomos de provas indiretas que afastam qualquer dúvida: não se teria com tanta freqüência permitido às filhas da casa que tomassem parte nos estudos se estes não fossem tidos, de forma absoluta, como o mais nobre dos bens da vida terrena; não se teria transformado um exílio numa estada feliz, como se deu com Palla Strozzi; homens que, em geral, tudo se permitiam, não teriam ainda conservado a energia e a vontade para abordar criticamente a *Naturalis historia*, de Plínio, como o fez Filippo Strozzi. Não é de louvor ou censura que se trata aqui, mas de reconhecer o espírito de uma época em toda sua vigorosa singularidade.

Além de Florença, houve ainda outras cidades italianas nas quais, por vezes, indivíduos ou círculos sociais inteiros, empregando todos os meios de que dispunham, puseram-se a serviço do humanismo e deram suporte a seus eruditos. As coletâneas de cartas da época revelam-nos uma profusão de relacionamentos pessoais desse gênero. O pensamento oficial das camadas mais cultas tendia quase exclusivamente para essa mesma direção.

* * *

É tempo, entretanto, de voltarmos nossos olhos para a situação do humanismo nas cortes dos príncipes. Já se sugeriu anteriormente o íntimo parentesco entre os déspotas e os filólogos, também estes contando exclusivamente com sua própria personalidade e talento. O filólogo, porém, preferia declaradamente as cortes às cidades livres, já em função da mais generosa remuneração. À época em que, ao que tudo indicava, o grande Afonso de Aragão podia tornar-se o senhor de toda a Itália, Enéias Sílvio escreveu a outro habitante de Siena ["Epist. 39", in *Opera*]: "Se sob seu domínio a Itália encontrasse a paz, eu preferiria que assim fosse do que sob os governos municipais, pois a nobre índole de um rei sabe recompensar todos os méritos". Também nesse caso tem-se, recentemente, enfatizado por demais a faceta indigna, a adulação mercenária, da mesma forma como, no passado, a louvação dos humanistas foi tida por excessivamente favorável aos príncipes. Tomando-se os fatos em seu conjunto, permanece sempre um testemunho amplamente vantajoso a estes últimos o fato de que se julgassem obrigados a estar à testa da cultura — por mais tacanha que fosse — de seu tempo e de sua terra. Em alguns papas, o destemor pelas conseqüências da erudição de então possui algo de absoluta, ainda que involuntariamente, majestoso. Nicolau V sentia-se tranqüilo quanto ao destino da Igreja, porque esta teria a seu lado, prestimosos, milhares de eruditos. Sob Pio II, os sacrifícios à ciência já não se revelam tão grandiosos: sua corte de poetas afigura-se bastante modesta, mas ele próprio é ainda muito mais o chefe em pessoa da república dos eruditos do que o fora seu penúltimo predecessor, e desfruta essa glória em total segurança. Somente Paulo II viu-se tomado de medo e desconfiança com relação ao humanismo de seus secretários. Seus três sucessores — Sisto, Inocêncio e Alexandre — decerto acolheram dedicatórias e se deixaram celebrar em versos, tanto quanto o desejaram os poetas — tendo havido até mesmo uma *Borgíada*, provavelmente em hexâmetros —, mas estiveram demasiadamente ocupados com outros assuntos e atentos a outros pontos de apoio a seu poder, para dar atenção aos poetas-filólogos. Júlio II encontrou cantores por ser ele próprio tema significativo, mas não parece, de resto, ter se preocupado muito com eles. Sucede-lhe, então, Leão X, "como a Rômulo, Numa" — isto é, após a belicosidade do pontificado anterior, esperava-se por outro inteiramente consagrado às musas. Desfrutar da bela prosa latina e de versos harmoniosos fazia parte do programa de vida de Leão X, e, de fato, seu mecenato alcançou tantos êxitos nesse aspecto que seus poetas latinos retrataram vividamente, em numerosas elegias, odes, epigramas e orações, o espírito alegre e resplandecente de seu pontificado — espírito este que a biografia de Giovio exala. Talvez inexista em toda a história do Ocidente um príncipe que, a despeito da escassez de acontecimentos notáveis em sua vida, tenha sido tão amplamente glorificado. Os poetas tinham acesso a ele principalmente por volta do meio-dia, quando os virtuoses dos instrumentos de corda já haviam cessado de tocar. Um dos melhores de todo o grupo, porém, dá a entender que eles procuravam alcançá-lo também em outras ocasiões, seguindo-lhe os passos pelos jardins e pelos interiores do palácio, e, se o intento se revelasse também ali infrutífero, tentava-se uma carta suplicante, em forma de elegia, na qual figurava a totalidade do Olimpo. Tudo isso porque Leão X, que não podia ver uma soma em dinheiro reunida a sua frente e desejava ter exclusivamente rostos alegres diante de si, era dotado de uma prodigalidade cuja memória os tempos avaros que se seguiram rapidamente transfiguraram em mito. Já se falou aqui de sua reorganização da *Sapienza*. Cumpre que mantenhamos o olhar livre das muitas leviandades que a acompanharam, a fim de que não subestimemos a influência de Leão X sobre o humanismo. Não nos devemos deixar iludir pela duvidosa e aparente ironia com a qual ele próprio, por vezes, tratou desses assuntos. Nosso juízo deve partir das enormes possibilidades espirituais contidas na palavra *estímulo*, que, embora não possam ser calculadas em seu conjunto, decerto admitem comprovação em muitos casos particulares, se investigadas com maior cuidado. A influência que, a partir de 1520, aproximadamente, os humanistas italianos exerceram sobre a Europa foi sempre, de alguma maneira, condicionada pelo impulso proveniente de Leão X. Ele é o papa que, ao conceder o privilégio para a impressão do recém-redescoberto Tácito, afirmou que os grandes autores eram uma lei da vida, um consolo na infelicidade; que sempre tivera no incentivo aos eruditos e na aquisição de livros excelentes um objetivo supremo de sua existência e que agradecia aos céus por poder, naquela ocasião, através de seu apoio à publicação da referida obra, beneficiar a raça humana.

Da mesma forma como, em 1527, a devastação de Roma dispersou os artistas, separou também os literatos, enviando-os para todas as direções e propagando assim, genuinamente, a fama de seu grande mecenas morto até os mais longínquos confins da Itália.

Dos príncipes seculares do século XV, Afonso, o Grande, de Aragão, rei de Nápoles, é o que exibe maior entusiasmo pela Antiguidade. Seu fervor, ao que parece, era ingênuo. Aparentemente o mundo antigo dos monumentos e escritos causou-lhe, desde a sua chegada à Itália, uma grande, avassaladora impressão, a partir da qual Afonso teve, então, de remodelar sua vida. Em favor do irmão, abdicou com admirável desenvoltura de sua obstinada Aragão e das terras vizinhas, para dedicar-se inteiramente a seus novos domínios. Teve a seu serviço, simultânea ou sucessivamente, Jorge de Trebizonda, o jovem Crisóloras, Lorenzo Valla, Bartolommeo Fazio e Antonio Panormita, os dois últimos tendo se tornado seus historiadores. Panormita tinha de instruí-lo diariamente, a ele e sua corte, na obra de Tito Lívio, até mesmo no campo de batalha, durante as campanhas militares. Essas pessoas custavam-lhe anualmente mais de 20 mil florins de ouro. Por sua *Historia Alphonsi*, além dos mais de quinhentos ducados que lhe pagava ao ano, presenteou Fazio, ao final do trabalho, com mais 1,5 mil florins de ouro, acompanhados das palavras: "Não o faço para pagar-vos, pois vosso trabalho é absolutamente impagável, ainda que vos desse uma de minhas melhores cidades. Com o tempo, porém, procurarei recompensar-vos". Quando fez de Giannozzo Manetti seu secretário, sob condições as mais esplêndidas, Afonso disse-lhe: "Repartiria convosco meu último pedaço de pão". Já na condição de embaixador florentino encarregado de transmitir as congratulações pelo casamento do príncipe Ferrante, Giannozzo causara no rei impressão tal que este, "qual imagem de bronze", permaneceu imóvel em seu trono, sem sequer espantar as moscas. Seu local preferido parece ter sido a biblioteca do castelo de Nápoles, onde ficava sentado a uma janela com vista particularmente bela para o mar, a ouvir os sábios quando estes discutiam, por exemplo, sobre a Trindade. Afonso era, aliás, profundamente religioso, fazendo com que lhe lessem, além de Lívio e Sêneca, também a Bíblia, que conhecia quase de cor. Quem pode pretender definir com exatidão o sentimento que experimentou em Pádua ante os supostos restos mortais de Lívio? Ao receber destes um osso do braço, que pedira encarecidamente aos venezianos, e ao acolhê-lo respeitosamente em Nápoles, é possível que sentimentos cristãos e pagãos se tenham misturado singularmente em sua alma. Em campanha nos Abruzos, mostraram-lhe Sulmona ao longe, a terra de Ovídio, e ele saudou a cidade, agradecendo-a pelo gênio do passado — fez-lhe bem, evidentemente, poder transformar em realidade a predição do grande poeta acerca de sua própria glória futura. Certa feita, por ocasião de sua entrada na Nápoles definitivamente conquistada (1443), agradou-lhe a idéia de se apresentar ele próprio à maneira dos antigos: não muito longe do *mercato*, uma larga brecha de quarenta côvados foi aberta na muralha, através da qual passou sobre um carro dourado, qual um *triumphator* romano. A própria memória desse fato foi eternizada por um magnífico arco do triunfo em mármore, erigido no Castello Nuovo. Desse entusiasmo pela Antiguidade e de todas as suas boas qualidades, pouco ou nada herdou sua dinastia napolitana.

Incomparavelmente mais ilustrado do que Afonso foi Frederico de Urbino, que tinha menos pessoas ao redor de si, nada esbanjava e, tanto quanto nos demais assuntos, também em sua apropriação da Antiguidade procedeu refletidamente. Para ele e para Nicolau V foram feitas a maior parte das traduções do grego e uma parcela dos mais importantes comentários, estudos e obras do gênero. Gastava muito com as pessoas de que precisava, mas com propriedade. Não havia nem sinal de uma corte de poetas em Urbino, onde o próprio príncipe era o maior dos eruditos. Mas a Antiguidade compunha apenas uma parte de sua cultura; completo enquanto príncipe, comandante militar e enquanto homem, Frederico dominava grande parte do conjunto da ciência de então, dela se servindo, aliás, para objetivos puramente práticos. Como teólogo, por exemplo, comparou são Tomás de Aquino a Scotus, sendo também conhecedor dos escritos dos velhos patriarcas da Igreja, tanto do Oriente quanto do Ocidente — os primeiros, por meio de traduções latinas. Na filosofia, parece ter deixado Platão inteiramente para seu contemporâneo Cosme de Medici; de Aristóteles, porém, conhecia perfeitamente não apenas a *Ética* e a *Política*, como também a *Física* e vários outros escritos. Em suas demais leituras, predominavam marcadamente os historiadores antigos, cujas obras possuía em sua totalidade. A estes, e não aos poetas, "lia constantemente e mandava que os lessem para ele".

Os Sforza são também, todos eles, dotados de erudição, em maior ou menor grau, e dedicados ao mecenato — aspecto sobre o qual já se falou aqui, de passagem.* O duque Francesco possivelmente encarava a educação humanística de seus filhos como algo, já por razões políticas, natural. Aparentemente, era corrente a idéia de que constituía uma vantagem o fato de o príncipe poder relacionar-se em pé de igualdade com os homens de maior instrução. Ludovico, o Mouro, excelente latinista, exibe um interesse pelas questões intelectuais que ultrapassa em muito as fronteiras da Antiguidade.

---

* Com relação ao último Visconti, Lívio e os romances franceses de cavalaria, ao lado de Dante e Petrarca, disputam ainda a simpatia do príncipe. Este costumava despachar em poucos dias os humanistas que iam até ele com o intuito de "torná-lo famoso".

Mesmo os soberanos de menor envergadura tratavam de obter para si semelhantes distinções. Acreditar que alimentavam os literatos de suas cortes apenas para serem por eles louvados é fazer-lhes uma injustiça. Um príncipe como Borso, de Ferrara, em que pese toda a sua vaidade, já não causa de forma alguma a impressão de esperar dos poetas a própria imortalidade, por mais que estes o tenham provido de uma *Borseida* e de composições do gênero. Seu senso de soberania é por demais desenvolvido para tanto. O convívio com os eruditos, o interesse pela Antiguidade, a necessidade de uma elegante epistolografia latina são, antes, inseparáveis dos príncipes de outrora. Quanto não se queixou o duque Afonso, altamente versado em questões práticas, de que sua constituição doentia quando jovem o tivesse obrigado a recorrer unicamente aos trabalhos manuais para o restabelecimento de sua saúde! Ou será que isso constituiu apenas pretexto para que mantivesse os literatos afastados de si? Mesmo seus contemporâneos já não logravam perscrutar uma alma como a sua.

Tampouco os tiranos insignificantes da Romanha podiam facilmente prescindir de um ou mais humanistas em sua corte. Ali, o preceptor e o secretário são amiúde uma só pessoa, que, por vezes, transforma-se ainda no factótum da corte. Desprezar inteiramente essas cortes menores é uma atitude precipitada, na medida em que desconsidera que as mais elevadas coisas do espírito não estão absolutamente atreladas a uma questão de escala.

Atividades singulares devem, em todo caso, ter imperado na corte de Rimini, sob o atrevido pagão e condottiere Sigismondo Malatesta. Rodeado de considerável número de filólogos, dotou ricamente alguns deles — com terras, por exemplo —, aos demais sendo possível, ao menos, obter seu sustento como oficiais. Na cidadela de seu soberano — a *arx Sismundea* —, eles travam suas disputas, freqüentemente assaz virulentas, na presença do *rex*, como o chamam. Louvam-no, naturalmente, em seus poemas latinos, cantando também seu romance com a bela Isotta, a cuja honra se deve, na verdade, a famosa reconstrução da igreja de San Francesco, em Rimini, destinada a servir-lhe de monumento funerário — "Divae Isottae Sacrum". Mortos, os filólogos repousam nos (ou sob os) sarcófagos que adornam os nichos de ambas as paredes externas dessa mesma igreja; uma inscrição informa que o falecido foi ali sepultado ao tempo em que reinava Sigismondo, filho de Pandolfo. Dificilmente se acreditaria hoje de um monstro, como o foi esse príncipe, que a cultura e o convívio com eruditos representassem-lhe uma necessidade. Não obstante, aquele que o excomungou, queimou em efígie e com ele guerreou — o papa Pio II — disse: "Sigismondo conhecia a história e era bastante versado em filosofia. Parecia ter nascido para tudo que empreendia".*

A REPRODUÇÃO DA ANTIGUIDADE

EPISTOLOGRAFIA

Para dois propósitos, porém, tanto repúblicas quanto príncipes e papas julgavam não poder prescindir do humanista: para a redação das cartas e para os discursos públicos e solenes.

Não apenas o secretário precisa ser, por razões de estilo, um bom latinista, como, inversamente, a cultura e o talento necessários a um secretário são atribuídos unicamente ao humanista. Assim foi que, no século XV, a maioria dos grandes homens da ciência passou porção considerável de sua vida servindo ao Estado. Terra natal e origem não eram consideradas; dos quatro grandes secretários florentinos que estiveram à testa desse cargo entre 1429 e 1465, três são oriundos da cidade subjugada de Arezzo: Leonardo (Bruni), Carlo (Marzupini) e Benedetto Accolti. Poggio era de Terra Nuova, igualmente situada em território florentino. Havia muito, aliás, que vários

---

* Pio II, *Comentários*, liv. II. *História* sintetiza aqui a totalidade da Antiguidade.

dos mais altos cargos estatais eram, por princípio, preenchidos com estrangeiros. Leonardo, Poggio e Giannozzo Manetti foram também, temporariamente, secretários particulares dos papas, e Carlo Aretino deveria sê-lo. Blondus de Forlì e, por fim, apesar de tudo, até Lorenzo Valla foram alçados a essa mesma posição. Mais e mais, desde Nicolau V e Pio II, o palácio papal atrai as forças mais significativas para sua chancelaria, mesmo sob aqueles últimos pontífices do século XV, em geral não muito propensos às letras. Na *História dos papas*, de Platina, a vida de Paulo II não constitui nada além de uma prazerosa vingança, da parte do humanista, contra o único papa que não soube dispensar tratamento conveniente a sua chancelaria — aquela associação de "poetas e oradores que tanto brilho emprestou à cúria quanto dela recebeu". Digna de se ver é a cólera desses orgulhosos senhores quando, entre eles, disputam a primazia; quando, por exemplo, os *advocati consistoriales* reivindicam para si posição semelhante ou até mesmo superior à deles. Invocam-se, então, a um só tempo, João, o Evangelista — a quem os *secreta coelestia* foram revelados —, o secretário de Porsena — a quem M. Scaevola tomou pelo próprio rei —, Mecenas — secretário particular de Augusto —, os arcebispos — que, na Alemanha, são chamados chanceleres — e assim por diante.

> Os secretários apostólicos têm nas mãos as questões mais importantes do mundo, pois quem senão eles escreve e decide acerca dos assuntos pertinentes à fé católica, ao combate à heresia, ao estabelecimento da paz, à intermediação entre os grandes monarcas? Quem senão eles confecciona os panoramas estatísticos relativos a toda a cristandade? São eles que, por intermédio daquilo que provém dos papas, provocam admiração nos reis, príncipes e povos; redigem as ordens e instruções para os legados, ordens que, no entanto, recebem unicamente do papa, à disposição do qual permanecem a cada hora do dia ou da noite.

Contudo, apenas os dois célebres secretários e estilistas de Leão X — Pietro Bembo e Jacopo Sadoleto — alcançam de fato o topo da fama.

Nem todas as chancelarias escreviam elegantemente. A maioria delas valia-se de um estilo insípido e burocrático e do latim mais impuro. Nos documentos milaneses apresentados por Corio, paralelamente a esse estilo, saltam aos olhos de maneira particularmente notável as poucas cartas que devem ter sido escritas pelos próprios membros da casa principesca, e, aliás, nos momentos mais decisivos: seu latim é puríssimo. Preservar o estilo sob tais circunstâncias afigurava-se um mandamento das boas maneiras e uma decorrência do hábito.

Pode-se imaginar quão diligentemente as cartas de Cícero, Plínio e outros foram estudadas àquela época. Já no século XV surge toda uma série de instruções e fórmulas para a escritura de cartas em latim (na condição de ramo secundário dos grandes trabalhos de gramática e lexicografia), sendo tamanha a proporção de obras dessa natureza nas bibliotecas que ainda hoje causa espanto. Quanto mais leigos desautorizados aventuravam-se nessa tarefa, valendo-se de semelhantes instrumentos de auxílio, tanto mais os especialistas esforçavam-se por apurar-se em seu ofício, de modo que as cartas de Poliziano e, no início do século XVI, as de Pietro Bembo surgiram, então, como obras-primas inigualáveis — não apenas do estilo latino, como também da epistolografia como tal.

Paralelamente a isso, o século XVI apresenta um estilo italiano clássico de carta, do qual Bembo é novamente o expoente. Trata-se de um modo de escrever inteiramente moderno, propositadamente distante do latino e, todavia, impregnado e determinado pela Antiguidade em seu espírito. Em parte, essas cartas possuíam decerto caráter confidencial, mas, em geral, foram escritas considerando-se uma possível publicação e, sem exceção, talvez, com a consciência de que, em função de sua elegância, poderiam ser dadas a público. Além disso, já a partir da década de 1530, começam a surgir coletâneas impressas tanto de epistológrafos bastante diversos, compondo uma série variegada, quanto de um único autor. O mesmo Bembo tornou-se, como epistológrafo italiano, tão famoso quanto já o era como epistológrafo latino.

A ORATÓRIA LATINA

No seio de uma época e de um povo para os quais o ouvir era tido como um prazer de primeira ordem e cujo espírito era dominado pela imagem fantasiosa do Senado romano e de seus oradores, o orador sobressai com ainda maior brilho do que o escritor de cartas. A eloqüência, que na Idade Média tivera na Igreja seu refúgio, emancipa-se totalmente desta, compondo agora elemento necessário e adorno de toda existência superior. Muitas ocasiões solenes hoje preenchidas pela música eram, outrora, território do discurso em latim ou italiano — daí podendo nosso leitor tirar suas conclusões.

A origem social do orador era totalmente indiferente; necessário era, acima de tudo, o talento humanístico cultivado até a virtuosidade. Em Ferrara, na corte de Borso, Jeronimo da Castello, o médico da corte, foi incumbido de pronunciar o discurso de saudação tanto a Frederico III quanto a Pio II. Em todas as ocasiões festivas ou de luto, e mesmo nas festas dedicadas aos santos, eram leigos casados que subiam ao púlpito das igrejas. Constituiu novidade para os senhores não italianos do Concílio de Basiléia que, no dia de santo Ambrósio, o arcebispo de Milão tenha dado a palavra a Enéias Sílvio, que ainda não havia recebido sua ordenação; a despeito da rabugice dos teólogos, porém, permitiram que assim fosse e o ouviram com grande avidez.

Lancemos, inicialmente, um rápido olhar sobre as mais importantes e mais freqüentes ocasiões que se ofereciam ao discurso público.

Antes de mais nada, não é à toa que os embaixadores enviados de um Estado a outro são chamados oradores. Paralelamente à negociação secreta, era inevitável que fizessem uma aparição pública e pronunciassem um discurso, este sob circunstâncias as mais pomposas possíveis. Em geral, um único membro da comitiva, amiúde bastante numerosa, era designado para falar em nome de todos. Certa feita, porém, ocorreu a Pio II — homem versado, por quem todos desejavam fazer-se ouvir — ter de escutar, um a um, os discursos de uma comitiva inteira. Os próprios príncipes instruídos, que tinham o dom da palavra, apreciavam discursar em latim ou em italiano, e o faziam bem. Os filhos da casa dos Sforza haviam sido preparados para tanto. Já em 1455, ainda bem jovem, Galeazzo Maria discursou fluentemente perante o Grande Conselho, em Veneza, e Ippolita, sua irmã, por ocasião do Congresso de Mântua, em 1459, saudou o papa Pio II com um gracioso discurso. O próprio Pio II, na condição de orador, nitidamente preparou com firmeza, ao longo de toda a sua vida, o terreno para sua ascensão final ao trono papal. Embora grande diplomata da cúria e erudito, ele talvez não tivesse se tornado papa sem a fama e a magia de sua eloqüência: "Pois nada era mais sublime do que o arrojo de sua oratória". Com certeza, incontáveis eram aqueles que, já por isso, o tinham pelo mais digno do papado antes mesmo de sua eleição.

Também os príncipes eram, a cada recepção solene, alvo de discursos que, com freqüência, estendiam-se por horas. Naturalmente, isso ocorria apenas quando o príncipe era conhecido amante da eloqüência — ou queria passar por tal —* e quando se tinha à mão um orador competente, fosse ele um literato da corte, um professor da universidade, um funcionário, médico ou eclesiástico.

Todos os demais eventos políticos são também avidamente aproveitados para o exercício da oratória, e, dependendo da fama do orador, os amantes da cultura correm todos a ouvi-lo falar. A cada renovação anual do quadro de funcionários, e até mesmo a cada posse de um bispo recém-nomeado, apresenta-se,

---

* Em Gênova, certa feita, incapaz de acompanhar os floreios de um orador latino, Carlos V sussurrou ao ouvido de Giovio: "Ah, quão certo estava meu mestre Adriano quando predisse que eu seria castigado por meu desmazelo infantil no estudo do latim!" (Paolo Giovio, *Vita Hadriani VI*).

necessariamente, algum humanista, discursando por vezes em estrofes sáficas, por vezes em hexâmetros. E mesmo algum funcionário tem, ele próprio, ao tomar posse, de pronunciar um inevitável discurso acerca de sua função — "sobre a justiça", por exemplo. Feliz dele, se tem preparo para tanto. Em Florença, os condottieri — quaisquer que fossem eles — são também enredados nesse costume nacional: ao receberem o bastão de comando, têm de, perante todo o povo, se deixar enfadar pelo discurso do mais instruído dos secretários de Estado. Ao que parece, sob ou junto à Loggia dei Lanzi — o pórtico onde os governantes costumavam aparecer perante o povo —, instalara-se verdadeira tribuna (*rostra, ringhiera*).

Dos aniversários, são celebrados particularmente os da morte dos príncipes, lembrados com discursos comemorativos. Também as orações fúnebres propriamente ditas cabem, predominantemente, ao humanista, que, em trajes seculares, as profere na igreja — de resto, não apenas junto ao esquife dos príncipes, mas também àqueles de funcionários e outras personalidades de renome. O mesmo acontece, freqüentemente, com os discursos por ocasião de noivados e casamentos, com a diferença de que estes (ao que parece) não eram proferidos na igreja, mas no palácio — como, por exemplo, o discurso de Filelfo por ocasião do noivado de Anna Sforza com Afonso d'Este, no castelo de Milão (é possível, entretanto, que a cerimônia tenha acontecido na capela do palácio). Famílias ilustres decerto admitiam também recorrer aos serviços de um tal orador, considerando-o um nobre luxo. Em Ferrara, em tais ocasiões, pedia-se a Guarino que enviasse um de seus discípulos. A Igreja em si respondia unicamente pela cerimônia religiosa, tanto nos casamentos quanto nos funerais.

Dos discursos acadêmicos, aqueles pronunciados pelos próprios professores, por ocasião de sua posse ou do início de um curso, são tratados com toda a pompa da retórica. Amiúde, a preleção usual dos catedráticos aproxima-se igualmente da forma do discurso.

Quanto aos advogados, eram os diferentes públicos que

conferiam a medida para o tratamento a ser dispensado a seus discursos. Dependendo das circunstâncias, estes eram providos de toda a pompa da filologia e da Antiguidade.

Um gênero inteiramente próprio compõem os discursos em italiano dirigidos aos soldados, antes ou depois das batalhas. Nestes, Frederico de Urbino era um clássico. Uma após a outra, ele incutia orgulho e entusiasmo nas tropas armadas para a batalha. É possível que vários dos discursos reproduzidos pelos historiadores militares do século XV — como Porcellio, por exemplo — sejam, em parte, obra da imaginação, mas também, em parte, repousem sobre palavras efetivamente proferidas. Pertencem ainda a outra categoria os discursos dirigidos, a partir de 1506, à milícia florentina — organizada sobretudo sob a influência de Maquiavel —, por ocasião das revistas e, posteriormente, de comemorações anuais específicas. Seu conteúdo é de um patriotismo genérico, e eles são proferidos nas diferentes igrejas da cidade, diante das milícias ali reunidas, por um cidadão vestindo uma couraça e tendo à mão uma espada.

Finalmente, no século XV, o sermão propriamente dito por vezes mal permite que se lhe diferencie do discurso, na medida em que muitos eclesiásticos haviam também adentrado os domínios da cultura da Antiguidade, pretendendo impor-se nesse campo. O próprio Bernardino da Siena, que pregava nas ruas e era, ainda em vida, visto e adorado como santo pelo povo, julgou ser seu dever não desdenhar das lições de retórica do célebre Guarino, embora só pregasse em italiano. Sem dúvida, as exigências aos pregadores, sobretudo os da quaresma, eram à época tão elevadas quanto jamais o haviam sido. Vez por outra, viam-se eles diante de um público não apenas capaz de suportar, mas também — aparentemente, em função da erudição — de exigir do púlpito dose bastante grande de filosofia. Mas nosso interesse aqui constituem sobretudo aqueles insignes pregadores esporádicos em língua latina. Como já se disse, leigos instruídos tomavam-lhes muitas vezes a oportunidade de falar: os discursos por ocasião de determinados dias de santos, dos funerais e casamentos, das posses de bispos e até mesmo o discurso por ocasião da primeira missa celebrada por um eclesiástico amigo ou o discurso solene do capítulo de uma ordem são proferidos por tais leigos. No século XV, contudo, e ao menos perante a corte papal, os pregadores são em geral monges, qualquer que fosse a solenidade em questão. Sob Sisto IV, Giacomo da Volterra registra e critica regularmente, segundo as leis da arte, esses pregadores oficiais. Fedra Inghirami, famoso como orador sob Júlio II, havia pelo menos recebido a ordenação e era cônego em Latrão. Entre os prelados, encontra-se agora por toda parte um número suficiente de elegantes latinistas. Nesse e em outros aspectos, os outrora desmedidos privilégios dos humanistas profanos afiguram-se reduzidos no século XVI, conforme trataremos a seguir.

Qual era, em linhas gerais, a natureza e o conteúdo desses discursos? O dom natural do bem falar não terá faltado aos italianos ao longo de toda a Idade Média, e alguma "retórica" sempre contou entre as sete artes liberais. Em se tratando, porém, da ressurreição do método dos antigos, o mérito deve ser atribuído — segundo afirma Filippo Villani — a um florentino chamado Bruno Casini, que, ainda jovem, em 1348, morreu vítima da peste. Com o propósito prático de capacitar os florentinos a se exprimirem com facilidade e desembaraço nos conselhos e demais assembléias públicas, Casini, segundo o molde dos antigos, abordou a invenção, a declamação, a gesticulação e a postura, cada uma dentro de seu contexto próprio. Não foi o único a fazê-lo: desde cedo encontramos uma educação retórica totalmente voltada para a aplicação prática. Nada era mais apreciado do que a capacidade de, de improviso, saber sempre exprimir-se convenientemente em elegante latim. O estudo crescente dos discursos e escritos teóricos de Cícero, de Quintiliano e dos panegiristas imperiais, o surgimento de tratados novos e originais, o emprego dos progressos da filologia de um modo geral e a massa de idéias e assuntos oriundos da Antiguidade, permitindo e demandando o enriquecimento do pensamento individual — tudo isso junto conferiu ao caráter da nova arte retórica seu acabamento.

Tal caráter, todavia, revela-se bastante distinto de indivíduo para indivíduo. Muitos discursos exalam verdadeira eloqüência — mais exatamente aqueles que não fogem ao tema a que se propuseram. Nessa categoria incluem-se, em média, os discursos de Pio II de que dispomos. Já os efeitos maravilhosos atingidos por Giannozzo Manetti apontam para um tipo de orador de que houve poucos exemplares ao longo dos tempos. Na condição de embaixador, suas grandes audiências perante Nicolau V, o doge e o Conselho de Veneza foram acontecimentos cuja memória perdurou por longo tempo. Inversamente, muitos oradores valiam-se de cada oportunidade para, ao lado de bajulações dirigidas a ouvintes nobres, produzir uma massa estéril de palavras e tópicos provenientes da Antiguidade. Como era possível suportá-los por duas ou até três horas, só se torna compreensível quando se levam em consideração o vigoroso interesse pela Antiguidade então existente e a carência e relativa raridade das obras a respeito que reinava anteriormente à difusão da imprensa. Tais discursos tinham, pois, o valor que aqui reivindicamos para diversas cartas de Petrarca. Contudo, alguns oradores exageravam na dose. A maior parte dos discursos de Filelfo compõe-se de um abominável emaranhado de citações dos clássicos e da Bíblia, alinhavadas por uma série de lugares-comuns e entremeadas pela louvação das personalidades dos grandes a serem glorificados — louvação que efetua, por exemplo, sob a égide das virtudes cardeais. Somente com muito esforço descobrem-se em seus discursos, e nos de outros, os poucos elementos históricos de valor para a época que efetivamente contêm. O discurso pronunciado por um professor e literato de Piacenza, por exemplo, quando da recepção ao duque Galeazzo Maria, em 1467, começa com Júlio César, combina a seguir um punhado de citações antigas com outras, oriundas de obra alegórica de autoria própria, para concluir com conselhos assaz indiscretos ao soberano. Por sorte, era já tarde da noite, e o orador teve de se contentar em entregar seu panegírico por escrito ao duque. O próprio Filelfo principia um discurso de noivado com as seguintes palavras:

"Aquele peripatético Aristóteles", e assim por diante. Outros invocam, já de início, Publius Cornelius Scipio e similares, como se tanto eles quanto seus ouvintes mal pudessem esperar pela citação. Ao final do século XV, porém, o gosto de uns e outros depurou-se de súbito, essencialmente por mérito dos florentinos. A partir de então, o recurso à citação é prudentemente moderado, até porque, nesse meio-tempo, haviam se tornado mais numerosas as obras de consulta, onde qualquer um poderia encontrar estocado tudo aquilo que, até então, causara admiração em príncipes e povo.

Como a maioria dos discursos era previamente elaborada nos púlpitos dos oradores, os manuscritos prestavam-se imediatamente a divulgação maior e publicação. Os discursos dos grandes improvisadores, pelo contrário, precisavam ser estenografados.* Por outro lado, nem todos os discursos dos quais dispomos foram escritos para serem proferidos. O panegírico de Beroaldus a Ludovico, o Mouro, por exemplo, constitui obra enviada por escrito. Assim como — a título de exercício, modelo e, por certo, também na qualidade de escritos panfletários — compunham-se cartas dotadas de endereços imaginários de todas as partes do mundo, havia também discursos redigidos para ocasiões fictícias: modelos de saudação a altos funcionários, príncipes, bispos e outros mais.

A morte de Leão X (1521) e a devastação de Roma (1527) marcam o princípio da decadência também para a arte da retórica. Mal tendo escapado da desgraça da cidade eterna, Giovio registra — de maneira parcial, mas nem por isso menos verdadeira em sua essência — as razões dessa decadência [*Dialogus de viris litteris illustribus*]:

As representações de Plauto e Terêncio, outrora uma escola da expressão latina para os romanos nobres, foram desaloja-

* É o caso dos de Savonarola. Os estenógrafos, contudo, nem sempre logravam acompanhá-lo, bem como a improvisadores entusiasmados.

das pelas comédias italianas. O orador elegante já não encontra a mesma recompensa e reconhecimento de que desfrutou no passado. É por essa razão que os advogados consistoriais, por exemplo, elaboram não mais do que o proêmio de suas exposições, pronunciando o restante sob a forma de uma confusa e descontínua mixórdia. Decaíram também profundamente os discursos ocasionais e os sermões. Quer se trate da oração fúnebre para um cardeal, quer para algum leigo poderoso, os testamenteiros não se voltam para o melhor orador da cidade — a quem teriam de honrar com cem moedas de ouro —, mas alugam, a preço mais baixo, algum atrevido pedante de ocasião, que só deseja ser alvo da atenção das pessoas, nem que seja da pior censura. O morto, pensa-se, não vai mesmo saber se é um macaco que, trajando luto, encontra-se diante do púlpito, principiando por emitir roucos murmúrios chorosos transformados, pouco a pouco, em altos ganidos. Tampouco os sermões solenes por ocasião das cerimônias papais são corretamente recompensados como o eram: monges das mais diversas ordens apoderaram-se novamente deles e pregam para o mais inculto dos ouvintes. Ainda há poucos anos, um tal sermão proferido à missa, na presença do papa, podia tornar-se o caminho para um bispado.

O TRATADO LATINO

À epistolografia e à retórica dos humanistas acrescentaremos agora o restante de sua produção, que se constitui igualmente, em maior ou menor grau, de reproduções da Antiguidade.

É esse o caso, primeiramente, do tratado, em sua forma direta ou dialógica, esta última tomada diretamente de Cícero.*

---

* Um gênero particular compõem, naturalmente, os diálogos semi-satíricos que Collenuccio e sobretudo Pontano compunham à maneira de Luciano. Estes serviram de estímulo a Erasmo e Hutten. Quanto ao tratado propriamente dito, é possível que logo cedo partes das *Moralia*, de Plutarco, lhe tenham servido de modelo.

Para sermos de algum modo justos com esse gênero, para não o condenarmos *a priori* como fonte de tédio, faz-se necessário que consideremos dois pontos importantes. O século que se libertou da Idade Média tinha necessidade, em várias questões específicas de cunho moral e filosófico, de uma especial mediação entre si próprio e a Antiguidade. Tal lacuna foi, então, preenchida pelos escritores de tratados e diálogos. Muito do que em seus escritos se nos afigura lugar-comum representava para eles e seus contemporâneos uma trabalhosa e recém-adquirida concepção de coisas sobre as quais ninguém mais se manifestara desde a Antiguidade. Além disso, a própria língua se faz ouvir com particular prazer — seja ela o latim ou o italiano. Mais livre e vária do que na narrativa histórica, no discurso ou nas cartas, ela constrói aqui seu fraseado, razão pela qual vários dos escritos italianos desse gênero são até hoje tidos como modelos no âmbito da prosa. Muitos desses trabalhos já foram aqui citados ou ainda o serão em virtude de seu conteúdo. Por ora, trata-se, porém, de abordá-los em seu conjunto, na qualidade de gênero. Desde as cartas de Petrarca até por volta do final do século XV, predomina, na maioria dos casos, a acumulação de elementos da Antiguidade, tal como ela se verificou entre os oradores. A partir daí, então, há uma depuração do gênero, sobretudo em língua italiana, que atinge com o *Asolani*, de Bembo, com a *Vita sobria*, de Luigi Cornaro, um status já inteiramente clássico. Também aqui atuou decisivamente a já iniciada compilação daqueles elementos da Antiguidade em coletâneas particularmente volumosas — agora impressas, aliás —, deixando de constituir obstáculo aos escritores de tratados.

A ESCRITA DA HISTÓRIA

De maneira inevitável, o humanismo apoderou-se também da escrita da história. Comparando-se ligeiramente essa sua história com as crônicas anteriores — ou seja, com obras tão magníficas, de tão rico colorido e tão cheias de vida como as de Villani —, haver-se-á de lamentar profundamente o fato. Ao lado destas, quão pálido e de graça convencional afigura-se tudo que escrevem os humanistas e, particularmente, seus sucessores imediatos e mais famosos na historiografia florentina: Leonardo Aretino e Poggio! Com que persistência o leitor é atormentado pela sensação de que, entre o fraseado de Lívio e o de César — presentes em Fazio, Sabellico, Folieta, Senarega, Platina (na *História de Mântua*), Bembo (nos *Anais de Veneza*) e mesmo em um Giovio (nas *Histórias*) —, a melhor coloração individual e local, o interesse no desenrolar absolutamente real dos fatos empobreceu-se! A desconfiança aumenta quando se percebe que o próprio valor de Tito Lívio, como modelo, foi procurado no lugar errado, isto é, na crença de que ele "emprestou graça e plenitude a uma tradição árida e sem vida". Deparamos ainda (e no mesmo lugar) com a afirmação duvidosa de que a escrita da história precisaria, por meios estilísticos, excitar, estimular, abalar o leitor — como se ela pudesse ocupar o lugar da poesia. Somos, por fim, levados a nos perguntar se o desprezo pelas coisas modernas, que esses mesmos humanistas por vezes professam abertamente, não acabou por exercer sobre o tratamento que a elas dispensaram influência prejudicial. Involuntariamente, o leitor dedica maior interesse e confiança aos despretensiosos analistas latinos e italianos que permaneceram fiéis ao velho estilo, como os de Bolonha e Ferrara, por exemplo. Sentimo-nos na obrigação de ser ainda mais gratos aos melhores dentre os verdadeiros cronistas que escreveram em italiano — a um Marin Sanudo, a um Corio, a um Infessura —, até que, com o início do século XVI, a nova e resplandecente série de grandes historiadores italianos começa a escrever na língua materna.

Na realidade, a história da época saiu-se incontestavelmente melhor quando escrita na língua local do que quando foi obrigada a latinizar-se. Se o italiano teria sido mais apropriado também para a narrativa dos eventos do passado remoto, para a investigação histórica, é uma questão que, para aquele período, admite diversas respostas. O latim era então a *língua franca* dos eruditos, e já havia tempos não apenas no âmbito internacional

— entre ingleses, franceses e italianos, por exemplo —, mas também no âmbito interprovincial. Ou seja, o italiano escrito pelo lombardo, pelo veneziano, pelo napolitano — ainda que toscanizado e apresentando apenas leves traços dialetais —, não era reconhecido pelos florentinos. Tal empecilho era mais facilmente contornável com relação à história contemporânea local, segura de seus leitores no próprio lugar onde foi escrita, do que no tocante à história passada, para a qual havia de se procurar círculo mais amplo de leitores. Nesse caso, era admissível que o interesse local da população fosse sacrificado àquele mais geral dos eruditos. Que alcance teria tido, por exemplo, Blondus de Forlì, se tivesse escrito suas grandes obras eruditas no dialeto da Romanha? Já em função dos florentinos, elas teriam mergulhado em obscuridade certa, ao passo que, escritas em latim, exerceram a mais profunda influência sobre o saber de todo o Ocidente. Os próprios florentinos, aliás, escreveram em latim ao longo do século XV, não apenas em razão de seu pensamento humanístico, mas também em razão da mais fácil divulgação de suas obras.

Finalmente, encontramos ainda histórias contemporâneas que, escritas em latim, equiparam-se às melhores dentre as compostas em italiano. Tão logo desaparece a narrativa contínua, à maneira de Lívio — o leito de Procusto de tantos autores —, estes se mostram como que transformados. O mesmo Platina, o mesmo Giovio cujas grandes obras históricas só lemos quando precisamos fazê-lo, revelam-se subitamente primorosos biógrafos. Já falamos aqui, de passagem, de Tristan Caracciolo, da obra biográfica de Fazio, da topografia veneziana de Sabellico e, mais adiante, falaremos ainda de outros.

Os relatos latinos dedicados ao passado concerniam, naturalmente, sobretudo à Antiguidade clássica. O que menos se poderia procurar entre esses humanistas, porém, são trabalhos significativos acerca da história geral da Idade Média. A primeira obra importante desse gênero foi a crônica de Matteo Palmieri, que principia onde cessa Próspero de Aquitânia. Quem abrir ao acaso as *Décadas*, de Blondus de Forlì, surpreender-se-á, de certo modo, ao encontrar ali, como em Gibbon, uma história universal "ab inclinatione Romanorum imperii", repleta de estudos dedicados aos autores de cada século, com suas primeiras trezentas páginas tratando do início da Idade Média, até a morte de Frederico II. E isso ao mesmo tempo que o Norte encontrava-se ainda no estágio das conhecidas crônicas papais e imperiais e do *fasciculus temporum*. Não é nosso propósito aqui demonstrar criticamente quais escritos Blondus utilizou e onde os encontrou reunidos, embora a história da historiografia moderna decerto terá, um dia, de render-lhe essa honra. Apenas em função dessa única obra, estaríamos já autorizados a dizer que somente o estudo da Antiguidade tornou possível o da Idade Média, na medida em que deu o primeiro passo no sentido de habituar as mentes ao interesse histórico objetivo. De todo modo, acrescentou-se a isso o fato de que, na Itália de então, a Idade Média pertencia já, definitivamente, ao passado, e o de que a mente italiana pôde descobri-la por não mais trazê-la dentro de si. Não se pode dizer que, de imediato, julgou-a com justiça e, menos ainda, com piedade. Nas artes, instala-se um forte preconceito contra seus rebentos, e os humanistas fixam o momento de sua própria aparição como o início de uma nova era. Diz Boccaccio:

> Começo a acreditar e esperar que Deus tenha se apiedado do nome italiano, desde que vejo que sua infinita bondade devolveu a alma ao peito dos italianos, alma esta que se assemelha à dos antigos, na medida em que procura a glória por caminhos outros que não o do roubo e o da violência; que a procura, na verdade, na vereda da poesia, capaz de conferir aos homens a imortalidade.

Todavia, essa postura parcial e injusta não impediu que, numa época na qual isso não era sequer cogitado no restante da Europa, espíritos elevados se lançassem à pesquisa. Desenvolveu-se uma crítica histórica com relação à Idade Média, até porque o tratamento racional dispensado a todos os assuntos pelos humanistas tinha necessariamente de beneficiar também esse período histórico. No século XV, tal tratamento impregna já as diversas histórias de cidades, na medida em que desaparecem as fábulas estéreis acerca da origem de Florença, Veneza, Milão etc., ao passo que as crônicas do Norte têm de arrastar consigo ainda por muito tempo aquelas tramas fantasiosas, na maioria dos casos desprovidas de valor poético, engendradas ainda no século XIII.

Já aludimos aqui, ao falarmos de Florença, à estreita conexão das histórias locais com a glória. Veneza não podia ficar para trás. Assim como, após um grande triunfo oratório florentino, uma embaixada veneziana apressa-se em escrever para casa solicitando igualmente o envio de um orador, os venezianos necessitam também de uma história que possa suportar a comparação com as obras de Leonardo Aretino e Poggio. Atendendo a um tal pressuposto, surgiram, no século XV, as *Décadas*, de Sabellico, e, no XVI, a *Historia rerum venetarum*, de Pietro Bembo — ambos os trabalhos escritos por ordem expressa da República, o último constituindo a continuação do primeiro.

Os grandes historiadores florentinos do princípio do século XVI são, porém, já por sua origem, homens inteiramente distintos dos latinistas Giovio e Bembo. Escrevem em italiano não apenas porque não pudessem mais competir com a elegância refinada dos discípulos de Cícero de outrora, mas porque, como Maquiavel, é tão-só numa língua viva que podem registrar a matéria que apreenderam também por meio da observação viva e direta, e porque — como ocorre com Guicciardini, Varchi e a maioria dos demais — desejam obter o efeito mais amplo e profundo possível com sua visão do curso dos acontecimentos. Mesmo quando escrevem para uns poucos amigos, como ocorre com Francesco Vettori, uma compulsão interior os obriga a dar seu testemunho em relação a homens e fatos e a explicar e justificar sua participação nos últimos.

Ao fazê-lo, mostram-se, em que pese toda a peculiaridade de seu estilo e linguagem, fortemente afetados pela Antiguidade, e absolutamente inconcebíveis sem a influência desta. Já não são humanistas, mas passaram pela escola do humanismo e possuem em si mais do espírito dos historiadores antigos do que a maioria daqueles latinistas descendentes de Lívio: são cidadãos escrevendo para cidadãos, como o faziam os antigos.

A LATINIZAÇÃO GERAL DA CULTURA

Não nos cabe acompanhar o humanismo pelas demais ciências especializadas; cada uma delas tem sua história particular, no interior da qual o pesquisador italiano desse período — graças, principalmente, à redescoberta da Antiguidade — efetua novo e grande corte, marcando para cada ciência o início da era moderna, ora mais, ora menos decisivamente.* Também no que se refere à filosofia temos de remeter o leitor às obras históricas especializadas sobre o assunto. A influência dos filósofos antigos sobre a cultura italiana afigura-se ora imensamente grande ora bastante secundária. O primeiro caso verifica-se em particular quando se examina como as idéias de Aristóteles — principalmente as de sua *Ética*** e *Política*, ambas difundidas logo cedo — tornaram-se bem comum de todos os italianos cultos, e como todo gênero de abstração esteve sob seu domínio. Inversamente, o último caso manifesta-se no efeito dogmático mínimo que os filósofos antigos, e mesmo os entusiasmados adeptos florentinos de Platão, exerceram sobre o espírito da nação. O que se assemelha a um tal efeito é, em geral, apenas manifestação da cultura como um todo, conseqüência do desenvolvimento específico da mente italiana. Algumas observações a esse respeito terão lugar quando abordarmos a questão da religião. Na absoluta maioria dos casos, porém, não se trata sequer da cultura como um todo, mas apenas de manifestações isoladas de pessoas ou de

---

* Já à época, afinal, acreditava-se que Homero sozinho continha em si a totalidade das artes e ciências, que era uma enciclopédia — um ponto de vista, aliás, presente na própria Antigüidade.

** *Ética* da qual, sob Paulo II, um cardeal mandava que lessem para seus cozinheiros.

círculos eruditos — e mesmo assim há que se diferenciar sempre a verdadeira assimilação de doutrinas antigas da mera inércia do modismo. Para muitos, de fato, a Antiguidade não representou mais do que um modismo, mesmo entre aqueles que adquiriram considerável erudição nessa matéria.

Não obstante, nem tudo o que para o século XIX parece afetação necessariamente o foi à época. O uso de nomes de batismo gregos e romanos, por exemplo, não deixa de ser mais belo e respeitável do que a prática hoje em voga de retirá-los (sobretudo os femininos) dos romances. Tão logo o entusiasmo pelo mundo antigo tornou-se maior do que pelos santos, fez-se normal e natural que uma família nobre batizasse os filhos com os nomes de Agamenon, Aquiles e Tydeus; ou que um pintor chamasse a seu filho Apeles e a sua filha Minerva e assim por diante.* Decerto, é igualmente justificável que, pretendendo livrar-se de um nome de família, o indivíduo o substituísse por outro, melodioso e antigo. Maior ainda era a disposição de abdicar de um nome local, característico de todos os habitantes de certa localidade e ainda não transformado em nome de família, sobretudo quando, também nome de santo, ele se tornava incômodo. Assim é que Filippo da San Gimignano chamava a si próprio Calímaco. Aquele que, menosprezado e insultado pela própria família, fazia fortuna como erudito no estrangeiro, podia, orgulhoso, rebatizar-se Julius Pomponius Laetus, ainda que fosse um Sanseverino. Também a pura e simples tradução de um nome para o latim ou grego (que, na Alemanha, tornou-se hábito quase generalizado) é perdoável a uma geração que falava e escrevia latim e que necessitava de nomes não apenas declináveis, como também apropriados à prosa e ao verso. Censurável e amiúde ri-

---

* Compreensivelmente, as mulheres libertinas de Roma apoderaram-se dos nomes mais sonoros da Antigüidade, tais como Júlia, Lucrécia, Cassandra, Pórcia, Virgínia, Pentesiléia etc., sob os quais elas figuram em Aretino. Os judeus de então possivelmente adotaram os nomes dos grandes inimigos semitas dos romanos — Amílcar, Aníbal, Asdrúbal —, nomes que ainda na Roma de hoje tão freqüentemente carregam.

dículo era, isso sim, a mudança parcial de um nome, tanto de batismo quanto de família, com o intuito de conferir-lhe tom clássico e novo significado. Assim, Giovanni transformou-se em Jovianus ou Janus, Pietro em Pierius ou Petreius, Antonio em Aonius e mais: Sannazaro em Syncerus, Luca Grasso em Lucius Crassus e assim por diante. Ariosto, que se manifesta tão sarcasticamente a esse respeito, viveu ainda o bastante para ver crianças batizadas com os nomes de seus heróis e heroínas.*

Tampouco há que se julgar com demasiado rigor as denominações antigas atribuídas a cargos, funções, cerimônias etc. pelos escritores latinos. Enquanto estes se deram por satisfeitos com um latim fácil e fluente — como ocorreu com os escritores, digamos, de Petrarca a Enéias Sílvio —, tal prática não se mostrou extravagante, tornando-se, porém, inevitável quando se passou a almejar um latim absolutamente puro — o latim de Cícero, sobretudo. A partir desse momento, os elementos modernos passaram a não mais conformar-se à totalidade do estilo, a não ser que se os rebatizassem artificialmente. Pedantes compraziam-se, então, em chamar cada conselho municipal de *patres conscripti*, cada convento de freiras de *virgines vestales*, cada santo de *divus* ou *deus*, ao passo que pessoas de gosto mais refinado, como Paolo Giovio, provavelmente valiam-se de tais denominações apenas quando não podiam evitá-las. Uma vez que Giovio as utiliza sem atribuir-lhes qualquer ênfase particular, não chega a incomodar quando, em suas frases harmoniosas, os cardeais são chamados *senatores*, seu deão, *princeps senatus*, a excomunhão, *dirae*, o Carnaval, *Lupercalia*, e assim por diante. O exemplo desse mesmo autor nos mostra claramente o cuidado que precisamos ter para não inferirmos dessa questão de estilo conclusões apressadas acerca de seu pensamento como um todo.

Não nos cabe aqui traçar a história do estilo latino em si. Ao longo de dois séculos inteiros, os humanistas agiram como se o

---

* Ou já com os de Boiardo, que são, em parte, também os seus.

latim fosse e devesse permanecer a única língua digna de ser escrita. Poggio lamenta que Dante tenha composto seu grandioso poema em italiano, e é sabido que o próprio Dante, na verdade, tentara antes o latim, tendo escrito o início do "Inferno" em hexâmetros. Todo o destino da poesia italiana esteve vinculado ao fato de ele não ter levado adiante esse seu intento. Mesmo Petrarca, no entanto, depositava maior confiança em suas poesias latinas do que em seus sonetos e *canzoni*, e a exigência do compor em latim estendeu-se ainda a Ariosto. Jamais houve pressão mais forte do que essa, em matéria de literatura; em grande parte, porém, a poesia logrou safar-se dela, de modo que podemos agora, sem demasiado otimismo, afirmar que foi bom que a poesia italiana dispusesse de ambos os meios de expressão, pois seus feitos em ambas as línguas foram primorosos e singulares, sendo-nos mesmo possível perceber por que neste ou naquele poema optou-se pelo italiano ou pelo latim. Talvez o mesmo se possa dizer em relação à prosa. A posição e a fama da cultura italiana no mundo decorreram do fato de que certos assuntos tenham sido — *urbi et orbi* — tratados em latim, ao passo que a prosa italiana esteve em melhores mãos justamente quando escrita por aqueles aos quais não escrever em latim custou uma luta interior.

Desde o século XIV, Cícero era incontestavelmente tido como a fonte mais pura da prosa. Tal não se deveu de forma alguma a uma mera e abstrata convicção do poder de suas palavras, de seu fraseado e de sua maneira de compor, mas antes ao fato de que a amabilidade do epistológrafo, o brilho do orador, a clareza e serenidade de sua exposição filosófica encontraram total ressonância no espírito italiano. Já Petrarca percebeu claramente as fraquezas do Cícero homem e estadista; devotava-lhe, contudo, demasiado respeito para alegrar-se com sua descoberta. Posteriormente à época de Petrarca, Cícero forneceu, em um primeiro momento, o modelo quase exclusivo para a epistolografia, o mesmo acontecendo, em seguida, com relação aos demais gêneros, excetuando-se o narrativo. O verdadeiro ciceronianismo, entretanto, que não se permitia escrever uma única frase não justificável a partir dos escritos do mestre, tem início somente por volta do final do século XV, depois que os escritos sobre gramática de Lorenzo Valla já haviam produzido seus efeitos sobre toda a Itália e depois que as próprias asserções dos historiadores da literatura romanos já haviam sido verificadas e comparadas. Só então se começa a distinguir melhor e com a máxima precisão as nuances estilísticas na prosa dos antigos, chegando-se sempre e com uma certeza consoladora à conclusão de que Cícero, e somente ele, constitui o modelo absoluto — ou "aquela imorredoura e quase divina era de Cícero", quando se desejava abranger todos os gêneros. Homens como Pietro Bembo e Pierio Valeriano, entre outros, passam a empregar suas melhores forças no encalço desse único modelo; mesmo aqueles que haviam resistido longamente, forjando para si uma dicção arcaica a partir dos autores mais remotos da Antiguidade, cedem e ajoelham-se, afinal, diante de Cícero. Longolius deixa-se levar por Bembo, dispondo-se a ler somente Cícero durante cinco anos, inclusive jurando a si próprio não empregar palavra alguma que já não houvesse sido empregada por este. Semelhantes disposições rompem, então, naquela grande disputa entre os eruditos, tendo à frente Erasmo e o mais velho dos Scaligero.

Mesmo os admiradores de Cícero não eram, aliás, todos tão parciais a ponto de pretenderem impô-lo como a única fonte a inspirar a língua. Ainda no século XV, Poliziano e Ermolao Barbaro ousam buscar conscientemente uma latinidade própria, individual, apoiados, naturalmente, numa "vasta, transbordante" erudição — objetivo perseguido também por aquele que nos relata esse fato: Paolo Giovio. Este, pela primeira vez, e à custa de grande esforço, registrou em latim uma série de idéias modernas, sobretudo de natureza estética — nem sempre com êxito, mas por vezes com notável energia e elegância. Suas caracterizações em latim dos grandes pintores e escultores de então contêm, lado a lado, as observações mais inteligentes e as mais desafortunadas. O próprio Leão X, que via sua glória no fato "ut lingua latina nostro pontificatu dicatur facta auctior" [que seja dito que a língua latina foi enriquecida durante nosso pontificado], tendia para uma latinidade liberal, não exclusiva, como não podia deixar de ser em uma natureza amante dos prazeres como a sua. Bastava-lhe que o que tivesse de ouvir ou ler lhe parecesse verdadeiramente latim, vivo e elegante. Por fim, Cícero não ofereceu modelo algum para a conversação latina, de modo que, nesse aspecto, foi-se obrigado a reverenciar outros deuses paralelamente a ele. A lacuna foi preenchida pelas encenações relativamente freqüentes, dentro e fora de Roma, das comédias de Plauto e Terêncio, que propiciavam aos atores exercício incomparável em matéria do latim como língua cotidiana. Já sob Paulo II, o erudito cardeal de Teano (provavelmente Niccolò Fortiguerra, de Pistoia) torna-se famoso por aventurar-se nas peças mais mal preservadas de Plauto, desprovidas até da lista de personagens, dedicando a máxima atenção ao autor por causa da língua, sendo mesmo possível que tenha partido dele o estímulo para a encenação dessas peças. Posteriormente, Pomponius Laetus ocupou-se do assunto, e onde quer que Plauto fosse representado nos palácios dos grandes prelados, era ele o diretor. Como vimos, Giovio inclui o final dessas representações, a partir de 1520, aproximadamente, entre as causas do declínio da eloqüência.

Para concluir, é lícito mencionar aqui um paralelo do ciceronianismo no domínio da arte: o vitruvianismo dos arquitetos. Também aí manifesta-se, aliás, a lei geral do Renascimento, segundo a qual o movimento na área da cultura precede sempre um movimento análogo no domínio da arte. No caso em questão, esse intervalo temporal soma por volta de duas décadas, se considerarmos o tempo que separa o cardeal Adriano da Corneto (1505?) dos primeiros vitruvianos puros.

A POESIA NEOLATINA

Finalmente, o maior orgulho dos humanistas é a poesia neolatina. Porquanto nos auxilia a caracterizar o humanismo, também ela deve ser tratada aqui.

Foi já exposto anteriormente em que larga medida havia uma predisposição a seu favor, quão próxima ela estava do triunfo definitivo. Cumpre, desde logo, estar-se convicto de que a nação mais culta e mais desenvolvida do mundo de outrora não renunciou, no âmbito da poesia, a uma língua como a italiana por mera tolice ou sem almejar algo maior. Uma razão de ordem superior deve tê-la levado a isso.

Tal razão foi a admiração pela Antiguidade. Como toda admiração genuína e sem reservas, também esta gerou, como não podia deixar de ser, a imitação. Em outras épocas e entre outros povos, uma porção de tentativas isoladas nesse mesmo sentido teve lugar, mas somente na Itália estavam presentes as duas condições fundamentais para a continuidade e o desenvolvimento da poesia neolatina: a generalizada disposição favorável entre os eruditos da nação e um parcial redespertar do gênio italiano antigo nos próprios poetas — o maravilhoso ressoar de uma antiqüíssima lira. Sob tais condições, o que se produz de melhor já não é imitação, mas criação própria e livre. Quem é incapaz de tolerar formas derivadas na arte; quem, de antemão, já não aprecia a Antiguidade ou, inversamente, a reveste de magia inacessível e inimitável; quem, por fim, não é indulgente para com as infrações de poetas que tiveram, por exemplo, de redescobrir ou adivinhar uma porção de medidas silábicas — este deve deixar de lado essa literatura. Suas mais belas obras não foram criadas para desafiar uma qualquer crítica absoluta, mas para alegrar o poeta e a muitos milhares de contemporâneos seus.

Menor êxito tiveram as epopéias retiradas das histórias e sagas da Antiguidade. Sabidamente, não se reconhecem nos modelos romanos, e, à exceção de Homero, nem mesmo nos gregos, as condições essenciais para uma poesia épica viva — como teriam elas, então, estado presentes entre os latinos do Renascimento? Não obstante, a *África*, de Petrarca, terá talvez encontrado, de uma forma geral, tantos e tão entusiasmados leitores e ouvintes quanto qualquer épico moderno. O propósito e o surgimento desse poema não são desprovidos de interesse. Com muita propriedade, o século XIV identificou na época da segunda guerra púnica o apogeu da grandeza romana — época que Petrarca desejava e tinha de tratar. Tivesse Sílio Itálico sido já descoberto, talvez Petrarca houvesse escolhido outro assunto. Na ausência deste, porém, a glorificação de Cipião, o Africano, era tão natural ao século XIV que outro poeta, Zanobi della Strada, já se havia proposto tarefa semelhante, apenas em respeito a Petrarca abdicando do poema em cuja composição avançara bastante. Se alguma justificativa havia para *África*, esta se devia ao fato de que, tanto à época quanto posteriormente, todos se interessavam por Cipião como se ainda vivesse, considerando-o maior do que Alexandre, Pompeu e César. Quantas epopéias modernas podem vangloriar-se de tratar de assunto tão popular para sua época, tão essencialmente histórico e, não obstante, de um colorido mítico? Hoje, o poema em si é, decerto, ilegível. No tocante a outros temas históricos, temos de remeter o leitor para as diversas histórias da literatura existentes.

Mais rica e fértil foi a poesia que retomou os mitos da Antiguidade, preenchendo-lhes as lacunas poéticas. Também nesse terreno a poesia italiana interveio desde cedo, já com a *Teseida*, de Boccaccio, que é considerada sua melhor obra poética. Sob Martinho V, Maffeo Vegio compôs em latim um décimo terceiro livro para a *Eneida*. Além dessas, há ainda certo número de tentativas menores, sobretudo à maneira de Claudiano — uma *Meleagris*, uma *Hesperis* e outras. Notáveis são, porém, acima de tudo, os mitos novos inventados, povoando as regiões mais belas da Itália com deuses, ninfas e gênios primevos, além de pastores, quando então o épico e o bucólico já não admitem separação. O fato de que, a partir de Petrarca, as éclogas ora narrativas ora dialógicas dispensam à vida pastoril tratamento quase totalmente convencional, emoldurando todo tipo de fantasias e sentimentos, será novamente ressaltado adiante. Tratemos, por enquanto, apenas dos novos mitos. Neles revela-se mais nitidamente do que em qualquer outra parte que os deuses antigos possuem um duplo significado no Renascimento: por um lado, substituem os conceitos abstratos e tornam desnecessárias as figuras alegóricas; ao mesmo tempo, porém, constituem também um elemento livre, autônomo da poesia, uma porção de beleza neutra que pode ser acrescentada e constantemente rearranjada em qualquer poema. Audaciosamente, foi Boccaccio quem tomou a dianteira nesse campo, com seu mundo de deuses e pastores imaginários a povoar os arredores de Florença em seus *Ninfale d'Ameto* e *Ninfale fiesolano*, ambos escritos em italiano. A obra-prima do gênero, contudo, constitui talvez o *Sarca*, de Pietro Bembo, que nos fala da corte de um deus desse mesmo nome à ninfa Garda, do suntuoso banquete de casamento numa caverna no monte Baldo, das profecias de Manto — filha de Tirésias — acerca do nascimento do filho Mincius, da fundação de Mântua e da glória futura de Virgílio, que nascerá da união de Mincius com a ninfa de Andes, Maia. Bembo encontrou versos muito bonitos para esse pomposo rococó humanista, e um discurso final endereçado a Virgílio pelo qual qualquer poeta poderia invejá-lo. Costuma-se atribuir pequeno valor a obras como essas, consideradas meras declamações — o que, em se tratando de uma questão de gosto, não há como discutir.

Encontramos ainda extensos poemas épicos, de conteúdo bíblico ou eclesiástico, compostos em hexâmetros. Seus autores nem sempre almejavam promoção dentro da Igreja ou a obtenção do favor papal. Nos melhores, e mesmo nos menos aptos — como Battista Mantovano, autor de *Parthenice* —, será lícito supor um desejo absolutamente honesto de, por meio de sua erudita poesia latina, servir ao sagrado — propósito certamente assaz em consonância com sua concepção semipagã do catolicismo. Gyraldus enumera um punhado desses poetas, à testa dos quais figuram Vida, com sua *Cristíada*, e Sannazaro, com seus três cantos *De partu Virginis*. Sannazaro impressiona pelo fluxo poderoso e uniforme de seus versos — nos quais comprime, sem receio, elementos pagãos e cristãos —, pelo vigor plástico de suas descrições e pela beleza e perfeição de seu trabalho. Não tinha por que temer a comparação ao mesclar os versos da quarta écloga de Virgílio ao canto dos pastores junto à manjedoura. Ao tratar do outro mundo, exibe, aqui e ali, traços de uma audácia dantesca, como quando, por exemplo, o rei Davi, no limbo dos patriarcas, eleva-se ao canto e à profecia, ou quando o Eterno, sentado em seu trono e envolto em um manto que rebrilha com imagens de todos os elementos, dirige-se aos espíritos celestes. Outras vezes, associa sem hesitar a mitologia antiga a seu assunto, sem, contudo, parecer barroco, pois emprega os deuses pagãos apenas como moldura, por assim dizer, sem conceder-lhes qualquer papel central. Quem deseja conhecer o poder artístico dessa época, em toda a sua extensão, não deve fechar-se a uma obra como essa. O mérito de Sannazaro afigura-se tanto maior quando se considera que, em geral, a mistura de elementos cristãos e pagãos incomoda muito mais facilmente na poesia do que nas artes plásticas. Estas podem, mediante a beleza definida e palpável, manter imperturbado o olho do observador, sendo ainda muito mais independentes do significado de seus temas do que o é a poesia, na medida em que, nas primeiras, a imaginação trabalha antes de mais nada sobre a forma, na última, sobre o tema. O bom Battista Mantovano tentou outro recurso em seu calendário dos dias festivos. Em vez de pôr deuses e semideuses a serviço da história sagrada, coloca-os em oposição a ela, como o fizeram os patriarcas da Igreja. Enquanto o anjo Gabriel saúda a Virgem em Nazaré, Mercúrio voa até ele, desde o monte Carmelo, e o espreita à porta para, em seguida, relatar aos deuses reunidos o que ouviu e, assim, levá-los às resoluções mais extremas. É certo que, em outras ocasiões, Tétis, Céres, Éolo e outros são obrigados a, de bom grado, submeter-se à Madona e à sua glória.

A fama de Sannazaro, a multidão de seus imitadores, a entusiasmada homenagem que lhe prestaram os grandes de seu tempo — tudo isso demonstra quão necessário e valoroso ele foi à época em que viveu. Para a Igreja, no princípio da Reforma, ele resolveu o problema de como ser inteiramente clássico e, ainda assim, cristão ao escrever, razão pela qual tanto Leão quanto Clemente expressaram-lhe enfaticamente sua gratidão.

Por fim, também a história da época foi tratada em hexâmetros ou dísticos, ora de forma mais narrativa, ora mais panegírica, mas, de modo geral, em honra de algum príncipe ou casa principesca. Foi assim que nasceram uma *Sforzíada*, uma *Borseida*, uma *Borgíada*, uma *Trivulcíada* e assim por diante, ainda que fracassando inteiramente em seu propósito, uma vez que quem logrou tornar-se famoso e imortal não o deveu a um gênero de poemas contra o qual o mundo demonstrou sempre inextinguível aversão, mesmo quando bons poetas a ele se dedicaram. Efeito bastante diverso provocam retratos menores, desapaixonados, apresentando cenas da vida de homens famosos, como, por exemplo, o belo poema acerca da caçada de Leão X próximo a Palo ou da *Viagem de Júlio II*, de autoria de Adriano da Corneto. Esplêndidas descrições de caçadas do gênero acima mencionado, encontramos também em Ercole Strozza, no há pouco citado Adriano da Corneto e em outros mais, e seria uma pena que o leitor moderno se deixasse dissuadir de lê-las ou irritar pela bajulação que as permeia. A maestria do tratamento e o por vezes não insignificante valor histórico asseguram a esses graciosos poemas uma sobrevida mais longa do que seria lícito que tivessem muitas poesias de renome de nosso tempo.

Em geral, esses poemas são sempre tanto melhores quanto mais moderada é a ingerência neles do patético e do genérico. Alguns poemas épicos mais breves compostos por mestres célebres provocam, inconscientemente, uma impressão indescritivelmente cômica, em função da presença exagerada do elemento mitológico. Assim ocorre com o poema fúnebre de Ercole Strozza dedicado a César Borgia. Ouve-se o plangente discurso de Roma, que depositara todas as suas esperanças nos papas espanhóis Calisto III e Alexandre VI, e, depois, viu em César o prometido, cuja história é relatada até a catástrofe de 1503. Em seguida, o poeta pergunta à musa quais haviam sido naquele momento os conselhos dos deuses. Érato é quem conta que, no Olimpo, Palas tomou o partido dos espanhóis e Vênus o dos italianos; ambas abraçaram-se aos joelhos de Júpiter, ao que este as beijou, tranqüilizou e desculpou-se por nada poder contra o destino tecido pelas Parcas, dizendo-lhes, porém, que as promessas dos deuses cumprir-se-iam por intermédio do filho da casa Este-Borgia.* Após haver narrado os aventurosos primórdios da história de ambas as famílias, declara, então, ser-lhe tão pouco possível conferir a César a imortalidade quanto lhe fora outrora — a despeito de tantas intercessões — concedê-la a um Memnon ou a um Aquiles, concluindo, finalmente, com a afirmação consoladora de que, ainda antes de morrer, César mataria muita gente na guerra. Marte vai, então, a Nápoles cultivar a guerra e a discórdia, enquanto Palas corre a Nepi, onde aparece para César, enfermo, sob a figura de Alexandre VI. Ali, após exortá-lo a resignar-se e contentar-se com a glória de seu nome, a deusa papal desaparece "como um pássaro".

Renunciamos desnecessariamente a um, por vezes, grande prazer ao repelirmos tudo o que se revela, bem ou mal, entretecido com a mitologia antiga. Na poesia, tanto quanto na pintura e na escultura, a arte às vezes enobreceu sobremaneira esse elemento em si convencional. O apreciador desse gênero tampouco deixará de encontrar nele rudimentos de paródia, como na *Macaroneida*, por exemplo, cujo paralelo na pintura encontramos no cômico *Festim dos deuses*, de Giovanni Bellini.

Vários poemas narrativos em hexâmetros compõem ainda meros exercícios ou adaptações de relatos em prosa. Onde os encontrar, o leitor dará preferência a estes últimos. Por fim, é sabido, todas as contendas e cerimônias foram cantadas em verso, inclusive pelos humanistas alemães da época da Reforma. Seria, entretanto, injusto atribuí-lo meramente ao ócio e à excessiva facilidade na composição dos versos. Ao menos entre os italianos, há verdadeira e indiscutível abundância de senso estilístico, como o comprovam a massa de relatos surgidos à época, as histórias e mesmo os panfletos escritos em *terza rima*. Tanto quanto Niccolò da Uzzano, em seu esquema para uma nova constituição, Maquiavel, em sua versão da história da época, um terceiro, na biografia de Savonarola, e um quarto, na descrição do

---

* Trata-se de Ercole II, de Ferrara, nascido em 4 de abril de 1508, provavelmente pouco antes ou pouco depois da composição do poema.

cerco a Piombino por Afonso, o Grande, valeram-se da difícil *terza rima* italiana no intento de produzir efeito mais forte sobre o leitor, muitos outros precisavam, analogamente, oferecer hexâmetros a seu público para poder capturá-lo. É a poesia didática que melhor nos mostra o que se tolerava e o que se desejava desta última forma. No século XVI, esse gênero toma impulso absolutamente espantoso, cantando em hexâmetros latinos a feitura do ouro, o jogo de xadrez, a criação do bicho-da-seda, a astronomia, a doença venérea e temas similares, acrescentando-se aí ainda vários e extensos poemas italianos de caráter semelhante. Costuma-se, hoje, condenar sem ler as obras desse gênero, e tampouco nós saberíamos dizer em que medida esses poemas didáticos são efetivamente dignos de leitura. Certo, porém, é que épocas infinitamente superiores a nossa em seu senso de beleza — o mundo grego tardio, o romano e o do Renascimento — não puderam prescindir de um tal gênero de poesia. Pode-se argumentar que, hoje, não é a ausência desse senso de beleza, mas a maior seriedade e o tratamento universalista dispensado ao que é digno de ser ensinado que excluem a forma poética — argumento este que deixaremos intocado.

Uma dessas obras didáticas tem sido, ainda hoje, ocasionalmente reimpressa. Trata-se do *Zodíaco da vida*, de Marcellus Palingenius, um criptoprotestante de Ferrara. Nela, o autor vincula a questões elevadas como Deus, a virtude e a imortalidade a discussão de muitos tópicos da vida material, constituindo nesse sentido uma autoridade nada desprezível na história dos costumes. No essencial, contudo, sua poesia ultrapassa já os domínios do Renascimento, assim como nela, em conformidade com a seriedade de seu propósito didático, a alegoria suplanta a mitologia.

Muito mais próximo da Antiguidade encontra-se o poeta-filólogo na lírica — sobretudo na elegia, mas também no epigrama.

No gênero mais ligeiro, Catulo exerceu influência verdadeiramente fascinante sobre os italianos. Um bom número de elegantes madrigais latinos, pequenas invectivas e cartas maldosas nada mais são do que meras paráfrases de escritos seus; lamenta-se a morte de cãezinhos e papagaios sem se empregar uma única palavra do poema acerca do pardal de Lésbia, ainda que deste derivem inteiramente tais lamentos. Há inclusive pequenos poemas desse gênero sobre cuja idade, na ausência de uma referência objetiva a apontar claramente para o século XV ou XVI, até mesmo um conhecedor poderia iludir-se.

Inversamente, não há talvez uma única ode sáfica ou alcaica que, de alguma maneira, não denuncie nitidamente sua origem moderna. Revela-o, na maioria dos casos, uma loquacidade retórica que, na Antiguidade, surge apenas com Estácio, e a evidente falta de concentração lírica, conforme a exige necessariamente o gênero. Trechos isolados de tais odes, duas ou três estrofes, decerto logram assemelhar-se a um fragmento da Antiguidade; um todo mais longo, porém, raramente retém essa coloração. E onde isso ocorre, como, por exemplo, na bela ode a Vênus de Andrea Navagero, reconhece-se facilmente a mera paráfrase de obras-primas antigas. Alguns poetas que se dedicaram a esse gênero apoderam-se do culto aos santos, construindo suas invocações com muito bom gosto, calcadas nas odes de conteúdo análogo de autoria de Horácio e Catulo. Assim fizeram Navagero, na ode ao arcanjo Gabriel, e, particularmente, Sannazaro, que leva bastante longe a adaptação de um fervor pagão. Sannazaro celebra principalmente o santo de seu nome, cuja capela pertence aos domínios de sua pequena *villa*, magnificamente situada na costa do Posílipo, "lá, onde a onda do mar sorve a fonte do rochedo, rebentando contra a parede do pequeno santuário". Sua alegria é a festa anual de são Nazário; a ramagem e as guirlandas com as quais a igrejinha é adornada sobretudo nesse dia parecem-lhe oferendas. Mesmo distante, em Saint Nazaire, junto à foz do Loire, em fuga ao lado do banido Federigo de Aragão, ele leva ao santo, no dia deste, coroas de folhas de buxo e carvalho, que oferece imbuído de profundo pesar, recordando-se de anos passados, quando jovens vinham de todo o Posílipo em barcos coroados de flores para a festa, e roga pelo retorno a sua terra.

A ilusão do antigo provoca, principalmente, certo número de poemas escritos em versos elegíacos ou simplesmente em hexâmetros, cujo conteúdo estende-se desde a elegia propriamente dita até o epigrama. Assim como os humanistas manipulavam livremente o texto dos poetas elegíacos romanos, sentiam-se igualmente à altura de imitá-los. A elegia à noite de Navagero mostra-se tão pouco liberta de reminiscências de seus modelos quanto qualquer outro poema desse mesmo gênero e época, mas exibe os mais belos tons da Antiguidade. Acima de tudo, Navagero preocupa-se sempre e primeiramente em encontrar um tema verdadeiramente poético, o qual, em vez de tratar de maneira servil, desenvolve com a liberdade de um mestre, ao estilo da *Antologia* de Ovídio, de Catulo e mesmo das éclogas de Virgílio. Da mitologia, faz uso bastante moderado, para, por exemplo, criar o quadro de uma vida simples em uma prece a Ceres ou a outras divindades campestres. Navagero apenas iniciou uma saudação à terra natal, ao retornar de uma embaixada na Espanha; tivesse-a concluído, ela se teria tornado um poema magnífico, bastando para isso que sua conclusão estivesse à altura deste começo:

> *Salve cura Deûm, mundi felicior ora,*
> *Formosae Veneris dulces salvete recessus;*
> *Ut vos post tantos animi mentisque labores*
> *Aspicio lustroque libens, ut munere vestro*
> *Sollicitas toto depello e pectore curas!**

O verso elegíaco ou em hexâmetros torna-se receptáculo para todo e qualquer sentimento mais elevado, de tal forma que

---

* Salve amada dos deuses, terra mais feliz do mundo,/ salve doces refúgios da bela Vênus;/ depois de tantas fadigas da alma e da mente/ com quanta alegria vos percorro com o olhar, e com a vossa ajuda/ afasto por completo do meu peito as angustiantes preocupações! (N. E.)

tanto o mais nobre patriotismo (como na já mencionada elegia a Júlio II) quanto a mais pomposa deificação dos soberanos procuram nele seu meio de expressão, assim como o faz também a terna melancolia de um Tibulo. Mario Molza, que em sua bajulação a Clemente VII e aos Farnese rivaliza com Estácio e Marcial, dota sua elegia a seus "companheiros" — escrita no leito em que jazia doente — com pensamentos tão belos e genuínos acerca da morte quanto os da Antiguidade, e isso sem desta tomar emprestado nada de essencial. De resto, foi Sannazaro quem captou e imitou com maior perfeição a essência e o alcance da elegia romana: nenhum outro nos oferece número tão grande e variado de bons poemas escritos nessa forma. Outras elegias isoladas serão ainda, ocasionalmente, mencionadas aqui em razão de sua temática.

Por fim, o epigrama latino constituía à época um assunto sério, na medida em que versos bem construídos — gravados em algum monumento ou transmitidos de boca em boca, acompanhados do riso — podiam fundar a glória de um erudito. Pretensões nesse sentido anunciam-se logo cedo. Quando correu a notícia de que Guido della Polenta pretendia adornar o túmulo de Dante com um monumento, epitáfios chegaram de todas as partes, "de autoria daqueles que queriam se mostrar, honrar a memória do poeta morto ou conquistar o favor de Polenta" [Boccaccio, *Vita di Dante*]. Junto à tumba do arcebispo Giovanni Visconti (morto em 1354) na catedral de Milão, lê-se, ao cabo de 36 hexâmetros: "O senhor Gabrius de Zamoreis, de Parma, doutor em leis, fez estes versos". Pouco a pouco, principalmente sob a influência de Marcial, mas também de Catulo, formou-se uma extensa literatura do gênero. Triunfo supremo para o autor era quando seu epigrama era tomado por antigo, por copiado de algum monumento da Antiguidade, ou quando se revelava tão primoroso que toda a Itália o sabia de cor, como alguns de autoria de Bembo. Se a cidade de Veneza pagava a Sannazaro seiscentos ducados de honorários por três dísticos compostos em sua honra, não o fazia por generosa prodigalidade, mas porque o epigrama era apreciado pelo que representava para todas as pessoas cultas da época: a mais concentrada forma da glória. Por outro lado, ninguém era, então, tão poderoso a ponto de não se deixar perturbar por um epigrama espirituoso. Mesmo os grandes necessitavam submeter a apreciação prudente e erudita toda inscrição que mandassem gravar, já que epitáfios ridículos, por exemplo, corriam o risco de serem incluídos em coletâneas destinadas a suscitar o riso. A epígrafe e o epigrama deram-se, então, as mãos, a primeira repousando no mais diligente estudo das inscrições antigas.

A cidade por excelência dos epigramas e inscrições era, e prosseguiu sendo, Roma. Nesse Estado onde não vigia a hereditariedade, cada um tinha de cuidar da própria imortalidade, para o que os breves versos satíricos contribuíam como uma arma contra os rivais. Já Pio II enumera com satisfação os dísticos compostos por seu poeta principal, Campanus, para os momentos mais propícios de seu pontificado. Sob os papas que o sucederam, o epigrama satírico floresceu até atingir, voltado contra Alexandre VI e os seus, o mais alto grau de escandalosa insolência. Sannazaro, é certo, os compunha a partir de uma posição relativamente segura; outros, porém, próximos à corte, expunham-se a perigos extremos. Em resposta a oito dísticos ameaçadores certa feita encontrados afixados à porta da biblioteca, Alexandre mandou reforçar a guarda com oitocentos homens: pode-se imaginar o que teria feito ao poeta que os compôs, se este se tivesse deixado apanhar. Sob Leão X, os epigramas em latim eram o pão de cada dia. Não havia forma mais apropriada quer para a glorificação, quer para a difamação do papa, para o castigo de inimigos e vítimas nomeadas ou não, para objetos reais ou imaginados da espirituosidade, da maldade, do pesar ou da contemplação. Por essa época, não menos de 120 poetas esforçaram-se por compor versos latinos para o famoso grupo da Mãe de Deus com santa Ana e o Menino, esculpido por Andrea Sansovino para Sant'Agostino — por certo, movidos não tanto pela devoção quanto pelo autor da encomenda. Este — Johann Goritz, de Luxemburgo, referendário das petições dirigidas ao papa —, por ocasião da festa de santa Ana, não mandava apenas celebrar missa, mas oferecia ainda grande banquete aos literatos em seus jardins, nas encostas do Capitólio. Valia a pena, então, dar-se ao trabalho de passar em revista toda a multidão de poetas que tentava a sorte na corte de Leão X, como o fez, num longo poema intitulado *De poetis urbanis*, Franciscus Arsillus, um homem que não necessitava do mecenato papal nem de qualquer outro e que se reservava o direito de voltar sua liberdade de expressão contra os próprios colegas. É apenas sob a forma de ecos isolados que o epigrama sobrevive ao pontificado de Paulo III; a epígrafe, pelo contrário, experimenta período mais longo de florescimento, sucumbindo apenas no século XVII ao empolamento.

Esta última tem também em Veneza sua história própria, que podemos acompanhar com a ajuda da *Venezia* de Francesco Sansovino. Tarefa constante ali para os autores de epígrafes constituíam os motos (*brievi*) para os retratos dos doges no grande salão do palácio ducal — de dois a quatro hexâmetros contendo o essencial do governo de cada um deles. Além disso, no século XIV, as tumbas dos doges levavam lacônicas inscrições em prosa contendo apenas fatos e, ao lado destas, empolados hexâmetros ou versos leoninos. No século XV, cresce o cuidado com o estilo, que no século seguinte alcança seu ponto alto. Logo a seguir, porém, começam a surgir a antítese inútil, a prosopopéia, a ênfase patética, o louvor aos princípios — em uma palavra, a empolação. A troça torna-se presença razoavelmente constante, e o louvor aos mortos é utilizado para expressar críticas veladas aos vivos. Tardiamente ressurgem, então, uns poucos epitáfios deliberadamente simples.

A arquitetura e a decoração prevêem a presença de inscrições — amiúde com freqüente repetição. O gótico do Norte, por sua vez, dificilmente reserva-lhes espaço próprio — no caso dos túmulos, conferindo-lhes o sítio mais exposto a ameaças: as bordas.

Pelo já exposto até aqui, não julgamos absolutamente ter convencido o leitor do valor singular dessa poesia latina dos italianos. Pretendemos, antes, sugerir sua posição e necessidade histórico-cultural. Desta, aliás, encontramos já à época uma caricatura no surgimento da chamada poesia macarrônica, cuja obra principal — a *Opus macaronicorum* — foi composta por Merlin Coccaio (isto é, Teofilo Folengo, de Mântua). De seu conteúdo falaremos oportunamente; quanto à forma — hexâmetros, entre outros tipos de verso, misturando palavras latinas com palavras italianas dotadas de terminações latinas —, o caráter cômico reside essencialmente no fato de que tais misturas soam como meros *lapsus linguae*, como o jorro verborrágico de um *improvvisatore* latino por demais precipitado. As imitações alemãs não nos dão sequer uma idéia desse efeito.

A QUEDA DOS HUMANISTAS NO SÉCULO XVI

Depois que, desde o princípio do século XIV, várias e brilhantes gerações de poetas-filólogos haviam impregnado a Itália e o mundo com seu culto à Antiguidade, determinado em sua essência a cultura e a educação, amiúde tomado a dianteira nas questões referentes ao Estado e reproduzido o melhor possível a literatura antiga, toda a sua classe mergulhou num puro e generalizado descrédito ao longo do século XVI — a um tempo em que ainda não se desejava prescindir por completo de suas lições e de seu saber. Continua-se ainda a falar, escrever e compor poemas da maneira que eles o faziam, mas, pessoalmente, ninguém mais quer pertencer a essa classe. Em meio às duas principais acusações de que eram alvo — a da maligna altivez e a da vergonhosa devassidão —, ressoa já uma terceira, na voz da nascente Contra-Reforma: a da irreligiosidade.

Há que se perguntar, inicialmente, por que tais censuras, fossem elas fundadas ou infundadas, não se fizeram ouvir mais cedo. Na verdade, já são audíveis cedo o bastante, ainda que sem produzir qualquer efeito particular, evidentemente porque imperava ainda dependência bastante grande dos literatos no tocante ao conhecimento da Antiguidade, de cuja cultura eles eram — no sentido mais pessoal — os proprietários, portadores e propagadores. Contudo, o aumento do número de edições impressas dos clássicos,* de grossos e bem-feitos manuais e obras de referência, emancipou o povo em grau significativo do contato constante e pessoal com os humanistas, e tão logo essa libertação se fez possível, ainda que parcialmente, entrou em cena aquela mudança dos ânimos. Bons e maus, indistintamente, sofreram as conseqüências.

Os autores de semelhantes acusações foram, acima de tudo, os próprios humanistas. De todos aqueles que alguma vez constituíram uma casta, foram eles os menos dotados de espírito de coesão, ou do respeito por este, onde ele pretendeu manifestar-se. Tão logo principiaram a elevar-se uns acima dos outros, tornaram-se-lhes indiferentes os meios de que se valiam para tanto. Num piscar de olhos, passam dos argumentos científicos às invectivas e destas à mais infundada infâmia; não desejam refutar seus adversários, mas aniquilá-los em todos os sentidos. Isso pode ser, em parte, creditado a ambiente e posição. Vimos já quão violentamente a época de que foram os porta-vozes oscilou ao sabor das vagas da glória e do escárnio. Além disso, sua situação na vida cotidiana era, em geral, tal que eram obrigados a lutar continuamente pela própria existência. Era, pois, sob tais circunstâncias que escreviam, discursavam e descreviam uns aos outros. Somente as obras de Poggio contêm já sujeira suficiente para suscitar o preconceito contra toda a classe — e foram justamente essas *Opere Poggii* as mais publicadas de ambos os lados dos Alpes. Não nos alegremos prematuramente ao encontrarmos, no século XV, uma dentre essas figuras que nos pareça inatingível; procurando melhor, correremos sempre o risco de depararmos com alguma infâmia que, ainda que nela não acreditemos, bastará para turvar a imagem. As muitas poesias latinas obscenas ou, para citar um exemplo, o escárnio voltado contra a própria família, como o encontramos no diálogo de Pontano intitulado *Antonius*, cuidaram

---

* Cumpre não esquecer que estes foram impressos bem cedo com escólios antigos e comentários novos.

do restante, no que se refere ao descrédito generalizado da classe. O século XVI conhecia todos esses testemunhos e, além disso, cansara-se dos humanistas. Estes tiveram de pagar pelo que haviam cometido e, mais ainda, pelo excesso de autoridade que lhes fora até então atribuído. Quis o cruel destino que o maior poeta da nação sobre eles se pronunciasse com calmo e soberano desdém [Ariosto, "Sátira VII", 1531].

Das censuras que se combinaram para compor esse quadro de antipatia geral, muitas tinham fundamento. Uma tendência definida e reconhecível à austeridade moral e à religiosidade vivia ainda, e prosseguiu vivendo, em muitos filólogos: condenar toda a classe revelaria conhecimento muito pequeno da época. Muitos, porém, e dentre estes os mais ruidosos, eram culpados.

Três fatores explicam e atenuam, talvez, sua culpa: os desmedidos e cintilantes mimos com que eram agraciados, quando a sorte lhes era favorável; a ausência de garantias no tocante à vida material, de tal modo que luxo e miséria alternavam-se rapidamente, dependendo do humor dos soberanos e da maldade dos adversários; e, finalmente, a desvirtuada influência da Antiguidade. Esta minava os princípios morais que os norteavam, sem, contudo, transmitir-lhes os seus próprios, e, mesmo em questões religiosas, era essencialmente seu lado cético e negativo que atuava sobre eles, uma vez que a aceitação da crença positiva nos deuses estava, é claro, fora de cogitação. Justamente pelo fato de conceberem a Antiguidade de forma dogmática — ou seja, como modelo para pensamento e ação —, a influência desta tinha de ser-lhes, sob esse aspecto, desvantajosa. Que tenha, entretanto, havido um século que, com absoluta parcialidade, idolatrou o mundo antigo e seus rebentos, tal culpa já não pode ser imputada a indivíduos, mas a um mais elevado destino histórico. Toda a cultura dos tempos decorridos desde então e dos futuros repousa no fato de que assim tenha sido, e, outrora, de forma tão absolutamente parcial, tendo-se preterido todos os demais objetivos da existência em favor desse.

A carreira dos humanistas era, em geral, de tal sorte que só as naturezas moralmente mais fortes eram capazes de enfrentá-la sem prejuízo para si próprias. O primeiro perigo provinha, por vezes, dos pais, que educavam o filho, amiúde de um desenvolvimento extraordinariamente precoce, para ser uma criança-prodígio, visando a sua futura posição naquela casta à época suprema. Mas crianças-prodígios, de um modo geral, não logram ultrapassar determinado estágio, ou precisam lutar, enfrentando as mais duras provas, para dar prosseguimento a seu desenvolvimento e afirmar seu valor. Também para o jovem ambicioso, a glória e o brilho dos humanistas constituíam uma perigosa tentação: parecia-lhe que tampouco ele podia, "em função de seu inato espírito elevado, dar atenção às coisas ordinárias e vis" [Filippo Villani, *Le vite d'uomini illustri fiorentini*]. Precipita-se, assim, numa vida extenuante e cheia de vicissitudes, na qual se sucedem confusamente exaustivos estudos, o trabalho como preceptor, secretário e catedrático, o serviço aos príncipes, inimizades e perigos mortais, a admiração entusiástica e o cobrir-se de escárnio, a opulência e a miséria. O mais raso diletantismo pode, por vezes, suplantar o mais profundo saber. O mal maior, contudo, era o fato de que uma residência fixa era quase incompatível com essa casta, na medida em que seus membros viam-se constantemente obrigados a mudar de domicílio ou imbuídos de uma disposição que os impedia de sentir-se bem por muito tempo onde quer que fosse. Por um lado, enfadavam-se de seus concidadãos e emaranhavam-se no redemoinho das inimizades; por outro, aqueles mesmos concidadãos exigiam constantemente o novo. Embora muito dessa situação nos lembre a dos sofistas gregos à época imperial, como a descreve Filóstrato, a destes últimos era-lhes mais favorável, visto que, em sua maioria, eles ou possuíam ou prescindiam mais facilmente de riquezas e, sobretudo, levavam vida mais amena, pois não eram tanto eruditos quanto virtuosos no uso da palavra. O humanista do Renascimento, pelo contrário, tinha de carregar consigo uma grande erudição e a capacidade de adaptar-se a um turbilhão de situações e ocupações as mais diversas. Mais ainda, necessitava do prazer desregrado para anestesiar-se, e da indiferença diante da moral vigente, já que, de qualquer forma, reputavam-lhe capaz do pior. Sem a altivez, tais caracteres são totalmente inconcebíveis: precisam dela, já para que possam permanecer à tona, e a alternância do ódio e da idolatria só faz fortalecê-la ainda mais. São eles os exemplos mais notáveis e as vítimas da subjetividade liberta.

Os ataques e os retratos satíricos, como observamos, têm início logo cedo, uma vez que, é claro, à individualidade desenvolvida, a cada tipo de celebridade, cabia determinada cota de escárnio, fazendo as vezes de açoite. Para tanto, o material mais fértil era fornecido pelo próprio indivíduo em questão: bastava que dele se fizesse uso. Ainda no século XV, Battista Mantovano, ao enumerar os sete monstros, classifica os humanistas, juntamente com muitos outros, sob a rubrica *Superbia*. Descreve como eles, arrogando-se a condição de filhos de Apolo, caminham ostentando falsa gravidade, com ar rabugento e malicioso como o do grou que pica seu alimento, ora contemplando a própria sombra, ora mergulhados em consumptiva preocupação acerca do louvor que almejam. Mas é somente o século XVI que os levará formalmente ao banco dos réus. Além de Ariosto, demonstra-o sobretudo Gyraldus, o historiador literário dos humanistas cujo tratado foi escrito ainda sob Leão X, mas provavelmente revisado por volta de 1540. Dele, em vigorosa profusão, fluem exemplos antigos e modernos de advertências acerca da insegurança e da vida miserável dos literatos, entremeados de pesadas acusações gerais. Estas últimas denunciam principalmente a paixão exagerada, a vaidade, a obstinação, a auto-idolatria, a vida privada dissoluta, imoralidades de toda sorte, heresia, ateísmo e mais: o bem falar desprovido de qualquer convicção, a influência perniciosa sobre o governo, a linguagem pedantesca, a ingratidão para com os mestres, a rastejante bajulação dos príncipes — que primeiro fisgam os literatos para, depois, deixá-los morrer de fome — e assim por diante. A conclusão compõe-se de uma observação sobre uma idade de ouro, referindo-se a uma época em que a ciência ainda não existia. Dessas acusações, uma tornou-se logo a mais perigosa: a de heresia. O próprio Gyraldus é, mais tarde, por ocasião da reimpressão de uma obra sua da juventude, totalmente inofensiva, obrigado a agarrar-se ao manto protetor do duque Ercole II, de Ferrara, quando têm já a palavra aqueles que julgavam que teria sido melhor empregar o tempo em assuntos cristãos do que em pesquisas mitológicas. Gyraldus argumenta, então, que estas últimas, dada a natureza dos tempos, constituíam, ao contrário, quase o único objeto inocente — isto é, neutro — do estudo dos eruditos.

Se, porém, a história cultural tem o dever de procurar manifestações nas quais, ao lado da acusação, prevalece a simpatia humana, então nenhuma fonte é comparável à obra de Pierio Valeriano *Sobre o infortúnio dos eruditos* [*De infelicitate literatorum*], já por diversas vezes citada aqui. Pierio escreveu-a sob a influência sombria da devastação de Roma, a qual — assim lhe parece —, com a desgraça que lançou também sobre os eruditos, deu um fecho à obra de um destino furioso e cruel que pesava sobre eles havia tempos. O autor é levado a essa afirmação por um sentimento simples e, em essência, correto; não invoca com alarde nenhum demônio particular a perseguir as pessoas de gênio por causa de sua genialidade, mas constata o que aconteceu, amiúde conferindo ao mero e desafortunado acaso papel decisivo: não deseja escrever uma tragédia, tampouco atribuir a conflitos de ordem superior a causa de tudo, razão pela qual nos apresenta também cenas do cotidiano. Por meio delas, ficamos conhecendo pessoas que, em tempos agitados, perdem primeiro seus rendimentos e, depois, suas posições; pessoas que, entre dois empregos, acabam sem nenhum; mesquinhos misantropos que carregam seu dinheiro sempre consigo, costurado à roupa, e que, uma vez dele roubados, morrem loucos; e pessoas que aceitam benefícios da Igreja e definham em melancólica saudade da liberdade perdida. Lemos, ainda, o lamento do autor pela morte prematura de tantos, pela febre ou pela peste, tendo seus escritos queimados juntamente com a cama e as roupas; outros vivem e sofrem sob ameaças de morte da parte dos colegas; um ou outro é morto por um criado cobiçoso, ou apanhado por malfeitores em viagem de volta à casa, morrendo de sede em algum cárcere por não ter dinheiro para pagar o resgate. Alguns são consumidos por secreta mágoa, por uma ofensa ou injustiça sofrida; um veneziano morre de desgosto porque seu filhinho, uma criança-prodígio, morrera, sendo logo seguido pela mãe e pelo irmão desta, como se a criança os tivesse levado a todos consigo. Um número relativamente grande, sobretudo florentinos, comete o suicídio [cf. Dante, "Inferno", XIII]; outros são mortos pela justiça secreta de um tirano. Quem, afinal, é feliz? E de que maneira? Talvez pelo completo embotamento dos sentimentos perante tal desgraça? Um dos interlocutores do diálogo, forma de que Pierio reveste sua exposição, tem resposta para essas perguntas. Trata-se do magnífico Gasparo Contarini, e já à menção desse nome é lícito que esperemos ser informados acerca, pelo menos, dos mais profundos e verdadeiros pensamentos correntes à época a respeito do assunto. Para ele, a imagem do erudito feliz revela-se na figura de fra Urbano Valeriano, que durante muito tempo foi professor de grego em Veneza, visitou a Grécia e o Oriente, já em idade avançada percorreu este ou aquele país sem jamais montar um animal, nunca teve um tostão para si, recusou todas as honras e distinções e, depois de uma alegre velhice, morreu aos 84 anos, sem jamais ter estado doente — à exceção de uma queda do alto de uma escada. O que o diferencia dos humanistas? Estes têm uma vontade própria maior, uma subjetividade mais liberta do que a que podem empregar para serem felizes; o frade mendicante, em contrapartida, vivendo num monastério desde a infância, jamais desfrutou ao bel-prazer da comida ou do sono e, por isso, encarava a privação como privação e nada mais; por força desse hábito, levou, em meio a todas as dificuldades, a mais tranqüila vida interior, impressionando seus ouvintes mais por isso do que por seus conhecimentos de grego. Vendo-o, estes acreditavam-se convencidos de que depende do próprio homem lamentar-se ou consolar-se em face do infortúnio. "Em meio à miséria e à dificuldade, ele era feliz porque queria sê-lo, porque não era mal-acostumado, fantasioso, inconstante ou difícil de contentar, mas sempre se deu por satisfeito com pouco ou nada." Se ouvíssemos o próprio Contarini, o quadro seria, talvez, acrescido de um motivo religioso; mas o que nos fala o filósofo prático, calçando sandálias, é já expressivo e significativo o bastante. Caráter semelhante, mas num outro cenário, revela Fabio Calvi, de Ravena, o exegeta de Hipócrates. Em Roma, em idade bastante avançada, ele vive apenas de ervas — "como, outrora, os pitagóricos" — e mora num pardieiro não muito superior ao tonel de Diógenes. Da pensão que lhe paga o papa Leão X, toma para si apenas o estritamente necessário, dando a outros o restante. Não conservou a saúde como fra Urbano, e tampouco terá, como este, morrido com um sorriso nos lábios, pois quando da devastação de Roma, já quase aos noventa anos, os espanhóis arrastaram-no consigo com o propósito de pedir resgate, e ele veio a morrer de fome em um hospital. Seu nome, porém, adentrou os domínios da imortalidade pelas mãos de Rafael, que amava o ancião como a um pai e o reverenciava como a um mestre, porque a ele recorria em busca de conselho em todos os assuntos. Dentre estes, talvez predominasse o da restauração da Roma antiga, talvez outros, de conteúdo bem mais elevado. Quem pode afirmar quanto de Fabio esteve presente na concepção da *Escola de Atenas* e de outras obras altamente importantes de Rafael?

Concluiríamos de bom grado o presente tópico esboçando o quadro gracioso e reconciliador de uma vida como a de Pompônio Leto, por exemplo, dispuséssemos nós pelo menos de algo mais a seu respeito do que a carta de seu discípulo Sabellico, na qual a figura de Leto é, decerto deliberadamente, revestida de certa coloração antiga. Não obstante, é possível abstrairmos dali alguns de seus traços. Leto era um bastardo da casa dos Sanseverino de Nápoles, príncipes de Salerno, aos quais não quis reconhecer, respondendo-lhes ao convite para viver entre eles com as célebres linhas: "Pomponius Laetus cognatis et propinquis suis salutem. Quod petitis fieri non potest. Valete." [Pompônio Leto saúda seus parentes e consangüíneos. O que pedistes não pode ser feito. Estai bem]. Figura pouco vistosa, de olhos pequenos e vivos e trajando-se de maneira singular, ele viveu as últimas décadas do século XV como professor na Universidade de Roma, morando ora em sua casinha com jardim no monte Esquilino ora em sua vinha no Quirinal. Na primeira, criava seus patos e outras aves, na última, cultivava a terra, seguindo à risca os preceitos de Cato, Varro e Columella. Nos dias de festa, dedicava-se à caça aos pássaros e à pesca, por certo também a um festim à sombra, junto a uma fonte ou às margens do Tibre. Riqueza e boa vida, desprezava. Inveja e maledicência não faziam parte dele, e tampouco as tolerava em sua presença. Mas reservava-se considerável liberdade em sua oposição à hierarquia, sendo tido, aliás, por isso mesmo — a não ser em seus últimos anos de vida —, como um homem que desprezava totalmente a religião. Preso às malhas da perseguição aos humanistas empreendida pelo papa Paulo II, Leto fora entregue a este por Veneza, não se deixando, por meio algum, levar a confissões indignas. A partir de então, papas e prelados passaram a convidá-lo para visitas e a apoiá-lo, e quando, por ocasião dos distúrbios sob Sisto IV, sua casa foi saqueada, coletaram para ele mais do que tinha perdido. Como professor, era consciencioso; antes ainda de o dia raiar, viam-no descer o Esquilino com sua lanterna e, ao chegar ao auditório, encontrava-o sempre abarrotado. Como gaguejasse ao conversar, falava com cuidado na cátedra, mas ainda assim com beleza e uniformidade. Mesmo seus poucos escritos demonstram esmero na redação. Ninguém tratava os textos antigos com o cuidado e a sobriedade que ele lhes dedicava, assim como demonstrava também verdadeiro respeito pelos demais despojos da Antiguidade, diante dos quais se extasiava ou rompia em lágrimas. Como largasse seus próprios estudos sempre que podia ser de ajuda a outros, era muito querido, e, quando de sua morte, Alexandre VI enviou até mesmo seus cortesãos para que acompanhassem o corpo, carregado pelos mais nobres discípulos. Quarenta bispos e todos os enviados estrangeiros assistiram às exéquias em Aracoeli.

Leto introduzira e conduzira as encenações de peças antigas em Roma, em especial as de Plauto. Além disso, celebrava anualmente o dia da fundação da cidade com uma festa na qual seus amigos e discípulos proferiam discursos e recitavam poemas. Desses dois eventos centrais originou-se — e seguiu existindo, posteriormente — o que se denominou a Academia Romana. Esta era tão-somente uma associação livre de indivíduos, não vinculada a qualquer instituição fixa. Além das já mencionadas ocasiões, ela se reunia ainda quando convidada por algum patrono ou quando da celebração da memória de algum membro já falecido, como Platina, por exemplo. Costumeiramente, então, um prelado a ela pertencente celebrava a missa pela manhã; a seguir, Pompônio, digamos, subia ao púlpito e proferia o discurso apropriado, ao que outro o sucedia para recitar dísticos. O banquete obrigatório, com disputas e recitações, encerrava as festividades, fossem elas tristes ou alegres. Os acadêmicos — como o próprio Platina, por exemplo — adquiriram logo cedo a fama de gastrônomos. Outras vezes, alguns convidados representavam farsas, ao estilo das atelanas. Em sua forma original, como associação livre de tamanho bastante variável, essa academia durou até a devastação de Roma, comprazendo-se da hospitalidade de um Angelus Coloccius ou de um Johannes Corycius, entre outros. Impossível determinar com exatidão que valor deve-se atribuir a ela, como a qualquer sociedade do gênero, na vida intelectual da nação. Seja como for, até mesmo um homem como Sadoleto conta-a entre as melhores recordações de sua juventude. Um bom número de academias semelhantes surgiu e desapareceu em diversas cidades, conforme o permitiram o número e a importância dos humanistas nelas domiciliados e o patrocínio dos ricos e grandes. Nasceram, assim, a Academia de Nápoles — reunida em torno de Gioviano Pontano, uma parte dela tendo se transferido para Lecce —, a de Pordenone, que compôs a corte do comandante Alviano, e outras mais. Da de Ludovico, o Mouro, e de seu significado singular nas relações do príncipe, já se falou anteriormente.

Por volta da metade do século XVI, essas associações parecem ter passado por uma transformação completa. Os humanistas, também em outras esferas desalojados de sua posição de comando e alvo da suspeita da nascente Contra-Reforma, perdem a direção das academias, e também aqui a poesia italiana toma o lugar da latina. Logo, todas as cidades de alguma importância têm sua academia, com os nomes mais bizarros possíveis e com recursos próprios, compostos de contribuições e legados. Além das recitações de versos, essas academias herdaram de suas antecessoras latinas o banquete periódico e a encenação de dramas, em parte pelos próprios acadêmicos, em parte por jovens sob seus cuidados — e, não muito tempo depois, por atores pagos. O destino do teatro italiano e, posteriormente, também o da ópera esteve muito tempo nas mãos dessas associações.

IV. O DESCOBRIMENTO DO MUNDO E DO HOMEM

AS VIAGENS DOS ITALIANOS

Livre de inúmeras barreiras que, em outras partes, inibiam o progresso, tendo atingido alto nível de desenvolvimento individual e versado nos ensinamentos da Antiguidade, o espírito italiano volta-se, então, para o descobrimento do mundo exterior, aventurando-se em sua representação pela palavra e pela forma. De que maneira a arte desincumbiu-se dessa missão, seria assunto para outra obra.

Acerca das viagens dos italianos a regiões distantes do globo, cabe-nos aqui fazer apenas uma observação de caráter geral. As Cruzadas haviam descortinado as terras longínquas aos europeus e despertado em toda parte o gosto pela aventura e pelas viagens. Será sempre difícil precisar o momento no qual esse gosto se une à ânsia pelo saber, ou desta se torna escravo. Certo, porém, é que isso se deu primeira e mais completamente entre os italianos. Sua própria participação nas Cruzadas dera-se sob um signo diferente da dos demais povos, uma vez que possuíam já frotas e interesses comerciais no Oriente. Desde sempre o Mediterrâneo educara seus povos de maneira distinta do que o interior do continente o fizera com os seus, de tal forma que aventureiros, no sentido que a palavra possui no Norte, os italianos, por sua própria natureza, jamais poderiam ser. Uma vez familiarizados com todos os portos orientais do Mediterrâneo, não foi difícil aos mais empreendedores dentre eles juntar-se à grandiosa vida nômade dos maometanos, que ali desembocava: diante de si, tinham, por assim dizer, toda uma metade já descoberta da Terra. Outros, como Marco Polo de Veneza, caíram nas águas do mundo mongol, que os conduziu adiante, até os degraus do trono do Grande Khan. Cedo encontramos italianos também no Atlântico, participando das descobertas — como os genoveses, por exemplo, que, no século XIII, já haviam encontrado as ilhas Canárias. Em 1291, o mesmo ano em que caiu Ptolemaida, o último reduto cristão do Oriente, foram mais uma vez genoveses que empreenderam a primeira tentativa conhecida de descobrir um caminho marítimo para as Índias Orientais. Colombo é apenas o maior de toda uma série de italianos que, a serviço das nações ocidentais, navegou por mares longínquos. O verdadeiro descobridor, no entanto, não é aquele que, casualmente, chega pela primeira vez a um lugar qualquer, mas sim aquele que, tendo procurado, encontra. Somente este possuirá vínculos com as idéias e os interesses de seus predecessores, e as contas que presta serão determinadas por esses vínculos. É por isso que os italianos, ainda que se lhes conteste a condição de terem sido os primeiros a chegar a tais e tais praias, permanecerão sempre a moderna nação de descobridores por excelência de todo o final da Idade Média.

Fundamentar mais detalhadamente essa afirmação é tarefa que pertence ao âmbito da história específica dos descobrimentos. Renova-se constantemente, contudo, a admiração pela venerável figura do grande genovês que, reivindicando a existência de um novo continente para além das águas, o procurou, encontrou e pôde, assim, ser o primeiro a dizer: "*Il mondo è poco*" — a Terra não é tão grande quanto se pensa. Enquanto a Espanha envia à Itália um Alexandre VI, esta dá àquela Cristóvão Colombo. Poucas semanas antes da morte daquele papa (7 de julho de 1503), Colombo envia da Jamaica aos ingratos reis católicos sua magnífica carta, que toda a posteridade jamais logrará ler sem profunda emoção. Em um codicilo a seu testamento — datado de Valladolid, 4 de maio de 1506 —, lega "a sua amada pátria, a República de Gênova, o livro de orações com que o papa Alexandre o presenteara e que bastara para oferecer-lhe enorme consolo na prisão, na batalha e nas adversidades". É como se, assim, um último lampejo de misericórdia e bondade iluminasse o nome terrível dos Borgia.

Tanto quanto a história das viagens, cabe-nos abordar também apenas brevemente o desenvolvimento da geografia entre os italianos, e a contribuição destes à cosmografia. Já uma comparação superficial de seus feitos aos de outros povos revela precoce e visível superioridade. Onde, senão na Itália, poder-se-ia encontrar, em meados do século XV, uma tal combinação de interesse geográfico, estatístico e histórico como a que apresenta Enéias Sílvio? Onde, senão nele, tamanha regularidade na exposição? Não apenas em sua obra cosmográfica propriamente dita, mas também em suas cartas e comentários ele descreve com igual virtuosidade paisagens, cidades, costumes, indústrias e seus produtos, situações políticas e constituições, bastando-lhe para tanto a observação própria ou o testemunho vivo de terceiros. Naturalmente, aquilo que descreve a partir de suas leituras possui menor valor. Já a breve descrição daquele vale tirolês nos Alpes, onde ele obtivera de Frederico III uma prebenda, aborda todos os aspectos essenciais da vida local, exibindo um talento e um método de observação e comparação objetivas só encontrável em um conterrâneo de Colombo, educado na escola dos antigos. Milhares viram e sabiam, ao menos em parte, o que ele sabia, mas não tiveram o ímpeto de esboçar disso um retrato, nem a consciência de que o mundo clamava por tais retratos.

Também no tocante à cosmografia, será inútil tentar precisar o quanto se deve creditar ao estudo dos antigos ou ao gênio singular dos italianos.* Mesmo antes de conhecer melhor os antigos, eles já tratavam e observavam objetivamente as coisas deste mundo, tanto porque constituem ainda eles próprios um povo semi-antigo, quanto porque sua situação política os prepara para tanto. Não teriam, porém, nesse aspecto, atingido tão rapidamente a maturidade, não tivessem os antigos geógrafos lhes mostrado o caminho. Absolutamente incalculável é, por

---

* Já no século XVI, quando os próprios descobridores pertenciam quase exclusivamente aos países banhados pelo Atlântico, a Itália manteve-se ainda durante muito tempo o principal centro da literatura cosmográfica. Por volta de meados do século, a geografia local tinha para apresentar a grande e deveras respeitável obra de Leandro Alberti, *Descrizione di tutta l'Italia*.

fim, a influência das já existentes cosmografias italianas no espírito e nas tendências dos viajantes, dos descobridores. Mesmo o estudioso diletante de uma ciência — se quisermos, no presente caso, atribuir tão baixa patente a Enéias Sílvio — pode disseminar por ela precisamente aquele tipo de interesse generalizado que prepara para as novas empresas o terreno indispensável da opinião pública dominante, predispondo-a favoravelmente a elas. Os verdadeiros descobridores de todas as áreas sabem muito bem quanto devem a tais mediadores.

AS CIÊNCIAS NATURAIS NA ITÁLIA

Quanto à posição dos italianos no domínio das ciências naturais, somos obrigados a remeter o leitor para a correspondente literatura especializada, da qual só temos conhecimento da obra de Libri, claramente depreciativa e bastante superficial [*Histoire des sciences mathématiques en Italie*]. A discussão acerca da primazia de certas descobertas pouco nos diz respeito, tanto mais que somos da opinião de que, em qualquer época e cultura, pode surgir um homem que, partindo de parcos conhecimentos prévios e movido por ímpeto irresistível, embrenha-se pelos caminhos da investigação empírica e, graças ao talento inato, realiza os mais espantosos progressos. Homens assim foram Gerbert de Reims e Roger Bacon. Que ambos tenham dominado a totalidade do saber de seu tempo em suas respectivas áreas, foi conseqüência simples e natural de sua aspiração. Uma vez rasgado o véu da ilusão geral, superada a servidão à tradição e aos livros e o medo perante a natureza, os problemas amontoaram-se diante de seus olhos. Caso distinto, porém, é quando a contemplação e a investigação da natureza são peculiares a todo um povo em particular, nele se manifestando mais cedo do que nos demais — quando, portanto, o descobridor não é ameaçado nem totalmente ignorado, mas pode contar com a simpatia de espíritos aparentados ao seu. Que assim foi na Itália, é absolutamente certo. Não sem demonstrar orgulho, os pesquisadores italianos perseguem na *Divina comédia* as provas e os traços deixados por Dante de sua investigação empírica da natureza. Sobre as descobertas que lhe atribuem e o pioneirismo na referência a outras, abstemo-nos de qualquer julgamento, mas a riqueza na contemplação do mundo exterior que se depreende já de suas imagens e comparações fatalmente chama a atenção de qualquer leigo. Mais do que de um poeta moderno qualquer, ele as retira da realidade — seja da natureza, seja da vida humana —, jamais as empregando como meros ornamentos, mas sempre para transmitir ao leitor a idéia mais adequada possível daquilo que tem a dizer. Na qualidade de especialista, Dante se faz presente sobretudo no campo da astronomia, embora não se deva ignorar que muitas das passagens de seu grandioso poema que hoje nos parecem eruditas devem, outrora, ter sido inteligíveis ao leitor comum. Independentemente de sua erudição, Dante apela a uma astronomia popular, que os italianos de então, já como navegadores, tinham em comum com os antigos. Esse conhecimento da ascensão e do ocaso dos astros tornou-se, graças aos relógios e calendários, dispensável para o mundo moderno, e com ele perdeu-se também todo o restante do interesse pela astronomia que se desenvolvera no povo. Presentemente, não nos faltam livros didáticos e escolas, e toda criança sabe que a Terra se movimenta em torno do Sol — o que Dante não sabia —, mas o interesse pelo assunto em si deu lugar à mais completa indiferença, a não ser entre os especialistas.

A ciência ilusória que se valia dos astros nada prova contra a faculdade empírica dos italianos de então; esta foi apenas entrecruzada e subjugada pela paixão e pelo desejo intenso de conhecer o futuro. Teremos ainda ocasião de falar sobre a astrologia, quando abordarmos a questão do caráter moral e religioso da nação.

A Igreja foi quase sempre tolerante com relação a essa e às demais pseudociências, e, mesmo no tocante à genuína investigação da natureza, só interferiu quando esteve presente uma acusação — fundada ou infundada — de heresia aliada à de necromancia, o que, aliás, era razoavelmente freqüente. A questão seria averiguar se e em que casos os inquisidores dominicanos na Itália (e, por certo, os franciscanos também) tinham consciência da falsidade de tais acusações, mesmo assim condenando o acusado — quer pela conivência com relação a inimigos deste, quer pelo ódio velado contra a observação da natureza de um modo geral, e em particular contra os experimentos. Esta última hipótese terá decerto ocorrido, mas dificilmente será possível um dia comprová-la. O que, no Norte, concorria para a presença de tais perseguições — a resistência do sistema oficial, herdado dos escolásticos, contra os inovadores enquanto tais — desempenhava na Itália papel pequeno ou nulo. Pietro d'Albano (no princípio do século XIV) notoriamente sucumbiu vítima da inveja profissional de outro médico, que o acusou de heresia e feitiçaria junto à Inquisição. É lícito supor que algo semelhante tenha acontecido ainda a seu contemporâneo Giovannino Sanguinacci, de Pádua, uma vez que este era um inovador na prática da medicina. Giovannino, entretanto, escapou, sendo simplesmente banido. Por fim, não devemos esquecer que o poder dos dominicanos na Itália, enquanto inquisidores, não podia ser exercido com a regularidade com que o era no Norte: tiranos e Estados livres do século XIV demonstraram por vezes tamanho desprezo por todo o clero que atividades bastante distintas da mera investigação da natureza permaneceram impunes. Quando, porém, com o século XV, a Antiguidade ocupou decisivamente o primeiro plano, as brechas abertas no velho sistema passaram a servir indistintamente a toda sorte de investigação profana. O humanismo, não obstante, atraiu para si as melhores forças, decerto prejudicando assim a investigação empírica da natureza. Aqui e ali, a Inquisição ressurge, punindo ou queimando médicos como blasfemos e necromantes, sem que jamais se possa determinar com segurança qual teria sido o motivo mais profundo, verdadeiro da condenação. Apesar de tudo isso, ao final do século XV, com Paolo Toscanelli, Luca Paccioli e Leonardo da Vinci, a Itália ocupa, sem termo de comparação, o primeiro lugar entre as nações européias na matemática e nas ciências naturais; os eruditos de todas as demais nações confessam-se seus discípulos, incluindo-se aí Regiomontanus e Copérnico.

Um importante sinal da disseminação generalizada do interesse pela história natural verifica-se também na prática de colecionar e comparar plantas e animais, prática esta que se manifesta logo cedo. A Itália se gaba de ter possuído os primeiros jardins botânicos, ainda que aí possa ter preponderado um propósito prático e o próprio pioneirismo seja discutível. Incomparavelmente mais importante é o fato de que príncipes e homens ricos, ao plantarem seus jardins ornamentais, tenham desejado reunir ali o maior número possível de diferentes plantas, em todas as suas espécies e variedades. Assim é que, no século XV, o magnífico jardim da Villa Careggi dos Medici nos é descrito quase como um jardim botânico, com numerosas espécies distintas de árvores e arbustos. O mesmo acontece, no princípio do século XVI, com uma *villa* do cardeal Trivulce, na Campanha Romana, para os lados de Tivoli, com sebes das mais diversas espécies de rosas, árvores de todo tipo, dentre elas as frutíferas, em todas as variedades possíveis, e, por fim, vinte espécies diferentes de videiras e uma grande horta. Não se trata aqui, evidentemente, de algumas dúzias de bem conhecidas plantas medicinais, que não faltavam aos jardins de cada castelo ou convento por todo o Ocidente. Paralelamente a uma cultura altamente refinada das frutas, evidencia-se um interesse pelas plantas enquanto tais, pelo prazer que proporcionam à visão. A história da arte nos ensina quão tarde os jardins se libertaram dessa ânsia por colecionar plantas para, a partir de então, passarem a servir a um grande projeto arquitetônico-pictórico.

Também a manutenção de animais exóticos certamente não pode ser concebida fora do contexto de um interesse maior pela observação. O transporte fácil a partir dos portos ao sul e a leste do Mediterrâneo e o clima favorável da Itália tornaram possível a compra dos mais imponentes animais sulinos, ou sua aceitação como presente dos sultões. Cidades e príncipes apreciavam particularmente manter leões vivos, mesmo quando esse animal não estava presente no brasão da cidade, como em Florença. As covas dos leões situavam-se nos ou junto aos palácios governamentais, como em Perugia e Florença; em Roma, nas encostas do Capitólio. Por vezes, os animais serviam como executores de sentenças políticas — de resto, seguramente mantendo aceso certo terror entre a população. Além disso, seu comportamento era tido por premonitório — isto é, sua fertilidade era sinal de prosperidade geral, e mesmo um Giovanni Villani não se abstém de observar que viu uma leoa dar cria. Era costume presentear com filhotes cidades e tiranos amigos, ou condottieri, como prêmio por sua valentia. Os florentinos, desde muito cedo, mantinham leopardos, pagando um funcionário especializado para cuidar deles. Borso, de Ferrara, punha seus leões para lutar com touros, ursos e javalis.

Ao final do século XV, várias cortes principescas possuíam verdadeiras coleções de animais selvagens (*serragli*), como símbolo do luxo da corte. "Do esplendor de um senhor", afirma Matarazzo [*Cron. di Perugia*, in *Archivio storico italiano*, XVI, II], "fazem parte os cavalos, cães, muares, gaviões e outras aves, bobos da corte, cantores e animais exóticos." Sob Ferrante, a coleção de Nápoles continha, entre outros animais, uma girafa e uma zebra, presentes, ao que parece, do então príncipe de Bagdá. Filippo Maria Visconti possuía não apenas cavalos — pelos quais pagara quinhentas ou até mil moedas de ouro — e valiosos cães ingleses, como também muitos leopardos trazidos de todo o Oriente. A manutenção de suas aves de caça, que mandava buscar no Norte, custava-lhe 3 mil moedas de ouro ao mês. O rei Manuel, o Venturoso, de Portugal, sabia muito bem o que estava fazendo ao mandar um elefante e um rinoceronte para Leão X. Nesse meio-tempo, já haviam sido lançadas as bases para uma zoologia científica e uma botânica.

Um lado prático da zoologia desenvolveu-se, então, nas coudelarias, das quais a de Mântua, sob Francesco Gonzaga, era considerada a melhor da Europa. A diferenciação comparativa das raças de cavalos é, certamente, tão antiga quanto a própria equitação, e o cruzamento artificial de raças devia ser comum desde a época das Cruzadas. Para a Itália, contudo, o motivo mais forte para o desenvolvimento de cavalos o mais rápido possível eram as glórias proporcionadas pelas corridas, realizadas em todas as cidades de alguma importância. Na coudelaria de Mântua eram criados os infalíveis vencedores desses páreos e, além deles, também os mais nobres corcéis — cavalos, enfim, que eram reputados o mais principesco de todos os presentes que se poderia oferecer a grandes senhores. Gonzaga possuía garanhões e éguas tanto da Espanha e da Irlanda, como também da África, da Trácia e da Cilícia. Em função destes últimos é que mantinha relações e amizade com os grandes sultões. Em sua corte, todas as experiências possíveis foram tentadas no sentido de produzir os animais mais perfeitos.

Não faltava sequer uma coleção de seres humanos. O conhecido cardeal Ippolito de Medici — filho bastardo de Giuliano, duque de Nemours — mantinha em sua estranha corte um bando de bárbaros, falando mais de vinte línguas diferentes e cada um deles notável dentro de sua espécie e raça. Podiam-se encontrar ali incomparáveis *voltigeurs* norte-africanos de nobre sangue mouro, arqueiros tártaros, lutadores negros, mergulhadores indianos e os turcos, que eram os principais companheiros do cardeal nas caçadas. Quando a morte prematura o surpreendeu (1535), esse bando variegado carregou-lhe o corpo nos ombros de Itri até Roma, misturando ao luto geral da cidade pelo generoso senhor seu lamento multilíngüe, acompanhado de gestos impetuosos.*

---

* Valhamo-nos da oportunidade para acrescentar aqui algumas observações acerca da escravidão na Itália, à época do Renascimento. Na Alta Itália não havia escravos; no restante do país, compravam-se inclusive cristãos, búlgaros e circassianos do Império Turco, estendendo-lhes a servidão até que esta cobrisse o preço da compra. Os negros, ao contrário, permaneciam escravos, apenas não sendo permitido que se lhes castrasse — ao menos no reino de Nápoles. *Moro* designa todas as pessoas de pele escura; *moro nero*, o negro. De fontes diversas sabemos: de um documento acerca da venda de uma escrava circassiana (1427); de uma relação das escravas de Cosme; do fato de Inocêncio VIII ter recebido

Estas observações dispersas acerca da relação dos italianos com as ciências naturais e de sua simpatia pela variedade e riqueza dos produtos da natureza apenas evidenciam uma lacuna deste ensaio no tocante ao presente tópico, lacuna esta da qual o autor tem plena consciência. Das obras especializadas que fartamente a preencheriam, já seus títulos são-lhe pouco conhecidos.

A DESCOBERTA DA BELEZA PAISAGÍSTICA

Para além da pesquisa e do saber, havia ainda outro modo de aproximar-se da natureza, aliás num sentido muito particular. Dentre os povos modernos, os italianos são os primeiros a perceber e apreciar a paisagem como algo belo, em maior ou menor grau.*

Essa capacidade é sempre o resultado de longos e complicados processos culturais cuja origem dificilmente se deixa detectar, na medida em que um sentimento velado desse tipo pode estar presente muito antes de se manifestar na poesia e na pintura, quando, então, toma consciência de si próprio. Em meio aos antigos, por exemplo, a arte e a poesia haviam já, de certo modo, esgotado todos os aspectos da vida humana antes de passarem à representação da paisagem, e esta permaneceu sempre apenas um gênero limitado. A partir de Homero, porém, a forte im-

---

cem *mori* de presente de Fernando, o Católico, presenteando com eles, por sua vez, cardeais e outros senhores (1488); de escravos negros trabalhando também como *facchini* [em benefício de seus senhores?]; de catalães que capturaram *mori* tunisianos e os venderam em Pisa; de um testamento florentino em que consta a manumissão e recompensa de um escravo negro (1490); de negros empregados como carrascos e carcereiros da casa dos Aragão, em Nápoles; de negros acompanhando os príncipes em suas excursões; de um negro escravo atuando como músico e outro (livre?) como mergulhador e professor de natação em Gênova; de um negro (etíope) ocupando alto posto em Veneza (o que nos autoriza a pensar em Otelo como um negro). Em Gênova, quando se desejava castigar um escravo, vendia-se-lhe para Ibiza, nas ilhas Baleares, para carregar sal.

* Seria até redundante lembrar ao leitor o famoso tratamento dispensado a esse assunto no segundo volume do *Kosmos*, de Humboldt.

pressão causada pela natureza sobre o homem rebrilha em numerosos versos e expressões isoladas. As raças germânicas, que fundaram seus domínios sobre o solo do Império Romano, estavam já, de casa, altamente aparelhadas para a percepção do espírito na paisagem natural, e se esta percepção por algum tempo necessitou do cristianismo para pressentir naquilo que até então reverenciara — nas fontes e nas montanhas, nos lagos e na floresta — a feição de falsos demônios, esse estágio transitório foi, sem dúvida, logo superado. Em plena Idade Média, por volta de 1200, volta a existir uma fruição totalmente ingênua do mundo exterior, identificável em sua manifestação vívida nos trovadores das diversas nações. Estes revelam profunda comunhão com os mais simples fenômenos naturais: a primavera e suas flores, os verdes campos e a floresta. Contudo, exibem-nos exclusivamente o primeiro plano, sem perspectiva — mesmo no sentido particular de que os cruzados, que tanto e para tão longe viajaram, dificilmente se revelam enquanto tais em suas canções. Também a poesia épica, que caracteriza com tanta precisão trajes e armas, por exemplo, permanece esquemática na descrição dos lugares, de tal modo que o grande Wolfram von Eschenbach mal evoca uma imagem satisfatória do cenário no qual se movimentam suas personagens. Absolutamente ninguém adivinharia, a partir de seus cantos, que essa nobreza literária de todos os países habitava — ou visitava e conhecia — milhares de castelos situados nas alturas, com vista para amplas paisagens. Mesmo à poesia latina dos clérigos vagantes falta ainda a visão em profundidade, a verdadeira paisagem, embora a proximidade seja por vezes descrita com um colorido esplendoroso e cintilante do qual, talvez, trovador algum foi capaz. Ou será que existe ainda uma descrição do bosque do amor como esta, daquele poeta do século XII, que, supomos, seja italiano? [*De Phyllide et Flora*, estrofe 66, in *Carmina burana*]

> *Immortalis fieret*
> *Ibi manens homo;*
> *Arbor ibi quaelibet*

> *Suo gaudet pomo;*
> *Viae myrrha, cinnamo*
> *Fragrant, et amorno —*
> *Conjectari poterat*
> *Dominus ex domo* [...]*

Para os italianos, em todo caso, a natureza foi já, de há muito, absolvida de seus pecados e libertada de toda influência demoníaca. Em seu "Hino ao sol", de maneira totalmente inofensiva, são Francisco de Assis louva o Senhor pela criação das luzes celestiais e dos quatro elementos.

Entretanto, as provas cabais da ação das amplas paisagens naturais sobre o espírito humano começam a aparecer com Dante. Ele não apenas descreve em poucas linhas e de modo convincente o ar da manhã — com o brilho trêmulo e distante do mar movimentando-se suavemente, a tempestade na floresta e assim por diante —, como escala elevadas montanhas com o único propósito de desfrutar da ampla vista, sendo talvez um dos primeiros a fazê-lo, desde a Antiguidade.** Boccaccio mais sugere do que descreve o modo pelo qual a paisagem o toca; não obstante, não se há de ignorar, em seus romances pastorais, a presença do portentoso cenário natural, ao menos na fantasia do autor.*** Mas é Petrarca — um dos primeiros homens inteiramente modernos — quem atesta completa e decididamente o significado

---

* Tornar-se-ia imortal/ o homem que lá ficasse;/ lá, todas as árvores/ alegram-se dos próprios frutos;/ as veredas exalam/ mirra, canela e amomo —/ pode-se imaginar/ o dono pela casa. (N. E.)

** Dificilmente se poderia conceber o que mais ele teria a fazer no topo da Bismantova, no Reggio ("Purgatório", IV, 260). Já a precisão com que procura ilustrar todas as porções de seu outro mundo comprova grande senso espacial e formal.

*** Além da descrição de Baia na *Fiammetta*, do bosque em *Ameto* etc., há uma passagem significativa na *Genealogia deorum* (XIV, 11) na qual ele enumera uma série de detalhes paisagísticos tais como árvores, prados, riachos, rebanhos, cabanas etc., acrescentando que tais coisas "animum mulcent" [adoçam a alma] e que têm por efeito "mentem in se colligere" [a concentração da mente].

da paisagem para a alma sensível. Alexander von Humboldt — o espírito lúcido que primeiro identificou em todas as literaturas as origens e o desenvolvimento do senso pictórico da natureza e que, em seu *Aspectos da natureza*, produziu ele próprio a mais elevada obra-prima em matéria de descrição — não foi totalmente justo com Petrarca, de modo que, seguindo os passos do grande ceifeiro, alguma respiga restar-nos-á ainda por fazer.

Na verdade, Petrarca não foi simplesmente um importante geógrafo e cartógrafo — presume-se que ele tenha mandado fazer o mapa mais antigo da Itália —, e tampouco mero repetidor daquilo que os antigos haviam dito, mas alguém a quem a visão da natureza atingiu diretamente. Esta constituía para ele a mais desejada companhia de toda atividade intelectual; é para combiná-las que ele vive em erudita reclusão, tanto em Vaucluse quanto em outros lugares, periodicamente fugindo do tempo e do mundo. Pretender inferir uma ausência de sensibilidade de seu ainda pequeno e pouco desenvolvido poder de descrição das paisagens seria cometer-lhe uma injustiça. De fato, sua descrição do maravilhoso golfo de la Spezia e Porto Venere, por exemplo — que, por não ter sido ainda cantado nem pelos antigos nem pelos modernos, ele situa ao final do canto sexto de *África* —, constitui mera enumeração. Mas esse mesmo Petrarca conhece já a beleza das formações rochosas e sabe muito bem separar o significado pictórico de uma paisagem de sua utilidade. Por ocasião de sua estada nas florestas de Reggio, a visão de grandiosa paisagem atua de tal forma sobre ele que o faz dar continuidade a um poema de há muito interrompido. A emoção mais genuína e profunda, contudo, apodera-se de Petrarca ao escalar o monte Ventoux, não longe de Avignon. Uma ânsia indefinida por um vasto panorama intensifica-se mais e mais nele, até que o encontro casual com aquela passagem de Lívio, na qual o rei Filipe, o inimigo dos romanos, escala o Hemus, provoca a decisão. Petrarca pondera: o que não se censurou num velho rei, haver-se-á também de desculpar num jovem de vida privada. Escalar montanhas sem qualquer propósito específico era algo inaudito em seu círculo; fazer-se acompanhar de amigos ou conhecidos estava, pois, fora de cogitação. Assim, Petrarca levou consigo apenas seu irmão mais novo e dois camponeses da localidade na qual, pela última vez, parara para descansar. Ao pé da montanha, um velho pastor suplica-lhes que retornem, afirmando ter feito a mesma tentativa, cinqüenta anos antes, sem nada ter trazido de volta para casa a não ser arrependimento, braços e pernas moídas e roupas em farrapos, advertindo-lhes ainda de que, antes e depois dele, ninguém mais se atrevera a fazê-lo. Não obstante, à custa de indizíveis esforços, eles prosseguem montanha acima até terem as nuvens sob seus pés e alcançarem o topo. Esperamos em vão por uma descrição da vista lá de cima — não porque o poeta fosse insensível a ela, mas, pelo contrário, porque a impressão que esta lhe causou atua sobre ele de maneira demasiado intensa. Toda sua vida passada, com suas tolices, vem-lhe à mente. Petrarca lembra-se de que, exatos dez anos antes, ainda jovem, deixara Bolonha, e lança um olhar saudoso em direção à Itália; abre um livrinho, seu companheiro de então — as *Confissões* de santo Agostinho —, e seus olhos recaem sobre a passagem no décimo capítulo: "E lá se vão os homens a admirar altas montanhas, vastos mares, torrentes a rumorejar poderosamente, o oceano e o curso dos astros, esquecendo-se de si próprios ao fazê-lo". Seu irmão, a quem lê essas palavras, não consegue compreender por que, tendo-as lido, Petrarca fecha o livro e se cala.

Algumas décadas mais tarde, por volta de 1360, Fazio degli Uberti descreve, em sua cosmografia em versos [*Il Dittamondo*, III, cap. 9], a ampla vista das montanhas de Auvergne. Fá-lo, decerto, movido apenas pelo interesse do geógrafo e do estudioso da Antiguidade, mas, ainda assim, descreve-a nitidamente como algo que efetivamente viu. É provável que ele tenha chegado a cumes muito mais elevados, uma vez que conhece fenômenos que só acontecem a uma altitude superior a 10 mil pés, como a congestão, o peso nas pálpebras e a palpitação, contra os quais seu companheiro mítico, Solinus, busca ajuda em uma esponja embebida em essência. A subida ao Parnaso e ao Olimpo de que fala é possivelmente mera ficção.

Com a chegada do século XV, os grandes mestres da escola flamenga — Hubert e Jan van Eyck — apossam-se subitamente da representação da natureza. Sua paisagem, na verdade, não é mero fruto do anseio maior por produzir um reflexo da realidade, mas apresenta conteúdo poético autônomo, uma alma, ainda que acanhada. A influência que exerceram sobre toda a arte ocidental é inegável, de modo que mesmo a pintura italiana de paisagens não permaneceu incólume a ela. A despeito disso, todavia, o interesse singular pela paisagem dos educados olhos italianos segue seu próprio caminho.

Tanto quanto com relação à cosmografia científica, também aqui Enéias Sílvio constitui uma das vozes mais importantes da época. Ainda que repudiássemos inteiramente o homem Enéias, seríamos obrigados a reconhecer que poucos espelharam tão viva e completamente quanto ele a época e sua cultura, e que, como ele, poucos revelam-se tão próximos do homem médio dos primórdios do Renascimento. Com respeito a seu caráter moral, aliás — diga-se de passagem —, não se estará julgando-o com inteira justiça se se tomar unilateralmente como ponto de partida as queixas da Igreja alemã, que teve seu concílio frustrado graças à inconstância de Enéias.

Aqui, ele nos interessa como o primeiro não apenas a desfrutar, como também a descrever, entusiasmada e detalhadamente, o esplendor da paisagem italiana. Enéias Sílvio conhecia particularmente bem o Estado pontifício e o sul da Toscana (sua terra natal), e, eleito papa, empregava o tempo livre basicamente em excursões e estadas no campo, durante a estação do ano mais propícia. Havia tempos atormentado pela gota, tinha então, pelo menos, os recursos para se fazer carregar por montanhas e vales em uma liteira, um prazer que, comparado ao dos papas seguintes, faz de Pio — cujas maiores alegrias eram a natureza, a Antiguidade e as edificações sóbrias, mas de nobre elegância — quase um santo. No latim belo e vivo de seus *Comentários*, ele nos dá franco testemunho de sua felicidade.

Seu olhar afigura-se tão versátil quanto o de um observador moderno. Encantado, Enéias desfruta do grande esplendor panorâmico da vista oferecida pelo cume mais elevado dos montes Albanos — o monte Cavo —, de onde avista o litoral do Estado pontifício, desde Terracina e o promontório de Circe até o monte Argentaro, bem como o vasto território com suas cidades em ruínas de tempos imemoriais, as cadeias de montanhas da Itália central, as florestas verdejantes que circundam as profundezas do vale logo abaixo e o brilho próximo dos lagos das montanhas. Sente a beleza ao redor de Todi, que reina sobre as vinhas e as encostas cobertas de olivais, com sua vista para florestas distantes e para o vale do Tibre, onde os muitos castelos e cidadezinhas erguem-se às margens sinuosas do rio. A encantadora paisagem de colinas em torno de Siena, com suas vilas e monastérios pontilhando as alturas, é sua terra natal, e, ao descrevê-la, ele trai uma particular predileção. Contudo, mesmo o motivo pictórico isolado, no sentido mais restrito, o faz feliz, como, por exemplo, aquela língua de terra que avança sobre o lago de Bolsena, o Capo di Monte: "íngremes escadas rochosas, sombreadas pela folhagem das videiras, descem até as margens do lago, onde, em meio aos recifes, erguem-se os carvalhos sempre verdes, constantemente avivados pelo canto dos melros". No caminho que circunda o lago de Nemi, sob as castanheiras e outras árvores frutíferas, Enéias sente que se a algum lugar cabe despertar a alma de um poeta, aquele teria de ser esse lugar: "o esconderijo de Diana". Com freqüência, realizou consistórios, a *segnatura* e recebeu embaixadores sob a sombra de antigas e gigantescas castanheiras ou oliveiras, sobre verdes pradarias junto a fontes borbulhantes. À visão de uma estreita garganta em meio à floresta, sobre a qual pousa o arco ousado de uma ponte, percebe de imediato seu significado mais profundo. Mesmo o menor dos detalhes o alegra, por sua beleza, plenitude ou traço característico: o azul ondulante dos linhais, o amarelo da giesta que cobre as colinas, até os selvagens matagais de toda sorte, bem como as suntuosas árvores e fontes, que lhe parecem milagres da natureza.

O prazer que lhe proporcionam as paisagens naturais atinge seu ponto alto por ocasião da estada de Enéias no monte

Amiata, no verão de 1462, quando a peste e o calor escaldante transformavam em horror a vida nas planícies. Alojaram-se, ele e sua corte, a meio caminho do alto da montanha, no antigo monastério lombardo de San Salvatore. Dali, por entre castanheiros que se espalham pela íngreme encosta, avista-se todo o sul da Toscana e, ao longe, as torres de Siena. A escalada do pico mais alto, deixou-a a cargo de seus acompanhantes, aos quais se juntou o *orator* veneziano; lá em cima, encontraram dois portentosos blocos de pedra, dispostos um sobre o outro — talvez o altar sacrificial de um povo primitivo —, acreditando avistar, para além do mar, a grande distância, a Córsega e a Sardenha. Sentindo o magnífico ar fresco do verão, entre carvalhos e castanheiras antigas, sobre a verde relva sem espinhos a arranhar os pés nem insetos ou cobras a incomodar ou oferecer perigo, o papa desfrutava do mais feliz dos ânimos. Para a *segnatura*, que tinha lugar em determinados dias da semana, procurava sempre novos lugares à sombra — "*novos in convallibus fontes et novas inveniens umbras, quae dubiam facerent electionem*" [encontrando nos vales novas fontes e novas sombras, que tornariam difícil a escolha]. Em tais ocasiões, decerto ocorria de os cachorros espantarem algum portentoso cervo de seu esconderijo nas redondezas; via-se-lhe, então, defender-se com as patas e a galhada e fugir montanha acima. À noite, o papa costumava sentar-se defronte do monastério, em um ponto do qual se avista o vale de Paglia, para manter alegres conversas com os cardeais. Os membros da cúria que se aventuravam a caçar montanha abaixo, lá encontravam calor insuportável e tudo queimado — um verdadeiro inferno —, ao passo que o monastério, cercado de verde e ar fresco, parecia uma morada dos bem-aventurados.

Tais prazeres são, em essência, puramente modernos, nada devendo à influência da Antiguidade. Se é certo que os antigos abrigavam sentimentos semelhantes, é certo também que as parcas manifestações a respeito que Pio pudesse conhecer não teriam bastado para despertar nele tamanho entusiasmo.

O segundo período de florescimento da poesia italiana que se segue, ao final do século XV e começo do XVI, assim como a poesia latina que lhe é contemporânea, fornece provas abundantes da forte influência que a paisagem ao redor do poeta exerce sobre seu estado de espírito, como nos ensina, já a uma primeira leitura, a lírica da época. Nela, porém, mal se encontram descrições propriamente ditas de amplas paisagens, uma vez que a lírica, a épica e a novela têm mais de que se ocupar nesse tão vigoroso período. Boiardo e Ariosto pintam seus cenários naturais com bastante firmeza, mas da forma mais breve possível, sem jamais permitir que paisagens distantes e grandes perspectivas contribuam para a atmosfera do poema, papel que cabe exclusivamente às figuras e aos acontecimentos. Muito mais do que nos poetas, é nos epistológrafos e nos autores de diálogos filosóficos que se deve procurar a fonte do crescente sentimento da natureza. Com notável consciência, Bandello, por exemplo, apega-se às leis de seu gênero literário: nas próprias novelas, escreve nada mais do que o estritamente necessário acerca do cenário natural; nas sempre presentes dedicatórias que as precedem, pelo contrário, descreve-o prazerosamente como o palco em que se desenrolam seus diálogos e a vida social. Dentre os escritores de cartas, infelizmente, há que se mencionar Aretino como aquele que, talvez, captou pela primeira vez em palavras, e com grande riqueza de pormenores, o magnífico efeito de luzes e sombras de um ocaso italiano.

No entanto, também nos poetas verifica-se, por vezes, um notável entrelaçamento de seus sentimentos com a descrição afetuosa de cenas da vida no campo. Tito Strozzi, numa elegia latina (por volta de 1480), descreve a morada de sua amada: uma velha casinha revestida de hera, escondida entre as árvores, com afrescos castigados pelo tempo representando os santos e uma capela vizinha, maltratada pelas violentas cheias do Pó, correndo implacável ao lado; próximo dali, o capelão lavra a escassa e árida terra com uma junta de bois emprestada. Não se trata aqui de qualquer reminiscência das elegias romanas, mas de sentimentos próprios e modernos. Não nos faltará, ao final deste segmento da obra, exemplo paralelo a esse: um retrato genuíno, não artificialmente bucólico, da vida no campo.

Poder-se-ia objetar que nossos mestres alemães do princípio do século XVI retratam, por vezes, com absoluta perícia tais cenários realistas da vida humana, como, por exemplo, Albrecht Dürer em sua gravura do filho pródigo. Trata-se, porém, de coisas bastante distintas quando, por um lado, um pintor que cresceu com o realismo acrescenta tais cenários à sua pintura e, por outro, um poeta que, no mais das vezes, se reveste do ideal e do mitológico, desce até a realidade premido por uma necessidade interior. Além disso, cronologicamente, o pioneirismo cabe aqui, assim como nas descrições da vida campestre, ao poeta italiano.

A DESCOBERTA DO HOMEM

À descoberta do mundo, a cultura do Renascimento acrescenta um feito ainda maior, na medida em que é a primeira a descobrir e trazer à luz, em sua totalidade, a substância humana.*

Inicialmente, como vimos, esse período desenvolve ao máximo o individualismo, conduzindo-o, a seguir, ao mais diligente e multifacetado conhecimento do indivíduo, em todos os níveis. O desenvolvimento da personalidade vincula-se, essencialmente, a seu reconhecimento em si próprio e nos outros. Tivemos de situar a influência da literatura antiga entre esses dois grandes fenômenos porque a maneira de reconhecer e descrever tanto o individual quanto o genérico da natureza humana foi substancialmente matizada e determinada por aquela influência. A força desse reconhecimento, porém, provém da época e da nação.

Os fenômenos aos quais recorreremos em busca de evidências serão poucos. Se em algum ponto no decorrer desta exposição o autor adentrou os perigosos domínios da conjectura, ele sente que o fez exatamente aqui, e que o que tem diante dos olhos como uma tenra mas nítida diferenciação de matizes na história

---

* Observação pertinente retirada da introdução ao sétimo volume da *Histoire de France*, de Michelet.

intelectual dos séculos XIV e XV dificilmente poderá ser reconhecido como tal por outros. Esse gradual transparecer da alma de um povo é um fenômeno que pode afigurar-se diferente a cada observador. Cabe ao tempo ponderar e julgar.

Felizmente, a investigação da substância intelectual do homem não principiou por uma reflexão em busca de uma psicologia teórica — para tanto, Aristóteles bastava —, mas pelo dom da observação e da descrição. O imprescindível lastro teórico limita-se à doutrina dos quatro temperamentos, em sua então habitual conexão com o dogma da influência dos planetas. Desde tempos imemoriais, esses elementos fixos afirmam-se como irremovíveis no pensamento humano, sem contudo causar danos ao enorme progresso geral. Decerto, causa-nos impressão singular vê-los utilizados em uma época na qual já não apenas a observação precisa, mas também uma arte e uma poesia imperecíveis lograram representar o homem em sua plenitude, tanto em sua mais profunda essência, quanto nos elementos que caracterizam sua exterioridade. Soa-nos quase cômico quando um observador em geral competente, embora julgando melancólico o temperamento de Clemente VII, ainda assim subordina seu próprio juízo ao dos médicos, que viam no papa um temperamento sobretudo sangüíneo-colérico. Ou quando descobrimos que o mesmo Gaston de Foix, o vitorioso de Ravena, cuja figura foi pintada por Giorgione, esculpida por Bambaia e descrita por todos os historiadores, foi possuidor de índole saturnina. Sem dúvida, aqueles que fazem tais afirmações pretendem com elas designar algo bastante definido; estranhas e antiquadas afiguram-se somente as categorias de que se valem.

O RETRATO ESPIRITUAL NA POESIA

No domínio da livre representação do espírito humano, deparamos, primeiramente, com os grandes poetas do século XIV.

Se procurarmos colher as pérolas de toda a poesia cortesã e cavalheiresca ocidental dos dois séculos anteriores, virá à luz uma soma de antevisões e retratos isolados da vida interior que, à primeira vista, parecem tornar discutível o pioneirismo dos italianos nesse campo. Mesmo que desconsideremos inteiramente a lírica, somente o *Tristão e Isolda*, de Gottfried von Strassburg, já nos dará um retrato da paixão dotado de traços imortais. Não obstante, tais pérolas encontram-se dispersas em um mar de convencionalismos e artificialismos, além do que seu conteúdo permanece ainda bem distante de uma plena objetivação da interioridade humana e de sua riqueza espiritual.

A própria Itália tinha, no século XIII, seu quinhão de poesia cortesã e cavalheiresca na figura dos trovadores. Deles provém, fundamentalmente, a *canzone*, construída com tanto artifício e complexidade quanto as canções dos menestréis do Norte. Seu conteúdo e até o encadeamento de idéias estão em conformidade com as convenções da corte, seja o poeta um burguês, seja um erudito.

Entretanto, dois novos caminhos já se manifestam, apontando para futuro distinto, peculiar à poesia italiana — caminhos estes que, em se tratando exclusivamente do aspecto formal, não se deve ter por desimportantes.

Do próprio Brunetto Latini (o mestre de Dante), cujas *canzoni* são compostas à maneira dos trovadores, provêm os primeiros *versi sciolti* conhecidos — hendecassílabos desprovidos de rima —, e nessa aparente ausência de forma manifesta-se subitamente uma paixão genuína, vivenciada. Trata-se de limitação consciente dos instrumentos formais motivada pela confiança na força do conteúdo, semelhante à que, algumas décadas mais tarde, exibiriam os afrescos e, mais adiante, a pintura em geral, renunciando às cores e restringindo-se ao mero emprego de uma tonalidade mais clara ou mais escura. Para uma época que, de resto, atribuía tanta importância ao artifício poético, os versos de Brunetto representam o princípio de uma nova tendência.*

---

* Sabidamente, os versos sem rima fizeram-se, mais tarde, soberanos no drama. Trissino, em sua dedicatória da *Sofonisba* a Leão X, espera que o papa reconheça essa modalidade de verso pelo que ela é: melhor, mais nobre e menos fácil do que parece.

Paralelamente a ela, contudo, e ainda na primeira metade do século XIII, uma das muitas modalidades de estrofe de metro rigoroso que o Ocidente então produziu — o soneto — transforma-se, na Itália, na forma corrente e predominante. A disposição das rimas e mesmo o número de versos oscilam ainda ao longo de um século, até que Petrarca estabeleça sua configuração normal e definitiva. Nessa forma molda-se, de início, todo conteúdo lírico ou contemplativo mais elevado, e, mais tarde, todos os conteúdos possíveis e imagináveis, de forma que, ao lado do soneto, os madrigais, as sextinas e mesmo as *canzoni* passam a ocupar posição apenas secundária. Em épocas posteriores, os próprios italianos queixaram-se, ora em tom de gracejo, ora mal-humorados, desse modelo inevitável, desse leito de Procusto de catorze versos dos sentimentos e das idéias. Outros estavam e prosseguem bastante satisfeitos com essa forma, valendo-se dela milhares de vezes para ali deitarem — sem qualquer seriedade maior ou necessidade — suas reminiscências e sua fútil lengalenga. É por essa razão que há muito mais sonetos insignificantes e ruins do que bons.

Apesar disso, o soneto nos parece uma enorme bênção para a poesia italiana. A clareza e a beleza de sua construção, a exigência da elevação do conteúdo em sua segunda metade, cuja estrutura torna mais vívida, a facilidade em aprendê-lo de cor — tudo isso tinha de fazê-lo cada vez mais amado e digno mesmo aos olhos dos grandes mestres. Pode-se, afinal, acreditar seriamente que estes o teriam preservado até o presente, não estivessem eles impregnados da convicção de seu elevado valor? De qualquer modo, mestres de primeira categoria teriam igualmente podido expressar de várias outras formas o seu gênio. No entanto, elevando o soneto à condição de principal forma lírica, obrigaram muitos outros poetas de talento elevado, ainda que limitado — poetas que, do contrário, teriam sucumbido a uma lírica difusa —, a concentrarem seus sentimentos. O soneto tornou-se um condensador universal de idéias e sentimentos, algo que a poesia de nenhum outro dentre os povos modernos possuía.

Assim é que o universo sentimental italiano se nos apresenta em uma série de imagens altamente definidas, compactas e eficazes em sua brevidade. Tivessem outros povos possuído forma convencional desse gênero, talvez soubéssemos mais de sua vida interior; possuiríamos, então, uma série de retratos acabados de situações externas e internas — imagens refletidas de sua índole —, não ficando restritos à chamada lírica dos séculos XIV e XV, cuja leitura quase nunca é verdadeiramente prazerosa. No caso italiano, percebe-se um progresso seguro quase do nascimento do soneto em diante. Na segunda metade do século XIII, os *"trovatori della transizione"* — designação então recente — constituem, na verdade, uma transição dos trovadores para os poetas, isto é, para aqueles que se encontravam sob a influência da Antiguidade. A simplicidade e a força de seus sentimentos, a vigorosa caracterização da situação, a expressão e o remate precisos de seus sonetos e demais poemas prenunciam o surgimento de um Dante. Em alguns sonetos políticos dos guelfos e gibelinos (1260-70) ecoa já sua paixão, outros lembram o que há de mais doce em sua lírica.

Se desconhecemos a visão teórica de Dante acerca do soneto, isso se deve unicamente ao fato de que os últimos livros de sua *De vulgari eloquentia*, obra na qual pretendia tratar de baladas e sonetos, não foram escritos ou se perderam. Na prática, porém, ele registrou em seus sonetos e *canzoni* os mais magníficos retratos da vida interior. E que moldura lhes deu! A prosa de sua *Vita nuova*, dando conta das motivações que conduziram a cada poema, é tão maravilhosa quanto os próprios versos, compondo com estes um todo homogeneamente animado pelo mais profundo ardor. Inescrupuloso para com a própria alma, ele detecta todas as nuances de seu prazer e de sua dor para, com inabalável força de vontade, estampá-las em uma forma artística de extremo rigor. Ao lermos com atenção esses sonetos e *canzoni* — e, entre os primeiros e as segundas, os admiráveis fragmentos do diário de sua juventude —, temos a impressão de que, ao longo de toda a Idade Média, os poetas evitaram a si próprios e que Dante foi o primeiro a buscar a própria essência. Antes dele, inúmeros outros construíram estrofes engenhosas, mas Dante é o primeiro artista, no pleno sentido da palavra, porque, conscientemente, deu forma imortal a um conteúdo igualmente imortal. Nele está presente uma lírica subjetiva de grandeza inteiramente objetiva e, em sua maior parte, tão elaborada que todos os povos e séculos podem dela se apropriar e desfrutar com a mesma intensidade de sentimentos. Onde sua poesia é totalmente objetiva e a força de seu sentimento deixa-se apenas adivinhar em algum fato que lhe é exterior — como nos grandiosos sonetos "*Tanto gentile* [...]" e "*Vede perfettamente* [...]" [*Vita nuova*] —, ele crê precisar desculpar-se. Fundamentalmente, pertence também a essa categoria o mais belo desses seus poemas: o soneto "*Deh peregrini che pensosi andate* [...]".

Mesmo sem a *Divina comédia* Dante seria já, somente por esses poemas da juventude, um marco a separar a Idade Média dos tempos modernos. De súbito, mente e alma dão ali um poderoso passo na direção do conhecimento de sua vida mais recôndita.

O que a *Comédia* contém em termos de tais revelações é absolutamente incomensurável, e nós precisaríamos examinar a totalidade desse grandioso poema, canto por canto, para poder expor-lhe todo o valor nesse aspecto. Felizmente, isso não se faz necessário, uma vez que a *Comédia* tornou-se há muito tempo alimento cotidiano de todos os povos ocidentais. Seu plano e idéia central pertencem à Idade Média, e nos dizem respeito apenas do ponto de vista histórico. Essencialmente, porém, o poema é o princípio de toda a poesia moderna, em razão de sua riqueza e elevada plasticidade na descrição da natureza humana em todos os seus níveis e variações.*

Desse ponto em diante, a poesia pode experimentar desti-

---

* Com respeito à psicologia de Dante, o princípio de "Purgatório", IV, é uma das passagens mais importantes. Além desta, ver também as passagens do *Convito* que tratam do assunto.

nos incertos e ostentar por meio século um assim chamado retrocesso — seu princípio vital, porém, está salvo para sempre, e onde quer que, na Itália, nos séculos XIV, XV e princípio do XVI, um espírito mais profundo e original a ela se entregue, ele representará voz substancialmente mais poderosa e elevada do que qualquer poeta não italiano, pressupondo-se entre ambos uma igualdade de talento — decerto, um pressuposto de difícil verificação.

Como ocorre com todas as demais manifestações italianas, também aqui a erudição escrita (à qual pertence a poesia) precede as artes plásticas, ajudando mesmo a estimulá-las. É necessário mais de um século para que a vida interior encontre na escultura e na pintura expressão de algum modo análoga à que atingira em Dante. Em que medida isso vale para o desenvolvimento da arte entre outros povos,* e em que medida essa questão em si é ou não importante, pouco nos preocupa aqui. Para a cultura italiana, ela possui peso decisivo.

Qual a importância de Petrarca nesse aspecto, decidam-no os leitores desse poeta tão lido. Quem dele se aproxima com o espírito de um juiz de instrução, pondo-se a investigar diligentemente as contradições entre o homem e o poeta — seus comprovados amores ocultos e outras fraquezas —, poderá, após despender algum esforço nesse intento, perder completamente o gosto por seus sonetos. Em vez do prazer poético, obter-se-á então o conhecimento do homem em sua "totalidade". Que pena que suas cartas de Avignon contenham tão poucas indiscrições que permitam apanhá-lo, e que a correspondência de seus conhecidos e dos amigos destes se tenha perdido ou jamais existido! Em vez de agradecer aos céus por não ter de pesquisar como e à custa de que batalhas um poeta resgatou de seu meio e de sua pobre vida algo de imortal, colocando-o em segurança,

---

* Os retratos de Van Eyck e de sua escola comprovariam antes o contrário, com relação ao Norte, pois permanecem durante muito tempo superiores a toda descrição verbal.

compôs-se para Petrarca, a partir das poucas "relíquias" do tipo acima mencionado, uma biografia que se assemelha a uma acusação formal. Aliás, o poeta pode ficar descansado: se a pesquisa e publicação da correspondência de pessoas famosas seguir por mais cinqüenta anos o caminho que hoje vem trilhando na Inglaterra e na Alemanha, ele logo desfrutará da mais ilustre companhia no banco dos réus em que está sentado.

Sem ignorarmos o artificial e o afetado em sua poesia — os pontos em que Petrarca imita a si mesmo e leva adiante esse seu compor auto-alusivo —, cumpre admirarmos nele uma profusão de magníficos retratos da alma humana, descrições de momentos ditosos e desditosos que deviam ser os seus próprios, pois ninguém os exibe antes dele, e que determinam sua importância real para a nação e para o mundo. A expressão não se apresenta absolutamente regular em sua transparência: não raro, algo que nos soa estranho — alguma intrincada alegoria ou exagero sofístico — junta-se ao que há de mais belo. O predomínio é, porém, do primoroso.

Também Boccaccio atinge, em seus assaz ignorados sonetos, retrato por vezes bastante impressionante de seus sentimentos. A revisitação de um local consagrado pelo amor (soneto 22), a melancolia da primavera (soneto 33), a tristeza do poeta envelhecendo (soneto 65) são por ele magnificamente cantadas. Em *Ameto*, Boccaccio retratou a força enobrecedora e transfiguradora do amor de uma forma que dificilmente seria de se esperar do autor do *Decameron*. Mas é sua *Fiammetta* que constitui um grande e minucioso painel da alma humana, repleto da mais profunda observação, ainda que absolutamente irregular e mesmo, aqui e ali, inegavelmente dominado pelo prazer do fraseado retumbante e faustoso. Por vezes, mitologia e Antiguidade intervêm também, de maneira infeliz. Salvo equívoco, *Fiammetta* constitui uma contrapartida feminina à *Vita nuova* de Dante, ou, ao menos, teve sua origem estimulada por esta.

Desnecessário dizer que as poesias da Antiguidade, sobretudo as elegias e o quarto livro da *Eneida*, não deixaram de exercer influência sobre esses poetas italianos e os que os sucederam, mas a fonte do sentimento jorra com suficiente força em seu íntimo. Quem, sob esse aspecto, os compara a seus contemporâneos não italianos, reconhecerá neles a primeira expressão plena do moderno universo sentimental europeu como um todo. Não se trata aqui, absolutamente, de saber se homens insignes de outras nações não foram também capazes de sentimentos igualmente profundos e belos, mas de quem foi o primeiro a exibir provas documentais do mais abundante conhecimento das inquietações da alma humana.

Mas por que os italianos do Renascimento só produziram obras menores no domínio da tragédia? Ali era o lugar de se apresentar o caráter, o espírito e as paixões dos homens sob milhares de formas distintas, em seu crescimento, suas lutas e suas derrotas. Em outras palavras, por que a Itália não produziu um Shakespeare? Afinal, os italianos estavam, por certo, à altura do teatro produzido no Norte ao longo dos séculos XVI e XVII; e não podiam concorrer com os espanhóis, pois não possuíam qualquer traço de fanatismo religioso, acompanhando-os apenas *pro forma* na questão abstrata da honra e sendo por demais inteligentes e orgulhosos para adorar e glorificar seus príncipes, tirânicos e ilegítimos, enquanto tais.* A questão, portanto, restringe-se unicamente ao breve período de florescimento do teatro inglês.

Poder-se-ia argumentar aqui que toda a Europa produziu apenas um único Shakespeare e que um tal gênio constitui raro presente dos céus. Além disso, é possível que um grande florescimento do teatro italiano estivesse a caminho quando a Contra-Reforma irrompeu, juntamente com o domínio espanhol (sobre Nápoles, Milão e, indiretamente, quase sobre a Itália inteira), podando ou fazendo murchar as mais belas flores do espírito ita-

---

* Ainda que certas cortes ou príncipes tenham sido suficientemente bajulados por autores dramáticos de ocasião.

liano. Imagine-se o que seria de Shakespeare sob um vice-rei espanhol, por exemplo; ou nas proximidades do Santo Ofício, em Roma, ou mesmo em seu próprio país, algumas décadas mais tarde, à época da revolução inglesa. O drama, em sua plenitude um fruto tardio de toda cultura, exige um tempo e uma fortuna própria.

Contudo, há que se considerar aqui algumas circunstâncias que contribuíram para dificultar ou adiar um maior florescimento do drama na Itália, até que se tornasse tarde demais para tanto.

Na qualidade da mais importante dessas circunstâncias pode-se, sem dúvida, nomear o fato de que o gosto pelo teatro era fartamente satisfeito fora dele — primeiramente graças aos mistérios, entre outras manifestações de caráter religioso. Em todo o Ocidente, a encenação da história sagrada e das legendas constituiu precisamente a fonte e a origem do drama e do teatro. A Itália, porém, como teremos oportunidade de discutir mais adiante, entregara-se aos mistérios com um esplendor decorativo tamanho que, diante deste, o elemento dramático tinha necessariamente de ocupar posição desvantajosa. Dessas custosas e inumeráveis encenações nem sequer se desenvolveu um gênero poético como os *autos sacramentales* de Calderon e outros poetas espanhóis, que dirá alguma vantagem ou suporte para o drama profano.

Quando este último enfim surgiu, ele assumiu de pronto aquele esplendor cênico ao qual o público já se encontrava assaz habituado em razão dos mistérios. Não sem espanto, tomamos conhecimento da riqueza e variedade dos cenários italianos, e isso a uma época em que, no Norte, as encenações contentavam-se em sugerir com a máxima simplicidade o local da ação. Mesmo isso, entretanto, talvez não tivesse desempenhado papel tão decisivo, não fosse pelo fato de a própria encenação desviar a atenção do conteúdo poético da peça, ora por intermédio do esplendor dos costumes, ora — e sobretudo — de variados *intermezzi*.

Que em muitos lugares, como em Roma e Ferrara, Plauto e Terêncio, bem como também as tragédias antigas fossem encenados, ora em latim, ora em italiano; que as já mencionadas academias fizessem disso uma de suas tarefas formais; e, por fim, que os poetas do Renascimento, mesmo em seus dramas, se valessem em não pouca medida desses modelos, foi igualmente prejudicial ao drama italiano no tocante às décadas em questão, embora essa seja, a meu ver, uma circunstância de importância secundária. Não fosse pela interferência da Contra-Reforma e da dominação estrangeira, tal desvantagem ter-se-ia por certo transformado em um proveitoso estágio de transição. O triunfo da língua materna na tragédia e na comédia era, afinal, desde os anos que se seguiram a 1520, fato consumado, para grande desgosto dos humanistas. Sob esse aspecto, portanto, mais nenhum obstáculo teria barrado o caminho da nação mais desenvolvida da Europa em direção à elevação do drama, no mais alto sentido da palavra, a um retrato espiritual da vida humana. Foram os inquisidores e os espanhóis que intimidaram os italianos e impossibilitaram a representação dramática dos maiores e mais verdadeiros conflitos, sobretudo daqueles revestidos de recordações nacionais. Paralelamente a isso, porém, temos de contemplar mais de perto também aqueles *intermezzi* e o efeito de dispersão que exercem como causadores de dano efetivo ao drama.

Quando da celebração do casamento do príncipe Afonso de Ferrara com Lucrécia Borgia, o duque Ercole em pessoa mostrou a seus ilustres convidados os 110 costumes que deveriam servir à encenação de cinco comédias de Plauto, para que se visse que nenhum deles seria usado duas vezes. Mas o que representava esse luxo de tafetá e chamalote comparado à pompa das danças e pantomimas apresentadas entre os atos das peças de Plauto? Tão logo consideramos o brilho variegado de tais entreatos, torna-se compreensível que, ao longo do drama, todos ansiassem por eles e que, comparado a estes, Plauto parecesse terrivelmente enfadonho a uma dama jovem e vivaz como Isabella Gonzaga. Os entreatos apresentavam lutas de guerreiros romanos movendo com arte suas armas antigas ao compasso da música; danças de mouros portando archotes ou de selvagens portando cornos dos quais jorrava fogo, compondo o balé para uma pantomima a representar a salvação de uma moça ameaçada por um dragão; depois, bobos dançavam, vestindo trajes de polichinelo e golpeando-se uns aos outros com bexigas de porco e assim por diante. Era natural, na corte de Ferrara, que cada comédia tivesse "seu" balé (*moresca*). De que maneira concebeuse ali a encenação do *Amphitruo* de Plauto (em 1491, por ocasião do primeiro casamento de Afonso, com Anna Sforza) — se mais como uma pantomima acompanhada de música do que como um drama —, permanece incerto. De qualquer forma, os acréscimos suplantaram a peça propriamente dita. Um coro de jovens envoltos por heras e acompanhado por ruidosa orquestra executou uma dança de cujos movimentos resultavam intrincadas figuras; a seguir, surgiu Apolo, ferindo com o plectro as cordas de sua lira e, ao som desta, cantando uma canção de louvor à casa dos Este; sucedeu-o, então, como um *intermezzo* dentro do *intermezzo*, uma cena camponesa ou farsa, ao final da qual a mitologia — com Vênus, Baco e seus séquitos — retomou a cena para si, dando início a uma pantomima apresentando Páris em Ida. Só então é que se seguiu a segunda parte da fábula de Amphitruo, com uma clara alusão ao futuro nascimento de um Hércules oriundo da casa dos Este. Por ocasião de uma encenação anterior dessa mesma peça, no pátio do palácio (1487), "um paraíso com estrelas e outras formas circulares" ardeu sem cessar — isto é, uma iluminação, talvez de fogos de artifício, que certamente absorveu a maior parte da atenção do público. Evidentemente, era melhor quando acréscimos desse tipo constituíam cena à parte, por si só, como, aliás, acontecia em outras cortes. Mais adiante, trataremos das encenações festivas promovidas pelo cardeal Pietro Riario, pelos Bentivoglio, em Bolonha, e por outros mais, quando abordarmos as festividades de uma forma geral.

Para a tragédia italiana, o já costumeiro fausto da encenação foi particularmente fatídico. Escreve Francesco Sansovino [*Venezia*], por volta de 1570:

No passado, em Veneza, encenavam-se amiúde e com grande pompa, além das comédias, também as tragédias de autores antigos e modernos. Espectadores afluíam de lugares próximos e distantes, atraídos pela fama do aparato cênico [*apparati*]. Hoje, porém, as festividades promovidas por particulares têm lugar entre quatro paredes, e há algum tempo estabeleceu-se o costume de se passar o Carnaval com comédias e outros divertimentos alegres e estimáveis.

Ou seja, a pompa ajudou a matar a tragédia.

O ímpeto e as tentativas isoladas desses autores modernos de tragédias, dentre as quais a *Sofonisba*, de Trissino (1515), tornou-se a mais famosa, pertencem à história da literatura. O mesmo se pode dizer também das comédias mais nobres, modeladas nas de Plauto e Terêncio. Mesmo um Ariosto não foi capaz de produzir nada de extraordinário nesse gênero. Em contrapartida, a comédia popular em prosa — como a de Maquiavel, Bibbiena e Aretino — poderia ter tido um futuro, não tivesse ela sucumbido em razão de seu conteúdo. Este era, de fato, em parte extremamente imoral, em parte voltado contra determinadas camadas sociais que, desde por volta de 1540, não mais admitiam tal hostilidade pública. Se na *Sofonisba* o retrato do caráter tivera de retroceder ante uma declamação deslumbrante, aqui ele era empregado por demais inescrupulosamente, ao lado de sua meia-irmã, a caricatura. Seja como for, essas comédias italianas foram, salvo engano, as primeiras escritas em prosa e num tom inteiramente realista, o que não autoriza à história da literatura européia esquecê-las.

A composição de tragédias e comédias prossegue, então, ininterruptamente, bem como as numerosas e efetivas encenações de peças antigas e modernas. Não obstante, elas só fazem, por ocasião das festividades, oferecer aos promotores destas oportunidade para a ostentação do esplendor pertinente à sua condição social, e o gênio da nação afasta-se inteiramente delas, enquanto gênero vivo. Tão logo a pastoral e a ópera entraram em cena, tais tentativas fizeram-se dispensáveis.

Nacional era, e prosseguiu sendo, apenas um gênero: a commedia dell'arte — não escrita, mas improvisada a partir de um dado roteiro. Ela não favorece particularmente a caracterização mais elevada, pois possui número pequeno e fixo de máscaras cujo caráter todos conhecem de cor. Contudo, o talento da nação tendia tão fortemente para esse gênero que os atores, mesmo em meio à encenação de comédias escritas, entregavam-se à improvisação, dando origem, aqui e ali, a um gênero híbrido. Foi talvez sob essa forma que as comédias encenadas em Veneza por Burchiello e, depois, pela companhia de Armonio, de Val. Zuccato, de Lod. Dolce e outros foram apresentadas. De Burchiello, sabe-se desde logo que era mestre em intensificar o efeito cômico de suas encenações misturando o grego e o eslavônio ao dialeto veneziano. Uma commedia dell'arte quase completa, ou mesmo completa, era a de Angelo Beolco — cognominado Il ruzzante (1502-42) —, cujas máscaras apresentam camponeses de Pádua (Menato, Vezzo, Billora, entre outros). Beolco costumava estudar o dialeto destes na *villa* de seu protetor, Luigi Cornaro, em Codevico, onde passava o verão. Pouco a pouco, foram surgindo todas as famosas máscaras locais, cujos remanescentes ainda hoje deliciam a Itália: Pantaleão, o doutor Briguela, Polichinelo, Arlequim etc. Com certeza, elas são, em sua maioria, muito mais antigas, relacionando-se possivelmente às máscaras das farsas da Roma antiga, mas foi somente o século XVI que reuniu várias delas em uma mesma peça. Hoje, isso não ocorre com facilidade, mas toda cidade grande preserva pelo menos sua máscara local: Nápoles, o seu Polichinelo; Florença, o Stenterello; Milão, o por vezes magnífico Meneghino.

Trata-se, sem dúvida, de uma compensação magra para uma grande nação que tinha, acima de tudo, o dom de retratar e contemplar objetivamente sua grandeza no espelho do drama. Isso, porém, permanecer-lhe-ia vedado ao longo de séculos por poderes hostis por cuja ascensão ela foi apenas em parte culpada. Todavia, o talento fartamente disseminado para a representação dramática não podia ser extirpado, e, por meio da música, a Itália logrou manter a Europa na condição de sua tributária. Quem desejar ver nesse mundo dos sons uma compensação ou expressão velada daquilo que não se permitiu ao drama, nele poderá encontrar suficiente consolo.

Estaríamos autorizados a esperar da épica aquilo que o drama não foi capaz de realizar? Precisamente o poema heróico italiano é severamente acusado de ter no delineamento de caracteres seu ponto mais fraco.

Não se há, porém, de questionar-lhe méritos outros, dentre os quais o de ser, há três séculos e meio, realmente lido e constantemente reimpresso, ao passo que a poesia épica dos demais povos transformou-se em mera curiosidade da história literária. Ou será que isso se deve aos leitores, que exigem e apreciam algo diverso daquilo que se produziu no Norte? Para nós, ao menos, faz-se necessário que, em certa medida, assimilemos o espírito italiano a fim de que possamos depreender desses poemas seu valor singular; há homens bastante notáveis que se declaram perdidos diante deles. Certamente não irá longe aquele que analisar Pulci, Boiardo, Ariosto e Berni do ponto de vista puramente conteudístico, das assim chamadas idéias. São eles artistas de um caráter singularíssimo, que compuseram para um povo decidida e predominantemente artístico.

Após o desaparecimento gradual da poesia cavalheiresca, o ciclo de sagas medievais seguira vivendo em parte sob a forma de adaptações rimadas e coletâneas, em parte de romances em prosa. Este último caso foi o que se deu na Itália ao longo do século XIV. Paralelamente a isso, porém, agigantaram-se as recém-despertas reminiscências da Antiguidade, lançando todo o imaginário fantástico medieval em profundas sombras. Boccaccio, por exemplo, embora mencione um Tristão, um Artur, um Galeotto entre os heróis presentes no palácio encantado de sua *Amorosa visione*, fá-lo de maneira breve, como se deles se envergonhasse — e os escritores que o sucederam nem sequer os mencionam, ou o fazem sob a forma do escárnio. O povo, porém, conservou-os na memória, e é de suas mãos que os poetas do século XV os recebem de volta. Estes podiam, então, encará-los e apresentá-los de uma forma inteiramente nova e livre. Fizeram mais do que isso, na medida em que não apenas deram continuidade imediata ao que lhes fora transmitido, mas também, e predominantemente, enriqueceram-no com novas invenções. Uma coisa não se deve exigir desses poetas: que tratassem a tradição herdada com respeito antediluviano. Cumpre a toda a Europa moderna invejar-lhes a capacidade de se unirem à simpatia de seu povo por um determinado universo fantástico, mas precisariam ter sido hipócritas para reverenciar esse mundo como a um mito.

Em vez disso, movem-se soberanamente pelos domínios recém-conquistados para a poesia. Sua meta principal parece ter sido que a recitação de cada um de seus cantos produzisse o efeito mais belo e alegre possível. De fato, os poemas ganham um colorido extraordinário quando são ouvidos separadamente, bem recitados, com um toque de comicidade na voz e nos gestos. Um delineamento mais profundo dos caracteres não teria contribuído substancialmente para a intensificação desse efeito: é possível que o leitor o exija; o ouvinte nem pensa nisso, uma vez que ouve sempre apenas parte do poema. No tocante às figuras que encontrou prontas, a disposição do poeta é ambígua: sua formação humanista protesta contra a essência medieval delas, ao passo que seus combates, na qualidade de retrato paralelo dos torneios e guerras de outrora, exigem todo o conhecimento e dedicação poética possíveis e, ao mesmo tempo, o brilhantismo do recitador. É por essa razão que, mesmo em Pulci, inexiste paródia propriamente dita da cavalaria, ainda que o humor grosseiro da linguagem de seus paladinos aproxime-se amiúde disso [*Morgante*, primeira impressão anterior a 1488]. Ao lado destes, Pulci situa a imagem ideal do lutador, o cômico e benevolente Morgante, que com o badalo do sino domina exércitos inteiros; mas sabe também, de certa maneira, transfigurá-lo, a ele contrapondo Margutte, um monstro absurdo e interessantíssimo. Mas Pulci não atribui qualquer peso particular a esses dois caracteres, que delineia de forma rude e vigorosa, de tal modo que sua história segue adiante em seu curso singular, mesmo muito depois de ambos terem deixado a cena. Boiardo possui também um controle inteiramente consciente sobre suas figuras, empregando-as a seu bel-prazer, seja para propósitos cômicos ou sérios [*Orlando innamorato*, primeira impressão, 1496]. Diverte-se até mesmo com seres demoníacos, por vezes pintando-os propositadamente como desastrados. Há, porém, uma tarefa artística à qual se dedica com a mesma seriedade de Pulci: a descrição extremamente viva e, poder-se-ia dizer, tecnicamente precisa de tudo que se passa.

Tão logo concluía um canto, Pulci recitava seu poema perante o círculo de Lourenço, o Magnífico, assim como Boiardo também o fazia diante da corte de Ercole de Ferrara. É fácil imaginar que tipo de méritos uma tal platéia estimava, e quão pouco aplauso colheriam ali caracteres bem delineados. Sob tais circunstâncias, os próprios poemas naturalmente não constituem um todo fechado: sua extensão poderia ter sido o dobro ou a metade da que hoje apresentam; sua composição não se assemelha à de um grande panorama histórico, mas à de um friso ou de um magnífico cordão de frutas em torno do qual volteiam coloridas figuras. Assim como não se busca, ou mesmo se admite, nas figuras e arabescos de um friso a precisão das formas individuais, as perspectivas profundas e os planos diversos, tampouco há de se esperar que aqueles poemas as contenham.

A variegada riqueza de invenção com a qual particularmente Boiardo sempre nos surpreende escarnece de todas as atuais e vigentes definições escolares acerca da essência da poesia épica. Para a época, em contraposição ao estudo da Antiguidade, essa modalidade literária constituía o mais agradável divertimento — ou mesmo a única saída possível na direção de uma poesia narrativa autônoma. De fato, a poetização da história da Antiguidade conduz unicamente à falsa trilha seguida por Petrarca em *África* — em hexâmetros latinos — e, um século e meio mais tarde, por Trissino em *Itália liberta dos godos* — em *versi sciolti* —, um enorme poema de irrepreensíveis linguagem e versificação que suscita apenas a dúvida acerca de quem perdeu mais com tão desafortunada aliança, se a história ou a poesia. E Dante? Para onde atraiu aqueles que o imitavam? Os *Trionfi* visionários de Petrarca constituem a última obra de bom gosto escrita sob sua influência. A *Amorosa visione*, de Boccaccio, é já, em essência, mera enumeração de personagens históricas e fabulosas a partir de categorias alegóricas. Outros principiam o que quer que tenham a dizer com uma imitação barroca do canto primeiro de Dante, provendo-se de algum acompanhante alegórico a ocupar o lugar de Virgílio: Uberti, em seu poema geográfico (*Dittamondo*), escolheu Solinus; Giovanni Santi, em seu poema em louvor de Frederico de Urbino, Plutarco. Apenas a poesia épica representada por Pulci e Boiardo salvou a literatura da época dessas falsas trilhas. A avidez e a admiração com que foi recebida — e que, talvez, jamais tornem a ser conferidas à poesia épica até o final dos tempos — comprovam claramente em que larga medida ela constituía uma necessidade. Não se trata absolutamente de saber se os ideais do verdadeiro poema heróico — que o século XIX identifica em Homero e no *Canto dos nibelungos* — encontram-se ou não concretizados nessas criações: um ideal de sua época elas, com certeza, concretizaram. Além disso, com suas numerosas descrições de batalhas, que para nós constituem as passagens mais cansativas, elas, como disse, vão ao encontro de um interesse objetivo do qual dificilmente podemos fazer uma idéia correta, tanto quanto nos é difícil compreender a alta estima dedicada à descrição viva do que se passa a cada momento.

Tampouco com relação a Ariosto pode-se aplicar critério mais errôneo do que o de ir procurar por caracteres em seu *Orlando furioso* [primeira edição, 1516]. Eles estão presentes aqui e ali e são até tratados com carinho, mas o poema em nenhum momento baseia-se neles: na verdade, teria mesmo mais a perder do que a ganhar se os realçasse. A demanda nesse sentido, porém, relaciona-se com um desejo de natureza mais geral, desejo este que Ariosto não satisfaz, ou não em conformidade com nosso tempo. Ou seja, gostaríamos de encontrar em um poeta de tão portentoso talento e fama algo bastante distinto das aventuras de Orlando e similares; julgamos que, em uma grande obra, ele deveria ter apresentado os mais profundos conflitos da alma humana, as mais elevadas concepções de seu tempo acerca de questões divinas e humanas — em uma palavra, um daqueles panoramas conclusivos do mundo, como o que nos oferecem a *Divina comédia* e o *Fausto*. Em vez disso, Ariosto procede exatamente como os artistas plásticos, tornando-se imortal na medida em que se afasta da originalidade, como hoje a entendemos: segue retratando um círculo conhecido de figuras e faz renovado uso até mesmo do detalhe já empregado, onde quer que este lhe seja útil. Os méritos que, ainda assim, podem resultar de um tal procedimento serão tanto mais incompreensíveis a pessoas desprovidas de senso artístico quanto mais instruídas e inteligentes estas forem em outros campos. A meta artística de Ariosto reside no "acontecer" vívido e brilhante, esparramando-se regularmente por todo o poema. Para tanto, ele tem de prescindir não apenas de um delineamento mais profundo de caracteres, como também de todo vínculo mais rigoroso entre os acontecimentos que narra; tem de poder retomar onde lhe aprouver uma linha narrativa perdida ou esquecida; suas figuras precisam surgir e desaparecer em função de uma exigência provinda não de suas essências individuais, mas do próprio poema. Não obstante, no interior desse método de composição aparentemente irracional e arbitrário, Ariosto cria uma beleza absolutamente homogênea. Jamais se perde em descrições; ao contrário, permite-se sempre retratar cenários e pessoas apenas na medida exata em que tais retratos possam fundir-se harmoniosamente com a progressão dos acontecimentos. Perde-se ainda menos em diálogos e monólogos: o que faz é afirmar o privilégio majestático da verdadeira epopéia, transformando tudo em acontecimentos vívidos. Em Ariosto, a ênfase jamais reside nas palavras, nem mesmo no célebre canto trigésimo segundo e seguintes, nos quais a fúria de Orlando é descrita. Que as histórias de amor não possuam nenhum encanto lírico no poema heróico, constitui um mérito a mais, ainda que, do ponto de vista moral, nem sempre se possa sancioná-las. Em compensação, mostram-se por vezes de tal forma impregnadas de verdade e realidade — a despeito de toda a magia e do caráter cavalheiresco que as envolve — que julgamos reconhecer nelas questões pertinentes à intimidade do próprio autor. Plenamente consciente de sua maestria, Ariosto tampouco hesita em introduzir em sua grande obra elementos de sua contemporaneidade, incluindo ali a glorificação da casa dos Este, sob a forma de aparições e profecias. Num movimento homogêneo, o fluxo maravilhoso de suas oitavas carrega tudo isso adiante.

Com Teofilo Folengo — ou Limerno Pitocco, como ele se autodenomina —, a paródia de toda a cavalaria assume a posição já de há muito desejada [*Orlandino*, primeira edição, 1526]. Com ela, no entanto, manifesta-se necessariamente também, por meio do cômico e de seu realismo, o retorno ao delineamento mais rigoroso de caracteres. Em meio aos socos e pedradas trocados pela juventude selvagem das ruas de uma cidadezinha romana — Sutri —, o pequeno Orlando vai se transformando visivelmente em um corajoso herói, inimigo dos monges e polemista. Aqui, o universo fantástico convencional, que se desenvolvera a partir de Pulci e servira de moldura à epopéia, faz-se em pedaços. Escarnece-se abertamente da origem e da essência dos paladinos — como ocorre no torneio de asnos do canto segundo, por exemplo, no qual os cavaleiros apresentam-se munidos das mais singulares armas e armaduras. O poeta exibe por vezes um cômico pesar pela inexplicável infidelidade que grassa na família de Ganelão de Mogúncia, ou pela penosa aquisição da espada Durindana e assim por diante. A tradição parece mesmo servir-lhe já unicamente como substrato para o ridículo, sob a forma de episódios, desabafos partidários (alguns bastante notáveis, como ao final do capítulo VI) e obscenidades. Por fim, paralelamente a tudo isso, é impossível ignorar a presença de certo escárnio dirigido contra Ariosto: que esse *Orlandino*, com suas heresias luteranas, tenha caído relativamente rápido nas garras da Inquisição e do esquecimento forçado, constituiu por certo uma sorte para o *Orlando furioso*. A paródia transparece claramente quando, por exemplo, o autor faz descender do paladino Guidone a casa dos Gonzaga (cap. VI, estrofe 28), já que os Colonna descendiam supostamente de Orlando, os Orsini de Rinaldo e os Este — segundo Ariosto — de Ruggieri. Talvez essa afronta à casa dos Este não soasse estranha a Ferrante Gonzaga, o patrono do poeta.

O fato de o delineamento do caráter constituir uma das preocupações centrais de Torquato Tasso em sua *Jerusalém libertada* demonstra já, por si só, o quanto seu pensamento se afasta daquele predominante meio século antes. Sua obra, digna de admiração, é fundamentalmente um monumento da Contra-Reforma — então, já estabelecida — e de suas tendências.

A BIOGRAFIA

Fora dos domínios da poesia, os italianos foram os primeiros dentre os europeus a revelar propensão e talento marcados para retratar com precisão o homem na história, de acordo com seus traços e qualidades tanto exteriores quanto interiores.

Já o princípio da Idade Média, aliás, exibe tentativas dignas de nota nessa área. Pelo menos em certa medida, a legenda, na qualidade de um constante exercício biográfico, deve ter preservado o interesse e a habilidade para o retrato individual. Nos anais dos monastérios e catedrais, vários eclesiásticos são retratados com particular nitidez, como, por exemplo, Meinwerk de Paderborn, Godehard de Hildesheim etc. Encontramos ainda retratos de vários de nossos imperadores alemães, compostos segundo modelos antigos — Suetônio, por exemplo — e preciosos em suas características. *Vitae* profanas como estas e outras compõem mesmo, gradualmente, uma continuidade e uma contrapartida das vidas dos santos. Todavia, não será lícito mencionar Einhard nem Radevicus ao lado do retrato de são Luís composto por Joinville — obra sem-par na qualidade do primeiro retrato espiritual pleno de um homem da Europa moderna. Caracteres como o de são Luís são, em geral, raros, acrescentando-se a isso ainda a felicidade igualmente rara do escritor ingênuo que capta o espírito de todos os traços e fatos isolados de uma vida e o apresenta de forma expressiva. Quão parcas são as fontes de que temos de nos servir para tentar reconstituir a natureza interior de um Frederico II ou de um Filipe, o Belo! Assim é que muito do que existe em termos de biografia até o final da Idade Média não passa, na verdade, de crônica da época, desprovida de qualquer senso para a individualidade daquele a quem se pretendeu louvar.

Entre os italianos, a busca dos traços característicos de homens ilustres torna-se, então, uma tendência predominante, e é isso que os diferencia dos demais ocidentais, em meio aos quais essa tendência manifesta-se apenas acidentalmente e somente em casos extraordinários. Um senso tão desenvolvido para a individualidade, só pode possuí-lo aquele que se destacou ele próprio de sua coletividade, tornando-se assim um indivíduo.

Em conexão com o já disseminado conceito de glória, surge uma arte cumulativa e comparativa da biografia que, ao contrário da de Anastácio, Agnello e seus sucessores, ou dos biógrafos dos doges de Veneza, não tem mais necessidade de se apegar a dinastias ou sucessões eclesiásticas. Pode, antes, permitir-se retratar apenas aqueles que são importantes, e unicamente porque o são. Na qualidade de modelos, atuam aqui, além de Suetônio, Nepos (*De viris illustribus*) e Plutarco — este último, tanto quanto era conhecido e traduzido. Em matéria de história literária, as vidas dos gramáticos, retóricos e poetas — que conhecemos como apêndices da obra de Suetônio —, bem como a bastante lida vida de Virgílio, de autoria de Donatus, parecem ter servido como modelos básicos.

Como foi que, com o século XIV, surgiram coletâneas biográficas, vidas de homens e mulheres ilustres, já se mencionou aqui anteriormente. É natural que, ao tratarem de personalidades não contemporâneas, tais biógrafos tenham se baseado em seus predecessores. O primeiro feito significativo nessa área é, sem dúvida, a vida de Dante de autoria de Boccaccio. Escrita com leveza e energia, e rica em arbitrariedades, ela nos transmite o sentimento vívido da natureza extraordinária de Dante. Seguem-se, então, ao final do século XIV, as *vitae* de florentinos notáveis de Filippo Villani. São pessoas de todas as áreas, algumas delas ainda em vida: poetas, juristas, médicos, filólogos, artistas, estadistas e guerreiros. Florença é ali tratada como uma família talentosa, da qual se destacam os rebentos nos quais o espírito da casa manifesta-se de maneira particularmente vigorosa. A caracterização é breve, mas esboçada com um genuíno talento para a singularidade de cada um e, além disso, notável especialmente por condensar as fisionomias externa e interna dos biografados. Dessa época em diante, os toscanos jamais cessaram de encarar o retrato humano como uma especial aptidão sua, e é a eles que devemos, de forma geral, os principais retratos dos italianos dos séculos XV e XVI. Giovanni Cavalcanti (nos anexos à sua história florentina, anterior a 1450) reúne exemplos de virtude e abnegação cívicas, bem como de discernimento político e competência militar, colhidos unicamente entre os florentinos. O papa Pio II, em seus *Comentários*, oferece-nos valiosos retratos das vidas de seus contemporâneos. Recentemente, uma obra em especial de seus primeiros anos foi reimpressa, contendo os esboços, por assim dizer, daqueles retratos, mas dotada de traços e coloração peculiares. Devemos a Giacomo da Volterra retratos picantes da cúria romana posterior a Pio II. Já se falou aqui, com freqüência, de Vespasiano Fiorentino — de um modo geral, fonte das mais importantes de que dispomos —, mas seu dom para a caracterização não pode ser equiparado ao de um Maquiavel, Niccolò Valori, Guicciardini, Varchi, Francesco Vettori e ao de outros que, talvez tão decisivamente quanto os antigos, conduziram a literatura histórica européia nessa direção. Cumpre, aliás, não esquecermos que vários desses autores encontraram logo cedo seu caminho para o Norte, por intermédio das traduções latinas. Da mesma maneira, sem Giorgio Vasari d'Arezzo e sua obra de incomparável importância nem sequer haveria uma história da arte do Norte, ou mesmo da Europa moderna, de um modo geral.

No tocante ao norte da Itália no século XV, importância maior deve ser atribuída a Bartolommeo Fazio (de Spezia). Platina, originário da região de Cremona, representa já em sua *Vida de Paulo II* a caricatura biográfica. De importância central é, porém, o retrato do último Visconti escrito por Piercandido Decembrio, uma extensa imitação ampliada de Suetônio. Sismondi lamenta que tanto esforço tenha sido despendido em um tal tema, mas o fato é que o fôlego do autor talvez não tivesse bastado para retratar figura de maior envergadura, ao passo que é mais do que suficiente para pintar o caráter híbrido de Filippo Maria e, utilizando-se dele, descrever com admirável precisão os pressupostos, formas e conseqüências de um tipo particular de tirania. O quadro do século XV teria permanecido incompleto sem essa biografia, única em seu gênero e característica até em seus mínimos detalhes. Mais tarde, Milão teria na figura do historiador Corio um importante retratista. Depois dele surge Paolo Giovio, de Como, cujas grandes biografias e *Elogios* menores tornaram-se mundialmente famosos e modelares para seus sucessores de todos os países. A superficialidade e até mesmo desonestidade (ainda que não tão freqüente quanto se supõe) de Giovio é facilmente demonstrável em centenas de passagens de seus escritos, além do que um propósito mais elevado e sério jamais é encontrado em um homem como ele o foi. Não obstante, os ventos do século sopram por entre suas páginas, e seu Leão, seu Afonso, seu Pompeo Colonna vivem e se movem diante de nós de um modo inteiramente verdadeiro e real, ainda que nada nos digam acerca de sua natureza mais profunda.

Dentre os napolitanos, Tristan Caracciolo ocupa indubitavelmente, a nosso juízo, o lugar de destaque, embora seu propósito nem sequer seja rigorosamente biográfico. Culpa e destino entrelaçam-se estranhamente nas figuras que ele nos exibe, o que nos permitiria mesmo denominá-lo um trágico inconsciente. A verdadeira tragédia, para a qual não havia lugar nos palcos de então, rondava poderosamente os palácios, ruas e praças. *As Palavras e feitos de Afonso, o Grande*, de Antonio Panormita, escritas com o rei ainda em vida, são notáveis como um dos primeiros exemplos de coletâneas de anedotas e discursos ora sábios, ora jocosos.

Apenas lentamente o restante da Europa logrou acompanhar os feitos dos italianos nesse campo, embora os grandes movimentos políticos e religiosos houvessem rompido tantos laços e despertado milhares para a nova vida espiritual. Nossos melhores informantes acerca das mais importantes personalidades da Europa de então são, em geral, mais uma vez os italianos, tanto os literatos quanto os diplomatas. Rápida e inquestionavelmente, os relatos dos embaixadores venezianos dos séculos XVI e XVII conquistaram, ainda recentemente, o primeiro lugar em matéria de retratos pessoais.

Também a autobiografia alça, por vezes, vôos amplos e vigorosos entre os italianos, paralelamente a uma variegada vida exterior, descrevendo em profundidade também a vida interior de seu autor, ao passo que, nas demais nações — mesmo entre os alemães da época da Reforma —, ela se apega aos fatos notáveis da exterioridade, deixando entrever o espírito apenas na maneira de apresentá-los. É como se a *Vita nuova* de Dante, em sua verdade inexorável, tivesse mostrado o caminho à nação.

Ponto de partida das autobiografias compõem as histórias de famílias dos séculos XIV e XV, cujos manuscritos, ainda em número considerável, supõe-se sejam encontráveis nas bibliotecas florentinas. Trata-se de narrativas ingênuas, escritas no interesse da casa e de seu autor, como a de Buonaccorso Pitti, por exemplo.

Não se há de procurar por uma autocrítica mais profunda nem mesmo nos *Comentários* de Pio II: o que ali nos é dado saber sobre ele como homem restringe-se, à primeira vista, ao relato de como construiu sua carreira. É somente após uma reflexão mais ampla que logramos julgar diferentemente esse livro notável. Existem homens que são fundamentalmente um espelho daquilo que os cerca; a estes cometemos uma injustiça ao procurarmos insistentemente por suas convicções, conflitos internos e conquistas. Tal se aplica inteiramente à maneira como Enéias Sílvio relacionava-se com as coisas, sem se incomodar com quaisquer dilemas morais. Nesse aspecto, sua boa ortodoxia católica protegia-o sempre que necessário. E, no entanto, tendo vivido todas as questões espirituais de que se ocupou seu século e contribuído decisivamente para várias delas, ele conservou ainda, ao final da vida, têmpera suficiente para pôr em marcha uma cruzada contra os turcos e morrer de desgosto pelo fracasso da empreitada.

Também a autobiografia de Benvenuto Cellini não se dedica exatamente à contemplação da própria interioridade. Todavia, retrata o homem por inteiro — por vezes, a contragosto — com uma verdade e plenitude arrebatadoras. Não é insignificante o fato de que Benvenuto — cujas obras mais importantes pereceram como meros esboços e que, como artista, a julgar pelos trabalhos que chegaram até nós, só se afigura completo em sua pequena especialidade decorativa — há de permanecer inferior a tantos contemporâneos seus de maior envergadura, de que o homem Benvenuto, portanto, continuará a interessar aos homens até o final dos tempos. Não lhe é danoso que o leitor freqüentemente desconfie de que ele esteja mentindo ou vangloriando-se, pois a impressão que predomina é a de uma natureza poderosa, enérgica e inteiramente desenvolvida. Ao lado dele, nossas autobiografias do Norte, por exemplo — por mais que possamos estimar a tendência e o caráter moral por vezes mais elevado de seus autores —, parecem incomparavelmente menos completas. Benvenuto é um homem que tudo pode, tudo ousa e que carrega em si sua própria medida.

Digno de menção é ainda Jerônimo Cardan (nascido em 1500), de Milão, que, supõe-se, tampouco ateve-se rigorosamente à verdade. Seu livrinho, *De propria vita*, sobreviverá e eclipsará até mesmo sua grande reputação na história da investigação da natureza e no campo da filosofia, tanto quanto a *Vita* de Benvenuto o fez com sua obra — ainda que o valor dos escritos de Cardan seja de natureza essencialmente distinta. Na qualidade de médico, Jerônimo toma seu próprio pulso e descreve sua personalidade física, intelectual e moral, juntamente com as condições sob as quais elas se desenvolveram, fazendo-o, aliás, honesta e objetivamente, tanto quanto possível. Nesse aspecto, logrou suplantar seu modelo confesso — os escritos de Marco Aurélio sobre si próprio —, porque nenhum preceito estóico concernente à virtude o embaraçava. Não deseja poupar nem a si próprio nem ao mundo, principiando, aliás, o relato de sua vida com a informação de que sua mãe teve frustrada sua tentativa de aborto. É já bastante significativo que atribua aos astros que lhe presidiram o nascimento apenas seu destino e suas qualidades intelectuais, mas não as morais. De resto, confessa abertamente (capítulo 10) que a idéia fixa — adquirida por meio da astrologia — de que não sobreviveria ao quadragésimo ou, no máximo, ao quadragésimo quinto ano de vida foralhe bastante danosa na juventude. Não nos cabe aqui, entretanto, reproduzir excertos de um livro tão largamente difundido e encontrável em qualquer biblioteca. Quem o tomar para ler permanecer-lhe-á cativo até o final da leitura. Cardan confessa ter sido mau jogador — vingativo, incapaz de todo arrependimento, deliberadamente ofensivo ao falar —, fá-lo, porém, sem qualquer insolência ou fervorosa compunção, e mesmo sem pretender com isso tornar-se interessante, mas sim com a simples e objetiva verdade do investigador da natureza. E, o que se afigura mais chocante, tendo passado pelas mais terríveis experiências e munido de uma confiança bastante abalada na humanidade, ele, aos 76 anos, se vê relativamente feliz: tem ainda um neto vivo, um enorme saber, a fama conferida por suas obras, uma bela fortuna, posição e prestígio, amigos poderosos, o conhecimento de muitos segredos e, melhor do que tudo, a crença em Deus. Dito isso, conta os dentes que lhe restam na boca: tem ainda quinze.

No entanto, enquanto Cardan escrevia, inquisidores e espanhóis cuidavam já para que, também na Itália, homens dessa espécie não mais pudessem desenvolver-se ou, de alguma forma, desaparecessem. Um grande salto separa Cardan das memórias de Alfieri.

Mas seria injusto concluir essa compilação de autobiografias sem dar a palavra a um homem tão respeitável quanto feliz. Trata-se do conhecido filósofo da vida prática Luigi Cornaro, cuja residência em Pádua — clássica em sua arquitetura — era, ao mesmo tempo, um lar de todas as musas. Em seu famoso tratado sobre a "vida sóbria" [*Discorsi della vita sobria*], ele descreve primeiramente a rigorosa dieta que lhe tornou possível, após uma juventude doentia, atingir com saúde idade avançada — 83 anos, à época. Em seguida, responde àqueles que desprezam a vida após os 65 anos como morte em vida, provando-lhes que está bem vivo, e não morto:

> Que venham ver e se admirar com minha boa saúde, com a maneira pela qual sou capaz de montar um cavalo sem precisar de auxílio, subir escadas e colinas, como sou alegre, divertido, como me encontro satisfeito e livre de perturbações de ânimo e de pensamentos repugnantes. A alegria e a paz não me abandonam... Estou rodeado de pessoas sábias, eruditas, ilustres e de posição, e, quando estas não estão comigo, leio e escrevo, procurando assim, e de todas as formas possíveis, ser útil aos outros. Faço tais coisas cada uma a seu tempo, confortavelmente, em minha bela morada, situada na melhor região de Pádua e provida de todos os recursos da arquitetura para abrigar-me do verão e do inverno, até mesmo de jardins junto à água corrente. Na primavera e no outono, vou por uns dias até minha colina, no mais belo ponto das Euganéias, onde tenho fontes, jardins e uma casa confortável e elegante. Ali, tomo parte em caçadas leves e prazerosas, apropriadas a um homem da minha idade. Passo, então, algum tempo em minha bela *villa*, na planície. Lá, todos os caminhos convergem para uma praça em cujo centro encontra-se uma simpática igreja; um portentoso braço do Brenta corre por entre as plantações — campos férteis, bem cultivados e densamente povoados onde, outrora, havia apenas pântano e um ar pútrido, tornando-os mais apropriados às cobras do que aos homens. Fui eu quem drenou as águas, tornando o ar bom, permitindo assim que as pessoas ali se estabelecessem e multiplicassem, cultivando a terra como hoje a vemos, de modo que posso verdadeiramente dizer que, nesse lugar, ofereci a Deus um altar, um templo

e almas para adorá-lo. Sempre que para lá vou, é esse meu consolo e minha felicidade. Na primavera e no outono, visito também as cidades vizinhas, vendo meus amigos e conversando com eles, e por intermédio deles fico conhecendo outras pessoas distintas — arquitetos, pintores, escultores, músicos e especialistas no cultivo da terra. Observo o que criaram de novo, revejo o que já conhecia e sempre adquiro conhecimentos que me são úteis acerca de palácios, jardins, antiguidades, praças públicas, igrejas e fortificações. Acima de tudo, porém, encanta-me na viagem a beleza das regiões e lugarejos situados ora na planície, ora nas colinas, à beira de rios e riachos, rodeados por casas de campo e jardins. E esses meus prazeres não se vêem diminuídos por uma fraqueza dos olhos ou da audição; todos os meus sentidos encontram-se, graças a Deus, em perfeitas condições, inclusive o paladar, visto que a reduzida e simples alimentação de que hoje me sirvo possui melhor sabor do que as iguarias de outrora, quando eu levava vida desregrada.

Em seguida, após ter mencionado as obras de drenagem de pântanos por ele realizadas em benefício da República e os projetos que insistentemente propôs para a conservação das lagunas, Cornaro conclui:

Esses são os verdadeiros divertimentos de uma velhice que Deus fez sadia, livre de todo sofrimento físico e espiritual a que estão sujeitos tantos homens mais jovens e tantos idosos a definhar. E, se me é permitido acrescentar o insignificante ao grandioso, o gracejo ao grave, constitui também fruto de minha vida de sobriedade a comédia bastante divertida que escrevi neste meu 83º ano de idade, repleta de uma graça honrada. Comédias são, em geral, obra da juventude, assim como as tragédias o são da velhice. Se, porém, contribui para a glória daquele célebre grego ter escrito uma tragédia já em seu 73º ano de vida, não serei eu, com dez anos a mais, necessariamente mais saudável e alegre do que ele o foi outrora? — E, para que não falte à plenitude de minha velhice consolo algum, vejo uma espécie de imortalidade corpórea na figura de meus descendentes. Quando chego em casa, vejo-me diante não de um ou dois, mas de onze netos, entre dois e dezoito anos de idade, todos provindos de um mesmo pai e de uma mesma mãe, todos esbanjando saúde e (até onde se pode ver no momento) dotados de talento e inclinação para os estudos e os bons costumes. Um dos mais jovens tenho sempre a meu lado, como meu bufão (*buffoncello*), já que as crianças de três a cinco anos são bufões inatos. Os maiores, trato-os já como meus companheiros, alegrando-me ainda em ouvi-los cantar — porque têm vozes magníficas — e tocar os mais variados instrumentos. Aliás, eu próprio canto também, e tenho hoje uma voz melhor, mais límpida e possante do que jamais tive. São essas as alegrias de minha velhice. Minha vida não é, portanto, morte alguma, mas está repleta de energia, e eu não desejaria trocar minha velhice pela juventude daqueles que se encontram à mercê de suas paixões.

Na *Exortação* que escreveu muito mais tarde, aos 95 anos, ele acrescenta ainda a sua felicidade, entre outras coisas, o fato de seu tratado ter conquistado muitos partidários. Cornaro morreu em 1565, em Pádua, com mais de cem anos de idade.

A CARACTERIZAÇÃO DOS POVOS E CIDADES

Paralelamente ao dom do delineamento do caráter individual, surge ainda o do julgamento e da descrição de populações inteiras. Ao longo da Idade Média, cidades, raças e povos de todo o Ocidente perseguiram-se mutuamente com palavras de escárnio e zombaria as quais, na maioria dos casos, desfiguravam pesadamente um conteúdo em seu cerne verdadeiro. Desde o princípio, porém, os italianos sobressaíram-se substancialmente nesse aspecto, conscientes das diferenças espirituais entre suas cidades e regiões. O patriotismo local, tão ou mais forte do que o de qualquer outro povo medieval, possuiu desde logo uma faceta literária e aliou-se ao conceito de glória. A topografia surge como uma contrapartida da biografia.* Enquanto, agora, toda cidade de maior porte começava a louvar-se a si mesma em prosa e verso, entravam em cena também escritores a, em parte, descrever seriamente e, em parte, escarnecer espirituosamente de cidades e populações de maior importância, incluindo-se aí aqueles nos quais escárnio e seriedade não admitem clara separação.

Além de algumas passagens famosas da *Divina comédia*, há que se contemplar aqui o *Dittamondo*, de Uberti (cerca de 1360). Nele são nomeadas apenas algumas manifestações e traços distintivos notáveis, como a Festa das Gralhas em Santo Apollinare, Ravena, as fontes de Treviso, a grande cava junto de Vicenza, as elevadas taxas alfandegárias cobradas em Mântua e a floresta de torres em Lucca. Em meio a tudo isso, contudo, encontram-se ali também exaltações e críticas irreverentes de caráter bastante distinto: Arezzo figura com o engenho sutil de seus cidadãos; Gênova, com os olhos e dentes (?) artificialmente enegrecidos de suas mulheres; Bolonha, com o desperdício de dinheiro; Bérgamo, com seu dialeto grosseiro e sua espertza, e assim por diante. No século XV, cada um louva já sua própria terra natal à custa de outras cidades. Michele Savonarola, por exemplo, comparando sua Pádua a outras cidades, admite o maior esplendor apenas de Veneza e Roma, atribuindo a Florença, no máximo, uma alegria maior — um procedimento que, naturalmente, pouco contribuiu para o conhecimento objetivo. Ao final do século, em seu *Antonius*, Gioviano Pontano descreve uma viagem imaginária pela Itália apenas pela oportunidade de, assim, poder fazer observações maldosas. Com o século XVI, entretanto, tem início uma série de caracterizações mais verdadeiras e profundas, de um tipo, à época, certamente sem-par entre

---

* Isso, em parte, já bem cedo. Nas cidades lombardas, já no século XII.

os demais povos. Maquiavel, em alguns escritos valiosos, descreve o caráter e a situação política de alemães e franceses, de modo que mesmo o cidadão natural do Norte que conhece a história de sua terra será grato ao sábio florentino pela luz que sobre esta lançou. Mas os florentinos retratam também de bom grado a si próprios, banhando-se no brilho amplamente merecido de sua glória intelectual. Seu orgulho atinge, talvez, o auge quando, por exemplo, não atribuem o primado da Toscana no campo das artes italianas sequer a um talento genial e particular, mas ao trabalho duro e aos estudos [*Descrizione di tutta l'Italia*]. Homenagens prestadas por italianos famosos de outras regiões — como, por exemplo, o magnífico 16º *capitolo* de Ariosto —, eles decerto as acolhiam como tributos que lhes eram devidos.

De uma fonte, ao que parece, assaz primorosa no tocante às diferenças entre as populações italianas, podemos informar não mais do que o nome: Ortensio Landi. Leandro Alberti não é tão generoso quanto caberia esperar na descrição do caráter das diversas cidades. Um pequeno *Commentario* anônimo contém, em meio a muitas tolices, algumas valorosas indicações acerca da situação de infortúnio e decadência reinante por volta de meados do século [*Commentario delle più notabili et mostruose cose d'Italia*, 1569].

Não temos condição de avaliar com maior precisão em que medida essa observação comparativa das populações pode ter, por intermédio do humanismo italiano, influenciado outras nações. Em todo caso, o pioneirismo nesse campo, bem como no da cosmografia de um modo geral, pertence à Itália.

A DESCRIÇÃO DA EXTERIORIDADE

A descoberta do homem, porém, não se limita à descrição espiritual dos indivíduos e povos. Também em sua exterioridade, o homem é contemplado diferentemente na Itália do que o é no Norte.

Não nos aventuraremos a falar da posição dos grandes médicos italianos com relação aos progressos da fisiologia. Também a investigação artística da figura humana não é assunto que pertença ao âmbito desta obra, mas à história da arte. Decerto, porém, há que se falar aqui da educação dos olhos de um modo geral, que possibilitou à Itália um juízo objetivo e universal acerca da beleza e da fealdade físicas.

Antes de mais nada, a leitura atenta dos autores italianos de então surpreenderá o leitor pela precisão e nitidez na apresentação dos traços exteriores e pela plenitude em si de muitas descrições da figura humana. Ainda hoje os romanos, mais do que ninguém, possuem o talento de, em três palavras, tornar identificável uma pessoa qualquer da qual estejam falando. Essa rápida apreensão do que é característico constitui, por sua vez, um pré-requisito para o reconhecimento do belo e para a capacidade de descrevê-lo. Nos poetas, é certo, a descrição minuciosa pode ser um defeito, uma vez que um único traço inspirado pela mais profunda paixão é capaz de despertar no leitor uma imagem muito mais poderosa da figura em questão. Em parte alguma Dante descreveu com maior esplendor a sua Beatriz do que nas passagens em que descreve apenas o reflexo que emana de seu ser para tudo o que o cerca. No entanto, o assunto aqui não é a poesia, que, enquanto tal, persegue suas próprias metas, mas o poder de retratar formas especiais ou ideais em palavras.

Nisso Boccaccio é um mestre — não no *Decameron*, uma vez que a novela proíbe toda descrição longa, mas em seus romances, nos quais ele pode se permitir o vagar e o impulso necessário para fazê-lo. Em *Ameto*, ele retrata uma loira e uma morena quase da mesma forma que um pintor o teria feito um século mais tarde — pois também aqui a erudição escrita precede em muito a arte plástica. Na descrição da morena (ou, mais exatamente, da menos loira), surgem já alguns traços aos quais chamaríamos clássicos: as palavras "la spaziosa testa e distesa" [a testa larga e lisa] prenunciam formas mais grandiosas, ultrapassando os domínios do delicado; as sobrancelhas já não formam dois arcos, segundo o ideal bizantino, mas juntam-se para compor uma linha arqueada contínua; o nariz parece ter pretendido aproximar-se do aquilino; mesmo o amplo peito, os braços moderadamente longos, o efeito causado pelas belas mãos pousadas sobre a veste púrpura — todos esses traços, enfim, apontam essencialmente para o conceito de beleza de uma época vindoura, um conceito que, ao mesmo tempo, aproxima-se inconscientemente daquele da alta Antiguidade clássica. Em outras descrições, Boccaccio menciona também uma fronte plana (e não arredondada, como na Idade Média), graves olhos castanhos rasgados, um pescoço redondo, não encovado, até mesmo o assaz moderno "pezinho pequeno" e — em uma ninfa de cabelos negros — já os "dois olhos redondos e travessos" [*due occhi ladri nel loro movimento*].

Se o século XV deixou algum registro escrito acerca de seu ideal de beleza, não sei dizer. Os feitos de pintores e escultores não tornam tal registro tão dispensável quanto parece à primeira vista, uma vez que, em contrapartida precisamente a seu realismo, um postulado especial de beleza poderia ter surgido e sobrevivido em meio aos escritores. No século XVI, aparece, então, Firenzuola, com sua obra deveras notável acerca da beleza feminina [*Della bellezza delle donne*]. Acima de tudo, há que se distinguir ali, inicialmente, o que Firenzuola aprendeu com autores da Antiguidade e com artistas, como a definição de proporções de acordo com o comprimento da cabeça, alguns conceitos abstratos etc. Todo o restante é resultado genuíno de sua própria percepção, ilustrado com exemplos oriundos exclusivamente das mulheres e moças de Prato. Uma vez que seu opúsculo constitui uma espécie de curso ministrado diante destas, e, portanto, dos mais severos juízes, é provável que ele se tenha mantido fiel à verdade. Seu princípio é, reconhecidamente, o de Zêuxis e Luciano: compor a mais elevada beleza a partir dos mais belos elementos isolados. Firenzuola define as expressões que as cores emprestam à pele e aos cabelos e dá preferência ao *biondo*, como a mais bela cor de cabelo, ainda que a entenda por um amarelo suave, tendendo para o castanho. Além disso, exige dos cabelos que sejam espessos, encaracolados e longos; da fronte, que seja serena e tenha largura duas vezes superior à altura; da pele, que seja clara, luminosa (*candida*), mas não de um branco mortiço (*bianchezza*); das sobrancelhas, que sejam escuras, sedosas, mais cheias no meio, rareando em direção ao nariz e às orelhas; do branco dos olhos, que seja ligeiramente azulado, e da íris, que não seja propriamente negra, embora todos os poetas clamem por *occhi neri*, como uma dádiva de Vênus — mesmo considerando-se que o azul-celeste era próprio até mesmo das deusas e o castanho-escuro, suave e cheio de alegria, apreciado por todos. O olho propriamente dito deve ser grande e saliente; as pálpebras mais belas, brancas, com pequeninas, quase imperceptíveis veias vermelhas; as pestanas não devem ser demasiado espessas ou compridas, nem demasiado escuras. A órbita dos olhos tem de ter a mesma cor da face. Às orelhas, de tamanho moderado, firmes e bem plantadas, cumpre possuir coloração mais vívida em suas porções mais sinuosas do que nas mais regulares — as bordas devem ser transparentes e de um vermelho brilhante como o grão da romã. As têmporas são mais belas quando brancas, planas e não demasiado estreitas.* O vermelho do rosto tem de se tornar mais intenso à medida que sua curvatura torna-se mais pronunciada. O nariz, que é o que fundamentalmente determina o valor do perfil, deve retrair-se suave e regularmente em direção aos olhos; uma pequena elevação no ponto onde termina a cartilagem é admissível, contanto que daí não resulte um nariz aquilino, cuja presença em mulheres não agrada; sua porção inferior deve possuir coloração mais suave do que a das orelhas, mas não de uma brancura gélida, e a parede intermediária, sobre os lábios, ligeiramente avermelhada. A boca, o autor a prefere pequena, mas nem protuberante, nem achatada; os lábios, fechando-se de forma não demasiado sutil e perfeita; ao abri-los casualmente (isto é, não para rir ou falar),

---

* A esse respeito, uma vez que o aspecto das têmporas pode ser modificado pelo arranjo dos cabelos, Firenzuola permite-se uma cômica invectiva contra o excesso de flores no cabelo, que daria ao rosto uma aparência "semelhante à de um vaso cheio de cravos ou de um pedaço de cabrito no espeto". De um modo geral, ele sabe muito bem traçar uma caricatura.

deve-se admitir que sejam vistos no máximo seis dentes superiores. Preciosidades particulares constituem a covinha no lábio superior, um lábio inferior mais avolumado, um sorriso encantador no canto esquerdo da boca etc. Os dentes não devem ser demasiado pequenos, mas regulares, bem separados e da cor do marfim; as gengivas, não excessivamente escuras, como o veludo vermelho, por exemplo. O queixo deve ser arredondado, nem pontudo, nem curvado para fora, avermelhando-se à medida que se torna mais saliente; especial glória confere-lhe uma covinha. O pescoço tem de ser branco, arredondado e antes longo do que curto, apenas sugerindo sua concavidade e o pomo-de-adão; a pele deve formar belas dobras a cada movimento. Os ombros, Firenzuola os quer largos, assim como identifica na largura do peito a mais alta exigência da beleza; além disso, osso algum deve nele fazer-se visível, suas saliências e concavidades hão de ser quase imperceptíveis e sua cor, *candissima*. A perna deve ser longa e delgada em sua porção inferior, mas não demasiado magra na altura da canela e, ademais, provida de alva e vigorosa panturrilha. O pé, ele o deseja pequeno, mas não mirrado; o peito do pé (ao que parece), alto e a cor, branca como alabastro. Os braços devem ser brancos, avermelhando-se ligeiramente em suas porções superiores; em consistência, são descritos como carnudos e musculosos, mas suaves como os de Palas diante do pastor no monte Ida — ou seja, suculentos, vigorosos e firmes. A mão há de ser branca, sobretudo na parte superior, mas grande e um tanto roliça, assemelhando-se à seda fina para o tato; sua palma, rosada, munida de umas poucas, mas nítidas linhas não cruzadas e desprovida de elevações significativas; o espaço entre o polegar e o indicador deve possuir coloração vívida e não exibir rugas; os dedos, longos, delicados e quase imperceptivelmente mais finos em direção às extremidades, com unhas transparentes, pouco curvadas, não muito longas nem quadradas, que devem ser cortadas a um comprimento semelhante à largura das costas de uma faca.

Ao lado desses elementos estéticos específicos, os de caráter mais genérico ocupam posição meramente subordinada. Os princípios fundamentais da beleza, a partir dos quais os olhos julgam "senza appello", constituem um mistério mesmo para Firenzuola, como ele próprio confessa abertamente. Suas definições de *leggiadria, grazia, vaghezza, venustà, aria, maestà* [elegância, graça, sedução, beleza, porte e nobreza] são, em parte, de cunho filológico e, em parte, uma luta vã contra o inexprimível. Com muita beleza, ele define o riso como um cintilar da alma — provavelmente, apoiando-se em algum autor antigo.

Ao final da Idade Média, todas as literaturas exibem tentativas isoladas de, de algum modo, definir dogmaticamente a beleza. Praticamente nenhuma delas, porém, é comparável ao opúsculo de Firenzuola. Brantôme, por exemplo, surgido nada menos do que meio século mais tarde, é um especialista de menor calibre, porque movido não pelo senso da beleza, mas pela lascívia.

A DESCRIÇÃO DA VIDA COTIDIANA

Cabe-nos, finalmente, vincular à descoberta do homem também o interesse pela descrição da vida real e movimentada do cotidiano.

Para atingir seus objetivos, todo o lado cômico e satírico das literaturas medievais não pudera prescindir de imagens da vida comum. Algo inteiramente diferente se dá quando os italianos do Renascimento retratam essas mesmas imagens por nenhum outro motivo que não elas próprias, porque são em si interessantes e porque parte da grande vida universal por cuja mágica eles se sentem envolvidos. Em vez da comédia satírica, e paralelamente a esta — que se desenrola nas casas, ruas e aldeias porque deseja fazer dos cidadãos, camponeses e padres seu alvo —, encontramos aqui o princípio de um genuíno panorama dos costumes na literatura, muito antes que a pintura deles se ocupasse. Que a sátira e o retrato dos costumes freqüentemente se unam, não significa que não sejam coisas distintas.

Quanto da vida terrena não terá Dante observado com atenção e interesse até ser capaz de nos fazer ver com nossos próprios olhos o que se passava em seu universo espiritual! As famosas imagens da movimentação no arsenal de Veneza ["Inferno", XXI, 7], dos cegos apoiando-se um no outro às portas da igreja ["Purgatório", XIII, 61] e outras mais não constituem absolutamente as únicas provas disso. Já sua arte de fazer refletir nos gestos um estado de alma demonstra um grande e persistente estudo da vida humana.

Raras vezes os poetas que o sucederam lograram alcançá-lo nesse campo, e, quanto aos novelistas, proíbe-lhes a mais alta lei de seu gênero literário que se detenham em pormenores. É-lhes permitido que sejam tão prolixos quanto desejarem em seus prólogos e narrativas, mas não que pintem quadros de costumes. Por estes últimos, temos de esperar pacientemente, até que os escritores devotados à Antiguidade encontrem a vontade e a oportunidade de se dedicar à descrição.

Aqui, deparamos novamente com o homem que tinha um pendor para tudo: Enéias Sílvio. Não é apenas a beleza de uma paisagem e tampouco aquilo que se revela interessante do ponto de vista da cosmografia ou da Antiguidade que o estimula a escrever, mas também qualquer acontecimento dotado de vitalidade. Dentre as muitas passagens de suas memórias descrevendo cenas as quais, à época, dificilmente alguém teria julgado dignas de registro, destacamos aqui apenas as regatas no lago de Bolsena. Impossível detectar quais epistológrafos ou narradores antigos lhe teriam transmitido o gosto particular por cenas tão vívidas. De resto, os laços espirituais a unir a Antiguidade ao Renascimento são amiúde assaz delicados e misteriosos.

Cabe ainda mencionar aqui aquelas poesias descritivas escritas em latim de que já falamos anteriormente, tratando de caçadas, viagens, cerimônias e que tais. Poemas desse gênero foram escritos também em italiano, como, por exemplo, as descrições de Poliziano e Luca Pulci do célebre torneio dos Medici. Os poetas épicos propriamente ditos — Luigi Pulci, Boiardo, Ariosto — avançam a um passo mais rápido, conduzidos por seus próprios temas. Em todos eles, no entanto, há que se reconhecer a leveza e precisão na descrição do movimento como um elemento central de sua maestria. Franco Sacchetti dá-se mesmo ao prazer de registrar as curtas falas de um grupo de belas mulheres surpreendidas pela chuva em meio à floresta.

Outras descrições da vida em movimento são encontradas sobretudo nos historiadores militares. Já um minucioso poema de uma época anterior oferece-nos um retrato fiel de uma batalha de mercenários do século XIV, principalmente sob a forma dos gritos de batalha, ordens e diálogos peculiares a uma tal situação.

Mas o exemplo mais notável desse gênero é a descrição fiel da vida no campo, presente sobretudo em Lourenço, o Magnífico, e nos poetas que o cercam.

Desde Petrarca, seguia existindo uma poesia bucólica falsa e convencional, uma imitação de Virgílio, fossem seus versos escritos em latim ou italiano. Paralelamente a esta, na qualidade de gêneros secundários, surgiram desde o romance pastoral de Boccaccio até a *Arcadia*, de Sannazaro, e, mais tarde, a comédia pastoral à maneira de Tasso e Guarino — obras da mais bela prosa e da mais perfeita versificação, mas nas quais a vida pastoral constitui apenas vestimenta ideal a revestir externamente sentimentos oriundos de um universo cultural bastante distinto.

Por volta do final do século XV, porém, um genuíno retrato dos costumes da vida no campo adentra a literatura. Isso só foi possível na Itália, porque apenas ali o camponês (tanto o colono quanto o proprietário das terras) gozava de dignidade humana, liberdade pessoal e do direito de fixar-se onde bem entendesse, por mais dura que fosse por vezes sua sorte. A diferença entre cidade e aldeia estava longe de ser tão pronunciada quanto o era no Norte. Uma série de cidadezinhas é habitada exclusivamente por camponeses que, ao final de seu dia de trabalho, podem chamar a si próprios cidadãos. As andanças dos pedreiros de Como cobriram quase a Itália toda; ainda criança, Giotto pôde abandonar seu rebanho e tornar-se membro de uma corporação em Florença; acima de tudo, havia uma afluência constante de pessoas do campo para as cidades, e certas populações montanhesas pareciam verdadeiramente ter nascido para isso. É certo que a altivez intelectual e a presunção citadina cuidam constantemente para que poetas e novelistas zombem do *villano*, o restante ficando por conta da comédia dos improvisadores. Mas onde encontramos ali aquele tom de ódio racial atroz e desdenhoso contra os *vilains* que anima os aristocráticos poetas provençais e, por vezes, os cronistas franceses? Muito pelo contrário, os autores italianos de todos os gêneros reconhecem espontaneamente e destacam o grandioso e o importante na vida camponesa, onde quer que ele se manifeste. Gioviano Pontano aponta com admiração os traços de magnanimidade dos selvagens habitantes dos Abruzos. Tampouco falta às coletâneas biográficas, bem como à obra dos novelistas, a camponesa jovem e heróica, que arrisca a vida para defender a família ou a própria honra.

Tais foram as condições que possibilitaram uma contemplação poética da vida camponesa. Nesse domínio, há que se mencionar primeiramente as éclogas de Battista Mantovano (suas primeiras obras, escritas por volta de 1480), muito lidas no passado e ainda hoje dignas de leitura. Seu caráter rústico oscila ainda entre o genuíno e o convencional, mas o primeiro predomina. Essencialmente, elas expressam o espírito de um bem-intencionado clérigo de aldeia, não desprovido de certo fervor iluminista. Na qualidade de monge carmelita, o autor deve ter desfrutado de amplo contato com a gente do campo.

É com uma força bastante distinta que Lourenço, o Magnífico, se transporta para o universo camponês. Sua *Nencia di Barberino* sugere um apanhado de canções populares genuínas da região de Florença fundidas a uma grande torrente de oitavas. A objetividade do poeta é de tal ordem que o leitor fica em dúvida se é simpatia ou desprezo o que ele sente por aquele que fala (o jovem camponês Vallera, que declara seu amor por Nencia). Uma oposição consciente à poesia bucólica convencional, na qual figuram Pã e as ninfas, é ali inequívoca. Lourenço entrega-se deliberadamente ao realismo rude da vida camponesa cotidiana, mas o todo provoca no leitor impressão verdadeiramente poética.

Paralelo confesso à *Nencia* compõe a *Beca da Dicomano*, de Luigi Pulci. Falta a esta, porém, a seriedade de propósito e a objetividade daquela. Tampouco foi ela escrita a partir de uma necessidade interior de retratar um pedaço da vida popular, mas antes do desejo de, mediante algo do gênero, obter o aplauso da erudição florentina — daí sua muito maior e mais deliberada rudeza no retrato dos costumes e as obscenidades a ele acrescentadas. Não obstante, a obra retém ainda, com muito engenho, a visão do amante camponês.

O terceiro membro desse clube é Angelo Poliziano, com seu *Rusticus*, composto em hexâmetros latinos. Sem se inspirar nas *Geórgicas* de Virgílio, ele descreve especialmente o ano do camponês toscano, principiando pelo final do outono, quando o homem do campo constrói seu novo arado e prepara a semeadura para o inverno. Bastante rica e bela é sua descrição dos campos na primavera, não faltando ao "Verão" passagens igualmente primorosas. Mas cabe à festa da vindima, no outono, a condição de uma das pérolas de toda a poesia neolatina. Poliziano compôs também alguns poemas em italiano, de onde se conclui que, no círculo de Lourenço, o Magnífico, era já possível tratar realisticamente um quadro da vida movimentada das camadas inferiores da população. Sua canção de amor do cigano é, provavelmente, um dos mais antigos produtos da tendência genuinamente moderna dos poetas de transportar-se, com consciência poética, para a situação de uma outra classe que não a sua. Decerto, aliada a um propósito cômico, uma tal tentativa esteve sempre presente, e mesmo uma sempre renovada oportunidade para tanto, oferecida pelos cantos e cortejos de mascarados do Carnaval florentino. Novo, porém, é o ingresso do poeta no universo sentimental de outrem, o que faz da *Nencia* e dessa *Canzone zingaresca* novos e memoráveis pontos de partida na história da poesia.

Também aqui há que se chamar a atenção, finalmente, para o modo pelo qual a erudição escrita precede a arte plástica. Desde a *Nencia*, passam-se bem uns oitenta anos até o surgimento da pintura campestre de gênero de Jacopo Bassano e sua escola.

Na parte seguinte deste livro verificar-se-á que as diferenças de origem entre as camadas sociais haviam perdido seu significado na Itália. Certamente, muito contribuiu para isso o fato de se ter ali conhecido em sua plenitude e essência, e antes do que em qualquer outra parte, o homem e a humanidade. Já esse produto do Renascimento basta para nos imbuir de eterna gratidão. Sempre se teve a noção lógica do que é a humanidade, mas o Renascimento foi o primeiro a saber verdadeiramente do que se tratava.

As mais elevadas concepções nesse campo são expressas por Pico della Mirandola em seu *Discurso sobre a dignidade do homem*, merecedor, decerto, do epíteto de um dos mais nobres legados da cultura dessa época. Deus, segundo ele, fez o homem ao final da criação para que ele reconhecesse as leis do universo, amasse sua beleza e admirasse sua grandeza. Não o prendeu a qualquer lugar determinado, a nenhuma ação específica, a nenhuma necessidade, mas deu-lhe mobilidade e livre-arbítrio.

> Diz o Criador a Adão: Coloquei-te no meio do mundo, para que mais facilmente possas olhar a tua volta e ver tudo que te cerca. Criei-te como um ser nem celestial nem terreno, nem mortal nem imortal apenas, para que sejas tu a moldar e superar livremente a ti próprio. Podes degenerar-te em animal ou recriar-te à semelhança divina. Os animais trazem do ventre materno o que devem ter; os espíritos mais elevados são desde o princípio, ou tornam-se sem demora, o que seguirão sendo por toda a eternidade. Somente a ti foi dado crescer e desenvolver-te conforme tua vontade: tens em ti os germes de toda espécie de vida.

V. A SOCIABILIDADE E AS FESTIVIDADES

O NIVELAMENTO DAS CLASSES

Toda época cultural que apresenta em si um todo plenamente desenvolvido e estruturado não se dá a conhecer apenas no convívio político, na religião, na arte e na ciência, mas imprime também na vida social seu selo característico. Assim é que a Idade Média, exibindo pouca variação de país para país, teve seus costumes e etiqueta nas cortes e em meio à nobreza, bem como sua burguesia própria.

Os costumes do Renascimento italiano compõem, em seus aspectos essenciais, uma verdadeira contraposição àqueles da Idade Média. Já sua base é outra, na medida em que, no nível mais elevado de convívio social, não mais existem diferenças de castas, mas sim uma camada culta, no sentido moderno da expressão, sobre a qual nascimento e origem só exercem alguma influência quando aliados à riqueza herdada e à ociosidade garantida. Tal afirmação não deve ser entendida em seu sentido absoluto, uma vez que as categorias sociais da Idade Média procuram ainda impor-se, em maior ou menor grau, mesmo que seja apenas para manter-se em pé de igualdade com a nobreza européia não italiana. Mas o traço distintivo geral da época é fornecido, evidentemente, pela fusão das camadas sociais, no sentido moderno desse fenômeno.

Para que isso se desse, foi de importância fundamental a convivência de nobres e burgueses nas cidades, a partir do século XII pelo menos, tornando comuns os destinos e prazeres de ambos e coibindo, já em seu nascedouro, a contemplação do mundo a partir do alto de um castelo. A própria Igreja italiana, ao contrário do que ocorreu no Norte, jamais se prestou a subvencionar os filhos mais jovens da nobreza. Se bispados, canonicatos e abadias eram amiúde conferidos com base em considerações as mais espantosas, não o eram fundamentalmente em função da linhagem do agraciado, e embora os bispos fossem ali, em geral, muito mais numerosos, pobres e absolutamente destituídos das distinções peculiares aos príncipes seculares, por outro lado viviam nas cidades em que estavam sediadas suas catedrais, compondo juntamente com seu capítulo um elemento importante da população culta dessas cidades. Quando, então, surgiram os tiranos e os príncipes absolutos, a nobreza da maioria das cidades teve todas as oportunidades e todo o ócio necessário para desenvolver uma vida privada politicamente inofensiva e adornada dos mais refinados prazeres — de resto, porém, certamente mal diferia daquela dos burgueses ricos. E quando, a partir de Dante, as novas poesia e literatura tornaram-se assunto de interesse geral;* quando a elas veio se juntar a herança da Antiguidade e o interesse pelo homem enquanto tal, em uma época na qual condottieri tornavam-se príncipes, quando não apenas a origem social, mas também a legitimidade da descendência deixou de ser pré-requisito para a ascensão ao trono — quando, pois, tudo isso se deu, pôde-se então acreditar que uma era de igualdade havia despontado e que o conceito de nobreza havia desaparecido completamente.

A teoria, recorrendo à Antiguidade, podia já, apoiando-se no mesmo Aristóteles, confirmar ou negar à nobreza o direito de existência. Dante, por exemplo [*De monarchia*, liv. II, cap. 3], retira da definição aristotélica de que "a nobreza repousa sobre a excelência e a riqueza herdada" sua afirmação de que "a nobreza repousa sobre a excelência do próprio indivíduo ou a de seus antepassados". Em outro ponto de sua obra, porém, ele não mais se dá por satisfeito com essa afirmação; recrimina-se por, mesmo no "Paraíso", no diálogo com seu ancestral Cacciaguida,

---

* Isso muito antes do advento da imprensa. Uma grande quantidade de manuscritos, e dos melhores, pertencia a trabalhadores florentinos. Não fosse pelos holocaustos de Savonarola, disporíamos hoje de número muito maior deles.

ter pensado em sua origem nobre — segundo ele, nada mais do que um manto no qual o tempo realiza constantes cortes, a menos que se lhe acrescente um novo valor a cada dia ["Paraíso", XVI, versos iniciais]. No *Convito*, indo mais além, Dante desvincula quase totalmente o conceito de *nobile* e *nobiltà* de qualquer circunstância de nascimento, identificando-o com a aptidão para a superioridade moral e intelectual e, ao fazê-lo, conferindo particular ênfase à alta cultura, na medida em que vê na *nobiltà* a irmã da *filosofia*.

Com o passar do tempo, quanto mais seriamente o humanismo foi se apoderando do pensamento italiano, tanto mais sólida se fez também a convicção de que o valor do homem não é determinado por sua descendência. No século XV, tal ponto de vista era já o predominante. Em seu diálogo "sobre a nobreza" [*Dial. de nobilitate*], Poggio concorda com seus interlocutores — Niccolò Niccoli e Lourenço de Medici, irmão do grande Cosme — que não existe qualquer outra forma de nobreza, senão a que decorre do mérito pessoal. Cáustico, ele zomba de muito daquilo que o preconceito vulgar associa à vida aristocrática:

> O homem está tanto mais distante da verdadeira nobreza quanto mais longamente seus antepassados tenham se revelado temerários malfeitores. O entusiasmo pela falcoaria e pela caça cheira tanto a nobreza quanto a bálsamo os ninhos e tocas dos animais capturados. O cultivo da terra, como o faziam os antigos, seria muito mais nobre do que essa correria insensata por florestas e montanhas, na qual os homens se igualam antes aos próprios animais. Admissível seria que uma tal atividade representasse uma forma de recreação, mas não uma missão para toda uma vida.

Inteiramente desprovida de nobreza parece-lhe a vida no campo ou nos castelos em meio às florestas dos cavaleiros franceses e ingleses; mais ainda a dos salteadores alemães. Com relação a isso, Lourenço de Medici toma, de certa maneira, o partido da nobreza, mas — significativamente — não o faz invocando um sentimento inato qualquer, e sim porque Aristóteles, no quinto livro de sua *Política*, reconhece e define a nobreza enquanto um ser existente, isto é, que repousa na excelência e na riqueza herdada. Niccoli, porém, replica que Aristóteles não o diz por sua própria convicção, mas por se tratar de opinião generalizada; na *Ética*, em que, segundo aquele, Aristóteles teria dito efetivamente o que pensava, chama nobre àquele que almeja o verdadeiro bem. Em vão, Lourenço argumenta então com a palavra grega para nobreza — *eugeneia*, "bem-nascido"; Niccoli considera mais correta a palavra latina — *nobilis*, ou seja, "notável" —, uma vez que esta subordina o conceito de nobreza aos atos do indivíduo. Além de reproduzir essa discussão, Poggio esboça um painel da situação da nobreza nas mais diversas regiões da Itália. Em Nápoles, afirma, ela é indolente, não se dedicando nem a suas terras nem ao comércio, tido por infame; permanece em casa, à toa, ou passeia a cavalo. O comércio é desdenhado também pela nobreza romana, que, no entanto, cuida ela própria de suas terras; àquele que cultiva a terra abre-se ali o caminho da nobreza:* "Trata-se de uma nobreza honrada, ainda que rústica". Os nobres da Lombardia vivem igualmente do rendimento das terras que herdaram; ali, a descendência e o abster-se das ocupações ordinárias já bastam para definir a nobreza. Em Veneza, a totalidade dos *nobili*, a casta governante, pratica o comércio. Da mesma forma, nobres e não-nobres de Gênova são todos mercadores e navegadores, diferenciando-se uns dos outros apenas pelo nascimento; alguns, é certo, permanecem à espreita em seus castelos nas montanhas: são salteadores. Em Florença, uma parte da velha nobreza voltara-se para o comércio; outra (certamente bem menor) compraz-se de sua

---

* Com relação a toda a Itália, pode-se dizer, no mínimo, que não havia mais distinção possível entre todo aquele que extraísse da terra rendimentos significativos e o nobre.

posição, dedicando-se a coisa alguma além da falcoaria e da caça em geral.*

Fator decisivo era, no entanto, que, praticamente em toda a Itália, mesmo aqueles que se orgulhassem de seu berço não podiam jactar-se diante da erudição e da riqueza, e tampouco animar-se a qualquer sentimento de casta mais elevado em função de seus privilégios na política ou na corte. Veneza constitui aqui apenas aparentemente uma exceção, uma vez que a vida de seus *nobili* era, de fato, puramente burguesa, agraciada por poucos privilégios. Algo distinto ocorre, porém, em Nápoles, que, em função da mais rigorosa separação entre nobres e não-nobres e da ânsia dos primeiros pela pompa — mais do que por quaisquer outras razões —, viu-se excluída do movimento espiritual do Renascimento. À forte influência de lombardos e normandos, ao longo da Idade Média, e da nobreza tardia francesa, veio juntar-se ali, já na primeira metade do século XV, a dominação aragonesa, fazendo com que se manifestasse primeiramente em Nápoles aquilo que somente cem anos mais tarde propagou-se para o restante da Itália: a interferência cultural espanhola, cujos elementos centrais consistiam no desprezo pelo trabalho e na ânsia por títulos de nobreza. Tal influência evidencia-se já antes de 1500, mesmo nas cidades pequenas. De La Cava provém a queixa de que a cidade fora possuidora de riqueza proverbial enquanto era habitada unicamente por pedreiros e tecelões; agora, quando no lugar das ferramentas dos pedreiros e dos teares só se viam esporas, estribos e cinturões dourados e quando todo mundo queria tornar-se doutor em leis ou medicina, notário, oficial ou cavaleiro, a mais amarga pobreza instalara-se na cidade. Uma transformação análoga só se verificará em Florença sob o gover-

---

* O severo julgamento de Maquiavel (*Discursos*, I, 55) refere-se unicamente à nobreza que ainda dispunha de direitos feudais, absolutamente ociosa e politicamente destrutiva. Agrippa de Nettesheim, que deve suas idéias mais notáveis a sua vida na Itália, escreveu um capítulo sobre a nobreza e os príncipes cuja amargura radical não tem par e deve ser creditada sobretudo à fermentação espiritual então reinante no Norte (*De incert. et vanitate scient.*, cap. 80).

no de Cosme, o primeiro grão-duque, ao qual um agradecimento é dirigido por atrair para a cavalaria, em sua Ordem de Santo Estêvão, os jovens que agora desprezam comércio e indústria. Trata-se aqui de uma oposição frontal àquela antiga postura florentina segundo a qual os pais exigiam dos filhos uma ocupação regular como condição para que recebessem a herança.

Mas, entre os florentinos, um tipo especial de ânsia por títulos cruza de um modo amiúde cômico o culto nivelador da arte e da cultura. Trata-se da ambição pela dignidade de cavaleiro, uma tolice que se torna moda precisamente quando a cavalaria já havia perdido toda sombra de valor. Escreve Franco Sacchetti por volta do final do século XVI [nov. 153]:

> Há uns anos, todos puderam ver trabalhadores fazendo-se cavaleiros, até mesmo padeiros e cardadores de lã, além de agiotas, cambistas e patifes de toda sorte. Que necessidade tem um funcionário da dignidade de cavaleiro para poder exercer a função de *rettore* em uma cidadezinha provincial? Tal distinção é absolutamente incompatível com um ganha-pão ordinário qualquer. Oh, como decaíste, desafortunada dignidade! De toda a tua longa lista de deveres, não há um sequer que seja cumprido por esses cavaleiros. Se quis falar dessas coisas, é para que o leitor perceba que a cavalaria está morta. Tanto quanto hoje até os mortos são declarados cavaleiros, poder-se-ia declará-lo também uma figura de madeira ou pedra, fazer cavaleiro até mesmo a um boi.

As histórias contadas por Sacchetti, a título de ilustração, são, de fato, expressivas o suficiente. Nelas, lemos como Bernabò Visconti conferiu o título de cavaleiro ao vencedor de um duelo de bebedores, agraciando a seguir, sarcasticamente, também o vencido com a mesma dignidade; ou como os cavaleiros alemães, com seus elmos adornados e insígnias, eram ridicularizados. Mais tarde, Poggio zomba dos muitos cavaleiros sem cavalo e sem qualquer prática de guerra [*De nobilitate*]. Aquele que desejasse fazer valer os privilégios de sua ordem — sair a cavalo portando bandeiras, por exemplo — via-se numa posição difícil em Florença, tanto com relação ao governo quanto perante os zombeteiros.

Observando-se a questão mais de perto, percebe-se que se essa cavalaria tardia, desvinculada de um berço nobre, devia-se em parte à mera e ridícula vaidade ávida de títulos, ela continha também um outro lado. De fato, os torneios prosseguem existindo, e quem neles pretende tomar parte tem de ser, de acordo com as regras, cavaleiro. O combate nas arenas fechadas, por sua vez, e particularmente as justas, por vezes bastante perigosas, constituem oportunidade para a demonstração de força e coragem, oportunidade esta que o indivíduo plenamente desenvolvido — qualquer que seja sua origem — não deseja perder.

Assim sendo, pouco importava que Petrarca tivesse já manifestado veementemente sua repulsa por tais torneios, considerando-os uma perigosa sandice: "Em parte alguma se lê que Cipião ou César tenham participado de tais torneios!". Seu clamor patético é incapaz de converter as pessoas. Precisamente em Florença, a prática tornou-se verdadeiramente popular; o florentino pôs-se a ver o torneio — sem dúvida, sob forma menos perigosa — como uma espécie de divertimento regular. Franco Sacchetti legou-nos o retrato infinitamente cômico de um desses combatentes domingueiros [nov. 64]. Montado num cavalo alugado de um tintureiro, ele se dirige até Peretola, onde participar de um torneio era barato. Malfeitores prendem um cardo sob o rabo do cavalo; o animal, assustado, retorna em disparada à cidade, carregando consigo o cavaleiro, este tendo ainda o elmo à cabeça. A conclusão inevitável da história fica por conta do sermão doméstico da esposa, revoltada com a arriscada travessura do marido.*

---

* Ainda assim, trata-se de uma das mais antigas paródias dos torneios. Mais sessenta anos foram necessários até que Jacques Coeur, o ministro das Finanças burguês de Carlos VII, mandasse esculpir (por volta de 1450) um relevo junto a seu palácio em Bourges apresentando um torneio de asnos. A mais brilhante dessas paródias — o segundo canto do *Orlandino* — só foi publicada em 1526.

Finalmente, os primeiros Medici assumem com verdadeira paixão os torneios, como se quisessem mostrar com isso que, embora desprovidos de sangue nobre, seu círculo social estava à altura do de qualquer corte. Já sob Cosme e, posteriormente, sob Pietro, o mais velho, grandes e mundialmente famosos torneios têm lugar em Florença. Empenhado em sua realização, Pietro, o mais jovem, deixa até o governo de lado, não desejando que o retratassem senão vestindo armadura. Torneios acontecem também na corte de Alexandre VI. Quando o cardeal Ascanio Sforza perguntou ao príncipe turco Djem o que este achava do espetáculo, recebeu como resposta, assaz sábia, que na terra do príncipe tais torneios eram protagonizados por escravos, o que, em caso de morte, não dava motivo para lamentações. Inconscientemente, o príncipe oriental revela-se aqui em acordo com os antigos romanos e em oposição aos costumes medievais.

Independentemente dessa base não pouco significativa a sustentar a cavalaria, existiam ainda verdadeiras ordens cortesãs — em Ferrara, por exemplo — cujos membros carregavam o título de *cavaliere*.

Quaisquer que fossem as pretensões e vaidades individuais de nobres e cavaleiros, a nobreza ocupava um lugar de destaque na vida italiana, e não à margem dela. A todo momento, os nobres relacionam-se com todas as camadas sociais em pé de igualdade, e abrigam em sua casa o talento e a cultura. Por certo, requer-se fidalguia do verdadeiro *cortigiano* do príncipe, mas, reconhecidamente, em função sobretudo dos preconceitos da opinião pública ("per l'oppenion universale") — e, ainda assim, a salvo da ilusão de que o indivíduo não pertencente à nobreza não pudesse ter o mesmo valor interior. Isso tampouco exclui, em absoluto, a presença de não-nobres em torno do príncipe, mas significa unicamente que mérito algum devia faltar ao homem completo — o *cortigiano*. Se, para este, manter certa reserva em todas as coisas transforma-se em lei, isso não se deve à descendência nobre, mas às exigências de sua refinada plenitude individual. Trata-se, pois, de uma fidalguia moderna, em que a erudição e a riqueza dão a medida do valor social — a última, aliás, apenas na medida em que torna possível ao indivíduo dedicar a vida à primeira, promovendo-lhe em alto grau os interesses.

Na exata medida em que as diferenças de nascimento deixam de conferir quaisquer vantagens, o indivíduo enquanto tal é mais e mais instigado a fazer valer seus méritos, assim como também a vida social, por si só, é obrigada a tornar-se mais restrita e requintada. A conduta do indivíduo e a forma mais elevada de sociabilidade alçam-se à condição de uma deliberada e consciente obra de arte.

O REFINAMENTO EXTERIOR DA VIDA

Já a aparência exterior do homem, de tudo o que o cerca e os costumes da vida cotidiana são mais perfeitos, mais belos e mais refinados entre os italianos do que no restante da Europa. A história da arte trata das habitações das camadas mais elevadas. Aqui, há que se destacar apenas em que larga medida elas suplantavam em conforto e em sua disposição mais harmônica e racional o castelo, a corte ou o palácio dos grandes do Norte. O vestuário apresentava tantas e tão constantes variações que é impossível traçar um paralelo mais exato com a moda de outros países, tanto mais que, desde o final do século XV, ele freqüentemente adota as tendências destes últimos. Os trajes da época, tal como eles se apresentam nos pintores italianos, são, de um modo geral, os mais belos e elegantes existentes na Europa de então, mas não se sabe com certeza se reproduzem a moda vigente, nem se a retratam com precisão. Não paira, porém, qualquer dúvida sobre o fato de que em parte alguma se atribuía tão grande valor ao vestuário quanto na Itália. A nação italiana era e é vaidosa; além disso, muitas pessoas, mesmo as mais graves, consideravam a roupa mais bela e apropriada possível um complemento da personalidade. Houve mesmo um momento em Florença no qual o vestir era questão puramente individual — cada um vestia sua própria moda —, e até boa parte do século XVI existiam ainda pessoas importantes dotadas da coragem de fazê-lo; os demais sabiam pelo menos acrescentar um elemento de individualidade à moda dominante. Ao advertir contra o extravagante, contra o distanciar-se da moda vigente, Giovanni della Casa sinaliza o declínio da Itália [*Il Galateo*]. Nossa época, ao reverenciar na discrição — ao menos no tocante ao vestuário masculino — sua mais alta lei, está renunciando a muito mais do que imagina. Com isso, porém, poupa um bocado de tempo, o que por si só (segundo nossa noção de trabalho) compensaria qualquer desvantagem.

Em Veneza e Florença, à época do Renascimento, havia regras prescrevendo os trajes para os homens e regulamentando o luxo das mulheres. Onde os trajes podiam ser escolhidos livremente, como em Nápoles, os moralistas constatam, aliás não de forma indolor, que já não se nota qualquer diferenciação entre o nobre e o burguês. Lamentam, além disso, as mudanças já extremamente rápidas da moda e a (se não nos equivocamos na interpretação das palavras) veneração insensata de tudo que provém da França — segundo eles, freqüentemente essa moda era de origem italiana, apenas importada de volta dos franceses. Na medida em que a freqüente mudança das formas do vestir e a adoção da moda francesa e espanhola serviam apenas ao anseio habitual pelo ornamento exterior, não temos motivo para prosseguirmos nos ocupando desse assunto. Para além disso, no entanto, encontramos aí evidência histórico-cultural de uma aceleração na vida italiana como um todo nas décadas próximas a 1500.

Atenção especial merece o esforço das mulheres por alterar fundamentalmente sua aparência utilizando-se de toda sorte de artigos de toucador. Desde a queda do Império Romano, nenhum outro país empenhou-se tanto e de tantas formas quanto a Itália de então na modificação do rosto, da cor da pele e do crescimento dos cabelos. Todos os esforços direcionam-se para a constituição de um tipo convencional, a despeito das mais notórias e visíveis decepções. Limitamo-nos aqui à toalete em seu sentido mais restrito, deixando de lado a vestimenta propriamente dita, que, no século XIV, era extremamente colorida e carregada de ornamentos, tendo adotado mais tarde riqueza mais refinada.

Falsas cabeleiras, mesmo as de seda branca ou amarela, são, mais do que qualquer outra coisa, utilizadas em massa, depois proibidas, em seguida usadas novamente, até que um pregador, exortando as usuárias ao arrependimento, toca-lhes os corações mundanos. Eleva-se, então, em praça pública, uma elegante fogueira (*talamo*), no meio da qual jazem, ao lado de alaúdes, aparatos para jogos, máscaras, fórmulas mágicas, livros de canções e outras futilidades, também as cabeleiras falsas: as chamas purificadoras levam tudo consigo para os ares. A cor ideal, aquela que todos se esforçavam por ter nos próprios ou nos falsos cabelos, era o loiro. Assim, e uma vez que o sol tinha a fama de tornar loiros os cabelos, havendo bom tempo, muitas damas passavam o dia todo ao sol. No mais, empregavam-se também as tinturas e, além destas, misturas para fazer crescer os cabelos. A isso tudo há que se acrescentar ainda um arsenal de líquidos embelezantes, emplastros e cosméticos para cada parte específica do rosto, inclusive para as pálpebras e os dentes, o que já soa estranho à nossa época. Nem o escárnio dos poetas, nem a ira dos pregadores, nem a advertência contra a deterioração precoce da pele eram capazes de demover as mulheres do hábito de dar a seu semblante uma outra cor e, até mesmo, outra forma. É possível que as freqüentes e suntuosas encenações dos mistérios, nas quais centenas de pessoas eram maquiadas e adornadas, tenham contribuído para estimular o mau hábito na vida cotidiana. Seja como for, essa prática era generalizada e acompanhada passo a passo também pelas camponesas. Podia-se pregar longamente, alegando que artifícios dessa natureza eram emblemáticos das cortesãs; era inútil: precisamente as mais honradas senhoras, que durante o ano todo nem sequer tocavam num cosmético, pintavam-se com certeza nos dias de festa, quando se exibiam em público. Quer tomemos esse mau costume por um traço de barbárie equivalente à pintura dos selvagens, quer o tomemos como uma conseqüência do desejo por uma beleza juvenil perfeita nos traços e na cor, expresso pelo cuidado e variedade que caracterizam tal toalete — qualquer que seja o caso, enfim, não faltaram advertências da parte dos homens.

Também o uso dos perfumes ultrapassava todas as medidas, estendendo-se a tudo que cercava as pessoas. Por ocasião das festividades, até as mulas eram tratadas com ungüentos e fragrâncias, e, certa feita, Pietro Aretino agradece a Cosme I pelo envio de dinheiro perfumado.

Os italianos de então estavam, assim, convencidos de que eram mais asseados do que os povos do Norte. Por razões gerais de cunho histórico-cultural, pode-se antes confirmar do que refutar tal pretensão, na medida em que o asseio é parte integrante do processo de aperfeiçoamento da personalidade moderna, processo este que se completou primeiramente entre os italianos. Também o fato de que estes constituíam uma das nações mais ricas do mundo de outrora tenderia antes a confirmar do que a negar aquela afirmação. Prová-la, contudo, é algo que, naturalmente, jamais será possível, e, em se tratando da primazia no tocante a preceitos de limpeza, a poesia cavalheiresca medieval foi possivelmente a primeira a apresentá-los. Seja como for, certo é que o notável asseio, sobretudo à mesa, de alguns eminentes representantes do Renascimento é enfaticamente sublinhado, e que, segundo o juízo italiano, os alemães representam o máximo em desasseio. Sabemos por Giovio dos hábitos pouco asseados que Maximiliano Sforza traz consigo de sua educação alemã, e do quanto estes chamavam a atenção. É surpreendente que, pelo menos ao longo do século XV, se deixassem as hospedarias fundamentalmente nas mãos dos alemães, cuja dedicação a esse ramo de negócios se devia, provavelmente, sobretudo aos peregrinos que se dirigiam a Roma. Todavia, é possível que o autor dessa afirmação estivesse se referindo predominantemente ao campo, já que nas cidades maiores eram notoriamente as hospedarias italianas as que ocupavam o primeiro lugar. A falta de pousadas ao menos razoáveis no campo seria explicável também em função da grande insegurança.

Data, então, da primeira metade do século XVI aquele manual de civilidade que Giovanni della Casa, florentino de nascimento, publicou sob o título de *Il Galateo*. Prescreve-se ali não apenas o asseio, no sentido mais estrito do termo, como também o abandono de todos aqueles hábitos aos quais costumamos chamar "impróprios", o que é feito com a mesma segurança inabalável com que o moralista proclama as mais elevadas leis da moral. Na literatura de outros países, a mesma lição é ensinada não tão sistematicamente, mas de forma mais indireta, por meio da descrição repugnante do torpe.

Il Galateo é, além disso, um manual de boas maneiras escrito com beleza e inteligência — sobretudo uma escola da delicadeza e do tato. Ainda hoje sua leitura traria grande proveito às pessoas de todas as camadas sociais; dificilmente a civilidade da velha Europa logrará acrescentar algo às prescrições ali contidas. Na medida em que o tato é uma questão de sentimento, ele terá sempre, desde o princípio de todas as culturas e povos, sido inato a certas pessoas; outras tê-lo-ão adquirido pela força de vontade. Contudo, na qualidade de um dever social geral e de um sinal de cultura e educação, foram os italianos os primeiros a conhecê-lo. A própria Itália, aliás, modificara-se bastante no curso de dois séculos. Sentimos nitidamente que o tempo das brincadeiras de mau gosto entre conhecidos e semidesconhecidos no seio da boa sociedade, o tempo das *burle* e *beffe* havia passado; que a nação ultrapassa as muralhas das cidades, desenvolvendo uma civilidade e uma consideração neutra e cosmopolita com relação ao próximo. Da sociabilidade propriamente dita, falar-se-á mais adiante.

Toda a existência exterior foi, na Itália dos séculos XV e princípio do XVI, refinada e embelezada como em nenhuma outra parte do mundo. Já um sem-número daquelas pequenas e grandes coisas que, juntas, compõem o conforto moderno estava, em parte, comprovadamente presente pela primeira vez na Itália de então. Nas ruas bem pavimentadas das cidades italianas, a circulação de veículos era comum, ao passo que no restante da Europa andava-se a pé ou a cavalo — ou, pelo menos, os veículos não eram utilizados para diversão. Por intermédio principalmente dos novelistas, ficamos conhecendo camas macias e elásticas, preciosos tapetes e artigos de toalete dos quais ainda não se tem notícia em outros países. Amiúde, salienta-se ali particularmente a abundância e elegância das roupas de baixo. Muito disso pertence já ao domínio da arte. Notamos, admirados, como ela enobrece o luxo de todas as formas; como não apenas adorna com vasos magníficos os maciços bufês e as graciosas prateleiras, as paredes com o ágil esplendor das tapeçarias ou a sobremesa com a plasticidade de infindáveis confeitos, mas também, e de maneira admirável, atrai para sua esfera os trabalhos de marcenaria. Ao final da Idade Média, todo o Ocidente, tanto quanto lhe permitem seus recursos, tenta trilhar caminhos semelhantes. Ao fazê-lo, porém, vê-se em parte enredado em infantilidade e confusão, em parte acorrentado à uniformidade do estilo gótico de decoração, ao passo que o Renascimento movimenta-se livremente, deixando-se guiar pelo sentido de cada tarefa que executa e atendendo a um círculo muito mais amplo de clientes e interessados. A isso se liga, pois, o tranqüilo triunfo da arte decorativa italiana sobre a do Norte, no decorrer do século XVI, embora causas maiores e mais genéricas tenham ainda contribuído para tanto.

A LÍNGUA COMO BASE DA SOCIABILIDADE

A forma mais elevada de sociabilidade — que aqui se apresenta como uma obra de arte, uma criação superior e consciente da vida nacional — tem na língua sua mais importante precondição e seu embasamento.

No apogeu da Idade Média, a nobreza das nações ocidentais procurara estabelecer uma linguagem "da corte", tanto para o convívio social quanto para a poesia. Assim é que também na Itália, cujos dialetos logo cedo se distanciaram substancialmente uns dos outros, havia, no século XIII, um assim chamado *curiale*, comum às cortes e a seus poetas. Fator decisivo é, porém, que, num esforço consciente, procurou-se transformá-lo na linguagem escrita e na de todas as pessoas cultas. A introdução às

Cento novelle antiche, redigidas anteriormente a 1300, confessa abertamente esse propósito. Ali, de fato, a linguagem recebe um tratamento de forma a revelá-la emancipada da poesia: sua excelência reside na simples clareza, na expressão intelectualmente bela, atingida mediante a brevidade dos discursos, máximas e respostas. Tal forma de expressão goza de admiração só encontrável entre os gregos e árabes: "Quantos, no decurso de uma longa vida, mal chegaram a produzir um único *bel parlare*!".

Entretanto a questão em pauta tornava-se tanto mais difícil quanto mais zelosamente e quanto maior o número de aspectos sob os quais ela era tratada. Dante conduz-nos ao centro desse conflito. Sua obra acerca "da língua italiana" [*De vulgari eloquentia*] não é apenas importante para a questão em si, mas constitui o primeiro tratado escrito acerca de uma língua moderna. Os pensamentos e resultados ali contidos pertencem à história da ciência lingüística, onde quer que esta ocupe posição de grande importância. Há que se constatar aqui apenas que a língua devia já, muito antes que Dante escrevesse seu trabalho, constituir questão central e cotidiana, que os dialetos haviam sido anteriormente objeto de estudo apaixonado e polêmico e que o nascimento da língua unificada e ideal não esteve isento das mais agudas dores do parto.

O próprio Dante, decerto, fez a maior parte, com seu grandioso poema. O dialeto toscano tornou-se, fundamentalmente, a base da nova língua nacional. Se tal afirmação porventura afigura-se excessiva, é lícito ao estrangeiro rogar por alguma tolerância quando, diante de questão tão altamente controvertida, limita-se a acompanhar a opinião predominante.

A querela acerca da língua, o purismo, possivelmente tanto prejudicou quanto favoreceu a literatura e a poesia, tendo ainda, por certo, privado muitos autores bastante talentosos da ingenuidade de expressão que antes os caracterizava. Outros, por sua vez, possuidores do mais alto domínio sobre a língua, fiaram-se no ritmo ondulante e na sonoridade desta como uma qualidade capaz de prescindir de qualquer conteúdo — em outras palavras: mesmo uma melodia medíocre pode soar magnífica, se executada em um tal instrumento. Seja como for, essa língua possuía um alto valor no convívio social. Era o complemento de uma conduta nobre e adequada, compelindo o homem culto a afirmar sua dignidade exterior, tanto em seu comportamento cotidiano quanto em momentos excepcionais. É certo que essa roupagem clássica revestia também quantidade suficiente de sujeira e maldade, como o fizera o mais puro aticismo de outrora, mas o máximo em refinamento e nobreza encontrou nela expressão adequada. Importância fundamental teve essa língua no contexto nacional, na condição de pátria ideal dos homens cultos de todos os Estados de uma Itália já tão cedo retalhada. Mais do que isso, ela não é propriedade dos nobres ou de qualquer outra camada social: a mais pobre e insignificante das criaturas dispõe de meios e de tempo para dominá-la, bastando apenas que deseje fazê-lo. Ainda hoje (e talvez mais do que nunca), naquelas regiões da Itália onde impera o dialeto incompreensível, o italiano bastante puro falado pela gente mais simples e pelos camponeses surpreenderá amiúde o estrangeiro, que, em vão, procurará por fenômeno semelhante entre essas mesmas camadas sociais na França ou na Alemanha, onde até mesmo as pessoas cultas conservam a pronúncia regional. O número dos italianos que sabem ler é, aliás, muito maior do que a situação geral de muitas partes do país — como a do Estado pontifício, por exemplo — permitiria imaginar. Ainda assim, até que ponto isso ajudaria, não fosse pelo respeito generalizado e indiscutível pelas língua e pronúncia puras como bens maiores e valiosos? A estas, oficiais, foram se adaptando as diversas regiões da Itália, uma após a outra — inclusive Veneza, Milão e Nápoles, ainda à época do florescimento da literatura e, em parte, por causa deste. Somente no século XIX o Piemonte tornou-se verdadeiramente uma província italiana, por livre e espontânea vontade, ao compartilhar também desse mais importante capital da nação: a língua pura.* Desde o princípio do

---

* Na verdade, já havia muito tempo que se lia e se escrevia ali o toscano. A questão, porém, é que se lia e escrevia muito pouco.

século XVI, deixava-se o tratamento de certos assuntos deliberadamente a cargo da literatura escrita em dialeto — assuntos, aliás, não simplesmente cômicos, mas sérios também. O estilo que assim se desenvolveu no interior dessa literatura revelou-se à altura de quaisquer tarefas. Entre outros povos, uma separação consciente desse tipo só teve lugar bem mais tarde.

O *Cortigiano* apresenta-nos de forma bastante completa o posicionamento dos cultos acerca do valor da língua enquanto instrumento de uma sociabilidade mais elevada. Já à época, no início do século XVI, havia pessoas que permaneciam propositadamente apegadas às expressões antiquadas de Dante e seus contemporâneos toscanos simplesmente porque eram velhas. O autor do *Cortigiano* proíbe terminantemente seu emprego na linguagem falada, tampouco pretendendo admiti-lo na escrita, que considera apenas uma forma da primeira. Coerentemente, admite, a seguir, que o falar mais belo é aquele que mais se aproxima do texto bem escrito. Evidencia-se aqui claramente a idéia de que as pessoas que têm algo importante a dizer constroem elas próprias sua língua, e de que esta é dinâmica e mutável, porque viva. Que se empreguem, pois, à vontade as mais belas expressões, contanto que elas estejam ainda em uso no seio da população; empreguem-se inclusive aquelas provenientes de outras partes que não a Toscana, até mesmo expressões francesas e espanholas, vez por outra, contanto que o uso já as tenha consagrado para determinados propósitos.* Desse

* Ao fazê-lo, porém, não era permitido que se fosse demasiado longe. Os satíricos e Folengo (sob o pseudônimo de Limerno Pitocco, em seu *Orlandino*) introduziam bocados de espanhol e francês em seus textos, mas apenas e sempre a serviço do escárnio. Nas comédias, encontramos, por exemplo, um espanhol falando uma ridícula mixórdia de espanhol com italiano. É já assaz extraordinário que uma rua em Milão, à época da dominação francesa (1500-12 e 1515-22) chamada "rue Belle", chame-se ainda hoje "Rugabella". Da longa dominação espanhola, praticamente não encontramos traço algum na língua — no máximo, aqui e ali, algumas ruas ou edificações que conservaram o nome de algum vice-rei. Foi apenas no século XVIII que, juntamente com as idéias da literatura francesa, muitas palavras e expressões deste idioma penetraram no italiano. O purismo do século XIX esforçou-se e esforça-se ainda por expulsá-las.

modo, crê o autor, com o auxílio da inteligência e do esmero, haveria de surgir uma língua que não simplesmente a toscana antiga, mas decerto a italiana, rica em sua plenitude, como um precioso jardim repleto de flores e frutos. Contribui essencialmente para a virtuosidade geral do *Cortigiano* que suas maneiras refinadas, seu espírito e sua poesia se nos apresentem sempre revestidos desse manto perfeito.

Tendo, pois, a língua se transformado num assunto concernente a uma sociedade viva, arcaístas e puristas não lograram, em essência, impor seus pontos de vista, a despeito de todo seu esforço nesse sentido. Na própria Toscana havia muitos e muito bons autores e debatedores que ignoravam ou zombavam de tais esforços. Esse procedimento verificava-se sobretudo quando algum sábio forasteiro vinha provar-lhes que eles, os toscanos, não compreendiam sua própria língua. Já a existência e o efeito provocado por um escritor como Maquiavel bastaram para desemaranhar toda essa teia de aranha, expondo seus vigorosos pensamentos com clareza e simplicidade de expressão, e em uma língua dotada de todos os méritos, menos o de um *trecentismo* puro. Por outro lado, havia muitos italianos do norte, romanos, napolitanos etc., os quais certamente apreciavam que não se exagerasse no clamor pela pureza de expressão, quer na escrita, quer na conversação. Estes, de fato, renegam completamente as formas lingüísticas e expressões de seu dialeto, de modo que, a um estrangeiro, parecerá falsa modéstia quando Bandello, por exemplo, com solenidade e veemência, dá vazão a seus freqüentes protestos [parte I, "Proêmio", e novelas 1 e 2]: "Eu não tenho estilo algum. Não escrevo como os florentinos, mas, freqüentemente, como os bárbaros. Não desejo emprestar qualquer nova graça à língua. Sou apenas um lombardo e, além disso, proveniente da fronteira ligúre". Na verdade, para se afirmar perante os que pregam o rigor, renuncia-se expressamente a pretensões mais elevadas, mas compensa-se a renúncia por meio do amplo domínio sobre a grande língua comum. Nem todos podiam igualar-se a Pietro Bembo, que, nascido veneziano, escreveu durante toda a vida o mais puro toscano, mas quase como uma língua estrangeira; ou a Sannazaro, que, napolitano, também o fez. O essencial era que cumpria a cada um tratar a língua, falada ou escrita, com respeito. De resto, podia-se deixar aos puristas o seu fanatismo, seus congressos lingüísticos e tudo o mais.* Prejudiciais de fato, eles só se tornaram mais tarde, quando o alento primeiro que animara a literatura já enfraquecera, colocando-a à mercê de influências outras e bem mais nocivas. Por fim, a Academia della Crusca teve liberdade para tratar o italiano como língua morta. Sua impotência, porém, era tal que ela nem sequer foi capaz de impedir o afrancesamento espiritual da língua no século XVIII.

Foi, pois, essa língua amada, bem cuidada e, por todos os meios, tornada maleável que, mediante a conversação, forneceu a base para toda a sociabilidade. Enquanto no Norte a nobreza e os príncipes passavam seus momentos de lazer em solidão ou ocupados com lutas, caçadas, festins e cerimônias — e os burgueses, por sua vez, com jogos e exercícios físicos ou, quando muito, com a composição de versos e festividades —, na Itália, acrescia-se a tudo isso uma esfera neutra em que pessoas de todas as origens, contanto que dotadas do talento e da instrução para tanto, dedicavam-se à conversação e a uma nobre troca de idéias, tanto sérias quanto divertidas. Como em tais ocasiões comer e beber constituísse fator secundário, não era difícil manter afastados os indivíduos obtusos ou glutões. Se nos é permitido tomar ao pé da letra a palavra dos escritores de diálogos, a conversa entre esses espíritos escolhidos era povoada das mais elevadas questões acerca da existência, e as mais nobres idéias não eram o produto solitário de um único indivíduo, mas do conjunto de todos eles. Restrinjamo-nos aqui, porém, ao convívio social em si, à sociabilidade.

---

* Ao que parece, um desses congressos teve lugar em Bolonha, em fins de 1531, sob a presidência de Bembo.

A FORMA MAIS ELEVADA DE SOCIABILIDADE

Essa sociabilidade, ao menos no princípio do século XVI, era bela e regulamentada, assentando-se num acordo tácito, mas amiúde também confesso e predeterminado, ditado pela conveniência e pelo decoro — exatamente o oposto da mera etiqueta. Círculos mais rudes, nos quais o convívio social assumiu o caráter de uma corporação permanente, eram regulados por estatutos e dotados de um procedimento formal quanto ao modo de ingresso — como, por exemplo, aquelas extravagantes sociedades de artistas florentinos de que nos fala Vasari, sociedades que, permanecendo unidas, possibilitaram a encenação das principais comédias de então. O convívio social mais ligeiro e momentâneo, ao contrário, acatava de bom grado as regras ditadas, por exemplo, pela mais ilustre das damas presentes. Todos conhecem a introdução do *Decameron* (de Boccaccio) e consideram ficção agradável o reinado exercido por Pampinea sobre a sociedade ali reunida. É certamente de algo semelhante que se trata aqui, algo que repousa, porém, numa prática freqüente e real. Firenzuola, que dois séculos mais tarde dota sua coletânea de novelas de introdução semelhante, decerto se aproxima ainda mais da realidade ao colocar na boca de sua rainha um discurso formal acerca da divisão do tempo ao longo da estada no campo que aguarda toda a sociedade ali reunida. Tal divisão principia por alguns momentos de filosofia matinal, enquanto o grupo passeia em direção a uma colina; a seguir, a refeição, ao som de alaúde e cantos; depois, em algum recinto bem ventilado, a recitação de uma nova *canzone*, cujo tema é sempre anunciado na véspera; ao anoitecer, um passeio até alguma fonte, à beira da qual todos se sentam e cada um conta uma história; por fim, o jantar e animadas conversas, "de um tipo que nós, mulheres, possamos ainda chamar decorosas e que em vós, homens, não pareçam ditadas pelo vinho". Nas introduções ou dedicatórias que precedem cada uma de suas novelas, Bandello, é verdade, não nos oferece tais discursos inaugurais, na medida em que as diversas sociedades perante as quais suas histórias são contadas nos são apresentadas como já existentes. Sugere, contudo, por outros meios, quão rica, variada e graciosa era sua constituição. Muitos leitores acreditarão que nada podia haver a ganhar ou perder numa sociedade capaz de dar ouvidos a histórias tão imorais. Mais correto seria considerar em que bases seguras devia, necessariamente, repousar uma sociedade que, apesar de tais histórias, não abandonava o decoro nem saía dos eixos, sendo ainda capaz, em meio a tudo isso, de retornar a discussões e ponderações sérias. A necessidade de formas mais elevadas de convívio social era, de fato, mais forte do que qualquer outra. Não é necessário que se tome por medida a sociedade assaz idealizada que Castiglione, na corte de Guidobaldo de Urbino, e Pietro Bembo, no castelo de Asolo, nos apresentam a refletir sobre os mais elevados sentimentos e objetivos de vida. É justamente a sociedade exibida por Bandello, com todas as frivolidades que ela se permite, aquela a nos dar a melhor medida do nobre e leve decoro, da benevolência generalizada, do caráter verdadeiramente liberal, do espírito e do gracioso diletantismo que animava tais círculos. Um indício significativo do valor dessa sociabilidade reside no fato de que as mulheres, que compunham seu elemento central, tornavam-se famosas e altamente respeitadas em função disso, sem qualquer prejuízo para sua reputação. Das protetoras de Bandello, por exemplo, Isabella Gonzaga — Este, de nascimento — decerto acabou vítima da maledicência, mas em função da licenciosidade das damas de sua corte, e não de sua conduta pessoal. Giulia Gonzaga Colonna, Ippolita Sforza — casada com um Bentivoglio —, Bianca Rangona, Cecilia Gallerano, Camilla Scarampa e outras eram mulheres absolutamente irrepreensíveis, ou nenhuma importância foi atribuída ao que possam ter feito de censurável em face de seu brilho social. A mais famosa dama italiana, Vittoria Colonna, era verdadeiramente uma santa. Não é possível reproduzir as informações acerca da singularidade do lazer desembaraçado de que desfrutavam esses círculos na cidade, nas vilas, nos balneários, de modo a tornar absolutamente evidente a superioridade dessa forma de convívio social sobre aquelas do restante da Europa. Para tanto, contudo, basta que consultemos Bandello e nos questionemos acerca da possibilidade da existência de algo semelhante na França, por exemplo, antes que pessoas como ele próprio transplantassem da Itália para lá esse tipo de sociabilidade. Com certeza, o que então se produziu de grandioso no campo intelectual prescindiu do auxílio de tais salões, ou mesmo ignorou-os. Entretanto, estar-se-ia cometendo injustiça ao minimizar seu valor para o desenvolvimento da arte e da poesia, quando menos porque ajudaram a criar o que, à época, não existia em país algum: um interesse e um juízo crítico à altura da produção literária. Independentemente disso, um tal tipo de sociabilidade constitui já, por si só, fruto natural de uma vida e cultura como eram à época a italiana e como, a partir de então, tornou-se a européia.

Em Florença, a vida social era fortemente determinada pela literatura e pela política. Lourenço, o Magnífico, é, acima de tudo, uma personalidade que domina aqueles que o cercam, não — como se poderia imaginar — em função de sua posição equivalente à de um príncipe, mas sim de sua natureza extraordinária, e precisamente porque dá liberdade à gama tão variada de pessoas que compõem esse seu círculo. Observamos, por exemplo, todo o cuidado que Lourenço dispensa a seu preceptor, Poliziano, poeta e erudito cuja conduta soberana era pouco compatível com os limites ditados por uma casa a caminho de se tornar principesca e com a consideração para com a suscetibilidade da esposa. Em contrapartida, Poliziano é o arauto e o símbolo vivo da glória dos Medici. Bem à maneira de um Medici, Lourenço compraz-se em glorificar ele próprio os prazeres de seu convívio social, em retratá-lo de forma monumental. Em seu magnífico improviso *Caça ao falcão*, descreve seus companheiros de forma jocosa e, em *Festim*, até mesmo altamente burlesca, mas de tal maneira que sentimos claramente nele a capacidade para um convívio social da mais elevada seriedade. Acerca desse tipo de convívio, informam-nos abundantemente sua correspondência e os registros de suas conversas eruditas e filosóficas. Outros círculos sociais posteriores de Florença são, em parte, clubes políticos dedicados a questões teóricas, mas possuidores também de um lado poético e filosófico, como é o caso da chamada Academia Platônica, que, posteriormente à morte de Lourenço, reunia-se nos jardins dos Rucellai.

Nas cortes dos príncipes, naturalmente, o convívio social dependia da pessoa do soberano. Desde o princípio do século XVI, no entanto, havia número cada vez menor deles, e mesmo estes tinham apenas uma importância bastante reduzida nesse aspecto. Roma, porém, dispunha da corte verdadeiramente singular de Leão X, uma sociedade de caráter tão particular que jamais houve outra semelhante na história mundial.

O SER SOCIAL PERFEITO

É para as cortes, mas, fundamentalmente, muito mais em função de si próprio, que o *cortigiano* descrito por Castiglione se educa. Trata-se, na verdade, do homem social ideal, conforme o postula, enquanto fruto natural e supremo, a cultura da época: a corte é feita para ele, muito mais do que ele para a corte. Pensando bem, um tal homem não poderia ser de utilidade em corte alguma, porque dotado ele próprio do talento e da postura de um príncipe perfeito e porque sua serena e desafetada virtuosidade em todas as coisas, materiais e espirituais, pressupõe um ser por demais independente. A força motriz que o impele — ainda que Castiglione o dissimule — não diz respeito ao serviço dos príncipes, mas ao aperfeiçoamento de sua própria pessoa. Um exemplo tornará mais claro esse ponto: na guerra, o *cortigiano* não se permite executar tarefas envolvendo perigo e sacrifício pessoal, ainda que úteis, se as mesmas carecem de estilo e beleza, como, por exemplo, a captura de um rebanho; o que o leva a participar da guerra não é, pois, o dever em si, mas *l'honore*. Sua postura moral perante os príncipes, tal como é exigida no quarto livro, é assaz livre e independente. A teoria dos amores nobres (no terceiro livro) contém muitíssimas observações psicológicas apuradas as quais, porém, em sua melhor parte, pertencem ao domínio da natureza humana de um modo geral; e a grandiosa, quase lírica glorificação do amor ideal (no final do quarto livro) já não tem absolutamente nada a ver com o objeto específico da obra. Todavia, no *Cortigiano*, tanto quanto no *Asolani*, de Bembo, o nível altíssimo e invulgar da erudição da época evidencia-se na maneira pela qual os sentimentos apresentam-se refinados e analisados. Não é lícito, por certo, tomar esses autores dogmática e literalmente, mas é indubitável que discursos como os seus estavam presentes na sociedade mais nobre de seu tempo. Veremos mais adiante que essa roupagem não revestia a mera afetação, mas também uma paixão genuína.

No tocante às habilidades físicas, demanda-se inicialmente do *cortigiano* perfeição nos chamados exercícios cavalheirescos, além de muitas outras coisas que só se podiam exigir em uma corte cultivada, de existência regular e fundada na rivalidade pessoal — uma corte que, à época, inexistia fora da Itália. Várias dessas exigências baseiam-se, até moralmente, apenas num conceito genérico, quase abstrato de perfeição individual. O *cortigiano* deve estar familiarizado com todos os esportes nobres, inclusive com o salto, a corrida, a natação e a luta. Deve, principalmente, ser bom dançarino e (desnecessário dizer) eminente cavaleiro. Além disso, tem de dominar várias línguas — no mínimo, o italiano e o latim —, ser versado na literatura e possuir algum juízo crítico em matéria de artes plásticas. No domínio da música, exige-se dele até mesmo certo grau de virtuosidade prática, virtuosidade esta, aliás, que ele deve, tanto quanto possível, manter em segredo. Naturalmente, nada disso se reveste da seriedade absoluta que ele deve demonstrar no manejo das armas. Neutralizando-se mutuamente, todas essas qualidades dão origem precisamente ao indivíduo absoluto, no qual nenhuma delas predomina sobre as demais.

Certo é que, no século XVI, os italianos, na qualidade de mestres tanto na teoria de seus escritos quanto na prática de seus atos, tinham todo o Ocidente por discípulo, quer seja nos mais nobres exercícios físicos, quer no mais elevado decoro pertinente à vida social. No domínio da equitação, da esgrima e da dança, suas obras ilustradas e suas aulas deram o tom. A ginástica, desvinculada tanto do exercício para a guerra quanto da mera diversão, teve, talvez, em Vittorino da Feltre seu maior professor, permanecendo a partir de então pré-requisito para a educação superior. Decisivo a seu respeito é que ela era ensinada como uma arte; que exercícios compreendia e se aqueles que hoje predominam eram também os que se conheciam então, não somos capazes de precisar. Em que larga medida tinham por meta não apenas força e destreza, mas também a graça dos movimentos, evidencia-se não somente a partir daquilo que já conhecemos acerca da maneira de pensar da nação, como também de determinados registros de que dispomos. Basta lembrar o grande Frederico de Urbino comandando os jogos noturnos dos jovens sob seu cuidado.

Os jogos e as disputas populares italianas não se diferenciam fundamentalmente daqueles disseminados pelo restante do Ocidente. Nas cidades litorâneas, naturalmente, eles eram acrescidos das regatas, dentre as quais as de Veneza eram muito famosas.* O jogo clássico italiano era e é, como se sabe, o da bola, e também este deve ter sido praticado na Itália, já à época do Renascimento, com muito maior entusiasmo e brilho do que em qualquer outra parte da Europa. No tocante a essa suposição, contudo, não é possível colher evidências definitivas.

* Consta que estas tenham se originado das idas a Lido, para onde costumava-se ir para atirar com as bestas. A grande regata geral do dia de são Paulo foi oficializada já em 1315. No passado, também o cavalgar fora prática bastante difundida em Veneza, anteriormente à pavimentação das ruas e à transformação das pontes planas de madeira em pontes abauladas de pedra. Ainda Petrarca descreve um esplendoroso torneio de cavaleiros realizado na praça de São Marcos (*Epist. seniles*, IV, 2), e o doge Steno mantinha, por volta de 1400, uma cavalariça tão magnífica quanto a de qualquer príncipe italiano. De modo geral, porém, proibia-se desde 1291 a circulação de cavalos ao redor daquela praça. Mais tarde, naturalmente, os venezianos passaram a ser considerados maus cavaleiros.

Há que se falar aqui também da música.* Por volta de 1500, a composição musical encontrava-se predominantemente nas mãos da escola flamenga, admirada pela extraordinária maestria e originalidade de suas obras. Paralelamente a estas, contudo, havia já uma música italiana, sem dúvida algo mais próxima de nossa atual percepção musical. Meio século mais tarde, surge Palestrina, a cujo gênio poderoso ainda hoje nos submetemos. Dele, sabemos ainda que foi grande inovador, mas se foi ele ou se foram outros a dar o passo decisivo em direção à linguagem musical moderna, tal questão não se apresenta elucidada de modo a permitir ao leigo julgamento preciso. Deixemos de lado, pois, a história da composição musical e busquemos determinar a posição ocupada pela música na sociedade de então.

Altamente característica do Renascimento e da Itália é, acima de tudo, a rica especialização que se verifica no tocante à orquestra: a procura de novos instrumentos — isto é, novas sonoridades — e, em estreita conexão com isso, o virtuosismo — ou seja, a presença do elemento individual no que diz respeito a determinados ramos da música e a determinados instrumentos.

Dos instrumentos musicais capazes de produzir harmonia, não apenas o órgão como também o instrumento de cordas correspondente — o *gravicembalo* ou *clavicembalo* — são logo cedo aperfeiçoados e amplamente disseminados. Restos desses instrumentos, datados do princípio do século XIV, foram preserva-

* Uma passagem notável e extensa acerca da música, encontramo-la onde jamais nos ocorreria procurá-la: na *Macaroneida*. De maneira cômica, descreve-se ali um coral a quatro vozes, descrição por meio da qual nos é dado saber que se cantavam também canções francesas e espanholas, que a música tinha já seus inimigos (por volta de 1520) e que a orquestra de Leão X bem como o compositor Josquin de Prés — este pertencente a época anterior — eram os alvos primeiros do entusiasmo da época. As principais obras deste último são citadas. Também em seu *Orlandino* (III), publicado sob o pseudônimo de Limerno Pitocco, o mesmo autor (Folengo) retrata um fanatismo musical de caráter bastante moderno. Fora da Itália, praticamente ainda não se admitia que pessoas respeitáveis fossem músicos, o que gerou perigosa contenda na corte neerlandesa do jovem Carlos V. Henrique VIII, da Inglaterra, constituía exceção.

dos, adornados por figuras de autoria dos maiores pintores da época. O violino ocupava o lugar de honra, capaz já de conferir grande celebridade pessoal. Na corte de Leão X — que, ainda como cardeal, tinha a casa sempre repleta de cantores e músicos e que desfrutava de alta reputação como conhecedor e instrumentista —, tornaram-se famosos o judeu Giovan Maria e Jacopo Sansecondo. Ao primeiro, Leão X agraciou com o título de conde e com uma pequena cidade; o último, acredita-se que figura como Apolo no *Parnaso* de Rafael. No decorrer do século XVI formam-se, então, celebridades no âmbito de cada área da música. Lomazzo (por volta de 1580) nomeia os três maiores virtuoses surgidos no canto, no órgão, no alaúde, na lira, na viola de gamba, na harpa, na cítara, na trompa e na trombeta, e deseja ver seus retratos pintados nos próprios instrumentos.* Um juízo comparativo tão multifacetado seria, à época, provavelmente impensável fora da Itália, ainda que praticamente os mesmos instrumentos estivessem presentes em toda parte.

Tal riqueza de instrumentos evidencia-se particularmente em função do fato de que valia a pena colecioná-los por curiosidade. Em Veneza, cidade altamente musical, existiam várias dessas coleções, bastando a presença de certo número de virtuoses para que um concerto tivesse lugar imediatamente. (Em uma dessas coleções, podiam-se ver também muitos instrumentos construídos a partir de ilustrações e descrições antigas. Não nos é dito, entretanto, se alguém sabia tocá-los ou como eles soavam.) Convém não esquecer que tais objetos tinham apa-

---

* In *Trattato dell'arte della pittura* etc. No tocante à lira, Leonardo da Vinci e Afonso (o duque?) de Ferrara são citados. Em sua obra, Lomazzo reúne todas as celebridades do século, dentre elas vários judeus. A mais extensa enumeração de músicos famosos do século XVI — divididos em uma geração mais nova e outra mais velha —, encontramo-la em Rabelais, no "Novo prólogo" ao quarto livro de *Gargântua e Pantagruel*. Em Veneza, ainda bem cedo, um virtuose, o cego Francesco de Florença (morto em 1390), recebe a coroa de louros do rei de Chipre ali presente.

rência por vezes solenemente magnífica, provocando uma bela impressão quando agrupados. Como complemento, costumavam figurar também em coleções de outros objetos raros e artísticos.

Os instrumentistas propriamente ditos, à exceção dos verdadeiros virtuoses, são amadores isolados ou orquestras inteiras destes, reunidas sob forma corporativa, como em uma "academia". Muitos artistas plásticos eram versados também na música e, freqüentemente, mestres. Pelas mesmas razões que outrora haviam afastado Alcibíades e mesmo Palas Atena dos instrumentos de sopro, desaconselhava-se às pessoas de posição que os tocassem. A sociedade nobre apreciava o canto desacompanhado ou acompanhado por violinos, bem como o quarteto de cordas e, por sua multiplicidade, o cravo. O mesmo não acontecia com o canto a várias vozes, "pois uma única voz pode-se ouvir, apreciar e julgar bem melhor". Em outras palavras, uma vez que o canto, em que pese toda a modéstia convencional, permanece exibição particular do indivíduo social, é melhor que se ouça (e se veja) cada um isoladamente — afinal, pressupõe-se que o canto desperte os mais doces sentimentos nas ouvintes, razão pela qual é expressamente desaconselhado aos mais idosos, por melhor que estes toquem ou cantem. Era muito importante que o indivíduo produzisse uma impressão que mesclasse harmonicamente voz e figura. Em tais círculos, não se pode falar de um reconhecimento da composição musical enquanto obra de arte existente por si só. Em contrapartida, o conteúdo das palavras por vezes descrevia algum acontecimento terrível da vida do próprio cantor.

Evidentemente, esse diletantismo, tanto das camadas mais nobres quanto das médias, revelou-se, na Itália, muito mais disseminado e, ao mesmo tempo, próximo da verdadeira arte do que em qualquer outro país. Onde quer que o convívio social seja descrito, a presença do canto e dos instrumentos de corda é sempre mencionada com destaque. Centenas de retratos apresentam pessoas — em geral, certo número delas reunido — tocando ou, ao menos, com um alaúde ou outro instrumento qualquer nas mãos; nas próprias pinturas eclesiásticas, os concertos dos anjos mostram-nos em que larga medida os pintores estavam familiarizados com a figura vívida dos músicos. Sabe-se mesmo, por exemplo, de um alaudista de Pádua, Antonio Rota (morto em 1549), que ficou rico dando aulas particulares, tendo publicado inclusive um método para alaúde.

Em uma época na qual a ópera ainda não havia começado a concentrar e monopolizar o gênio musical, é lícito que imaginemos o cultivo da música como algo vário, inteligente e maravilhosamente singular. Em que medida esse universo sonoro ainda nos diria respeito, pudéssemos nós ouvi-lo novamente, é uma outra questão.

A POSIÇÃO DA MULHER

Para a compreensão das formas mais elevadas de sociabilidade presentes no Renascimento é, por fim, essencial saber que a mulher gozava da mesma consideração conferida ao homem. Não devemos nos deixar enganar pelas investigações sofísticas e, em parte, maldosas acerca da suposta inferioridade do belo sexo presentes aqui e ali nos escritores de diálogos, e tampouco por uma sátira como a terceira de Ariosto,* que contempla a mulher como uma criança crescida e perigosa que o homem precisa saber tratar, mas que dele permanece separada por um abismo. Tal afirmação, aliás, é, num certo sentido, verdadeira: precisamente pelo fato de a mulher culta encontrar-se em pé de igualdade com o homem, aquilo que, no casamento, costuma-se chamar a comunhão intelectual e espiritual, a complementação maior, não pôde florescer na Itália como, mais tarde, no universo bem-educado do Norte.

Sobretudo nas camadas mais elevadas da população, a educação da mulher é, em essência, idêntica à do homem. Não causa a menor preocupação aos italianos do Renascimento deixar

---

* A Annibale Maleguccio, por vezes também chamada quinta ou sexta sátira.

que a educação literária e mesmo filológica atue igualmente sobre suas filhas e filhos; uma vez que a cultura da Antiguidade é encarada como o bem supremo da vida, concedia-se de bom grado também às moças que dele desfrutassem. Já vimos a que nível de virtuosidade até mesmo as filhas dos príncipes chegaram na fala e na escrita do latim. Outras tinham, pelo menos, de compartilhar das leituras dos homens para poder acompanhar o assunto das conversas, em grande parte dominadas pelo tema Antiguidade. A isso veio juntar-se ainda o interesse ativo pela poesia italiana, através das *canzoni*, dos sonetos e da improvisação, o que tornou famoso certo número de mulheres, a começar pela veneziana Cassandra Fedele (final do século XV).* Vittoria Colonna pode mesmo ser chamada imortal. Se algo comprova o que foi afirmado acima, é sua poesia feminina com seu tom inteiramente masculino. Os sonetos de amor, tanto quanto os poemas religiosos, exibem caráter tão decidido e preciso, estão tão distantes da terna penumbra da paixão e de todo diletantismo, em geral vinculados à poesia feminina, que se poderia tomá-los por obras de um homem, caso o nome da autora, as informações de que dispomos e certas indicações formais não revelassem o contrário.

De fato, juntamente com a educação, desenvolve-se também o individualismo nas mulheres das camadas mais elevadas, de forma bastante semelhante à que ocorre com os homens — ao passo que, fora da Itália, e até a Reforma, a personalidade das mulheres, ainda que princesas, sobressai apenas em pequena medida. Exceções como Isabel da Baviera, Margarida de Anjou, Isabel de Castela e outras vêm à luz apenas sob circunstâncias bastante excepcionais, ou mesmo unicamente quando compelidas a tanto, por assim dizer. Na Itália, já ao longo de todo o século XV, as esposas dos soberanos, e sobretudo as dos condottieri, possuem quase todas uma fisionomia particular, reconhe-

---

* Ao passo que a participação das mulheres nas artes plásticas é extremamente reduzida.

cível, desfrutando de sua parcela de notoriedade e até mesmo de glória. A estas vem juntar-se, pouco a pouco, uma multidão de mulheres famosas dos mais variados tipos, embora seu traço distintivo tenha consistido somente no fato de que, nelas, disposição, beleza, educação, bons costumes e religiosidade formavam um todo harmônico. Não se pode aqui falar em uma particular "emancipação" consciente, porque esta existia naturalmente. A mulher de posição, tanto quanto o homem, ansiava então, necessariamente, por um desenvolvimento total e completo de sua personalidade, em todos os seus aspectos. Na mente e no coração, o mesmo desenvolvimento que torna o homem perfeito deve tornar perfeita também a mulher. No terreno da produção literária, não se exige dela papel ativo. Se poetisa, decerto se espera da mulher alguma manifestação poderosa da alma, mas não uma expressão particular de sua intimidade, sob a forma de diários ou romances. No público, tais mulheres não pensavam; cumpria-lhes, sobretudo, influenciar homens importantes, refreando assim a arbitrariedade destes.

O maior elogio que se podia fazer então às grandes mulheres italianas era dizer delas que tinham um espírito, uma índole masculina. Basta que atentemos para a postura inteiramente masculina da maioria das mulheres nos poemas heróicos, sobretudo os de Boiardo e Ariosto, para que percebamos tratar-se aqui de um ideal determinado. O epíteto de *virago*, tido no século XIX por cumprimento assaz ambíguo, constituía, à época, puro elogio. Carregava-o com grande brilho Caterina Sforza — esposa e, depois, viúva de Girolamo Riario, cuja herança, Forlì, ela defendeu com todas as suas forças, primeiramente contra o partido dos assassinos de seu marido e, mais tarde, contra César Borgia. Foi derrotada, mas conservou para si a admiração de todos os seus conterrâneos e o título de "prima donna d'Italia". Uma veia heróica dessa natureza é reconhecível em muitas das mulheres do Renascimento, ainda que nenhuma outra tenha encontrado semelhante oportunidade de atuar como heroína. Isabella Gonzaga exibe esse mesmo traço muito nitidamente.

Mulheres dessa estirpe podiam, pois, certamente, fazer ler em seu círculo novelas como as de Bandello, sem que com isso o convívio social sofresse qualquer dano. O gênio que preside esse convívio não é a feminilidade de hoje — ou seja, o respeito a determinados pressupostos, noções e mistérios —, mas a consciência da própria energia, da beleza e de um presente perigoso e repleto de oportunidades. É por essa razão que, paralelamente às formas mais comedidas de comportamento social, caminha algo que ao século XIX afigura-se como impudor; precisamente seu contrapeso, porém — isto é, a personalidade poderosa das mulheres italianas de outrora —, revelamo-nos incapazes de conceber.

É claro que, juntando todos os tratados e diálogos, não encontraremos qualquer afirmação decisiva a esse respeito, embora discuta-se ali extensamente acerca da posição, da capacidade das mulheres e acerca do amor.

O que parece ter faltado a essa sociedade, de um modo geral, foi a presença de mulheres jovens, mantidas zelosamente distantes dela, mesmo quando não educadas em conventos. É difícil dizer se sua ausência permitia liberdade maior às conversas ou se, ao contrário, esta última é que conduzia àquela.

Mesmo o convívio com as cortesãs parece, por vezes, assumir caráter mais elevado, como se o relacionamento dos antigos atenienses com suas *hetairai* pretendesse ali se renovar. A famosa cortesã romana Imperia era uma mulher inteligente e culta, que aprendera com um certo Domenico Campana a escrever sonetos e possuía ainda habilidades musicais;* a bela Isabella de Luna, de origem espanhola, era ao menos tida como divertida, exibindo, de resto, um composto singular de bondade e de uma língua terrivelmente ferina e insolente; em Milão, Bandello conheceu a majestosa Caterina di San Celso, que tocava, cantava e

---

* Aretino, em *Ragionamento del Zopino*, fala-nos de uma cortesã que sabia de cor Petrarca, Boccaccio, além de incontáveis e belos versos latinos de Virgílio, Horácio, Ovídio e mil outros autores.

recitava versos magnificamente e assim por diante. Conclui-se disso tudo que as pessoas famosas e inteligentes que visitavam e, de tempos em tempos, viviam com essas mulheres delas exigiam também qualidades intelectuais, e que as cortesãs mais famosas eram tratadas com a maior consideração. Mesmo após dissolvida a relação, preservar-se em boa conta perante elas constituía um propósito, o que demonstra que a paixão passada deixara para sempre impressão significativa. No todo, porém, e do ponto de vista intelectual, esse convívio não é comparável à sociabilidade permitida e oficial; os traços que deixou na poesia e na literatura são, predominantemente, de natureza escandalosa. É mesmo lícito e justo que nos espantemos com o fato de que, dentre as 6800 pessoas que compunham essa classe — segundo os números obtidos em Roma em 1490, antes, portanto, do aparecimento da sífilis —,* quase nenhuma mulher de maior talento e inteligência tenha se destacado; as acima citadas pertencem à época imediatamente posterior. O modo de vida, a moral e a filosofia das mulheres públicas — mais exatamente, a alternância veloz entre prazer, cobiça e profunda paixão —, bem como a hipocrisia e a maldade de algumas, mais idosas, encontram talvez sua melhor descrição nas novelas de Giraldi que compõem a introdução de seus *Arcatommithi*. Pietro Aretino, pelo contrário, retrata em seus *Ragionamenti* mais a sua própria intimidade do que a daquela desafortunada classe, como ela realmente era.

As amantes dos príncipes — conforme já se tratou aqui anteriormente, juntamente com os principados — são objeto da atenção de poetas e artistas; suas pessoas são, portanto, conhecidas de seus contemporâneos e da posteridade, ao passo que nada mais dispomos acerca de uma Alice Perries ou de uma Clara Dettin (amante de Frederico, o Vitorioso) além de

---

* Números estes que incluem apenas as mulheres públicas, não as concubinas. O número é, aliás, incrivelmente alto com relação à suposta população de Roma à época, o que talvez se deva a um erro de grafia.

seus nomes, e, no caso de Agnes Sorel, apenas de uma lenda antes fantasiosa do que verdadeira. Outra é a situação com relação às concubinas dos reis renascentistas Francisco I e Henrique II.

A VIDA DOMÉSTICA

Além da sociabilidade, também a vida doméstica do Renascimento merece nossa atenção. De um modo geral, está-se acostumado a ver como perdidamente corrupta a vida familiar dos italianos de outrora, em função da grande imoralidade reinante. Esse lado da questão será objeto do próximo segmento deste livro. Por ora, basta apontar para o fato de que a infidelidade conjugal não atuava tão destrutivamente sobre a família italiana quanto o fazia no Norte, contanto que certos limites não fossem ultrapassados.

A vida doméstica de nossa Idade Média era produto dos costumes reinantes ou, se se quiser, um produto natural mais elevado, baseado nos impulsos do desenvolvimento dos povos e na influência dos diferentes modos de vida, variando em função da posição social e da fortuna. A cavalaria, em seu apogeu, deixou intocada a vida doméstica; o cavaleiro vagava de corte em corte e de guerra em guerra; sua homenagem era endereçada sistematicamente a uma outra mulher que não a esposa, ao passo que em seu castelo, em casa, as coisas podiam correr como bem entendessem. O Renascimento, pela primeira vez, tentou organizar também a vida doméstica de forma consciente, ordenada e mesmo como uma obra de arte. Auxiliam-no nessa tarefa uma visão administrativa bastante desenvolvida e uma racionalidade maior na construção das casas. O principal, porém, é uma reflexão sensata acerca de todas as questões da vida em comum, da educação, da organização e do serviço doméstico.

O documento mais precioso a esse respeito é o diálogo de Agnolo Pandolfini acerca da condução de uma casa [*Trattato del* *governo della famiglia*].* Nele, um pai fala a seus filhos já adultos, iniciando-os em sua própria maneira de agir. Vemos o interior de uma casa grande e farta, que, se conduzida adiante com a mesma parcimônia sensata e moderação, promete felicidade e prosperidade para muitas gerações futuras. Uma respeitável porção de terra, que, com seus produtos, provê já a mesa de refeições e constitui a base de tudo, alia-se a uma atividade industrial — a tecelagem de seda ou lã. Moradia e alimentação revelam grande solidez. Tudo que se refere à disposição e organização da casa deve ser grande, duradouro e precioso; a vida em seu interior, a mais simples possível. Todos os demais gastos, dos grandes, envolvendo a honra da família, até os trocados para os filhos mais jovens, relacionam-se de forma não convencional, mas racional, com o restante. O mais importante, contudo, é a educação, que o chefe da casa dá não somente aos filhos, mas a todos que nela habitam. Primeiramente, transforma sua esposa, uma moça tímida, educada em cuidadosa reclusão, em uma segura senhora da criadagem, uma verdadeira dona de casa; em seguida, educa os filhos, sem qualquer rigor inútil, por meio de uma cautelosa vigilância e de conselhos, "mais com autoridade do que com a força"; por fim, escolhe e trata também seus empregados e criados segundo princípios tais que os vinculam, fiéis e satisfeitos, definitivamente à casa.

Há que se ressaltar ainda uma característica que, se não aparece exclusivamente nesse pequeno livro, é ali destacada com particular entusiasmo: o amor do italiano culto pela vida no campo. No Norte, à época, moravam no campo os nobres, em seus castelos nas montanhas, e os monges pertencentes às ordens mais importantes, em seus bem fechados monastérios. O burguês mais rico, contudo, entrava ano, saía ano, vivia na cidade. Na Itália, pelo contrário — ao menos no tocante às cercanias de determinadas cidades —, a segurança política e policial

---

* Pandolfini morreu em 1446. Leon Battista Alberti, a quem essa mesma obra é também atribuída, no ano de 1472.

era, por um lado, maior e a preferência pela vida fora das cidades, por outro lado, tão forte, que, para esse fim, tolerava-se até mesmo algum prejuízo em caso de guerra. Foi desse modo que surgiu a casa no campo do citadino abastado: a *villa*. Uma porção preciosa da herança da Antiguidade romana adquire, assim, nova vida, tão logo a prosperidade e a educação do povo revelam avanço suficiente.

Nosso autor encontra em sua vila nada além de paz e felicidade, mas a esse respeito cumpre que o próprio leitor o ouça falar [*Trattato del governo della famiglia*, p. 88]. O lado econômico da questão é que uma única propriedade deve, sempre que possível, conter tudo — grãos, vinho, azeite, pastagens e bosques — e que, por tais propriedades, paga-se caro, mas de bom grado, uma vez que elas tornam desnecessárias as futuras idas ao mercado para as compras. O prazer supremo, no entanto, revela-se nas palavras introdutórias ao assunto:

> Ao redor de Florença, localizam-se muitas vilas, desfrutando de atmosfera transparente como o cristal, uma paisagem risonha e uma vista magnífica. Ali, a neblina é pouca, os ventos não são ruinosos e tudo é bom, inclusive a água, pura e saudável. Das inúmeras construções, muitas se assemelham a palácios principescos, outras a castelos, suntuosas e ricas.

Pandolfini refere-se àquelas casas de campo modelares em seu gênero, a maioria das quais foi, em 1529, sacrificada pelos próprios florentinos em defesa — inútil — da cidade.

Nessas vilas, bem como nas de Brenta, das colinas lombardas, junto ao Posílipo e ao Vomero, o convívio social assumiu caráter mais livre e campestre do que nos salões dos palácios citadinos. Aqui e ali, descreve-se graciosamente o convívio hospitaleiro com os convidados, a caçada e as demais atividades conjuntas ao ar livre. Mesmo o mais profundo trabalho intelectual e a mais nobre poesia revelam-se, por vezes, marcados por uma tal vida no campo.

AS FESTIVIDADES

Se à contemplação da vida social ligamos a dos cortejos e encenações festivas, não o fazemos arbitrariamente. O esplendor artístico que a Itália do Renascimento trouxe à luz em tais ocasiões* só foi alcançado graças ao mesmo convívio de todas as camadas sociais, o que compõe também a base da sociedade italiana. No Norte, os monastérios, as cortes e os cidadãos tinham também, como na Itália, suas festas e encenações; lá, porém, elas se apresentavam separadas conforme o estilo e o conteúdo, ao passo que aqui, graças a uma educação e uma arte comuns a toda a nação, se haviam desenvolvido até um patamar elevado e coletivo. A arquitetura decorativa, que prestava seu auxílio a tais festividades, merece capítulo à parte na história da arte, embora se nos apresente apenas como imagem fantasiosa que temos de compor a partir das descrições que lemos. Interessa-nos aqui a festa em si, enquanto momento superior da vida do povo, momento no qual seus ideais religiosos, morais e poéticos assumem forma visível. As festividades italianas, em sua forma mais elevada, ilustram verdadeira transição da vida para a arte.

As duas principais modalidades de encenação por ocasião das festas são originalmente, como em todo o Ocidente, os mistérios — isto é, a dramatização da história sagrada ou das legendas — e a procissão — ou seja, o cortejo solene ocasionado por um motivo religioso qualquer.

No caso da Itália, as encenações dos mistérios eram já, de um modo geral, claramente mais suntuosas, numerosas e — em razão do desenvolvimento paralelo das artes plásticas e da poesia — de um gosto mais apurado do que em qualquer outra parte. Ao contrário do que ocorreu no restante do Ocidente, os mistérios não dão origem ali apenas à farsa, inicialmente, e, depois, às demais formas do drama profano, mas também, e desde

---

* Ver p. 291, na qual esse mesmo esplendor das encenações festivas é apontado como obstáculo para o desenvolvimento maior do drama.

cedo, à pantomima, acompanhada do canto e da dança e visando à beleza e riqueza do espetáculo.

Nas cidades planas, de ruas largas e bem pavimentadas da Itália,* o desenvolvimento da procissão dá origem ao *trionfo*, isto é, o cortejo de mascarados, em carros ou a pé — de início, com um significado preponderantemente religioso, depois adquirindo contornos cada vez mais seculares. Assim é que a procissão de Corpus Christi e o cortejo carnavalesco igualam-se no estilo faustoso que lhes é comum, estilo este que, depois, também os cortejos principescos assumirão. Entre os demais povos, o desejo de despender enormes somas nessas ocasiões está, por vezes, igualmente presente; somente na Itália, porém, desenvolveu-se um tratamento artístico desses cortejos, compondo-os de tal forma que deles resultasse um todo pleno de significados.

O que hoje resta dessas práticas não são senão meros e empobrecidos remanescentes do passado. Tanto os cortejos religiosos quanto os principescos despiram-se quase totalmente do elemento dramático, das máscaras e costumes, não apenas por temer o escárnio, mas também porque, por diversas razões, as classes cultas, que outrora dedicavam toda sua energia a tais práticas, já não são capazes de encontrar nelas qualquer prazer. Mesmo no Carnaval, os grandes cortejos de mascarados caíram em desuso. O que ainda sobrevive — algumas máscaras religiosas utilizadas nas procissões de certas confrarias, por exemplo, ou mesmo a festa de Santa Rosália em Palermo — revela nitidamente o quanto a alta cultura distanciou-se de tais coisas.

O florescimento total das festividades tem início somente com o triunfo decisivo do moderno, isto é, no século XV, se é que, também nesse aspecto, Florença não esteve à frente do restante da Itália. Ali, pelo menos, os bairros da cidade já se organizavam havia muito para encenações públicas que pressupõem

---

* Comparativamente às cidades do Norte.

um esforço artístico bastante grande. Exemplo disso foi a representação do inferno que teve lugar em 1º de maio de 1304, contando com barcos, uma armação construída sobre o Arno e durante a qual a ponte alla Carraia ruiu sob o peso dos espectadores. Também o fato de que, mais tarde, florentinos tenham viajado pelo restante da Itália na condição de organizadores de festividades — *festaiuoli* — demonstra seu precoce aperfeiçoamento nesse campo.

Se procurarmos detectar as causas essenciais da superioridade italiana sobre as demais nações no tocante às festividades, encontraremos, antes de mais nada, o senso desenvolvido para a representação do individual — ou seja, a capacidade de inventar e vestir uma máscara completa e de agir de acordo com ela. Pintores e escultores não prestaram seu auxílio somente na decoração do cenário, mas também na construção das personagens, definindo os trajes, a maquiagem e outros ornamentos. A segunda causa daquela superioridade é a total compreensibilidade do fundamento poético das encenações. No caso dos mistérios, esse fundamento era idêntico em todo o Ocidente, na medida em que as histórias bíblicas e as das vidas dos santos eram, já de início, conhecidas de todos. Em tudo o mais, porém, a Itália levava vantagem. Para as recitações de figuras sagradas ou profanas e ideais, dispunha de uma sonora poesia lírica, capaz de arrebatar igualmente a todos, grandes e pequenos. Além disso, a maior parte dos espectadores (nas cidades) compreendia as figuras mitológicas e podia, ao menos com maior facilidade do que em qualquer outra parte, adivinhar o significado das alegóricas e históricas, porque retiradas de um universo cultural amplamente difundido.

Este último aspecto pede definição mais precisa. A Idade Média, em sua totalidade, fora uma época essencialmente dominada pela alegoria. A teologia e a filosofia tratavam suas categorias de tal forma como entidades independentes que, aparentemente, não foi difícil à literatura e à arte acrescentar-lhes o que ainda lhes faltava para adquirirem personalidade. Nisso, todos os países do Ocidente encontram-se em um mesmo estágio;

seu universo de idéias é capaz, em toda parte, de gerar figuras cuja caracterização e atributos, entretanto, resultarão, de um modo geral, enigmáticos e impopulares. Isso se dava com freqüência também na Itália, e, aliás, tanto durante o Renascimento quanto para além dele. Para que isso ocorresse, bastava que um predicado qualquer referente a uma figura alegórica fosse traduzido por um falso atributo. O próprio Dante não está absolutamente a salvo de tais transposições errôneas, e é sabido que ele se vangloriava da obscuridade de suas alegorias. Petrarca, em seus *Trionfi*, deseja ao menos retratar nitidamente, ainda que de forma breve, as figuras do Amor, da Castidade, da Morte, da Fama etc. Outros, pelo contrário, sobrecarregam suas alegorias com atributos simplesmente falsos. Nas *Sátiras* de Vinciguerra, por exemplo, a Inveja é retratada com "rudes dentes de ferro", a Gula, mordendo seus próprios lábios, com cabelos desgrenhados e embaraçados — esta última característica, provavelmente, para evidenciar-lhe a indiferença a tudo que não seja comida. Quão ruins esses mal-entendidos foram para as artes plásticas, não nos é possível discutir aqui. Tanto quanto a poesia, elas podiam dar-se por felizes com a possibilidade de se expressar alegoricamente por meio de uma figura mitológica, ou seja, por meio de uma forma artística garantida pela Antiguidade contra o absurdo, empregando a figura de Marte para representar a guerra, a de Diana para representar o prazer pela caça e assim por diante.

Mas houve também, na arte e na literatura, alegorias mais bem-sucedidas. Das figuras desse tipo que se apresentavam nos cortejos festivos italianos, será lícito supor que o público as queria nítida e expressivamente caracterizadas, uma vez que sua educação o aparelhara para compreendê-las. Fora da Itália, sobretudo na corte de Borgonha, toleravam-se ainda, a essa mesma época, figuras bastante vagas, meros símbolos até, uma vez que ser — ou parecer — um iniciado na arte de compreendê-las era ainda questão de fidalguia. Por ocasião do famoso "Juramento do faisão", em 1453, a bela e jovem amazona que se apresenta como a "Rainha do prazer" constitui a única alegoria satisfatória; os ornamentos colossais sobre a mesa, com seus autômatos e figuras vivas, são meros divertimentos ou estão presos a uma interpretação moral compulsória e insípida. Com uma estátua de uma mulher nua a guardar um leão vivo, postada junto ao bufê, pretendia-se representar Constantinopla e seu futuro salvador: o duque de Borgonha. O restante, à exceção de uma pantomima (Jasão na Cólquida), afigura-se bastante complexo em seu significado, ou totalmente desprovido deste. O próprio Olivier, que nos descreve a festa, aparece caracterizado como "Igreja", no interior de uma torre sobre o dorso de um elefante conduzido por um gigante, e canta um longo lamento acerca do triunfo dos descrentes.

Mas, se, de um modo geral, as alegorias dos poemas, obras de arte e das festividades italianas revelam-se superiores em matéria de bom gosto e concatenação, elas não constituem o ponto forte dessa superioridade da Itália sobre as demais nações. A vantagem decisiva situava-se muito mais no fato de que ali se conhecia, além das personificações do genérico, também uma grande quantidade de representantes históricos desse mesmo genérico: estava-se acostumado tanto à representação literária quanto plástica de inúmeros indivíduos famosos. A *Divina comédia*, os *Trionfi*, de Petrarca, a *Amorosa visione*, de Boccaccio — todas elas, obras fundadas nesse fato —, e, mais, toda a enorme expansão da educação operada pela influência da Antiguidade, haviam familiarizado a nação com esse elemento histórico. Agora, pois, tais figuras apareciam, também nos cortejos festivos, totalmente individualizadas, sob a forma de máscaras determinadas, ou, pelo menos, compondo grupos, na qualidade de acompanhamento característico de uma figura ou elemento alegórico principal. Assim é que, na Itália, aprendeu-se a compor grupos alegóricos a uma época na qual, no Norte, as mais esplêndidas encenações estavam divididas entre uma simbologia impenetrável e um jogo colorido, mas desprovido de qualquer significado.

Trataremos aqui, primeiramente, aquela que é, talvez, a mais antiga manifestação desse gênero: os mistérios. Estes, em geral, assemelham-se àqueles do restante da Europa. Também na Itália, nas praças públicas, nas igrejas, nos claustros dos monastérios, grandes estruturas são erguidas contendo, na parte superior, um paraíso que pode ser aberto ou fechado e, por vezes, um inferno na parte inferior; entre um e outro, encontra-se a cena propriamente dita, exibindo, lado a lado, todos os cenários terrenos nos quais se desenrola a ação. Não raro, o drama bíblico ou legendário principia, também ali, com um diálogo introdutório entre apóstolos, patriarcas da Igreja, profetas, sibilas e virtudes, concluindo — conforme as circunstâncias — com uma dança. Compreensivelmente, não faltam na Itália os *intermezzi* semicômicos com atores secundários, mas esse elemento não se destaca ali tão grosseiramente quanto no Norte. A utilização de mecanismos para erguer e baixar os atores, fazendo-os pairar no ar — um atrativo central no que diz respeito ao público —, era prática provavelmente muito mais disseminada na Itália do que em qualquer outra parte: entre os florentinos, já no século XIV encontramos comentários zombeteiros sempre que o artifício era empregado com pouca habilidade. Pouco depois, Brunelleschi inventou para a festa da Anunciação, na praça San Felice, um aparato de indescritível engenho: uma abóbada celeste em torno da qual pairavam dois círculos de anjos, de onde Gabriel desce até o chão em certa máquina de formato semelhante ao de uma amêndoa. Cecca também contribuiu com idéias e mecanismos desenvolvidos para festas semelhantes. As confrarias eclesiásticas ou os bairros que assumiam a organização dessas festas e, por vezes, a própria encenação exigiam, ao menos nas cidades maiores, e proporcionalmente a sua riqueza, o emprego de todos os meios artísticos disponíveis em sua realização. O mesmo pode-se supor com relação às grandes festas principescas nas quais, paralelamente ao drama profano ou à pantomima, também mistérios eram encenados. A corte de Pietro Riario, a de Ferrara e outras decerto não deixaram faltar a tais festas todo o esplendor que a imaginação humana é capaz de produzir. Se imaginarmos o talento cênico e os ricos trajes dos atores; a representação dos lugares em que se desenvolve a ação por meio de cenários construídos ao estilo arquitetônico da época, com o auxílio de guirlandas e tapeçarias; se imaginarmos, por fim, como pano de fundo, as faustosas edificações da praça de uma grande cidade ou as esbeltas colunatas do pátio de um palácio ou de um grande monastério, resultará daí um quadro de absoluta riqueza. Entretanto, assim como o drama profano acabou sendo prejudicado por tamanho aparato, também o desenvolvimento poético mais elevado dos mistérios deve ter sido inibido pela prevalência desmesurada desse mesmo aspecto da encenação. Nos textos que foram preservados, encontramos uma textura dramática em geral bastante pobre, com algumas belas passagens lírico-retóricas, mas nada comparável àquele grandioso ímpeto simbólico que distingue os *autos sacramentales* de um Calderón.

Em cidades menores, onde as encenações eram mais pobres, é possível que o efeito desses dramas religiosos sobre o espírito das pessoas tenha sido mais forte. Casos houve como, por exemplo, o daquele grande pregador de que falamos anteriormente, Roberto da Lecce, que, em 1448, quando grassava a peste em Perugia, encerrou seu ciclo de sermões quaresmais com uma encenação da Paixão: o número de personagens em cena era pequeno, mas o povo todo chorava alto. É certo que, em tais ocasiões, empregavam-se meios para comover o público retirados da esfera do mais árido naturalismo. Que o autor, representando Cristo, tenha entrado em cena coberto de vergões, ao que parece transpirando sangue e até mesmo sangrando por uma ferida lateral em seu corpo, lembra-nos as pinturas de um Matteo da Siena, ou os grupos em argila de um Guido Mazzoni.

Desconsiderando-se certas grandes festas religiosas, os casamentos entre príncipes e acontecimentos semelhantes, as ocasiões especiais que ensejavam a encenação dos mistérios são bastante variadas. Quando, por exemplo, são Bernardino de Siena foi canonizado pelo papa (1450), uma espécie de imitação dramática (*rappresentazione*) de sua canonização teve lugar, provavelmente, na grande praça de sua cidade natal, acompanhada de comidas e bebidas para todos. Ou, para citar outro exemplo, um monge erudito celebra a obtenção do grau de doutor em teologia mediante a encenação da vida do padroeiro de sua cidade. Mal o rei Carlos VIII descera até a Itália, a duquesa viúva Bianca de Savóia recebeu-o em Turim com uma espécie de pantomima semi-religiosa apresentando, primeiramente, uma cena pastoril — "a lei da natureza" — e, depois, uma procissão de patriarcas — "a lei da misericórdia"; a ambas seguiram-se as histórias de Lancelote do Lago e as "de Atenas". Tendo, então, chegado a Chieti, o rei era já aguardado por nova pantomima, esta exibindo uma parturiente rodeada de visitas ilustres.

Contudo, se alguma festa religiosa tinha o direito de demandar o maior dos esforços, esta era a de Corpus Christi, à qual, na Espanha, vinculava-se aquele gênero particular de poesia há pouco mencionado. Na Itália, dispomos ao menos da pomposa descrição da festa celebrada por Pio II em 1462, em Viterbo. A procissão propriamente dita, partindo de uma tenda colossal e suntuosa diante de San Francesco e, pela rua principal, caminhando em direção à praça da catedral, era a parte menos importante da celebração. Os cardeais e prelados mais ricos haviam repartido entre si os trechos do trajeto, cuidando não apenas de cobri-los com panos, para que se caminhasse à sombra, com tapeçarias, guirlandas etc., mas erigindo ainda, cada um deles, um palco próprio onde, ao longo da procissão, breves cenas históricas e alegóricas eram encenadas. Não se percebe muito claramente pelo relato se todas as personagens foram representadas por pessoas ou se algumas o foram por figuras vestidas para tal, mas, seja como for, o gasto foi bastante grande. Viam-se querubins a cantar, envolvendo o Cristo em seu sofrimento, uma ceia vinculada à figura de são Tomás de Aquino, a luta do arcanjo Miguel com os demônios, fontes jorrando vinho, orquestras de anjos, o Santo Sepulcro, toda a cena da Ressurreição e, finalmente, na praça da catedral, o túmulo de Maria abrindo-se ao final da missa solene e da bênção: carregada por anjos, a Mãe de Deus ascendeu cantando ao Paraíso, onde Cristo a coroou e conduziu até o Padre Eterno.

Na série de encenações ocorridas ao longo da rua principal, destacam-se particularmente, pela pompa e pela obscuridade da alegoria, aquelas a cargo do cardeal e vice-chanceler Rodrigo Borgia — mais tarde, Alexandre VI. Nelas entra em cena também o gosto, então recente, pelas salvas de artilharia em ocasiões festivas, bastante características da casa dos Borgia.

Pio II é mais breve em seu relato acerca da procissão acontecida naquele mesmo ano em Roma, contando com o crânio de santo André, recém-adquirido da Grécia. Também nessa ocasião, Rodrigo Borgia distinguiu-se por sua pompa extraordinária; de resto, porém, a festividade tinha algo de profano, na medida em que, além dos sempre presentes coros de anjos, exibia ainda outras máscaras e mesmo "homens fortes" — ou seja, alguns Hércules — possivelmente apresentando todo tipo de exercícios físicos.

As encenações pura ou preponderantemente profanas visavam essencialmente, sobretudo nas cortes principescas maiores, ao esplendor visual. Seus elementos constitutivos compunham um contexto mitológico e alegórico, tanto quanto um tal contexto se deixava, de bom grado, apreender. O caráter barroco jamais faltava a tais encenações. De gigantescas figuras animais saíam, subitamente, legiões de mascarados, como, por exemplo, quando da recepção a um príncipe em Siena (1465), ocasião em que todo um balé de doze pessoas surgiu do interior de uma loba dourada. Outras vezes, eram ornamentos de mesa a adquirir vida, ainda que não naquela dimensão desprovida de significado verificada na corte do duque de Borgonha. Em sua maior parte, porém, essas encenações exibiam traços artísticos e poéticos. Já descrevemos aqui, ao tratar da poesia, a mistura do drama com a pantomima na corte de Ferrara. Mundialmente famosas tornaram-se as festividades promovidas em Roma pelo cardeal Pietro Riario em 1473, quando da passagem por aquela cidade da noiva destinada ao príncipe Ercole de Ferrara, Leonora de Aragão. Os dramas ali encenados são ainda simples mistérios de conteúdo puramente religioso; as pantomimas, ao contrário, são mitológicas, exibindo Orfeu com os animais, Perseu e Andrômeda, Ceres puxada por dragões, Baco e Ariadne por panteras, e a educação de Aquiles. Segue-se, então, um balé executado por amantes famosos de tempos imemoriais e por um grupo de ninfas, interrompido, por sua vez, por um ataque de centauros predatórios, aos quais Hércules vence e põe em fuga. Um detalhe pequeno mas significativo no tocante à percepção formal da época é o seguinte: quando, em todas as festas, personagens vivas figuravam como estátuas em nichos, pilares e arcos triunfais, revelando-se enquanto tais por meio do canto e da declamação, sua cor natural e os trajes normais que vestiam autorizavam-nas a tanto; nos salões de Riario, contudo, podia-se ver, entre outras coisas, uma criança viva e, não obstante, dourada dos pés à cabeça lançando em torno de si a água de uma fonte.

Pantomimas magníficas desse tipo tiveram lugar também em Bolonha, por ocasião do casamento de Annibale Bentivoglio com Lucrezia de Este. Em vez da orquestra, coros cantavam, enquanto as mais belas dentre as ninfas de Diana fugiam para junto de Juno Pronuba, e Vênus, acompanhada de um leão — nesse caso, apenas um homem disfarçado de leão —, movia-se por entre um balé executado por selvagens. Bastante fiel à natureza, a decoração reproduzia um bosque. Em Veneza, em 1491, as princesas da casa dos Este foram recepcionadas pelo Bucentauro, e sua presença ali foi celebrada com regatas e uma suntuosa pantomima intitulada *Meleager*, no pátio do palácio ducal. Em Milão, Leonardo da Vinci comandava as festas do duque e de outros grandes. Uma de suas máquinas — capaz, por certo, de rivalizar com aquela de Brunelleschi — reproduzia os corpos celestes em movimento numa escala colossal; cada vez que um planeta se aproximava da noiva do jovem duque, Isabella, a divindade correspondente saía do globo para cantar versos compostos pelo poeta da corte, Bellincioni (1489). Por ocasião de outra festa (1493), apresentou-se já, entre outras atrações, o modelo para a estátua eqüestre de Francesco Sforza, colocado sob um arco do triunfo na praça defronte do castelo. Sabe-se ainda, por meio de Vasari, com que engenhosos autômatos Leonardo auxiliou, logo a seguir, nas boas-vindas aos reis da França, na qualidade de soberanos de Milão.

Também nas cidades menores os esforços despendidos em tais festividades eram, por vezes, consideráveis. Quando, em 1453, o duque Borso dirigiu-se a Reggio para ser homenageado, foi recebido às portas da cidade com uma grande máquina sobre a qual são Próspero, o padroeiro, parecia pairar à sombra de um baldaquim sustentado por anjos, enquanto, sob o santo, um disco giratório abrigava um coro de oito anjos, dois dos quais rogavam ao padroeiro pelo cetro e pelas chaves da cidade para entregá-los ao duque. Em seguida, entrou em cena um tablado movido por cavalos ocultos e contendo um trono vazio, atrás do qual se via a Justiça com um gênio a servi-la; nos cantos, quatro anciãos portadores das leis apresentavam-se circundados por seis anjos carregando bandeiras; de ambos os lados, cavaleiros vestindo armaduras também portavam bandeiras. Desnecessário dizer que tanto o gênio quanto a deusa não deixaram partir o carro levando o duque sem antes endereçar-lhe um discurso. Um segundo carro — ao que parece, puxado por um unicórnio — levava uma Caritas com um archote a arder. Entre um carro e outro, não se renunciou ao antigo prazer de fazer figurar ainda um terceiro, em forma de navio, conduzido adiante por homens ocultos em seu interior. Os três — este último e as duas outras alegorias — avançaram, então, levando o duque. Já diante de São Pedro, porém, o cortejo deteve-se novamente. Ali, o santo, envolto por uma auréola e escoltado por dois anjos, desceu da fachada da igreja até o duque, depositou-lhe uma coroa de louros sobre a cabeça e alçou vôo novamente, rumo à posição anterior. O clero cuidara ainda de providenciar outra alegoria, de caráter puramente religioso: postadas sobre duas altas colunas, viam-se a Idolatria e a Fé. Tendo esta última, uma bela jovem, concluído sua saudação, a outra coluna veio abaixo, juntamente com a figura que ostentava em seu topo. Em seguida, Borso depara com um César acompanhado de sete belas mulheres, as quais apresenta ao duque como as virtudes que este deve perseguir. Chega-se, então, finalmente, à catedral, diante da qual, terminada a missa, Borso torna a se acomodar em um alto trono dourado, sendo ali, mais uma vez, saudado por parte das máscaras já mencionadas. O fecho da cerimônia ficou a cargo de três anjos que, descendo de uma edificação próxima e ao som de agradáveis cantos, entregam ao duque ramos de palmeira, como símbolos da paz.

Tratemos agora daquelas festividades nas quais o cortejo em si constitui o elemento principal.

Indubitavelmente, as procissões religiosas ofereciam oportunidade para o emprego de máscaras desde o princípio da Idade Média — usassem-nas os anjos que acompanhavam pelas ruas o Sacramento, as imagens de santos e as relíquias, ou as personagens da Paixão presentes nas procissões, tais como o Cristo com a cruz, os ladrões, os soldados e as mulheres devotas. Às grandes cerimônias religiosas, no entanto, vincula-se logo cedo a idéia de um cortejo cívico que, à maneira ingênua da Idade Média, comporta uma série de elementos profanos. Notável é, sobretudo, o carro em forma de navio — o *carrus navalis* herdado do paganismo —, que, como se pôde perceber no exemplo citado acima, podia ser empregado em festividades de caráter bastante diverso e teve seu nome associado acima de tudo ao Carnaval. Um tal navio — peça suntuosa, decorada com toda a graça — podia decerto proporcionar apenas prazer aos olhos dos espectadores, sem que estes tivessem qualquer consciência de seu significado primitivo. Quando, por exemplo, Isabel da Inglaterra foi ao encontro de seu noivo, o imperador Frederico II, em Colônia, recebeu-a certo número de tais carros, puxados por cavalos ocultos e portando padres a tocar e cantar.

Entretanto, a procissão religiosa podia não apenas fazer-se magnífica utilizando-se de todo tipo de complementos, como também ser diretamente substituída por um cortejo de máscaras eclesiásticas. Oportunidade para tanto podia já oferecer, talvez, um cortejo de atores cruzando as ruas de uma cidade em direção ao local onde iriam representar um mistério. É possível, porém, que um gênero de procissão eclesiástica tivesse já se desenvolvido em um período anterior, e independentemente de um tal fator. Dante descreve o *trionfo* de Beatriz — com seus 24 anciãos do Apocalipse, suas quatro Bestas místicas, as três Virtudes cristãs e as quatro cardeais, com são Lucas, são Paulo e outros apóstolos ["Purgatório", XXIX e XXX]. E descreve-o de tal forma que somos quase obrigados a pressupor a efetiva ocorrência de tais cortejos numa época anterior. Denuncia-o principalmente o carro em que vai Beatriz, carro este que seria desnecessário ou mesmo extravagante na miraculosa floresta da visão. Ou teria Dante considerado o carro apenas um símbolo essencial do triunfo? Não teria precisamente o seu poema se transformado no estímulo para o surgimento de tais cortejos, cuja forma tomara emprestada do triunfo dos imperadores romanos? Seja como for, o certo é que a poesia e a teologia aferraram-se ao emprego do símbolo. Savonarola, em seu *Triunfo da cruz*, apresenta Cristo sobre um carro triunfal, tendo sobre a cabeça a esfera luminosa da Trindade, à mão esquerda a cruz, à direita, ambos os Testamentos e, logo abaixo de si, a Virgem Maria; à frente do carro vão os patriarcas, profetas, apóstolos e pregadores; de ambos os lados, os mártires e os doutores com seus livros abertos; atrás dele, toda a multidão de convertidos e, a uma distância maior, a incontável massa de inimigos, imperadores, poderosos, filósofos, hereges — todos vencidos, seus ídolos destruídos e seus livros queimados. (Uma grande composição de Ticiano, conhecida apenas em forma de xilogravura, aproxima-se consideravelmente dessa descrição.) Das treze elegias de Sabellico à Mãe de Deus, a nona e a décima contêm uma descrição pormenorizada de um cortejo triunfal tendo a própria Virgem por objeto. Ricamente adornado de alegorias, esse cortejo revela-se interessante principalmente em razão do mesmo caráter antivisionário e espacialmente real que a pintura realista do século XV empresta a tais cenas.

Muito mais freqüentes do que esses *trionfi* religiosos eram os de natureza profana, tendo por modelo imediato os cortejos dos imperadores romanos, conhecidos a partir de baixos-relevos datados da Antiguidade, conhecimento este complementado pela obra dos escritores. A concepção de história dos italianos de outrora, à qual tudo isso se vincula, já foi tratada aqui anteriormente.

Inicialmente, havia, vez por outra, as entradas triunfais e reais dos conquistadores vitoriosos nas cidades conquistadas, ocasiões essas que se procurava aproximar, tanto quanto possível, daquele modelo já mencionado, mesmo que em desacordo com o gosto do próprio vitorioso em questão. Francesco Sforza, por ocasião de sua entrada em Milão (1450), teve força suficiente para recusar o carro triunfal já pronto à sua espera, por considerá-lo uma superstição dos reis. Afonso, o Grande, quando de sua entrada em Nápoles (1443), absteve-se pelo menos de usar a coroa de louros, que, como se sabe, Napoleão não desdenhou quando de sua coroação em Notre-Dame. No mais, o cortejo de Afonso (entrando por uma brecha na muralha e atravessando a cidade até a catedral) apresentou uma estranha mistura de elementos antigos, alegóricos e puramente burlescos. Puxado por quatro cavalos brancos, o carro que o levava sentado em um trono era todo dourado e de uma altura portentosa; vinte patrícios seguravam as hastes do baldaquim de brocado de ouro sob cuja sombra ele ia. A parte do cortejo a cargo dos florentinos presentes consistia em jovens e elegantes cavaleiros brandindo com arte suas lanças, em um carro levando a Fortuna e em sete Virtudes avançando a cavalo. De acordo com as leis inexoráveis da alegoria, às quais, à época, mesmo os artistas plásticos por vezes se submetiam, a figura da Fortuna exibia cabelos apenas na parte frontal da cabeça, calva em sua porção posterior, e o gênio, postado em um patamar inferior do carro e representando a fugacidade da sorte, tinha os pés imersos em uma bacia d'água (?). Em seguida ao carro da Fortuna, e adornado pelos mesmos florentinos, vinha um grupo de cavaleiros vestindo trajes de diferentes povos, caracterizados inclusive como príncipes e nobres estrangeiros; depois, no alto de um carro, postado sobre um globo terrestre giratório e ostentando uma coroa de louros, um Júlio César,* que, após explicar ao rei em versos

---

* Constitui uma das verdadeiras ingenuidades do Renascimento que se destinasse à Fortuna tal posição. Quando da entrada de Maximiliano Sforza em Milão (1512), figurava ela — na qualidade de figura principal de um arco

italianos todas as alegorias vistas até então, reassumiu seu lugar no cortejo. Sessenta florentinos, todos vestindo púrpura e escarlate, deram o fecho a essa faustosa exibição festiva do esplendor de sua terra. Sucedeu-lhes, então, um grupo de catalães a pé, levando figuras de cavalos atadas ao corpo, na frente e atrás, e simulando uma batalha contra um bando de turcos, como que a escarnecer da grandiloqüência dos florentinos. Logo a seguir, entrou em cena uma portentosa torre cuja porta era guardada por um anjo empunhando uma espada; no alto da torre, viam-se novamente quatro Virtudes, cada uma das quais saudou o rei com uma canção. No mais, a pompa do cortejo não apresentou nada de particularmente característico.

Em 1507, por ocasião da entrada de Luís XII em Milão, além do inevitável carro com as Virtudes, havia ainda um quadro vivo apresentando Júpiter, Marte e uma Itália envolta numa grande rede, ao que se seguiu um outro carro carregado de troféus e assim por diante.

Onde, porém, não havia na realidade cortejo triunfal algum a celebrar, a poesia ressarciu-se a si própria e aos príncipes dessa ausência. Petrarca e Boccaccio tinham já incluído os representantes de todo tipo de glória no rol dos acompanhantes ou no círculo ao redor de uma figura alegórica; as celebridades do passado, então, passam a integrar o séquito do príncipe. Foi dessa forma que Cleofe Gabrielli, uma poetisa de Gubbio, cantou Borso de Ferrara em seus versos, dando-lhe por séquito sete rainhas (representando as artes liberais), na companhia das quais ele se postou no alto de um carro; deu-lhe ainda legiões de heróis, cada um carregando escrito na testa seu próprio nome, para que se pudesse mais facilmente distingui-los um do outro; atrás destes, seguem todos os poetas famosos e, depois, os deuses levados por carros. Por essa época, o desfile de carros contendo figuras mitológicas e alegóricas é absolutamente infindá-

---

do triunfo — acima da Fama, da Esperança, da Audácia e da Penitência, todas representadas por figuras vivas.

vel, e até mesmo a mais importante obra de arte que nos restou dos tempos de Borso — a série de afrescos no palácio Schifanoia — exibe todo um friso ostentando esse mesmo conteúdo. Ao pintar a *Camera della Segnatura*, Rafael encontrou essa tendência artística já desgastada e aviltada, e a maneira pela qual logrou dar-lhe derradeira consagração permanecerá para sempre objeto de admiração.

Os verdadeiros cortejos triunfais dos conquistadores constituíam apenas exceções. Todo cortejo festivo, contudo, tivesse ele lugar para enaltecer um acontecimento qualquer ou apenas em função de si próprio, assumia, em maior ou menor grau, o caráter e, quase sempre, o título de um *trionfo*. É de admirar que os enterros não fossem também incluídos nessa categoria.

No Carnaval, por exemplo, mas também em outras ocasiões, apresentavam-se os *trionfi* de certos comandantes da Roma antiga, como o de Paulo Emílio (sob Lourenço, o Magnífico) e o de Camillus (por ocasião da visita de Leão X), em Florença, ambos sob a direção do pintor Francesco Granacci. Em Roma, a primeira exibição completa desse gênero, sob Paulo II, foi o *trionfo* de Augusto após a vitória sobre Cleópatra, exibição que contou não somente com as máscaras cômicas e mitológicas (que, aliás, não faltavam aos *trionfi* da Antiguidade), como também com todos os demais requisitos: reis acorrentados, inscrições em seda contendo decretos do povo e do Senado, um Senado vestido à maneira antiga — com edis, questores, pretores etc. —, quatro carros repletos de mascarados a cantar e ainda, sem dúvida, outros contendo troféus. Cortejos havia também que reproduziam a velha dominação mundial romana em termos mais gerais e, em vista do perigo turco efetivamente presente, vangloriavam-se apresentando, por exemplo, um desfile de camelos conduzindo prisioneiros turcos. Mais tarde, no Carnaval de 1500, César Borgia mandou encenar, com uma atrevida alusão a si próprio, o *trionfo* de Júlio César, contando com onze suntuosos carros e, com certeza, para o escândalo dos peregrinos vindos para o jubileu.

Trionfi de um significado mais genérico, mas muito mais bonitos, foram os apresentados por duas sociedades rivais de Florença em comemoração à eleição de Leão X, em 1513. Um deles exibia os três períodos da vida humana; o outro, as eras mundiais, estas engenhosamente caracterizadas em cinco quadros retirados da história romana e duas alegorias retratando a idade de ouro de Saturno e, por fim, o seu retorno. A ornamentação bastante imaginosa dos carros, sempre que grandes artistas florentinos a ela se dedicavam, causava uma tal impressão que se reputava desejável uma reapresentação permanente e periódica desses espetáculos. Até então, as cidades submetidas contentavam-se em simplesmente enviar seus presentes simbólicos (tecidos preciosos e velas de cera) na data em que, anualmente, rendiam sua homenagem; agora, entretanto, a corporação dos mercadores mandava construir dez carros (aos quais, posteriormente, outros se juntaram), não tanto para carregar os tributos, mas mais para simbolizá-los. Andrea del Sarto, que decorou alguns deles, deu-lhes certamente a mais magnífica aparência. Carros contendo tributos e troféus faziam parte já de todas as ocasiões festivas, mesmo quando não se dispunha de muito para gastar. Em 1477, os habitantes de Siena proclamaram a aliança entre Ferrante e Sisto IV — à qual eles também pertenciam — fazendo desfilar um carro no qual figurava uma pessoa "vestida como a deusa da paz, tendo sob os pés uma couraça e outras armas".

Nas festividades venezianas, a procissão não dos carros mas de embarcações sobre a água atingiu magnificência maravilhosa e fantástica. A partida do Bucentauro para recepcionar as princesas de Ferrara, em 1491, é-nos descrita como um espetáculo absolutamente fabuloso. Puxavam-no adiante inúmeras embarcações adornadas com tapeçarias e guirlandas, levando jovens vestidos de forma esplendorosa; em torno dos barcos, pairavam gênios alçados por certa máquina, exibindo atributos dos deuses; agrupados mais abaixo, viam-se outros, sob a forma de tritões e ninfas; por toda a parte havia canto, perfumes e o tremular de bandeiras bordadas a ouro. Essa multidão de barcos de todos os tipos que seguia o Bucentauro era tal que a uma distância de uma milha adiante não se via a água. Quanto às demais festividades, além da já citada pantomima, digna de menção como algo novo é particularmente uma regata disputada por cinqüenta moças robustas.

No século XVI, a nobreza encontrava-se dividida em corporações especiais, no que se refere à celebração de tais festas. O principal elemento destas consistia então em determinada máquina gigantesca montada sobre uma embarcação. Assim é que em 1541, por exemplo, por ocasião de uma festa dos *Sempiterni*, um "universo" redondo navegou pelo grande canal e, em seu interior, teve lugar suntuoso baile. O Carnaval em Veneza era famoso também por seus bailes, cortejos e encenações de toda sorte. Por vezes, julgava-se até mesmo a praça de São Marcos ampla o suficiente para abrigar não somente torneios, mas também *trionfi* semelhantes àqueles realizados no continente. Certa feita, por ocasião de uma festa em comemoração à paz, as irmandades (*scuole*) religiosas encarregaram-se cada uma de um segmento de um tal cortejo. Entre candelabros dourados com velas vermelhas de cera, entre legiões de músicos e meninos alados carregando taças e cornucópias de ouro, via-se, então, um carro no qual iam Noé e Davi, sentados lado a lado em um trono; em seguida, vinham Abigail, conduzindo um camelo carregado de tesouros, e um segundo carro trazendo figuras de cunho político — a Itália, entre Veneza e Ligúria, e, em um patamar mais elevado, três gênios femininos com os brasões dos príncipes aliados. Seguia-se, entre outras coisas, um globo terrestre com, ao que parece, as constelações circundando-o. Sobre outros carros, iam aqueles príncipes, representados de corpo inteiro, juntamente com seus servidores e brasões, se interpretamos corretamente as palavras do autor.

O Carnaval propriamente dito, independentemente dos grandes cortejos, não tinha talvez em parte alguma fisionomia tão variada quanto em Roma. Havia ali, primeiramente, uma grande riqueza em modalidades as mais diversas de corridas: corridas de cavalos, de búfalos, de burros e ainda de velhos, de moços, de judeus etc. Paulo II decerto alimentava a massa popular defronte ao Palazzo di Venezia, onde morava. Os jogos na Piazza Navona, que talvez jamais houvessem desaparecido completamente desde a Antiguidade, possuíam caráter faustoso e bélico, apresentando um combate simulado de cavaleiros e uma parada dos cidadãos em armas. Observe-se ainda que havia grande liberdade quanto ao uso das máscaras, que, por vezes, estendia-se por vários meses.* Sisto IV não se intimidava em passar por entre multidões de mascarados nas regiões mais populosas da cidade, em Campo dei Fiori e junto aos Banchi, esquivando-se somente de uma visita que tencionaram fazer-lhe no Vaticano. Sob Inocêncio VIII, um certo mau hábito já presente anteriormente entre os cardeais atingiu seu ponto alto: no Carnaval de 1491, enviaram um ao outro carros repletos de mascarados suntuosamente vestidos, bufões e cantores declamando versos escandalosos; acompanhavam-nos alguns cavaleiros. Afora o Carnaval, os romanos parecem ter sido os primeiros a reconhecer o valor de um cortejo à luz de archotes. Quando Pio II retornou do Congresso de Mântua, em 1459, todo o povo o recebeu com uma procissão de cavaleiros portando archotes e descrevendo um círculo luminoso defronte do palácio. Sisto IV, por sua vez, achou melhor declinar de uma tal visita noturna do povo, que, certa feita, pretendeu ir ao seu encontro com tochas e ramos de oliveira.

O Carnaval florentino, porém, superava o romano em um certo gênero de cortejo que deixou sua marca também na literatura. Este apresentava, em meio a uma multidão de mascarados, a pé e a cavalo, um portentoso carro exibindo uma fantasia qualquer, sobre o qual se via uma figura ou um grupo de figuras alegóricas predominantes providas da companhia apropriada: o Ciúme, por exemplo, com quatro rostos usando óculos na mesma cabeça; os quatro temperamentos com seus planetas correspondentes; as três Parcas; a Prudência reinando sobre a Esperança e o Medo, jazendo acorrentados diante dela; os quatro elementos, as quatro idades do homem, os quatro ventos, as quatro estações e assim por diante; ou, ainda, o famoso carro da Mor-

---

* Certa feita, sob Alexandre VI, de outubro até a quaresma.

te com os esquifes, que, em dado momento, se abrem. Outras vezes, esses cortejos apresentavam uma cena mitológica magnífica — Baco e Ariadne, Páris e Helena etc. — ou, por fim, um coro de pessoas que, juntas, compunham uma camada social, uma categoria, como, por exemplo, a dos mendigos, a dos caçadores com as ninfas, das almas perdidas que, em vida, foram mulheres impiedosas, dos eremitas, dos vagabundos, astrólogos, demônios, dos vendedores de determinadas mercadorias e até mesmo, certa vez, *il popolo*: as pessoas enquanto tais, acusando-se umas às outras das piores coisas em seus cantos. Estes, os que foram coletados e preservados, explicam o cortejo ora de maneira patética, ora bem-humorada, ora francamente obscena; alguns dos piores são inclusive atribuídos a Lourenço, o Magnífico, provavelmente porque o verdadeiro autor não ousou identificar-se. De autoria de Lourenço é, porém, com certeza, a canção assaz bela que acompanhava a cena de Baco e Ariadne, cujo refrão do século XV ecoa hoje como um melancólico pressentimento do breve esplendor do próprio Renascimento:

> *Quanto è bella giovinezza,*
> *Che si fugge tuttavia!*
> *Chi vuol esser lieto, sia:*
> *Di doman non c'è certezza.**

---

* Como é bela a juventude,/ que não pára de fugir!/ Quem quer ser alegre, seja:/ do amanhã não há certeza. (N. E.)

VI. MORAL E RELIGIÃO

A MORALIDADE

As relações dos diferentes povos com as questões supremas da humanidade — com Deus, a virtude e a imortalidade — admitem que se as investigue até certo ponto, jamais, porém, que se as compare de forma rigorosa. Quanto mais nítidas se afiguram as evidências nesse campo, tanto mais necessária faz-se a precaução diante de sua aceitação incondicional, de uma generalização de tais evidências.

Isso se aplica, acima de tudo, ao juízo acerca da moralidade. Somos capazes de apontar muitos contrastes, nuances isoladas a diferenciar os povos, mas a perspicácia humana é demasiado insuficiente para inferir daí a soma absoluta do todo. O grande cômputo do que seja o caráter nacional, a culpa e a consciência de um povo, permanece um mistério, quando menos porque as faltas detectadas apresentam outra face, na qual reaparecem como características nacionais e mesmo como virtudes. Cumpre-nos deixar que aqueles autores que apreciam censurar genericamente os povos, por vezes com a máxima veemência, comprazam-se dessa prática. Os povos ocidentais podem maltratar-se mutuamente, mas, felizmente, não estão capacitados a julgar uns aos outros. Uma grande nação, entrelaçada por sua cultura, seus feitos e sua experiência com a totalidade da vida do mundo moderno, pode permitir-se ignorar tudo, tanto seus acusadores quanto seus defensores: ela segue vivendo, com ou sem a aprovação dos teóricos.

Assim é que o que segue não constitui um julgamento, mas uma série de comentários marginais resultantes de vários anos de estudo do Renascimento italiano. Sua validade é tanto mais limitada na medida em que eles se referem à vida das camadas mais elevadas da sociedade italiana, sobre as quais dispomos de riqueza incomparavelmente maior de informações — abonadoras e desabonadoras — do que sobre aquelas dos demais povos europeus. Contudo, se a glória e o opróbrio soam ali muito mais alto do que em qualquer outra parte, isso não nos aproxima um passo sequer de um balanço geral da moral italiana.

Que olhos logram penetrar nas profundezas onde se formam o caráter e o destino dos povos; onde o inato e o adquirido se mesclam para compor um novo todo, uma segunda, uma terceira natureza; onde até mesmo os talentos intelectuais, que, à primeira vista, se afiguram ancestrais, só se desenvolveram relativamente tarde? Possuía já o italiano, anteriormente ao século XIII, por exemplo, aquela vivacidade e segurança tranqüilas que caracterizam o homem completo; aquele poder lúdico, que desde então lhe é peculiar, de conferir forma literária e plástica a todas as coisas? E, se não temos respostas para essas perguntas, como podemos avaliar a infinita riqueza e refinamento do veio por onde fluem e se mesclam incessantemente o espírito e a moralidade? Há, por certo, o juízo pessoal, cuja voz é a consciência; melhor, porém, que se poupem os povos das sentenças generalizantes. O mais enfermo deles pode estar próximo da vida sadia, e o aparentemente sadio pode abrigar em si o mais poderoso germe de sua própria morte, que somente a presença do perigo trará à luz.

No início do século XVI, quando a cultura do Renascimento havia atingido seu apogeu e, ao mesmo tempo, o infortúnio político da nação estava já inevitavelmente selado, não faltavam à Itália pensadores sérios a relacionar esse infortúnio com a grande imoralidade vigente. Não se trata aqui daqueles pregadores fanáticos que, em todas as épocas e povos, se acreditam obrigados a lamentar os tempos ruins, mas sim de um Maquiavel, que, em meio a uma série de suas mais importantes considerações [*Discursos*, liv. I, cap. 12], expressa abertamente o pensamento de que eles, os italianos, seriam mesmo preponderantemente ímpios e maus. Qualquer outro teria, talvez, dito: "Nós somos desenvolvidos preponderantemente em nossa individualidade; nossa raça libertou-nos das barreiras da moral e da religião, e nós desprezamos as leis exteriores porque nosso soberano é ilegítimo e seus funcionários e juízes, abjetos". Maquiavel acrescenta: "e porque a Igreja, na figura de seus representantes, dá o pior dos exemplos".

Devemos nós adicionar a essas ainda uma outra razão: porque a Antiguidade exerceu uma influência prejudicial? Seja como for, uma tal afirmativa exigiria cuidadosas restrições. Ela seria admissível, talvez, com referência aos humanistas, sobretudo no tocante a seus dissolutos prazeres sensuais. Quanto aos demais, ocorreu possivelmente que, uma vez familiarizados com a Antiguidade, a grandeza histórica substituiu neles o ideal cristão de vida, a santidade. Em função de um compreensível equívoco, julgaram desimportantes também as faltas a despeito das quais os grandes homens haviam se tornado grandes. É de supor que isso tenha ocorrido inconscientemente, pois, ao procurarmos fundamento teórico para tanto, só o encontraremos nos mesmos humanistas — em Paolo Giovio, por exemplo, que justifica com o exemplo de Júlio César o perjúrio de Giovanni Galeazzo Visconti, na medida em que este possibilitou a fundação de um império. Os grandes historiadores e políticos florentinos estão inteiramente livres de citações assim tão servis; aquilo que em seus julgamentos e atos se afigura antigo deve-se ao fato de a vida do Estado florentino ter fomentado um modo de pensar necessariamente análogo, de certa maneira, ao da Antiguidade.

De qualquer modo, por volta do princípio do século XVI, a Itália se viu em meio a uma grave crise moral cuja saída os melhores homens da nação tinham pouquíssimas esperanças de encontrar.

Comecemos por nomear a força moral que reagia com maior intensidade ao mal. Os homens de mais elevado talento intelectual acreditavam identificá-la na noção de honra. Tal sentimento constitui-se da enigmática mistura de consciência e egoísmo que o homem moderno ainda conserva, mesmo tendo perdido — por sua própria culpa ou não — tudo o mais: a crença, o amor e a esperança. Tanto o maior egoísmo quanto os piores vícios são compatíveis com essa noção de honra, capaz de produzir gigantescas ilusões; é igualmente possível, entretanto, que toda a nobreza que resta ao indivíduo se associe a esse sentimento, dessa fonte retirando novas forças. Num sentido muito mais amplo do que aquele que normalmente se lhe atribui, a honra transformou-se, para a individualidade européia desenvolvida de hoje, num fio de prumo determinante para seus atos; muitos daqueles que ainda se mantêm fiéis à moral e à religião tomam suas decisões mais importantes inconscientemente em conformidade com aquele sentimento.

Não é nossa tarefa aqui demonstrar em que medida já a própria Antiguidade conhecia uma variante peculiar da noção de honra, nem de que forma a Idade Média transformou esse sentimento num sentimento particular, em assunto de uma determinada classe. Tampouco nos cabe discutir com aqueles que vêem unicamente na consciência, e não na noção de honra, a força motriz essencial. Seria, de fato, mais belo e melhor que assim fosse; uma vez, porém, que se há de reconhecer que as mais valorosas decisões resultam de uma "consciência turvada, em maior ou menor grau, pelo egoísmo", é preferível que se chame essa mistura por seu próprio nome. Por vezes, entretanto, é difícil aos italianos do Renascimento diferenciar essa noção de honra da pura e simples sede de glória, na qual ela amiúde se transforma. Trata-se, contudo, de duas coisas essencialmente distintas.

Manifestações a esse respeito não faltam. Em vez de mencioná-las em profusão, reproduziremos aqui uma que se revela particularmente clara, provinda dos recém-publicados *Aforismos* de Guicciardini. "Aquele que tem a honra em alta conta terá êxito em tudo quanto empreender, pois não receia nem a labuta, nem o perigo, nem os custos. Provei-o em mim mesmo e posso, por isso, dizer e escrever: vãos e defuntos são aqueles atos dos homens que não partem desse poderoso impulso." Cumpre-nos por certo acrescentar que, pelas informações de que dispomos por outras fontes acerca da vida do autor, ele só pode estar se referindo aqui à honra, e não à glória propriamente dita. Rabelais enfocou a questão com, talvez, maior nitidez do que qualquer italiano. É apenas a contragosto que envolvemos seu nome em nossa investigação; o que esse poderoso e sempre barroco francês nos oferece, contudo, proporciona-nos um quadro aproximado do que seria o Renascimento sem a forma e a beleza.* A descrição de Rabelais de uma situação ideal na abadia de Thélème é a tal ponto decisiva, do ponto de vista histórico-cultural, que sem essa obra da mais elevada fantasia o quadro do século XVI teria permanecido incompleto. Entre outras coisas, ele nos conta de seus cavalheiros e damas da Ordem do Livre-Arbítrio o que segue [*Gargântua e Pantagruel*, liv. I, cap. 57]:

> *En leur reigle n'estoit que ceste clause: Fay ce que vouldras. Parce que gens liberes, bien nayz,** bien instruictz, conversans en compaignies honnestes, ont par nature ung instinct et aguillon qui tousjours les poulse à faictz vertueux, et retire de vice: lecquel ilz nommoyent honneur.****

---

* Na Itália, é Merlin Coccaio (Teofilo Folengo) quem dele mais se aproxima. Rabelais comprovadamente conhecia a *Opus macaronicorum* deste último, tendo-a citado diversas vezes (ver *Gargântua e Pantagruel*, liv. II, cap. 1 e cap. 7, final). É mesmo possível que o estímulo para a escritura desta última obra tenha partido de Coccaio.

** "Bem-nascido" num sentido mais elevado, pois Rabelais, filho de um estalajadeiro de Chinon, não tinha motivo algum para conceder à nobreza como tal semelhante prerrogativa. O sermão do Evangelho, de que se trata na inscrição do convento, pouco se ajustaria à vida dos telemitas de uma forma geral. Cumpre, antes, que se lhe interprete de forma negativa, no sentido de um desafio à Igreja romana

*** Todo o seu sistema se resumia nesta cláusula única: faze o que quiseres. Com efeito, quando se é livre, de boa índole, bem-nascido, bem instruído, e quando se cultivam companhias honestas, há por natureza um instinto e estímulo que conduz à virtude e desvia do vício: é o que eles chamam de honra [trad. Aristides Lobo, Ediouro, Rio de Janeiro, s.d.]. (N. E.)

É essa mesma crença na bondade da natureza humana que anima a segunda metade do século XVIII e que ajudou a preparar o terreno para a Revolução Francesa. Também entre os italianos, cada indivíduo apela para esse seu próprio instinto nobre, e se, de forma geral, os juízos e as impressões revelam-se ali mais pessimistas — principalmente sob o efeito do infortúnio nacional —, ainda assim ter-se-á, necessariamente, sempre em alta conta aquele sentimento da honra. Se o desenvolvimento ilimitado da individualidade, mais forte do que a vontade do indivíduo, foi o produto de uma conjuntura histórica mundial, o surgimento dessa força reativa, onde ela se manifesta na Itália de outrora, constitui em igual medida um fenômeno poderoso. Com que freqüência e contra que violentos ataques do egoísmo ela se impôs, vitoriosa, não sabemos, razão pela qual nosso juízo humano é absolutamente insuficiente para avaliar com correção o valor moral absoluto da nação.

Na condição de importante pressuposto geral a fazer frente à moralidade do homem italiano altamente desenvolvido do Renascimento, encontramos a fantasia. É ela, acima de tudo, que confere a virtudes e defeitos desse homem sua coloração particular; é somente sob o domínio dela que o egoísmo sem peias atinge sua plena fertilidade.

É por causa da fantasia que o italiano se torna, por exemplo, o primeiro aficionado dos jogos de azar dos tempos modernos. Ela lhe pinta o quadro de sua futura riqueza e dos prazeres que o esperam com uma tamanha vivacidade que ele se dispõe a tudo para alcançá-la. Sem qualquer dúvida, os povos maometanos tê-lo-iam precedido nessa prática, não tivesse o Corão, desde logo, estabelecido a proibição do jogo como o imprescindível baluarte da moral islâmica e dirigido a fantasia de seus seguidores para a busca de tesouros enterrados. Na Itália, disseminou-se uma paixão generalizada pelo jogo que, já à época, freqüentemente ameaçava ou mesmo destruía a vida do indivíduo. Florença, ao final do século XIV, tinha já seu Casanova — um certo Buonaccorso Pitti, que, em constantes viagens como mercador, homem de partido, especulador, diplomata e jogador profissional, ganhou e perdeu enormes somas de dinheiro, de tal modo que só podia ter príncipes por parceiros, tais como os duques de Brabante, da Baviera e de Savóia. Até mesmo a grande banca lotérica que atendia pelo nome de cúria romana acostumou seus membros a uma necessidade de excitação que, nos intervalos entre as grandes intrigas, tinha de buscar satisfação no jogo de dados. Franceschetto Cybò, por exemplo, perdeu em dois jogos para o cardeal Raffaele Riario 14 mil ducados, queixando-se posteriormente ao papa de que seu adversário o havia enganado. Desde essa época, é sabido, a Itália tornou-se a pátria da loteria.

É também a fantasia que confere à sede de vingança dos italianos seu caráter particular. O senso de justiça foi, decerto, sempre o mesmo para todo o Ocidente, tanto quanto sua infração, permanecendo impune, foi sempre recebida de forma semelhante. Outros povos, porém, embora não tenham maior facilidade em perdoar, exibem capacidade maior de esquecer, ao passo que a fantasia italiana mantém assustadoramente viva a imagem da injustiça.* O fato de que também na moral popular a vingança de morte é tida como um dever — dever este amiúde cumprido da forma mais terrível —, confere ainda a essa generalizada sede de vingança uma base particularmente sólida. Governos e tribunais municipais reconhecem sua existência e legitimidade, procurando coibir apenas os piores excessos. Mas mesmo entre os camponeses têm lugar os banquetes de Tiestes e a ampla troca de assassinatos. Ouçamos uma única testemunha.

Nos campos de Acquapendente, três jovens pastores cuidavam do gado quando um deles disse: "Vamos experimentar fazer o que eles fazem quando enforcam as pessoas". Estando já um sobre os ombros do outro e o terceiro a enrolar a corda no pescoço e amarrá-la em um carvalho, apareceu um lobo, fazen-

---

* Esse raciocínio, de autoria do engenhoso Stendhal (*A cartuxa de Parma*), parece-me repousar em profunda observação psicológica.

do com que os dois primeiros fugissem e permitindo que o último morresse enforcado. Mais tarde, ao encontrá-lo morto, enterraram-no. No domingo, o pai foi levar-lhe pão, e um dos que haviam fugido confessou-lhe o que haviam feito, mostrando-lhe ainda a cova. O velho, então, matou-o com uma faca, abriu-lhe o corpo, retirou o fígado do menino e, já em casa, serviu-o ao pai deste último, dizendo-lhe, posteriormente, a quem pertencera o fígado que acabara de comer. Logo em seguida, tiveram início os assassinatos recíprocos entre as duas famílias, até que, no espaço de um mês, 36 pessoas — homens e mulheres — já haviam sido mortas.

Tais *vendette*, estendendo-se por várias gerações e incluindo parentes distantes e amigos, espraiaram-se amplamente também no seio das classes mais elevadas. As crônicas, tanto quanto as coletâneas de novelas, estão repletas de exemplos, sobretudo de vinganças praticadas em resposta à violação de mulheres. Terreno clássico destas era especialmente a Romanha, onde a *vendetta* emaranhava-se com todas as lutas partidárias possíveis e imagináveis. Valendo-se de uma simbologia medonha, as lendas populares retratam, por vezes, a selvageria que se abateu sobre esse povo vigoroso e audaz. Exemplo disso é a história daquele nobre habitante de Ravena que reunira todos os seus inimigos numa torre e, podendo queimá-los, em vez disso libertou-os, abraçou-os e os tratou magnificamente, ao que a vergonha, enfurecendo-os, os impeliu a conspirar contra ele. Monges devotos e santos pregavam incessantemente a reconciliação, mas se lograram reduzir o número de *vendette* já em curso, isso foi tudo o que conseguiram: dificilmente terão impedido o surgimento de novas. As novelas descrevem-nos também essa influência da religião — a efervescência dos nobres sentimentos que despertava e, depois, seu naufrágio sob o peso de tudo que já fora feito e não mais podia ser desfeito. O próprio papa nem sempre foi feliz em suas iniciativas pela paz:

> Desejando que cessassem as desavenças entre Antonio Caffarello e a família Alberino, o papa Paulo II fez trazer Gio-

vanni Alberino e Antonio Caffarello a sua presença, ordenando-lhes, então, que se beijassem e anunciando-lhes uma multa de 2 mil ducados, caso voltassem a impingir algum sofrimento um ao outro. Dois dias depois, Antonio foi apunhalado pelo mesmo Giacomo Alberino, filho de Giovanni, que já o havia ferido anteriormente. Bastante contrariado, o papa Paulo mandou confiscar os bens de Alberino, arrasar-lhe as casas e banir pai e filho de Roma.

Os juramentos e cerimônias por meio dos quais inimigos reconciliados procuram garantir-se contra eventuais recaídas são, por vezes, assaz medonhos. Quando em 1494, na véspera de Ano-Novo, os partidos dos Nove e dos Popolari tiveram de se beijar, dois a dois, na catedral de Siena, leu-se-lhes um juramento segundo o qual se negava ao futuro transgressor toda salvação, temporal ou eterna, "um juramento mais espantoso e terrível do que jamais se ouvira"; mesmo os derradeiros consolos à hora da morte haveriam de se transformar em condenação eterna para aquele que viesse a infringi-lo. É evidente que juramentos dessa natureza expressavam antes o desespero dos mediadores do que uma efetiva garantia de paz, e que a reconciliação mais verdadeira era precisamente a que menos necessidade tinha de tais palavras.

A necessidade individual de vingança dos italianos cultos e dos bem posicionados, repousando na base sólida de uma moral popular análoga, manifesta-se naturalmente sob mil matizes diferentes, contando com a aprovação sem quaisquer reservas da opinião pública, expressa, nesse caso, pela voz dos novelistas. Todos concordam que, no tocante às ofensas e infrações diante das quais a justiça italiana de então revela-se impotente — e sobretudo no tocante àquelas diante das quais jamais e em parte alguma poderá haver lei satisfatória —, cada um está autorizado a fazer justiça com suas próprias mãos. É necessário, porém, que haja engenho na vingança e que a punição do ofensor combine dano material com humilhação moral. Aos olhos da opinião pública, o emprego grosseiro e brutal unicamente da força não constitui reparação alguma — o indivíduo como um todo tem de triunfar, com sua aptidão para a fama e o escárnio, e não com o mero poder de seus punhos.

O italiano de então é capaz de todo tipo de dissimulação para atingir determinados objetivos, mas não de hipocrisia em questões de princípio, seja perante si próprio ou perante os outros. Assim é que, com total ingenuidade, confessa ser a vingança uma necessidade humana. Pessoas de muito sangue-frio louvam-na sobretudo quando ela se apresenta isenta de qualquer paixão, motivada apenas pela conveniência, "para que os outros aprendam a deixar-te em paz". Tais casos, no entanto, terão somado um pequeno número em comparação com aqueles nos quais a paixão esteve em busca de apaziguamento. Esse gênero de vingança distingue-se nitidamente da vingança de morte: enquanto esta última mantém-se ainda dentro dos limites da retribuição, da *jus talionis*, a primeira necessariamente os ultrapassa, na medida em que demanda não apenas a sanção do senso de justiça, mas deseja ainda ter a seu lado a admiração e, dependendo das circunstâncias, o riso também.

Essa, aliás, é a razão pela qual a vingança é tantas vezes e por tanto tempo adiada. De um modo geral, uma *bella vendetta* pressupõe uma coincidência de fatores cuja realização cumpre aguardar. Aqui e ali, os novelistas descrevem o gradual amadurecer de tais oportunidades com verdadeiro deleite.

É desnecessário emitir qualquer juízo acerca da moralidade daquelas ações nas quais queixoso e juiz são uma só pessoa. Se essa sede de vingança dos italianos pretendia justificar-se de alguma forma, só poderia fazê-lo mediante a comprovação da existência de uma virtude correspondente — ou seja, da gratidão. A mesma fantasia que mantém viva e agiganta a injustiça sofrida haveria também de conservar na memória o bem que se lhe fez. Jamais será possível comprová-lo com relação à totalidade da nação, mas traços disso não faltam ao caráter italiano contemporâneo. Demonstram-no o reconhecimento das pessoas simples àqueles que as tratam com decência e a boa memória das classes altas para a polidez no convívio social.

Essa relação da fantasia com as qualidades morais dos italianos verifica-se repetidas vezes. Se, aparentemente, ela se faz acompanhar por um calculismo frio em casos nos quais o homem do Norte segue antes seus impulsos, isso se deve provavelmente ao fato de o desenvolvimento da individualidade italiana ter ocorrido não apenas mais cedo e com maior intensidade, mas também com maior freqüência. Em outros países que não a Itália onde isso igualmente se verifica, os resultados revelam-se semelhantes. Afastar-se cedo de casa e da autoridade paterna, por exemplo, é uma característica que a juventude italiana partilha com a norte-americana. Mais tarde, então, nas naturezas mais nobres, estabelece-se uma relação de respeito mais livre entre pais e filhos.

É extremamente difícil julgar outras nações no que respeita à esfera de sua índole. Uma nação pode apresentar-se bastante desenvolvida, mas sob uma forma tão peculiar que o estrangeiro não é capaz de reconhecê-la, sendo mesmo possível que ela se oculte por completo a seus olhos — uma graça que, talvez, seja comum a todas as nações do Ocidente.

Se em algum ponto a fantasia impôs-se, poderosamente soberana, à moralidade, isso se deu nas relações ilícitas entre ambos os sexos. É sabido que a Idade Média, até o aparecimento da sífilis, jamais revelou timidez no tocante à prostituição, e não cabe aqui procedermos a uma comparação estatística de toda sorte de prostituição presente à época. O que, no entanto, parece ser próprio do Renascimento italiano é o fato de o casamento e seus direitos terem sido ali mais injuriados, talvez — ou, de qualquer modo, com maior consciência —, do que em qualquer outra parte. Não se trata aqui das moças das classes superiores, estas cuidadosamente isoladas; alvo de todas as paixões eram as mulheres casadas.

Digno de nota é que não houve uma comprovada diminuição no número de casamentos, assim como a vida familiar esteve longe de sofrer o estrago de que seria vítima no Norte, sob as mesmas circunstâncias. Todos queriam viver como bem entendessem, sem, no entanto, de forma alguma, renunciar à família, ainda que receassem não ser ela inteiramente a sua própria. Nem por isso houve degeneração física ou mental da raça — afinal, o aparente declínio intelectual que se pode verificar por volta de meados do século XVI permite que se lhe nomeiem causas externas bem definidas, de natureza política e religiosa, mesmo que não se deseje admitir que a gama de possíveis rebentos do Renascimento já se havia então esgotado. A despeito dos excessos, os italianos prosseguiram pertencendo à categoria dos mais saudáveis, física e mentalmente, e ilustres dentre os povos europeus, vantagem que sabidamente conservam até os dias atuais, seus costumes tendo já experimentado sensível melhora.*

Ao investigarmos mais de perto a moral amorosa do Renascimento, somos surpreendidos por um notável contraste nas opiniões. Os novelistas e os poetas cômicos dão a impressão de acreditar que o amor consiste unicamente no prazer, meta cujo alcance aparentemente autoriza todos os meios, trágicos e cômicos, e, aliás, tanto mais interessantes quanto mais ousados e indecentes. Lendo-se, por outro lado, os melhores poetas líricos e autores de diálogos, vemos palpitar neles a mais nobre intensificação e espiritualização da paixão, cuja expressão definitiva e mais elevada buscam mesmo numa apropriação de antigos ideais de uma primitiva unidade das almas no divino. Essas duas concepções eram, então, verdadeiras e conciliáveis num único e mesmo indivíduo. Que no homem culto moderno os sentimentos, em todos os seus variados níveis, estejam presentes não apenas de forma silente, mas também se manifestem consciente e, conforme as circunstâncias, artisticamente, não constitui propriamente motivo para louvor, mas é um fato. Também nesse aspecto, porém, o homem moderno, tanto quanto o da Anti-

* Tendo a dominação espanhola atingido sua plenitude, verificou-se, é verdade, uma relativa redução da população. Fosse esta, porém, conseqüência da desmoralização, ela se teria necessariamente manifestado bem mais cedo.

guidade, é um microcosmo, o que o homem medieval não era nem podia ser.

Digna de atenção é, antes de mais nada, a moral das novelas. A maior parte delas, como se disse, trata de mulheres casadas e, portanto, de adultério.

Particularmente importante aqui é aquele aspecto já mencionado anteriormente da igualdade entre o homem e a mulher. A mulher altamente culta e desenvolvida em sua individualidade dispõe de si própria com uma soberania muito distinta daquela presente no Norte, de modo que a infidelidade, podendo ela se garantir contra suas conseqüências exteriores, não marca tão indelevelmente sua vida. O direito do marido à fidelidade da esposa não está assentado naquele terreno sólido que, no Norte, lhe garante a poesia e a paixão da corte e do noivado. Mal tendo tempo de conhecer o futuro marido e imediatamente após deixar a guarda da casa paterna ou do convento, a jovem mulher sai para o mundo, no qual, então, sua individualidade se desenvolve com rapidez extraordinária. É principalmente por essa razão que aquele direito do marido é bastante limitado, e mesmo quem o vê como um *jus quaesitum* relaciona-o apenas com a atitude exterior, não com o coração. A bela e jovem esposa de um homem idoso, por exemplo, recusa os presentes e as mensagens enviadas por seu jovem amante com o firme propósito de defender sua honra (*honestà*). "Mas ela se alegrava do amor do jovem, devido a suas grandes qualidades, e percebeu que uma mulher nobre tem o direito de amar um homem notável sem prejuízo para sua honra" [Giraldi, *Ecatommiti*, III, nov. 2]. Quão breve, porém, é o caminho que separa uma tal distinção da entrega total.

Esta última afigura-se, então, justa quando a infidelidade por parte do marido vem se somar a esse quadro. Longe de senti-la meramente como algo doloroso, a mulher de individualidade desenvolvida vê essa infidelidade como um escárnio e uma humilhação; mais exatamente, como um logro, e põe-se a praticar, com absoluta frieza de consciência, a vingança que o marido merece. Fica a cargo de seu tato definir a medida correta do castigo a aplicar para o caso em questão. A mais grave ofensa, por exemplo, pode abrir o caminho para a reconciliação e para uma tranqüila vida futura, contanto que seja mantida totalmente em segredo. Os novelistas, tendo eles próprios passado por essa experiência ou escrevendo em conformidade com a atmosfera de seu tempo, enchem-se de admiração quando a vingança revela-se apropriada, quando ela é uma obra de arte. É claro que o marido, no fundo, jamais reconhece esse direito de retaliação, submetendo-se a ele unicamente por medo ou prudência. Na ausência de ambos, ou seja, quando, em razão da infidelidade da esposa, só lhe resta esperar ou, pelo menos, temer pelo escárnio de terceiros, o final é trágico: seguem-se, não raro, a mais violenta vingança e o assassinato. É altamente característico da fonte motivadora de tais atos que, além do marido, também os irmãos e o pai da mulher infiel se acreditem no direito e até mesmo na obrigação de praticá-los.* Não se trata, pois, de ciúme e só em pequena medida do sentimento moral: trata-se sobretudo do desejo de privar estranhos do prazer do escárnio. Bandello diz:

> Hoje em dia, vê-se uma mulher envenenar o marido para satisfazer a própria luxúria, como se, uma vez viúva, fosse-lhe permitido fazer o que bem entendesse. Outras, temendo a descoberta de seus relacionamentos ilícitos, fazem assassinar os maridos pelos amantes. Pais, irmãos e maridos erguem-se, então, munidos de veneno, espada e de outros meios para varrer a vergonha do alcance de seus olhos e, ainda assim, muitas mulheres, desprezando a própria vida e honra, seguem vivendo de acordo com os ditames da paixão.

---

* Um exemplo particularmente terrível de vingança praticada por um irmão, datando de 1455, em Perugia, encontramo-lo na crônica de Graziani (*Archivio storico italiano*, XVI, I, p. 629). O irmão obriga o galanteador a arrancar os olhos da irmã, em seguida expulsando-o aos golpes. A família, é certo, era um ramo dos Oddi, e o amante apenas um cordoeiro.

De outra feita, mais indulgente, o mesmo Bandello proclama:

> Se ao menos não tivéssemos de ouvir, dia após dia, que este matou a mulher porque suspeitava de infidelidade; que aquele estrangulou a filha porque ela se casara às escondidas; ou que aquele outro mandou matar a irmã porque ela não quis casar-se conforme ele desejava! É mesmo uma grande crueldade que queiramos fazer tudo que nos vem à cabeça e não concedamos às pobres mulheres esse mesmo direito. Basta que elas façam algo que nos desagrada para que, de imediato, recorramos à corda, ao punhal e ao veneno. Que tolice dos homens supor que sua honra e a de toda a sua casa dependem do desejo de uma mulher!

Infelizmente, porém, o desfecho de tais casos podia ser previsto com tanta certeza que o novelista podia dispor do destino de um amante ameaçado enquanto ele ainda circulava vivo pelas ruas. O médico Antonio Bologna havia se casado em segredo com a já viúva duquesa de Malfi, da casa de Aragão. Não demorou muito para que os irmãos desta se apoderassem dela e de seus filhos, assassinando a todos em um castelo. Antonio, que nada sabia e tinha ainda a esperança de revê-los, encontrava-se em Milão, tendo já assassinos contratados à sua espreita. Ali, em uma reunião na casa de Ippolita Sforza, Antonio cantou ao alaúde a história de seu infortúnio. Um amigo da casa, Delio, "contou a história, até esse ponto, a Scipione Atellano, acrescentando que faria dela uma de suas novelas, uma vez que tinha certeza de que Antonio seria assassinado". O modo pelo qual a profecia se cumpriu, quase sob os olhos de Delio e Atellano, é descrito por Bandello de forma emocionante.

Continuamente, porém, os novelistas demonstram sua simpatia para com tudo o que revela engenhosidade, astúcia e comicidade nos casos de adultério. Descrevem prazerosamente o jogo de esconde-esconde nas casas, os sinais e mensagens cifradas, os baús, providos antecipadamente de almofadas e confeitos, nos quais o amante pode esconder-se e desaparecer e outras coisas mais. O marido enganado é, de acordo com as circunstâncias, pintado como uma figura inapelavelmente ridícula ou como um terrível vingador — outra opção não há, a não ser que a mulher seja retratada como má e cruel e o marido ou amante como vítima inocente. Há que se notar, entretanto, que as narrativas deste último gênero não constituem propriamente novelas, mas tão-somente exemplos assustadores retirados da vida real.

Em conseqüência da influência espanhola sobre a vida italiana no decorrer do século XVI, o ciúme talvez tenha se intensificado e, com ele, os meios altamente violentos a seu serviço. É necessário, no entanto, diferenciá-lo da punição pela infidelidade, esta já presente anteriormente e fundada no próprio espírito do Renascimento italiano. Por volta do final do século XVII, com o declínio da influência cultural espanhola, o ciúme, que fora levado a extremos, transforma-se em seu oposto — ou seja, naquela indiferença que via no *cicisbeo* [chichisbéu] uma figura indispensável a todas as casas e, além disso, admitia ainda a presença de um ou mais "tolerados" (*patiti*).

Como, porém, comparar a enorme soma de imoralidade contida na situação descrita com o que ocorreu nos demais países? O casamento na França, por exemplo, ao longo do século XV, era realmente mais sagrado do que na Itália? Os *fabliaux* e as farsas despertam sérias dúvidas a esse respeito; conveniente seria supor que a infidelidade era ali igualmente freqüente, mais raros sendo apenas os desfechos trágicos, já que também a individualidade, com suas demandas, apresentava-se menos desenvolvida naquele país. Um testemunho decisivo existiria, antes, em favor dos povos germânicos, no seio dos quais as mulheres e moças gozavam daquela maior liberdade que tão agradável impressão causou aos italianos na Inglaterra e nos Países Baixos. Também a isso, contudo, não cabe atribuir excessiva importância. A infidelidade nesses países era, decerto, muito freqüente, e a individualidade mais desenvolvida é, também aqui, levada a trágicos extremos. Basta ver de que maneira os príncipes do Norte, à mais leve suspeita, procediam com suas esposas.

Entre os italianos de outrora, porém, não era apenas a concupiscência ordinária, o desejo cego do homem comum que se movia pelos domínios do ilícito, mas também a paixão dos mais nobres e ilustres — o que não se dava unicamente porque as moças solteiras encontravam-se à margem da vida social, mas também porque era precisamente o homem completo o mais fortemente atraído pela mulher já desenvolvida pelo casamento. São esses os homens que fizeram soar as notas mais sublimes da poesia lírica e que, em tratados e diálogos, tentaram nos dar uma imagem idealizada da paixão devoradora: *l'amor divino*. Quando se queixam da crueldade do deus alado, não se referem meramente à dureza do coração da amada ou a sua reserva, mas também à ilegalidade da própria ligação. Tal infortúnio, procuram superá-lo por meio daquela espiritualização do amor que se baseia na doutrina platônica da alma e que encontrou em Pietro Bembo seu mais célebre representante. Ouçamo-lo diretamente no terceiro livro de seu *Asolani*, ou indiretamente por intermédio de Castiglione, que põe em sua boca o esplêndido discurso que fecha o quarto livro do *Cortigiano*. Em vida, nenhum desses dois homens foi um estóico, mas, em sua época, significava já alguma coisa que um homem fosse ao mesmo tempo famoso e bom — predicados que não podemos negar-lhes. Se seus próprios contemporâneos tomavam o que eles diziam como expressão verdadeira do sentimento, não seremos nós a desprezá-lo como mera fraseologia. Quem se der ao trabalho de ler aquele discurso no *Cortigiano* compreenderá quão insuficiente seria reproduzir-lhe aqui um excerto. Na Itália de então viviam algumas mulheres nobres que se tornaram famosas essencialmente por relacionamentos desse gênero, mulheres como Giulia Gonzaga, Veronica da Coreggio e, sobretudo, Vittoria Colonna. A terra dos piores libertinos e dos maiores trocistas respeitava esse tipo de amor e essas mulheres: não há nada de mais grandioso que se possa dizer em seu favor. A quem cabe decidir se havia aí algo de vaidade, se Vittoria apreciava ouvir a seu redor os sons da expressão sublimada do amor impossível produzidos pelos homens mais famosos da Itália? Se aqui e ali isso tudo se tornou moda, ainda assim não representa pouco que pelo menos Vittoria jamais tenha saído de moda e que, em seus últimos anos, causasse ainda as mais fortes impressões. Demorou muito tempo até que outros países tivessem fenômenos semelhantes a apresentar.

Na fantasia, que domina esse povo mais do que qualquer outro, revela-se, pois, uma causa geral do fato de toda paixão tornar-se, em seu curso, extremamente violenta e, conforme as circunstâncias, criminosa nos meios de que se vale. Conhecemos a violência oriunda da fraqueza, incapaz de dominar a si própria; aqui, pelo contrário, trata-se de uma degeneração da força. Por vezes, essa degeneração atinge proporções colossais, e o crime adquire consistência própria, pessoal.

Os limites continuam sendo poucos. Cada indivíduo, mesmo os mais humildes, sente-se interiormente acima da ação da polícia e de um Estado ilegítimo, fundado ele próprio na violência, e a descrença na justiça da lei é já generalizada. Quando há um assassinato, as simpatias dirigem-se involuntariamente para o assassino, antes mesmo que se conheçam em maiores detalhes as circunstâncias do crime. Uma conduta máscula e altiva antes e no momento da execução desperta tal admiração que o narrador esquece-se facilmente de informar o motivo pelo qual o acusado foi condenado à morte. Quando, porém, a impunidade vem se juntar ao desprezo do indivíduo pela justiça e ao infindável estoque de *vendette* — como, por exemplo, em tempos de perturbação política —, então o Estado e a sociedade como um todo parecem, por vezes, pretender desagregar-se. Momentos assim viveu Nápoles — quando da transição da dominação aragonesa para a francesa e espanhola —, tanto quanto Milão, por ocasião das várias expulsões e retornos dos Sforza. Nesses instantes vêem-se surgir aqueles homens que, em seu íntimo, jamais reconheceram o Estado e a sociedade, deixando reinar soberano seu egoísmo predador e assassino. Examinemos um caso exemplar desse gênero, retirado de uma esfera mais humilde.

Quando, já por volta de 1480, o ducado de Milão foi abalado pelas crises internas que se seguiram à morte de Galeazzo

Maria Sforza, não havia mais segurança alguma nas cidades provinciais. Esse era o caso de Parma, onde o governador milanês, aterrorizado por atentados a sua pessoa, cedeu à pressão, pondo terríveis criminosos em liberdade; onde os roubos, as demolições de casas e os assassinatos públicos tornaram-se algo habitual; onde, no início, criminosos mascarados isolados, depois, grandes bandos armados circulavam, sem receio, todas as noites pela cidade. Brincadeiras criminosas, sátiras e cartas contendo ameaças multiplicaram-se, chegando mesmo a aparecer um soneto satírico dedicado às autoridades, o que claramente as revoltou mais do que a própria situação medonha vigente. O fato de que, em muitas igrejas, o tabernáculo tenha sido roubado juntamente com as hóstias revela ainda um matiz e um rumo específico dessa perversidade. É decerto impossível supor o que aconteceria hoje em qualquer país do mundo se governo e polícia suspendessem sua atividade e, ainda assim, por sua simples existência, tornassem impossível a construção de uma autoridade provisória. O que ocorreu na Itália de outrora, no entanto, reveste-se de um caráter particular, resultante da forte interferência da vingança.

De um modo geral, a Itália do Renascimento dá a impressão de que os grandes crimes teriam sido ali, mesmo em tempos de normalidade, mais freqüentes do que em outros países. Tal impressão, é verdade, pode ser o resultado de uma ilusão provocada pela circunstância de que, comparativamente, dispomos de muito mais informações específicas a esse respeito relativas à Itália do que a qualquer outro país e, ainda, pelo fato de que a mesma fantasia que atua sobre o crime efetivamente cometido engendra também o que jamais chegou a acontecer. A soma dos atos de violência talvez tenha sido a mesma em toda parte. Dificilmente se poderia averiguar, por exemplo, se a situação, por volta de 1500, na poderosa e rica Alemanha, com seus salteadores, seus temerários vagabundos e seus violentos mendigos, era, em geral, mais segura, se a vida humana gozava ali, efetivamente, de melhores garantias. Certo, porém, é que, na Itália, o crime premeditado, pago, cometido por terceiros e transformado mesmo em ganha-pão experimentara grande e terrível expansão.

Se tomarmos o bandoleirismo, veremos que a Itália de então, especialmente em regiões mais afortunadas como a Toscana, por exemplo, não se revela mais assolada por esse mal — pelo contrário, até menos — do que a maioria dos países do Norte. Tal prática, porém, exibe figuras essencialmente italianas. Dificilmente encontraríamos em qualquer outra parte a figura do eclesiástico que, enlouquecido pela paixão, transforma-se pouco a pouco no chefe de um bando de salteadores. Entre outros exemplos disso, aquela época oferece-nos o que segue. Em 12 de agosto de 1495, o padre don Niccolò dei Pelegati, de Figarolo, foi trancafiado numa gaiola de ferro junto à torre de San Giuliano, em Ferrara. Esse padre celebrara duas vezes sua primeira missa — da primeira vez, no mesmo dia em que cometera um assassinato pelo qual, a seguir, fora absolvido em Roma; posteriormente, matou quatro pessoas e casou-se com duas mulheres, com as quais vagava sem destino; depois disso, esteve presente em muitos assassinatos, estuprou mulheres, arrastou outras consigo à força, praticou roubos em profusão, matou ainda muitas pessoas e assolou Ferrara com um bando armado e uniformizado a extorquir alimento e refúgio por meio de assassinatos e violências. Podemos imaginar o que mais não terá feito e obteremos como resultado a gigantesca soma de crimes cometidos por esse padre. Por toda parte, dentre os eclesiásticos e monges de outrora, tão pouco vigiados e tão altamente privilegiados, havia muitos assassinos e malfeitores de toda sorte, mas nenhum como Pelegati. Caso distinto, embora igualmente nada louvável, constituía o daquelas almas perdidas às quais se permitia refugiarem-se no hábito para escapar da justiça, como o daquele corsário que Masuccio conheceu num monastério em Nápoles. Não se sabe ao certo o comportamento do papa João XXIII a esse respeito.*

---

* Este, se, em sua juventude, figura como corsário na guerra por Nápoles entre as duas linhagens dos Anjou, é possível que o tenha feito na qualidade de adepto de um partido, o que, segundo os conceitos de outrora, não constituía vergonha alguma. O arcebispo de Gênova, Paolo Fregoso, foi também, alternadamente, doge e corsário, tendo mesmo, posteriormente, se tornado cardeal.

Na realidade, a época dos chefes famosos de bandos de salteadores só tem início mais tarde, no século XVII, quando os antagonismos políticos, os guelfos e os gibelinos, espanhóis e franceses já não agitam o país: o salteador ocupa, então, o lugar dos adeptos dos partidos.

Em certas regiões da Itália onde a cultura não penetrou, os camponeses revelavam permanentemente disposição assassina com relação a qualquer forasteiro que lhes caísse nas mãos. Esse era o caso dos mais distantes confins do reino de Nápoles, onde uma selvageria primitiva, datando talvez dos latifúndios romanos, ainda imperava e onde estrangeiro e inimigo — *hospes* e *hostis* — podiam ainda, em toda a inocência, ser tomados por sinônimos. Não se tratava absolutamente de pessoas irreligiosas. Certa feita, durante a quaresma, um pastor bastante amedrontado apareceu no confessionário para revelar que, estando ele a fazer o queijo, algumas gotas de leite lhe haviam entrado pela boca. É verdade que o confessor, versado nos costumes do campo, arrancou-lhe ainda a confissão de que, juntamente com seus companheiros, ele costumava roubar e matar viajantes — mas essa prática, sendo costumeira, não era capaz de provocar remorsos. Em que medida também em outras partes os camponeses eram capazes de mergulhar na barbárie em tempos de perturbação política, já se sugeriu aqui anteriormente.

Um indício ainda pior do que o bandoleirismo, no que se refere à moral da época, é a freqüência dos crimes pagos, cometidos por terceiros. Nessa modalidade, Nápoles é reconhecidamente a pioneira dentre todas as cidades italianas. "Aqui nada se compra mais barato do que uma vida humana", afirma Pontano. Outras regiões, porém, exibem também uma série terrível de crimes desse gênero. Naturalmente, seria difícil classificá-los de acordo com suas motivações, na medida em que nelas atuam confusamente a conveniência política, o ódio entre partidos, a inimizade pessoal, a vingança e o medo. Constitui uma honra para os florentinos, o povo mais altamente desenvolvido da Itália, que o número de tais casos seja menor entre eles,* talvez porque ali houvesse ainda uma justiça para causas legítimas que era reconhecida por todos, ou porque sua cultura mais elevada propiciava aos florentinos outra visão da intervenção criminosa na roda da fortuna. Se em alguma parte ponderava-se quão incalculáveis eram as conseqüências de um assassinato e quão pouca certeza seu mandante podia ter de que o crime, ainda que supostamente útil, lhe traria alguma vantagem significativa e duradoura, esse lugar era Florença. Naufragada a liberdade, a prática do assassinato, em especial o contratado, parece ter se intensificado velozmente ali, até que o governo de Cosme I se fortalecesse a ponto de sua polícia ser capaz de coibir todo tipo de crime.

No restante da Itália, o crime pago terá sido mais raro ou freqüente na proporção da existência de mandantes bem situados, capazes de pagar por eles. A ninguém poderá ocorrer compilar estatisticamente tais ocorrências: ainda que somente uma pequena parte daquelas mortes que a voz do povo julgava terem sido provocadas pela violência o tivesse sido efetivamente, isso já resultaria num grande montante de assassinatos. O pior exemplo, aliás, provinha dos príncipes e dos governos: estes não tinham qualquer escrúpulo em situar o assassinato entre os instrumentos de sua onipotência. Para exemplificá-lo, não é sequer necessário recorrer a um César Borgia: os próprios Sforza, os aragoneses e, mais tarde, também os agentes de Carlos V permitiam-se tudo que lhes parecesse oportuno.

Pouco a pouco, a fantasia da nação povoou-se de tal forma de idéias desse gênero que, quando se tratava da morte de algum poderoso, quase ninguém mais acreditava que esta tivesse sido natural. De fato, imaginavam-se, por vezes, coisas fabulosas acerca do poder de atuação dos venenos. Se dermos crédito à história de que aquele terrível pó branco dos Borgia podia ter sua atuação

---

* Uma prova conclusiva disso, ninguém poderá oferecer. Pode-se afirmar apenas que, com relação a Florença, são poucas as menções a assassinatos, e que a fantasia dos escritores florentinos dos bons tempos não se encontra impregnada de suspeitas desse gênero.

calculada para um determinado prazo, é possível que tenha sido também um *venenum atterminatum* aquele que o príncipe de Salerno passou ao cardeal de Aragão, dizendo-lhe: "Em poucos dias, tu morrerás, porque teu pai, o rei Ferrante, nos quis esmagar a todos". Dificilmente, porém, a carta envenenada que Caterina Riario enviou ao papa Alexandre VI tê-lo-á matado, ainda que ele a tivesse lido; e quando Afonso, o Grande, foi advertido pelos médicos para que não lesse o Lívio que Cosme de Medici lhe enviara, decerto estava com a razão ao responder-lhes que deixassem de dizer asneiras. Também unicamente por simpatia teria podido agir aquele veneno do qual o secretário de Piccinino pretendia passar leve camada na liteira do papa Pio II. Não é possível determinar a proporção em que eram empregados venenos minerais ou vegetais. O líquido com o qual o pintor Rosso Fiorentino (1541) pôs fim à própria vida era, evidentemente, um violento ácido, o qual teria sido impossível ministrar a outra pessoa sem que ela percebesse. Para o emprego de armas, sobretudo do punhal, nos assassinatos secretos, os grandes de Milão, Nápoles e de outras partes tinham, infelizmente, oportunidade de sobra, uma vez que, entre as legiões de homens armados de que necessitavam para sua própria proteção, era natural que, já pelo ócio, vez por outra uma verdadeira sede de sangue se manifestasse. Muitas atrocidades por certo não teriam sido cometidas, não soubesse o senhor que, a um mero sinal seu, um ou outro de seus comandados estaria pronto a cometê-las.

Dentre os meios empregados para a destruição está presente ainda — ao menos na intenção — a magia, desempenhando, contudo, papel bastante secundário. Onde *maleficii, malie* e que tais são mencionados, eles servem apenas ao propósito de acumular sobre um indivíduo já detestado ou repugnante todos os horrores possíveis e imagináveis. A magia destrutiva e mortal desempenha nas cortes da França e da Inglaterra, nos séculos XIV e XV, papel muito mais importante do que entre as classes superiores italianas.

Presentes ainda nessa terra, onde a individualidade alcança, sob todos os aspectos, seu ponto culminante, encontramos, por fim, homens de absoluta perversidade, para os quais o crime representa não mais um meio para a obtenção de um fim, mas um fim em si mesmo — ou, no mínimo, um meio para a obtenção de fins que fogem a quaisquer normas psicológicas.

Dentre essas figuras medonhas encontram-se, ao que parece à primeira vista, alguns condottieri, como um Braccio da Montone, um Tiberto Brandolino e aquele Werner von Urslingen, cujo corselete prateado ostentava esta inscrição: "Inimigo de Deus, da compaixão e da misericórdia".* Não resta dúvida de que essa classe de homens, de um modo geral, abrigou os exemplos mais antigos de criminosos emancipados. Nosso julgamento torna-se, porém, mais cauteloso ao percebermos que seu pior crime — na opinião daquele que os registrou — reside no desafio à proscrição por parte da Igreja, e que é somente desse fato que irradia a luz pálida e sinistra que lhes ilumina a personalidade. No que diz respeito a Braccio, em todo caso, essa disposição revela-se de tal maneira aguda que ele era capaz, por exemplo, de enfurecer-se ao ouvir monges cantando salmos e, por causa disso, mandar que os jogassem do alto de uma torre. "Leal, era apenas com seus soldados, e um grande comandante." Os crimes dos condottieri terão, no entanto, sido cometidos sobretudo em razão de alguma vantagem deles advinda, e motivados por sua posição altamente desmoralizante. Mesmo sua crueldade, aparentemente gratuita, terá, em geral, tido um propósito, ainda que pura e simplesmente o da intimidação. As atrocidades dos aragoneses tinham por fonte principal, como vimos, a sede de vingança e o medo. Uma absoluta sede de sangue, um prazer diabólico na destruição encontrar-se-á, antes, no espanhol César Borgia, cuja crueldade ultrapassa em muito quaisquer propósitos reais ou imagináveis. Um genuíno gosto pelo mal é reconhecível ainda em Sigismondo Malatesta, o déspota de Rimini; não é apenas a cúria romana, mas o veredicto da história que o inculpa — repetidas vezes, aliás — de

---

* Poder-se-ia acrescentar aqui sobretudo o nome de Ezzelino da Romano, não tivesse ele vivido sob o domínio de propósitos ambiciosos e de um intenso delírio astrológico.

assassinato, estupro, adultério, incesto, sacrilégio, perjúrio e traição. Seu feito mais hediondo, entretanto — a tentativa de estupro contra o próprio filho, Roberto, que a rechaçou brandindo contra o pai um punhal —, possivelmente não foi conseqüência meramente da depravação, mas de alguma superstição fundada na astrologia ou na magia. Essa mesma suposição já foi cogitada para explicar a violação do bispo de Fano por Pierluigi Farnese, de Parma, filho de Paulo III.

Se nos fosse permitido resumir os traços essenciais do caráter italiano de outrora a partir de sua observação nas camadas superiores da sociedade, resultaria daí o que segue. A falta essencial nele verificada revela-se, ao mesmo tempo, a condição básica para sua grandeza: a individualidade desenvolvida. Esta liberta-se — interiormente, a princípio — do Estado em que se vê inserida e que é, na maioria dos casos, tirânico e ilegítimo. Tudo que pensa ou faz é-lhe então imputado, justa ou injustamente, como traição. Em face do egoísmo triunfante, toma para si a defesa de seus direitos, sucumbindo, pela prática da vingança, aos poderes do obscurantismo no momento mesmo em que crê estar restabelecendo sua paz interior. Seu amor volta-se sobretudo para outra individualidade igualmente desenvolvida: a da mulher do próximo. Em contraposição aos fatos objetivos, às barreiras e leis de toda sorte, impregna-lhe o sentimento da própria soberania, fazendo com que suas decisões sejam, qualquer que seja o caso, tomadas com independência, conforme se relacionam em seu interior as forças que falam pelo proveito próprio ou pela honra, pela ponderação astuta ou pela paixão, pela resignação ou pela sede de vingança.

Se o egoísmo é, pois, tanto no sentido mais amplo quanto no mais restrito da palavra, a raiz e a fonte de todo mal, a desenvolvida individualidade italiana de outrora estaria então, já em conseqüência disso, mais próxima do mal do que o estavam os demais povos.

Esse desenvolvimento individual, entretanto, não se abateu

sobre o italiano por sua própria culpa, mas por uma determinação de natureza histórico-cultural; tampouco se abateu ele exclusivamente sobre os italianos, mas, fundamentalmente por intermédio de sua cultura, sobre todos os demais povos ocidentais, constituindo desde então o meio mais elevado em que vivem. Tal desenvolvimento não é em si nem bom nem ruim, mas necessário; em seu interior gestou-se um conceito moderno do bem e do mal, um cômputo moral essencialmente diferente daquele da Idade Média.

O italiano do Renascimento teve, porém, de vencer as primeiras e poderosas vagas dessa nova era mundial, de cujos altos e baixos ele, por seu talento e suas paixões, se transformou no mais conhecido e característico representante. Paralelamente à mais profunda abjeção, desenvolvem-se na Itália a mais nobre harmonia no âmbito da personalidade individual e uma arte gloriosa a enaltecer a vida do indivíduo de uma forma que nem a Antiguidade nem a Idade Média quiseram ou puderam fazer.

A RELIGIÃO NA VIDA COTIDIANA

Na mais estreita conexão com a moral de um povo, encontra-se a questão de sua consciência de um Deus — ou seja, de sua maior ou menor crença na condução divina dos destinos do mundo, aponte essa crença para um mundo fadado à felicidade ou à miséria e à breve ruína.* A incredulidade italiana de outrora, de um modo geral, goza de considerável má fama, e aquele que ainda quiser se dar ao trabalho de comprová-la terá facilidade em coletar centenas de manifestações e exemplos nesse sentido. Também aqui, nossa tarefa é a de apartar e diferenciar as coisas, não nos permitindo pronunciar qualquer veredicto abrangente e conclusivo.

* Nesse aspecto, naturalmente, os mais diversos sentimentos se manifestam, variando em função do lugar e do povo. O Renascimento teve cidades e épocas nas quais predominou um decidido e radiante gozar a vida. Foi somente a partir do estabelecimento da dominação estrangeira, no século XVI, que uma generalizada atmosfera sombria começou a se apoderar dos espíritos pensantes.

Em épocas anteriores, a consciência de um Deus havia tido sua fonte e suporte no cristianismo e em sua manifestação exterior de poder, a Igreja. Com a degeneração desta, teria cabido à humanidade distinguir entre uma coisa e outra e, apesar de tudo, sustentar sua religião. Mas se tal postulado deixa-se formular com facilidade, difícil é que se cumpra. Nem todos os povos são serenos e parvos o bastante para tolerar uma constante contradição entre um princípio e sua manifestação exterior. Sobre a Igreja decadente recaiu a mais pesada responsabilidade que a história jamais viu: a de, com o auxílio de toda sorte de violências e a serviço de sua própria onipotência, ter imposto como a pura verdade uma doutrina nebulosa e desfigurada; e a de, sentindo-se inatingível, se ter entregue à mais escandalosa imoralidade. Para se afirmar diante de uma tal situação, ela desferiu golpes mortais no espírito e na consciência dos povos, lançando ainda nos braços da incredulidade e da amargura muitos daqueles espíritos privilegiados que, interiormente, a repudiavam.

Interpõe-se aqui em nosso caminho a seguinte questão: por que a Itália, intelectualmente tão poderosa, não reagiu com maior vigor à hierarquia; por que não produziu ela própria uma Reforma semelhante à dos alemães e antes que estes o fizessem?

Para essa questão, existe uma resposta aparentemente satisfatória: a disposição italiana não teria ido além da negação da hierarquia, ao passo que a origem e a inexpugnabilidade da Reforma alemã dever-se-iam a suas doutrinas positivas, especialmente as da justificação pela fé e da insuficiência das boas obras.

É certo que tais doutrinas só exerceram sua influência sobre a Itália a partir da Alemanha, e, aliás, tarde demais, quando o poder espanhol era já suficientemente grande para sufocar o que quer que fosse — quer diretamente, quer indiretamente, por meio do papado e dos instrumentos de que este dispunha.* Mas

---

* Aquilo a que chamamos o espírito da Contra-Reforma desenvolveu-se na Espanha muito tempo antes da própria Reforma, e isso por intermédio da aguda vigilância e parcial reorganização da Igreja sob Fernando e Isabel.

já os movimentos religiosos italianos do passado, desde os místicos do século XIII até Savonarola, haviam exibido considerável montante de doutrinas positivas para cujo amadurecimento nada mais faltara do que a sorte, que, aliás, tampouco agraciara as doutrinas cristãs também bastante positivas dos huguenotes. Em seus detalhes, eclosão e em sua marcha, os acontecimentos colossais como a Reforma do século XVI escapam a toda dedução histórico-filosófica, por mais claramente que se possa, em linhas gerais, demonstrar sua necessidade. Os movimentos do espírito — seu súbito cintilar, sua propagação, seu estancamento — são e permanecem sendo um enigma a nossos olhos, quando menos porque, das forças que neles atuam, sempre nos é dado conhecer apenas esta ou aquela, jamais todas.

O sentimento contrário à Igreja que as camadas média e alta da sociedade italiana abrigam à época do apogeu do Renascimento compõe-se de uma profunda e desdenhosa aversão, de uma acomodação à hierarquia — na medida em que esta se apresenta entrelaçada de todas as formas na vida das pessoas — e de uma dependência no tocante a sacramentos, cerimônias e bênçãos. A isso podemos acrescentar ainda, como elemento característico peculiar ao caso italiano, a grande influência pessoal dos pregadores religiosos.

Acerca da animosidade dos italianos para com a hierarquia, que se manifesta na história e na literatura sobretudo a partir de Dante, escreveram-se alguns trabalhos volumosos. Quanto à posição da opinião pública com relação ao papado, nós próprios tivemos já, anteriormente, de abordar o assunto, e quem desejar ouvir de fontes ilustres o que existe de mais contundente a esse respeito, basta que leia as famosas passagens dos *Discursos* de Maquiavel, ou as (não mutiladas) de Guicciardini. Fora da cúria romana, os melhores bispos gozam ainda de algum respeito, assim como alguns padres. Inversamente, os meros prebendados, os cônegos e os monges, quase sem exceção, despertam suspeita, sobre eles pesando amiúde os mais ignominiosos rumores, extensivos a toda sua classe.

Já se disse que os monges transformaram-se nos bodes expiatórios de todo o clero, porque somente deles podia-se escarnecer sem perigo. Tal afirmação, no entanto, é totalmente equivocada. Em primeiro lugar, porque se são eles as personagens preferidas das novelas e comédias, isso se deve ao fato de ambos esses gêneros literários terem especial predileção pelos tipos constantes e bem conhecidos, com relação aos quais a fantasia tem facilidade em complementar o que foi apenas sugerido. Em segundo lugar, porque a novela tampouco poupa o clero secular.* Em terceiro, porque o restante da literatura registra inúmeras provas da audácia com que se falava e julgava publicamente o papado e a cúria romana, algo que não cabe esperar das criações livres da fantasia. E, finalmente, porque também os monges eram capazes, por vezes, de vinganças medonhas.

Correto é, em todo caso, que a antipatia pelos monges era a mais intensa de todas, e que eles figuravam como a prova viva do desvalor da vida nos monastérios, de toda a instituição eclesiástica, de seus dogmas e da própria religião, conforme o alcance das conclusões que, justa ou injustamente, as pessoas pretendessem tirar. Nesse sentido, pode-se perfeitamente supor que a Itália preservara a memória mais nítida do surgimento das duas grandes ordens mendicantes do que os outros países; que ela possuía ainda a consciência de que essas ordens haviam sido originalmente as molas da reação contra aquilo que se denomina a heresia do século XIII — isto é, contra uma precoce e intensa manifestação do moderno espírito italiano. E a função policial eclesiástica confiada permanentemente em especial aos domini-

---

* Bandello, por exemplo, preludia uma de suas novelas (II, nov. 1) afirmando que a ninguém o vício da cobiça se adequaria pior do que aos padres, uma vez que estes não têm família alguma para sustentar. Com esse argumento, justifica o ignominioso assalto a uma casa paroquial, assalto no qual, por ordem de um jovem senhor, dois soldados ou bandidos roubam um carneiro do pároco — avarento, decerto, mas vitimado pela gota. Uma única história desse gênero mostra-nos, com precisão maior do que quaisquer tratados, os pressupostos segundo os quais se vivia e agia à época.

canos decerto jamais despertou qualquer outro sentimento que não o ódio recôndito e o escárnio.

Uma vez tendo lido o *Decameron* e as *Novelas*, de Franco Sacchetti, é de se acreditar esgotadas as palavras injuriosas dirigidas contra monges e freiras. Entretanto, mais para a época do Renascimento, o tom dessas críticas torna-se ainda consideravelmente mais intenso. Deixemos de lado Aretino, uma vez que, em seus *Ragionamenti*, ele se vale da vida monástica apenas como pretexto para dar rédeas a sua própria natureza. Um testemunho, porém, cumpre citar aqui, representando todos os demais: o de Masuccio, nas dez primeiras de suas cinqüenta novelas. Escritas com profunda indignação, e com o propósito de disseminar esse sentimento, elas são dedicadas às personalidades mais ilustres, incluindo-se aí o rei Ferrante e o príncipe Afonso, de Nápoles. As histórias propriamente ditas são, em parte, antigas, algumas já conhecidas por meio de Boccaccio; outras, porém, revestem-se de terrível atualidade, refletindo a situação napolitana. A tapeação e exploração das massas populares por meio de falsos milagres, aliadas a uma conduta vergonhosa do clero, são ali suficientemente expostas para levar o observador pensante a verdadeiro desespero. Dos frades menores conventuais, que viajavam para coletar donativos, diz-se: "Eles trapaceiam, roubam e fornicam e, quando não têm mais como ir adiante, fazem-se passar por santos a praticar milagres, exibindo um o hábito de são Vicente, outro o escrito de são Bernardino* e um terceiro as rédeas do burro de Capistrano...". Outros

arranjam cúmplices que, fazendo-se passar por cegos ou doentes à beira da morte, subitamente se mostram curados aos olhos da multidão, após terem tocado a bainha do hábito de algum frade ou as relíquias que este carrega consigo. Em seguida, todos gritam *Misericordia!*, os sinos dobram e o milagre é solene e demoradamente registrado em um protocolo.

---

* *L'Ordine*. A referência é, provavelmente, à tábua com a inscrição IHS.

Pode ocorrer de um monge, postado sobre o púlpito de um outro que se encontra no meio do povo, ser por este chamado audaciosamente de impostor; quando isso acontece, porém, este último é subitamente possuído pelo diabo, ao que o primeiro o converte e cura — nada mais do que pura comédia. Com isso, monge e cúmplice coletam uma tal soma em dinheiro que podem comprar um bispado de algum cardeal, ali vivendo confortavelmente até o fim de seus dias. Masuccio não faz qualquer diferença particular entre franciscanos e dominicanos, julgando-os apenas dignos uns dos outros. "E, ainda assim, o povo insensato deixa-se levar por seus ódios e dissensões, brigando em praça pública por uns ou por outros e dividindo-se em partidários dos franciscanos e partidários dos dominicanos!" As freiras pertencem exclusivamente aos monges: tão logo se metam com leigos, são encarceradas e perseguidas. As demais, casam-se formalmente com aqueles, ocasiões em que até mesmo missa é celebrada, contratos de casamento são redigidos e comida e bebida são fartamente servidas. O autor afirma:

> Eu próprio estive presente mais de uma vez em tais ocasiões e vi com meus próprios olhos. Essas freiras, então, ou dão à luz lindos mongezinhos ou fazem abortar o fruto de seu ventre. E se alguém porventura pretender sustentar que isso é mentira, que examine as cloacas dos conventos e encontrará ali estoque de tenras ossadas não muito distinto daquele dos tempos de Herodes, em Belém.

A vida monástica oculta, pois, tais coisas e outras mais. Por certo, os monges confortam-se mutuamente nas confissões, recomendando um ao outro um pai-nosso como penitência para atos para os quais, se praticados por um leigo, negariam toda absolvição, julgando-os os de um herege. "Por isso, que a terra se abra e engula vivos tais criminosos, juntamente com seus protetores." Em outra passagem, Masuccio expressa desejo particularmente notável. Após observar que o poder dos monges repousa, afinal, no temor do além, ele conclui: "O melhor castigo para eles seria que Deus abolisse logo de uma vez o purgatório; se assim fosse, não mais poderiam viver de esmolas e teriam novamente de pegar da enxada".

Se sob Ferrante, e em sua atenção, era permitido que se escrevesse de tal maneira, isso se deve talvez ao fato de o rei ter se exasperado em conseqüência de um falso milagre do qual ele próprio fora vítima. Valendo-se de uma placa de chumbo contendo uma inscrição, enterrada nas proximidades de Taranto e, posteriormente, encontrada, os monges haviam tentado pressioná-lo a mover uma perseguição aos judeus semelhante à que praticavam os espanhóis, e, tendo Ferrante percebido a fraude, desafiaram-no. O rei fizera desmascarar ainda um falso jejuador, como, aliás, seu pai, o rei Afonso, também o fizera no passado. Pelo menos no tocante à superstição estúpida, sua corte não pode ser acusada de cumplicidade.

Citamos aqui um autor que escrevia com seriedade, e ele não era absolutamente o único desse gênero. O escárnio e o insulto aos monges mendicantes estão presentes maciçamente em toda parte, impregnando toda a literatura. Não há por que duvidar de que o Renascimento teria, em pouco tempo, acabado com essas ordens, não tivessem sobrevindo a Reforma alemã e a Contra-Reforma. Dificilmente elas teriam salvado seus santos e pregadores populares. Acabar com elas teria sido apenas uma questão de, no momento oportuno, acertá-lo com um papa como Leão X, por exemplo, que desprezava as ordens mendicantes. Se já o espírito da época as via apenas como repugnantes ou cômicas, para a Igreja elas nada mais eram do que um estorvo. E quem sabe o que aguardava o próprio papado se a Reforma não o tivesse salvado?

Ao final do século XV, o poder que se arrogava o *pater inquisitor* de um convento dominicano sobre a cidade na qual este se situava era suficientemente grande para importunar e revoltar as pessoas cultas, mas já incapaz de extorquir medo ou devoção duradoura. Punir meros pensamentos não era mais possível como o fora no passado, e aqueles que falavam contra o clero como um todo com a mais solta das línguas podiam também facilmente proteger-se de doutrinas efetivamente heréticas. À exceção dos casos em que se fazia sentir a ajuda de um poderoso partido (como o de Savonarola), ou daqueles nos quais se tratava de punir a prática da magia (freqüente nas cidades da porção superior da Itália), raros eram os casos de condenação à fogueira ao final do século XV e princípio do XVI. Em geral, os inquisidores contentavam-se, ao que parece, com uma retratação bastante superficial; outras vezes, chegou a ocorrer de se lhes tomarem das mãos o condenado a caminho do suplício. Em Bolonha (1452), o padre Niccolò da Verona fora já, sobre um palco de madeira diante de San Domenico, degradado publicamente como necromante, exorcista e sacrílego, restando apenas que o conduzissem à fogueira na praça, quando, a caminho de lá, um grupo de pessoas o libertou, grupo este que fora enviado por Achille Malvezzi, conhecido amigo dos heréticos e violador de freiras pertencente à Ordem de São João. O legado (o cardeal Bessarion) só conseguiu, depois, capturar um único dos raptores, que foi enforcado. Quanto a Malvezzi, seguiu vivendo sem ser molestado.

É notável que as ordens mais elevadas — ou seja, os beneditinos e suas ramificações —, apesar de sua riqueza e da boa vida que levavam, fossem muito menos detestadas do que as ordens mendicantes: para cada dez novelas tratando de *frati*, no máximo uma tem por objeto e vítima um *monaco*. Não era pequena a vantagem que conferia às primeiras o fato de serem mais velhas, de terem sido fundadas sem um propósito policial e de não se imiscuirem na vida privada das pessoas. Nelas, encontravam-se homens pios, cultos e inteligentes; em média, porém, um deles — Firenzuola — os descreve da seguinte maneira:

> Esses bem alimentados senhores em suas amplas vestes não passam a vida a correr o mundo, descalços, a pregar; pelo contrário, calçando graciosos pantufos de couro, permanecem sentados em suas belas celas revestidas de lambris de cipreste, as mãos cruzadas sobre a barriga. E, se alguma vez vêem-se obrigados a abandonar essa posição, é apenas para

cavalgar confortavelmente montados em mulas ou vigorosos cavalinhos, como se a repousar. Não fatigam demasiadamente o espírito com o estudo de muitos livros, para que o saber, em vez da simplicidade monástica, não lhes traga a altivez de Lúcifer.

Quem conhece a literatura desse período haverá de reconhecer que citamos aqui apenas o absolutamente indispensável para a compreensão do assunto. Salta aos olhos que uma tal reputação dos monges e do clero secular tinha, necessariamente, de abalar a crença de muitos em tudo que fosse sagrado.

E com que terríveis juízos não deparamos! Para concluir, reproduziremos aqui apenas um deles, porque só recentemente foi publicado e é ainda pouco conhecido. Em seus *Aforismos*, Guicciardini — historiador e, por longos anos, funcionário dos papas da família dos Medici — afirma (1529):

A ninguém desagrada mais a ambição, a avareza e a devassidão dos padres do que a mim, quer seja porque cada um desses vícios é, em si, odioso, quer porque cada um deles — ou todos — não é condizente com pessoas que se declaram membros de uma classe particularmente obediente a Deus, e, sobretudo, porque tais vícios são já tão incompatíveis entre si que só em indivíduos singulares é possível encontrá-los reunidos. Não obstante, minha posição junto a vários papas compeliu-me, por interesse próprio, a desejar-lhes a grandeza. Não fosse por isso, teria amado Martinho Lutero como a mim mesmo — não para me libertar das leis que nos impõe o cristianismo, conforme ele é comumente explicado e entendido, mas para ver essa corja de indignos [*questa caterva di scellerati*] colocada no lugar que lhe cabe, de modo que tivessem de viver sem o vício ou sem o poder.

O mesmo Guicciardini sustenta ainda que, no tocante a tudo que é sobrenatural, permanecemos na mais completa ignorância, que filósofos e teólogos produzem somente tolices a esse respeito e que os milagres acontecem em todas as religiões, não testemunhando em favor de qualquer uma delas e admitindo, em última instância, que se os remeta a fenômenos naturais ainda desconhecidos. A fé que remove montanhas, conforme ela à época se manifestava entre os seguidores de Savonarola, é vista por Guicciardini como um fenômeno curioso, sem que, contudo, ele teça qualquer comentário amargo a esse respeito.

A despeito dessa atmosfera desfavorável, o clero e os monges tinham a seu favor a grande vantagem de que as pessoas estavam habituadas a eles e de que sua existência exibia inúmeros pontos de contato com a de toda a gente, com ela entrelaçando-se. Trata-se da vantagem que todas as coisas antigas e poderosas sempre tiveram neste mundo. Todos tinham algum parente vestindo batina ou o hábito do monge, bem como alguma perspectiva de proteção ou lucro futuro advindo do tesouro da Igreja, além do que, bem no meio da Itália, encontrava-se a cúria romana, capaz de, por vezes, tornar subitamente ricos seus membros. Há que se salientar, contudo, que tudo isso não calou a língua nem a pena das pessoas. Em sua maioria, os autores das mais perversas sátiras eram eles próprios monges, prebendados etc. Poggio, o autor das *Facetiae*, era padre; Francesco Berni dispunha de um canonicato; Teofilo Folengo era beneditino; e Matteo Bandello, que ridiculariza sua própria ordem, era dominicano e, aliás, sobrinho de um superior dessa mesma ordem. O que, afinal, os move a escrever? Uma excessiva certeza da própria segurança? Uma necessidade de desvincularem-se da má fama de sua classe? Ou aquele egoísmo pessimista que tem por divisa "depois de mim, o dilúvio"? Possivelmente, um pouco de cada coisa. No caso de Folengo, sem dúvida, faz-se já sabidamente presente a influência do luteranismo.

A dependência com relação às bênçãos e sacramentos, que já mencionamos ao falar do papado, é óbvia no que concerne à porção crente da população. Entre os emancipados, ela indica e demonstra o vigor das impressões juvenis e a força poderosa e mágica dos símbolos fincados na tradição. O desejo do moribundo — fosse ele quem fosse — pela absolvição do padre comprova a existência de um resquício de temor pelo inferno, mesmo em um homem como Vitellozzo. Exemplo mais instrutivo do que o seu será difícil encontrar. A doutrina eclesiástica do *character indelebilis* do sacerdote, independentemente de sua personalidade, frutificou de tal maneira que é possível ao indivíduo detestar verdadeiramente o padre e, ainda assim, ansiar por seu socorro espiritual. Teimosos houve também, sem dúvida, como, por exemplo, o príncipe Galeotto de Mirandola, morto em 1449, após dezesseis anos de excomunhão. Ao longo de todo esse tempo, sua própria cidade viveu, por sua causa, sob o interdito da Igreja, impedida de celebrar missas e enterrar como cristãos seus habitantes.

Paralelamente a todas essas ambigüidades, fulgura, enfim, o relacionamento da nação italiana com seus grandes pregadores. Todo o restante do Ocidente, é certo, deixava-se, de tempos em tempos, comover pelos sermões de monges devotos; mas o que significava isso comparado aos abalos que periodicamente sacudiam as cidades e os campos italianos? Note-se ainda, por exemplo, que o único homem capaz de provocar efeito semelhante na Alemanha do século XV era um italiano, natural dos Abruzos, chamado João de Capistrano. No Norte, por essa época, aquelas naturezas que carregam dentro de si uma tamanha seriedade e uma tal vocação religiosa são intuitivas, místicas, ao passo que, no Sul, elas são expansivas, práticas, vinculadas ao grande respeito da nação perante a língua e a oratória. O Norte produz uma "Imitatio Christi" que atua em silêncio e, de início, apenas no interior dos monastérios, mas essa atuação estende-se por séculos; o Sul produz homens capazes de provocar nos homens impressão colossal, mas momentânea.

Essa impressão repousa essencialmente na sensibilização da consciência. Os sermões tratam de questões morais; não apresentam abstrações, mas um punhado de aplicações específicas e se apóiam numa personalidade sagrada e ascética, à qual, então, a fantasia, estimulada, agrega o milagre, mesmo contra a vontade do pregador.* O argumento mais poderoso não era tanto a ameaça do purgatório ou do inferno, quanto o curso terreno da *maledizione*, da maldição temporal que age sobre aquele que se alia ao mal. A ofensa a Cristo e aos santos tem suas conseqüências nesta vida. Só assim podia-se mover o indivíduo aferrado à paixão, aos juramentos de vingança e ao crime à expiação e ao arrependimento — o que constituía nitidamente o objetivo principal desses sermões.

Assim é que, no século XV, encontramos pregadores tais como Bernardino da Siena, Alberto da Sarzana, João de Capistrano, Jacopo della Marca, Roberto da Lecce e outros — dentre eles, por fim, Savonarola. Não havia então preconceito mais intenso do que aquele contra os monges mendicantes; esses pregadores o superaram. O humanismo altivo crivou-os de críticas e zombarias, mas bastava que eles erguessem sua voz para que se esquecessem os humanistas. O fenômeno em si não constituía novidade alguma; um povo zombeteiro como o florentino aprendera já, ainda no século XIV, a traçar-lhe a caricatura e a maltratá-la, onde quer que ela se apresentasse num púlpito. Ao entrar em cena, porém, Savonarola arrebatou esse povo de tal maneira que logo toda sua bem-amada cultura e arte ter-se-ia fundido no fogo que ele inflamou. Mesmo a pior profanação de que eram capazes os monges hipócritas, que, com o auxílio de seus cúmplices, sabiam despertar e disseminar à vontade a comoção entre seus ouvintes, não podia acarretar danos ao fenômeno em si. As pessoas continuaram a rir das pregações vulgares dos monges, com seus milagres fabricados e sua exibição de

---

* Capistrano, por exemplo, contenta-se em fazer o sinal-da-cruz para os milhares de doentes que lhe traziam, e em abençoá-los em nome da Trindade e de seu mestre, são Bernardino — ao que, vez por outra, seguia-se de fato a cura do enfermo, como costuma acontecer em tais casos. Assim se manifesta o cronista de Brescia a esse respeito: "Ele fez belos milagres, mas o que se conta a seu respeito é muito mais do que ele realmente fez".

relíquias, e a respeitar profundamente os grandes e verdadeiros pregadores. Estes compõem uma verdadeira especialidade italiana do século XV.

A ordem — em geral, a de São Francisco e, em particular, a da assim chamada Observância — os manda para onde eles são solicitados. Isso se dá, principalmente, quando da presença de graves discórdias, públicas ou privadas, nas cidades, bem como quando a insegurança e a imoralidade experimentam aumento assustador. Uma vez estabelecida a fama de um pregador, todas as cidades o desejam, mesmo que não tenham motivo algum para convocá-lo; ele vai para onde seus superiores o enviam. Um ramo particular dessa atividade é a pregação de uma cruzada contra os turcos, mas nosso interesse aqui se limita fundamentalmente aos sermões que exortam ao arrependimento.

Quando observam uma seqüência metódica, esses sermões parecem obedecer simplesmente à enumeração que a Igreja faz dos pecados mortais. Quanto mais grave o momento, contudo, tanto mais rápida e diretamente o pregador se lança a seu objetivo principal. Sua pregação tem início, talvez, em uma daquelas grandes e portentosas igrejas pertencentes às ordens ou no interior da catedral; em pouco tempo, já a grande *piazza* é demasiado pequena para abrigar o povo que aflui de todas as regiões, de tal modo que o ir-e-vir representa risco de vida para o próprio pregador. Normalmente, a pregação termina com uma gigantesca procissão; os primeiros magistrados da cidade envolvem o pregador, com o intuito de protegê-lo, mas mesmo eles mal podem defendê-lo daqueles que lhe beijam mãos e pés e arrancam pedaços de seu hábito.

Feita a pregação contra a usura, a preempção e os modismos indecorosos, os resultados mais fácil e imediatamente obtidos são a abertura das prisões — o que significa, provavelmente, apenas a libertação dos devedores mais pobres — e a queima de instrumentos da luxúria e do lazer, inocente ou não. Dentre estes encontram-se dados, cartas, todo tipo de jogos, "máscaras", instrumentos musicais, livros de cantos, escritos contendo fórmulas mágicas, falsas cabeleiras etc. Tudo isso era, então, agrupado — graciosamente, sem dúvida — sobre uma armação (*talamo*), encimado, digamos, pela figura do diabo e, em seguida, incinerado.

Chegava, então, a vez dos corações mais empedernidos. Aqueles que havia tempos não mais se confessavam, passavam a se confessar novamente; bens usurpados são devolvidos, injúrias capazes de produzir desgraças são retiradas. Oradores como Bernardino da Siena penetram com diligência e exatidão nos relacionamentos cotidianos das pessoas e nas leis morais que os regulam. Poucos dos nossos teólogos atuais ver-se-iam tentados a proferir sermão matinal versando "sobre contratos, restituições, dívida pública (*monte*) e a dotação de filhas", como ele o fez certa feita, na catedral de Florença. Pregadores mais incautos facilmente incorriam no erro de atacar com tanta intensidade determinadas classes, ofícios e categorias de funcionários que o ânimo exaltado dos ouvintes rebentava imediatamente em atos de violência contra estes. Mesmo um sermão que o próprio Bernardino da Siena proferiu certa vez em Roma (1424) teve, além da queima de artigos de toucador e de magia no Capitólio, outra conseqüência: "Posteriormente", lemos, "queimou-se também a bruxa Finicella, porque ela, valendo-se de meios diabólicos, matara muitas crianças e enfeitiçara muitas pessoas; toda a Roma dirigiu-se para lá, para ver".

Mas, como observei acima, o objetivo mais importante da pregação é apaziguar os conflitos e fazer com que os inimigos renunciem à vingança. Tal resultado era, em geral, obtido apenas mais para o final da série de sermões, quando a torrente de sentimentos penitentes havia, pouco a pouco, inundado a cidade, e o ar estremecia ante o grito de todo o povo: "Misericórdia!". Seguiam-se, então, aquelas solenes promessas de paz e abraços, mesmo quando os partidos beligerantes tinham já a troca de assassinatos atrás de si. Para tão sagrado propósito, permitia-se até que os banidos retornassem à cidade. Ao que parece, tais *paci* eram, em geral, respeitadas, mesmo depois de desfeita a atmosfera sublime, e a lembrança do monge perdurava, abençoada, na memória de muitas gerações. Havia, no entanto, crises bárbaras e terríveis, como aquela entre as famílias Della Valle e Croce de Roma (1482), em face das quais mesmo a voz do grande Roberto da Lecce erguia-se em vão. Pouco antes da semana santa, ele pregara na praça defronte ao templo de Minerva para uma incontável multidão; na noite anterior à quinta-feira santa, porém, a horrível batalha campal rompeu próximo ao gueto, diante do Palazzo Della Valle; na manhã seguinte, o papa Sisto ordenou que demolissem o palácio, celebrando então as cerimônias habituais relativas àquele dia; na sexta-feira santa, Roberto fez nova pregação, tendo às mãos um crucifixo — mas nem ele nem seus ouvintes puderam fazer mais do que chorar.

Sob o efeito de tais pregações, naturezas violentas, em desgraça consigo próprias, tomavam com freqüência a decisão de entrar para a vida monástica. Dentre elas havia ladrões, criminosos de toda sorte e mesmo soldados desempregados. Em sua decisão influía também a admiração pelo monge devoto e o desejo de imitar-lhe pelo menos a conduta exterior.

O sermão de encerramento consistia, então, em uma simples bênção que se resumia às seguintes palavras: "*La pace sia con voi!*". A seguir, grandes multidões acompanham o pregador até a próxima cidade, onde, mais uma vez, ouvem todo o ciclo de pregações.

Considerando-se o enorme poder exercido por esses homens santos, era do desejo do clero e dos governos não tê-los como inimigos. Um dos meios de que dispunham para tanto era estabelecer que somente àqueles monges ou padres que possuíssem ao menos as ordenações menores seria permitido subir ao púlpito, de tal forma a tornar a ordem ou corporação à qual pertenciam responsável, de certo modo, por eles. Também aqui, entretanto, não era possível a fixação e observação de limites precisos, uma vez que a Igreja, e, conseqüentemente, também o púlpito, era havia muito instrumento a serviço de todo tipo de publicidade, incluindo-se aí a leitura de atas jurídicas, novas publicações, preleções etc., e, além disso, mesmo por ocasião das pregações propriamente ditas, por vezes dava-se a palavra a humanistas e leigos. Acresce que havia ainda uma classe híbrida de homens que não eram nem monges nem padres, mas que haviam também renunciado ao mundo: trata-se dos eremitas, muito numerosos na Itália. Também estes, de tempos em tempos, surgiam sem serem convocados e arrebatavam a população. Um caso desse tipo aconteceu em Milão, após a segunda conquista francesa (1516) — em uma época, aliás, de grande perturbação da ordem pública. Um eremita toscano, talvez um adepto de Savonarola, ocupou por vários meses o púlpito da catedral; dali, atacou violentamente a hierarquia, deu à catedral um novo lustre e novo altar, fez milagres e só abandonou o campo de batalha após violentos conflitos. Naquelas décadas, decisivas para o destino da Itália, desponta em toda parte a prática de fazer profecias, não se restringindo, onde quer que se manifeste, a uma classe determinada. É sabido, por exemplo, com que verdadeira ousadia os eremitas lançaram-se a essa prática anteriormente à devastação de Roma. Carecendo do dom da eloqüência, valiam-se de mensageiros portando símbolos, como, por exemplo, aquele asceta das proximidades de Siena que enviou à cidade atemorizada um "pequeno eremita" — ou seja, um discípulo — carregando um crânio no alto de uma vara e do qual pendia um bilhete com uma citação ameaçadora da Bíblia.

Os próprios monges, porém, muitas vezes não poupavam os príncipes, as autoridades, o clero e nem mesmo sua própria classe. Um sermão pregando explicitamente a derrubada do tirano reinante, como o fizera fra Jacopo Bussolaro em Pavia, no século XIV, decerto não encontramos mais na época seguinte; não obstante, deparamos com críticas corajosas dirigidas até mesmo ao papa, em sua própria capela, e com conselhos políticos ingênuos proferidos na presença de príncipes que não se julgam necessitados deles.* Na praça do castelo de Milão, em 1494, um pregador cego da Incoronata (um agostiniano, portanto) ousou,

---

* Por vezes, em tempos difíceis, a própria casa regente empregava monges no intuito de incutir no povo o entusiasmo pela lealdade.

do púlpito, dirigir-se a Ludovico, o Mouro, nos seguintes termos: "Senhor, não mostres o caminho aos franceses, pois te arrependerás!". Havia monges-profetas que talvez não tratassem diretamente de política em seus sermões, mas esboçavam quadros tão terríveis do futuro que seus ouvintes quase perdiam os sentidos. Logo após a eleição de Leão X (1513), todo um grupo desses profetas — doze franciscanos conventuais — percorreu as mais diversas regiões da Itália, conforme as haviam distribuído entre si. Deles, o que pregou em Florença, fra Francesco di Montepulciano, provocou crescente pavor em toda a população à medida que suas declarações iam chegando também — antes intensificadas do que amenizadas — àqueles que, diante da multidão a sua frente, não podiam se aproximar mais para ouvi-lo. Após uma dessas pregações, o frade morreu subitamente "de uma dor no peito"; todos foram beijar os pés do defunto, razão pela qual tiveram de enterrá-lo à noite, em segredo. O recém-inflamado espírito profético, no entanto, que agora já atingia mulheres e camponeses, só pôde ser abafado a muito custo.

A fim de incutir novamente um sentimento de certa maneira mais alegre na população, os Medici — Giuliano (irmão de Leão) e Lourenço — promoveram em 1514, no dia de são João, aquelas suntuosas festividades, caçadas, cortejos e torneios para os quais vieram de Roma, além de alguns senhores ilustres, seis cardeais; estes, porém, disfarçados.

Mas o maior dos profetas e pregadores fora já queimado em Florença, em 1498: fra Girolamo Savonarola, de Ferrara. Umas poucas observações a seu respeito haverão de nos bastar aqui.

O instrumento mais poderoso por meio do qual ele transforma e domina Florença (1494-8) é sua eloqüência, da qual, evidentemente, os sermões que chegaram até nós — em sua maioria, registrados de forma insuficiente no próprio local onde foram proferidos — nos dão apenas uma pálida idéia. Não que os aspectos exteriores a contribuir para sua pregação fossem significativos, uma vez que sua voz, pronúncia, habilidades retóricas e que tais constituíam antes seu ponto fraco, de forma que aqueles que desejavam um pregador dotado de estilo e arte dirigiam-se a seu rival, fra Mariano da Genazzano; a eloqüência de Savonarola, entretanto, possuía um elevado poder pessoal que, desde então, só voltaria a surgir em Lutero. Ele próprio via nisso uma iluminação divina e, a partir daí, sem qualquer presunção, atribuía valor bastante alto ao ofício do pregador: imediatamente acima deste, na grande hierarquia dos espíritos, situava o último dos anjos.

Essa personalidade absolutamente entusiasmada logo operou um milagre de caráter distinto e mais grandioso do que aquele de suas pregações: seu próprio monastério, o de são Marcos, e, em seguida, todos os demais monastérios toscanos da Ordem Dominicana alinham-se a seus pontos de vista e empreendem voluntariamente uma grande reforma interna. Quando se sabe como eram os monastérios de então e que enorme dificuldade havia em se implantar a mais mínima modificação no que se refere aos monges, fica-se duplamente espantado diante de uma mudança de tamanha magnitude. Estando a transformação em curso, um número significativo de pessoas afinadas com essas mudanças entrou para a Ordem Dominicana, solidificando assim a reforma. Desse modo, filhos das mais ilustres famílias entraram para o monastério de são Marcos como noviços.

Essa reforma da ordem numa província específica constituía, assim, um primeiro passo em direção a uma Igreja nacional, resultado a que infalivelmente teria conduzido esse processo, tivesse ele desfrutado de vida mais longa. O próprio Savonarola, aliás, desejava uma reforma de toda a Igreja, razão pela qual, mais para o final de sua atuação, enviou veementes advertências a todos os grandes potentados para que convocassem um concílio. Na Toscana, porém, sua ordem e partido eram os únicos órgãos possíveis de seu espírito — o sal da terra —, enquanto as províncias vizinhas persistiam no velho estado de coisas. Mais e mais a resignação e a fantasia forjam um estado de espírito que pretende fazer de Florença um reino de Deus na Terra.

As profecias — cuja parcial realização conferiu a Savonarola reputação sobre-humana — são o instrumento a partir do qual a onipotente fantasia italiana domina até as naturezas mais sólidas e precavidas. De início, os franciscanos da Observância — num reflexo da glória que lhes legara são Bernardino da Siena — acreditaram que podiam concorrer com o grande dominicano e, assim, refreá-lo. Conseguiram, pois, alçar ao púlpito da catedral um dos seus, que logrou sobrepujar as desgraças profetizadas por Savonarola com outras ainda mais terríveis, até que Pietro de Medici — que, à época, ainda governava Florença — ordenou a ambos que se calassem. Pouco depois, com a chegada de Carlos VIII à Itália e a expulsão dos Medici, como Savonarola claramente profetizara, todo o crédito voltou-se exclusivamente para este último.

Há que se reconhecer aqui que Savonarola jamais julgou criticamente suas próprias premonições e visões, exibindo, porém, considerável rigor para com as dos outros. Na oração fúnebre a Pico della Mirandola, ele se comporta de maneira um tanto cruel com relação ao amigo morto. Uma vez que Pico, a despeito de uma voz interior provinda de Deus, não quisera entrar para a ordem, ele próprio — Savonarola — pedira a Deus que castigasse o amigo, mas, certamente, não lhe desejara a morte; agora, então, por meio de oferendas e preces, teria conseguido que a alma daquele fosse provisoriamente para o purgatório. No tocante a uma visão consoladora tida por Pico em seu leito de morte, na qual a Virgem lhe aparecera prometendo que ele não morreria, Savonarola confessa tê-la tomado longamente por uma ilusão demoníaca, até o momento em que se lhe revelara ter a Virgem se referido à segunda morte, isto é, a eterna. Se comportamentos como este e semelhantes eram produtos da soberba, essa grande alma ao menos pagou tão caro quanto possível por sua falta. Ao final de seus dias, Savonarola parece ter reconhecido a própria futilidade e a de suas profecias, restando-lhe, ainda assim, suficiente paz interior para ir ao encontro da morte impregnado de um profundo sentimento religioso. Além de sua doutrina, porém, seus seguidores mantiveram-se ainda fiéis também a suas profecias ao longo de três décadas.

Savonarola só atuou como reorganizador do Estado porque, se não o fizesse ele próprio, forças hostis ter-se-iam encarregado da tarefa. É injusto julgá-lo a partir da Constituição semidemocrática do princípio de 1495: ela não é nem pior nem melhor do que outras Constituições florentinas.*

No fundo, ele era o homem mais inapropriado que se poderia encontrar para tais assuntos. Seu verdadeiro ideal era uma teocracia na qual todos se curvassem em ditosa humildade ante o Invisível, e da qual todos os conflitos da paixão estivessem já, *a priori*, ausentes. Todo o seu pensamento está contido naquela inscrição do Palazzo della Signoria, cujo conteúdo era seu lema por volta de 1495 e que, em 1527, foi renovada por seus seguidores: "*Jesus Christus Rex populi florentini S.P.Q. decreto creatus*". A relação que tinha com a vida terrena e seus requisitos era tão pequena quanto a de um monge devoto e austero qualquer. Em sua opinião, o homem só devia dedicar-se às coisas que possuíam vínculo imediato com a salvação da alma.

Esse mesmo ponto de vista revela-se nitidamente em sua postura com relação à literatura da Antiguidade. Prega ele:

> O único bem que Platão e Aristóteles fizeram foi terem produzido muitos argumentos que podem ser utilizados contra os hereges. Ainda assim, estão no inferno, junto com outros filósofos. Uma velha sabe mais sobre a fé do que Platão. Seria bom para a fé que muitos desses livros aparentemente úteis fossem aniquilados. Quando ainda não havia tantos livros, tantos argumentos racionais [*ragioni naturali*] nem tantas disputas, a fé crescia muito mais rapidamente do que vem fazendo desde então.

---

* Savonarola teria sido, talvez, o único capaz de devolver a liberdade às cidades subjugadas e, ainda assim, salvar, de algum modo, a coesão do Estado toscano.

As leituras clássicas nas escolas, ele as quer restritas a Homero, Virgílio e Cícero, complementadas, no mais, por Jerônimo e Agostinho; em contrapartida, devem ser banidos não apenas Catulo e Ovídio, como também Tibulo e Terêncio. Até aqui, o que se revela é apenas uma temerosa moralidade; Savonarola, porém, afirma, num escrito particular, a nocividade da ciência como um todo. Na verdade, pensa ele, somente umas poucas pessoas deveriam estudá-la, visando a não deixar perecer a tradição do conhecimento humano, mas, particularmente, a fim de que haja sempre uma provisão de atletas intelectuais aptos ao combate dos sofismas dos hereges. A todas as demais pessoas, não se deveria permitir que ultrapassassem os limites do aprendizado da gramática, dos bons costumes e da religião (*sacrae literae*). Assim sendo, toda a educação e a cultura recairiam, naturalmente, sobre os monges, e, uma vez que Estados e impérios deveriam ser igualmente governados pelos "mais sábios e devotos", tais governantes seriam, mais uma vez, esses mesmos monges. Se Savonarola foi tão longe em seus pensamentos, é uma questão que nem sequer nos colocaremos aqui.

Não pode haver raciocínio mais infantil. Não ocorre ao bom homem a simples ponderação de que a Antiguidade redescoberta, e a gigantesca ampliação de todo o horizonte intelectual do homem, poderia, de acordo com as circunstâncias, ser uma gloriosa prova de fogo para a religião. De bom grado, Savonarola gostaria de proibir o que, de outra forma, não seria possível eliminar. De fato, ele pode ter sido tudo, menos um liberal. Para os astrólogos ímpios, por exemplo, ele tem pronta a mesma fogueira na qual, mais tarde, ele próprio morreria.*

Quão poderosa deve ter sido a alma que habitava tão estreito espírito! Que fogo não foi necessário para ensinar o entusiasmo pela erudição dos florentinos a curvar-se ante tais pontos de vista!

---

* Acerca dos *impii astrologi*, diz ele: "Non è da disputar (con loro) altrimenti che col fuoco" [Não dá para discutir (com eles), a não ser com fogo].

O que estes estavam dispostos a sacrificar de sua arte e de seu caráter mundano em favor dele, demonstram-no aquelas famosas fogueiras em comparação com as quais todos os *talami* de Bernardino da Siena e outros pouco podem significar.

Tudo isso, no entanto, não se deu sem a contribuição de uma polícia tirânica a serviço de Savonarola. Suas intervenções na tão prezada liberdade da vida privada italiana não foram de pequena monta, visto que, para poder executar sua reforma nos costumes, ele exigia da criadagem, por exemplo, que espionasse seu senhor. A transformação da vida pública e privada que, mais tarde, sob permanente estado de sítio, o férreo Calvino somente com muito esforço logrou levar a cabo em Genebra, tinha, necessariamente, de permanecer apenas uma tentativa em Florença, e, como tal, de exasperar ao máximo seus adversários. A essa tentativa vincula-se, acima de tudo, o bando de garotos organizado por Savonarola para invadir as casas e exigir com violência os objetos destinados à fogueira. Como esses garotos fossem, vez por outra, repelidos aos golpes, destinaram-se adultos para servir-lhes de protetores, e para, apesar de tudo, estabelecer a ficção de uma burguesia devota em formação.

Assim é que, no último dia de Carnaval do ano de 1497 e do seguinte, os grandes autos-de-fé puderam ter lugar na Piazza della Signoria. Nela, elevava-se uma pirâmide em vários degraus, semelhante ao *rogus* sobre o qual se costumavam queimar os corpos dos imperadores romanos. Junto à base, agrupavam-se máscaras, barbas postiças, fantasias e que tais; sobre estas, jaziam as obras das literaturas latina e italiana — de Boccaccio, Petrarca, o *Morgante* de Pulci, e outras mais —, em parte sob a forma de valiosas impressões em pergaminho e de manuscritos adornados com iluminuras; a seguir, vinham os ornamentos e artigos de toucador, perfumes, espelhos, véus e cabeleiras falsas; mais acima, alaúdes, harpas, tabuleiros de xadrez e as cartas; por fim, os dois degraus superiores continham somente quadros, sobretudo de beldades femininas, em parte carregando os nomes clássicos de Lucrécia, Cleópatra e Faustina, em parte, retratos feitos das belas Bencina, Lena Morella, Bina e Maria dei Lenzi.

Da primeira vez, um mercador veneziano presente à cerimônia ofereceu à senhoria 20 mil florins de ouro pelo conteúdo da pirâmide; como única resposta, teve seu retrato pintado e acrescentado aos demais. No momento de acender a fogueira, a senhoria dirigiu-se ao balcão: canto, som de trompetes e o repicar dos sinos ecoaram no ar. Depois, todos se foram para a praça defronte a San Marco, onde dançaram em três círculos concêntricos: o interior, contendo os monges daquele monastério, alternados com garotos vestidos de anjo; o intermediário, com jovens eclesiásticos e leigos; e, finalmente, o exterior, composto de pessoas idosas, cidadãos em geral e padres, estes coroados com ramos de oliveira.

Todo o escárnio dos adversários vitoriosos — para o qual, na verdade, não faltaram oportunidades e talento — não foi suficiente para desacreditar a memória de Savonarola. Quanto mais triste se revelaram os destinos da Itália, tanto mais gloriosa brilhou na memória dos sobreviventes a figura do grande monge e profeta. Suas profecias podem, no detalhe, ter permanecido irrealizadas, mas o grande infortúnio geral que anunciara cumpriu-se em todo o seu horror.

No entanto, por maior que tenha sido a influência dos pregadores e a despeito da veemência com que Savonarola reivindicou para os monges enquanto tais o ofício redentor da pregação, nem por isso essa classe escapou à condenação geral. A Itália demonstrou nitidamente que só se deixava entusiasmar por indivíduos.

Se, independentemente de padres e monges, pretendermos avaliar a força da velha fé, veremos que ela se apresenta ora muito reduzida ora bastante significativa, dependendo do ponto de vista e da luz sob a qual a contemplamos. Já falamos aqui da indispensabilidade dos sacramentos e das bênçãos. Examinemos agora a situação da fé e do culto na vida cotidiana. O povo, seus costumes e a atenção dispensada pelos poderosos a ambos desempenham aqui papel determinante.

Tudo que se refere ao arrependimento e à obtenção da salvação por intermédio das boas ações exibe, nos camponeses e nas classes inferiores italianas de um modo geral, a mesma conformação e as mesmas distorções que encontramos no Norte — um quadro que, aqui e ali, afeta e determina também o comportamento das pessoas instruídas. Aqueles aspectos do catolicismo popular vinculados ao paganismo antigo — o apelo, as oferendas aos deuses, a maneira de apaziguá-los — fixaram-se obstinadamente na consciência do povo. A já citada oitava écloga de Battista Mantovano [*De rusticorum religione*] contém, entre outras coisas, a oração endereçada por um camponês à Virgem, na qual esta é invocada como uma deusa particular, protetora dos interesses específicos dos que vivem no campo. E que conceitos tinha o povo do valor de certas Madonas, vistas como suas protetoras! O que ia pela cabeça daquela florentina que, *ex-voto*, ofereceu um barrilzinho de cera à Annunziata porque seu amado, um monge, esvaziara gradualmente um barrilzinho de vinho em sua casa, sem que o marido ausente o percebesse? Àquela época, tanto quanto hoje ainda, determinados santos protetores cuidavam de determinadas esferas da vida humana. Já se tentou por diversas vezes remeter certo número de usos rituais comuns da Igreja católica a cerimônias pagãs; além disso, todos reconhecem que uma porção de costumes locais e populares agregados às festividades eclesiásticas constituem remanescentes esquecidos de antigas crenças pagãs européias. Na Itália, porém, o campo exibe um ou outro elemento no qual não é possível deixar de identificar a presença de um resíduo de crença pagã. É o que se verifica, por exemplo, no costume de oferecer comida aos mortos quatro dias antes da festa de São Pedro aos Vínculos, ou seja, em 18 de fevereiro, de acordo com o dia em que se celebravam as antigas *feralias*. É possível que diversos outros costumes desse gênero estivessem, outrora, ainda em prática, tendo sido extirpados somente a partir de então. Talvez seja apenas aparentemente paradoxal dizer que a fé popular italiana desfrutava de uma base particularmente sólida na medida mesmo em que era pagã.

Seria possível, até certo ponto, demonstrar em detalhes o quanto o predomínio desse tipo de fé estendeu-se também em meio às camadas superiores da sociedade. Como já se observou aqui no tocante às relações com o clero, estavam a seu favor o poder do hábito e das impressões juvenis. Também o amor pela pompa das festividades eclesiásticas atuava em seu benefício, e a este juntava-se ainda, por vezes, uma daquelas grandes epidemias de arrependimento, às quais nem mesmo os céticos e os zombadores eram capazes de resistir.

Em questões dessa ordem, entretanto, é perigoso apressarmo-nos em obter conclusões definitivas. Seria razoável imaginarmos, por exemplo, que a atitude das pessoas cultas com relação às relíquias dos santos teria de nos oferecer uma chave que nos permitisse o acesso ao menos parcial a sua consciência religiosa. De fato, diferenciações de grau podem ser constatadas, mas com uma nitidez muito distante daquela que seria desejável. A princípio, o governo de Veneza no século XV parece ter compartilhado inteiramente da mesma devoção pelos restos mortais dos santos que então imperava por todo o Ocidente. Mesmo para os estrangeiros que viviam em Veneza era conveniente que se adaptassem a essa prática. Se nos fosse permitido julgar a erudita Pádua tendo por base seu topógrafo Michele Savonarola, diríamos que a situação ali não terá sido diferente da de Veneza. Com uma mistura de orgulho e temor religioso, Michele nos conta como, à noite, na iminência de grandes perigos, ouviam-se por toda a cidade os santos gemendo; como as unhas e os cabelos de uma freira santa, morta em Santa Chiara, seguem crescendo continuamente e como, na iminência de desgraças, esse mesmo corpo produz ruídos, levanta os braços e assim por diante. Ao descrever a capela de Santo Antonio, o autor se perde completamente em fantasias e expressões de espanto. Em Milão, o povo exibe grande fanatismo pelas relíquias. Certa feita (1517), quando da reforma do altar-mor em San Simpliciano, tendo os monges descuidadamente descoberto seis corpos sagrados e, a seguir, violentas tempestades se abatido sobre a cidade, a população atribuiu a causa destas últimas àquele sacrilégio, pondo-se assim a surrar os monges envolvidos em plena rua, onde quer que os encontrasse. Em outras regiões da Itália, porém, e mesmo no que diz respeito aos papas, a postura das pessoas nesses assuntos revela-se muito mais dúbia, sem que, ainda assim, possamos tirar daí qualquer conclusão mais convincente. É conhecido o entusiasmo geral provocado pela aquisição, por Pio II, da cabeça do apóstolo André — que, salva da Grécia, encontrara refúgio inicialmente em Santa Maura — e por sua solene instalação em São Pedro (1462). Não obstante, apreende-se de seu próprio relato que o papa o fez por uma espécie de vergonha, uma vez que tantos príncipes disputavam a relíquia. Somente então ocorreu-lhe fazer de Roma o refúgio comum dos restos mortais dos santos expulsos de suas próprias igrejas. Sob Sisto IV, a população da cidade era muito mais zelosa nessas questões do que o papa em si, de tal forma que a magistratura queixou-se amargamente quando Sisto entregou ao moribundo Luís XI algumas das relíquias de Latrão. Em Bolonha, por essa época, uma voz corajosa ergueu-se para pedir que se vendesse ao rei da Espanha o crânio de são Domingos e que o produto dessa venda fosse aplicado em algo de proveitoso para o bem público. Os florentinos são os que exibem menor devoção pelas relíquias. Entre a decisão de honrar o patrono da cidade, são Zenóbio, com um novo sarcófago e sua efetiva encomenda a Ghiberti, transcorrem-se dezenove anos (1409-28), e, ainda assim, a incumbência é mera obra do acaso: o mestre acabara de concluir um trabalho de menor porte, mas semelhante, obtendo belo resultado. Talvez as pessoas estivessem um tanto fartas das relíquias, desde que uma ardilosa abadessa napolitana as enganara com um braço falso, feito de madeira e gesso, da padroeira da catedral, santa Reparata. Ou seria lícito supormos ter sido antes o senso estético que, ali, afastava-se decididamente dos corpos despedaçados e das vestes e objetos semidecompostos? Ou simplesmente o moderno conceito de glória, que teria preferido abrigar nos mais magníficos túmulos os corpos de um Dante ou de um Petrarca do que os de todos os doze apóstolos juntos? Talvez, porém, o culto às relíquias houvesse já refluído na Itália em geral — à exceção de Veneza e de Roma, esta um caso bastante excepcional —, e há muito mais tempo do que em qualquer outra parte da Europa, em favor do culto à Madona, o que revelaria, ainda que veladamente, uma supremacia precoce ali do senso estético.*

Não teria havido no Norte, onde as mais gigantescas catedrais são quase todas dedicadas a Nossa Senhora e onde todo um rico veio da poesia escrita tanto em latim quanto nas línguas nacionais glorificava a Mãe de Deus, uma maior devoção pela Virgem? Ocorre, no entanto, que, na Itália, verifica-se um número extraordinariamente maior de imagens milagrosas de Maria interferindo incessantemente na vida cotidiana. Toda cidade importante possui uma série delas, desde as antiqüíssimas — ou tidas como tal — "pinturas de são Lucas" até as obras dos artistas da época, que, não raro, viviam o suficiente para ver os milagres produzidos por suas imagens. A obra de arte não é aqui tão inofensiva quanto crê Battista Mantovano [*De sacris diebus*, liv. I]: conforme as circunstâncias, ela subitamente adquire um poder mágico. É possível que o anseio popular por milagres, sobretudo das mulheres, tenha sido assim saciado e que, por isso mesmo, não mais se tenha dado tanta atenção às relíquias. Em que medida a zombaria dirigida pelos novelistas contra as falsas relíquias acabou por afetar também aquelas consideradas autênticas, é uma questão aberta.

A postura das pessoas instruídas com relação ao culto a Maria revela também contornos mais nítidos do que sua atitude perante o culto das relíquias. Não deixa de ser surpreendente que,

---

* Ter-se-ia ainda de diferenciar entre o culto aos corpos de santos historicamente ainda bem conhecidos, porque pertencentes aos séculos imediatamente anteriores — culto este que florescia na Itália — e aquela busca por corpos e relíquias da Antiguidade sagrada, predominante no Norte. Deste último gênero, importante sobretudo para os peregrinos, era a grande provisão de relíquias de Latrão. No caso, porém, dos sarcófagos de são Domingos e de santo Antônio de Pádua, bem como do misterioso túmulo de são Francisco, rebrilha já, além da santidade, a glória histórica.

na literatura, Dante, com seu "Paraíso" [v. XXXIII, 1], tenha sido, na verdade, o último poeta italiano importante a cantar Maria, ao passo que, no seio do povo, os hinos à Virgem seguem se renovando até os dias de hoje. Poder-se-ia aqui objetar com os nomes de Sannazaro, Sabellico e de outros poetas latinos, mas seus propósitos, essencialmente literários, subtraem boa parte da capacidade persuasiva de uma tal objeção. Aqueles poemas italianos compostos no século XV e no princípio do XVI que nos transmitem uma religiosidade imediata poderiam muito bem, em sua maioria, ter sido compostos também por protestantes — como é o caso dos hinos de Lourenço, o Magnífico, dos sonetos de Vittoria Colonna, de Michelangelo, de Gaspara Stampa e de outros mais. À parte a expressão lírica do deísmo, eles nos falam sobretudo do sentimento do pecado, da consciência da redenção pela morte de Cristo, da ânsia por um mundo mais elevado; a menção à intercessão da Mãe de Deus figura neles apenas excepcionalmente. Trata-se do mesmo fenômeno que se verifica na cultura clássica francesa, na literatura da época de Luís XIV. Foi somente a Contra-Reforma que trouxe de volta à grande poesia italiana o culto a Maria. Nesse meio-tempo, é verdade, as artes plásticas haviam feito o máximo que podiam para glorificar a Madona. Quanto ao culto aos santos, por fim, ele não raro assumiu coloração fundamentalmente pagã entre as pessoas cultas.

Nós poderíamos seguir examinando criticamente diversos outros aspectos do catolicismo italiano de então, determinando, com certo grau de probabilidade, a suposta relação das classes cultas com as crenças populares, sem, no entanto, jamais lograrmos chegar a conclusão decisiva a esse respeito. Contrastes de difícil interpretação se nos apresentam. Enquanto, por exemplo, construções, esculturas e pinturas são incansavelmente produzidas nas e para as Igrejas, ouvimos, no começo do século XVI, as mais amargas queixas acerca do relaxamento no culto e no cuidado das próprias igrejas [Battista Mantovano, *De sacris diebus*, liv. V]: "Templa ruunt, passim sordent altaria, cultus Paulatim divinus abit!..." [Os templos desmoronam, os altares estão sujos, o culto divino aos poucos desaparece]. É sabido o quanto o comportamento desrespeitoso dos padres romanos ao celebrar a missa escandalizou Lutero. Além disso, as festividades eclesiásticas italianas eram dotadas de uma suntuosidade e de um estilo dos quais o Norte não tinha qualquer noção. Cumpre, assim, supor que esse povo fantasioso negligenciava de bom grado o cotidiano apenas para, então, se deixar arrebatar pelo extraordinário.

A fantasia explica também as epidemias de arrependimento, sobre as quais algumas observações se fazem ainda necessárias. Estas devem ser encaradas independentemente dos efeitos causados pelos grandes pregadores: o que as produz são as grandes calamidades públicas, ou o medo delas.

Na Idade Média, tormentas desse gênero abatem-se de tempos em tempos sobre toda a Europa, arrastando as massas em sua correnteza, como se verificou, por exemplo, nas Cruzadas e nas peregrinações de flagelantes. A Itália tomou parte em ambas as coisas. As primeiras legiões portentosas de flagelantes surgem ali logo após a queda de Ezzelino e de sua casa, e, aliás, na região da mesma Perugia que já tivemos oportunidade de conhecer como centro dos futuros pregadores. Seguem-se, então, aquelas dos anos de 1310 e 1334 e, ainda, a grande peregrinação de penitentes de 1399 de que nos fala Corio, esta sem flagelação. Não é de todo inconcebível que os jubileus tenham sido instituídos para, na medida do possível, regular e tornar inofensivo esse recôndito impulso errante das massas religiosamente exaltadas. Além disso, a fama então recém-adquirida de pólos de peregrinação como Loreto, por exemplo, atraiu para si uma parte dessa exaltação.

Em momentos de pavor, porém, e num período já bastante tardio, renasce aqui e ali a chama do arrependimento medieval, e o povo, atemorizado — sobretudo quando motivado adicionalmente por prodígios —, pretende despertar a misericórdia divina por meio de simples lamentos e flagelações. Assim foi quando, em 1457, Bolonha foi vitimada pela peste, ou Siena, em 1496, por distúrbios internos, para citarmos apenas dois dentre inúmeros exemplos. Verdadeiramente impressionante, contudo, foi o que aconteceu em Milão em 1529, quando as três terríveis irmãs — a guerra, a fome e a peste —, juntamente com a exploração espanhola, lançaram a cidade no mais profundo desespero. Coincidentemente, o monge ao qual todos davam ouvidos era o espanhol fra Tommaso Nieto. Nas procissões em que jovens e velhos iam descalços, ele fazia com que o Sacramento fosse carregado de uma nova maneira, isto é, preso sobre uma arca ornamentada, conduzida nos ombros por quatro padres vestindo sobrepelizes — uma imitação da arca da aliança que, um dia, o povo de Israel conduzira em torno das muralhas de Jericó. Assim, o atormentado povo de Milão lembrava ao seu antigo Deus a aliança que fizera com os homens, e quando a procissão adentrava novamente a catedral, quando parecia que a gigantesca edificação desabaria aos gritos de "Misericórdia!", muitos talvez acreditassem que o céu de fato interferiria nas leis da natureza e da história, produzindo algum milagre redentor.

Houve, porém, um governo na Itália que, em tais épocas, colocou-se mesmo à testa do sentimento popular, estabelecendo uma ordem policial para a aptidão penitente de seu povo: o do duque Ercole I, de Ferrara. À época em que Savonarola era ainda poderoso em Florença, quando as profecias e o espírito penitente começaram a, em grande escala, tomar conta do povo, atravessando os Apeninos, Ferrara também foi atingida por um grande e voluntário jejum (no início de 1496). Um lazarista anunciara de seu púlpito a iminência da mais pavorosa guerra e da mais horrível fome que o mundo jamais vira; quem jejuasse, escaparia da desgraça — assim anunciara a Virgem a um casal devoto. Diante disso, a própria corte não pôde furtar-se ao jejum, mas tomou para si as rédeas da devoção. Em 3 de abril (domingo de Páscoa), tornou público um édito relativo aos costumes e à religião, proibindo a blasfêmia do nome de Deus e da Virgem Santa, os jogos, a sodomia, o concubinato, o aluguel de casas a prostitutas e seus alcoviteiros, a abertura das lojas nos dias de festa, excetuando-se as dos padeiros e mercadores de legumes, e assim por diante. Os judeus e os mouros deveriam voltar a trazer costurado ao peito o seu "O" amarelo. Os infratores foram ameaçados não somente com as penas até então previstas na lei, mas também "com aquelas ainda maiores que o duque houver por bem infligir". Depois disso, o duque, juntamente com toda a sua corte, esteve presente por vários dias seguidos às pregações, e, em 10 de abril, até mesmo todos os judeus da cidade foram obrigados a presenciá-las. Em 3 de maio, entretanto, o chefe de polícia — o já citado Gregorio Zampante — mandou proclamar que todo aquele que tivesse dado dinheiro aos beleguins para não ser denunciado como blasfemo poderia se apresentar para recebê-lo de volta, juntamente com uma reparação adicional. De fato, esses homens vis tinham, ameaçando denunciá-los, extorquido de inocentes até dois ou três ducados, mas, em seguida, denunciaram-se uns aos outros, indo todos parar na prisão. Como, porém, as vítimas só haviam pago justamente para não terem absolutamente nada a tratar com Zampante, é bastante provável que nenhuma delas tenha atendido a sua proclamação. No ano de 1500, após a queda de Ludovico, o Mouro, quando essa mesma atmosfera voltou a reinar na cidade, Ercole ordenou, de moto próprio, a realização de uma série de nove procissões, às quais não deveriam faltar nem mesmo as crianças vestidas de branco e portando a bandeira de Jesus. O próprio duque acompanhou os cortejos, a cavalo, pois marchava com dificuldade. O que então se seguiu foi um édito de conteúdo bastante semelhante ao de 1496. É sabido que o governo de Ercole construiu numerosas igrejas e conventos. Até mesmo uma santa em carne e osso, a irmã Colomba,* mandou trazer para Ferrara, pouco antes de ser obrigado a casar seu filho Afonso com Lucrécia Borgia (1502). Um mensageiro de seu gabinete foi buscar a santa e mais quinze freiras em Viterbo, e o duque em pessoa conduziu-as a um convento já preparado para recebê-las, assim que chegaram a Ferrara. Estaríamos fazendo-lhe uma injustiça ao pressupormos em todos esses atos a presen-

---

* Supostamente, a mesma citada à página 59, em Perugia.

ça de um vigoroso propósito político? Como já demonstramos anteriormente, o conceito de dominação da casa dos Este incluía, quase como uma lei da lógica, tal utilização da religião em proveito próprio.

A RELIGIÃO E O ESPÍRITO DO RENASCIMENTO

Para chegarmos, no entanto, às conclusões decisivas acerca da religiosidade do homem do Renascimento, faz-se necessário que tomemos um outro caminho. Sua relação com a religião então existente, bem como com a idéia do divino, precisa ser aclarada a partir de sua própria postura intelectual como um todo.

Esses homens modernos, os portadores da erudição italiana de outrora, nasceram dotados da mesma religiosidade do homem ocidental da Idade Média. Seu poderoso individualismo, porém, confere caráter totalmente subjetivo a essa religiosidade — como, de resto, a tudo o mais —, e o encanto extraordinário que exerce sobre eles a descoberta dos mundos exterior e intelectual torna-os predominantemente mundanos. No restante da Europa, pelo contrário, a religião permanece por mais tempo como algo dado, objetivo, e, na vida cotidiana, egoísmo e prazer sensual alternam-se diretamente com devoção e arrependimento — este, ao contrário do que ocorria na Itália, ainda sem sofrer a concorrência do intelecto, ou sofrendo-a em grau infinitamente menor.

Além disso, o contato desde sempre íntimo e freqüente com bizantinos e maometanos produziu e conservou uma tolerância neutra que, de certa maneira, fez recuar o conceito etnográfico de uma cristandade ocidental privilegiada. Quando, então, a Antiguidade clássica, com seus homens e instituições, tornou-se um ideal de vida, porque era a recordação mais gloriosa da Itália, a especulação e o ceticismo antigos apoderaram-se, por vezes, inteiramente do espírito dos italianos.

Mais ainda, na medida em que os italianos foram os primeiros europeus modernos a se entregarem à reflexão irrestrita acerca da liberdade e da necessidade, e na medida em que o fizeram sob circunstâncias políticas violentas e ilegítimas — circunstâncias estas que amiúde afiguravam-se como uma refulgente e duradoura vitória do mal —, sua crença em Deus tornou-se vacilante e sua visão de mundo, parcialmente fatalista. Dotados, entretanto, de um caráter apaixonado e não desejando permanecer nessa incerteza, muitos italianos contentaram-se em ir buscar nas superstições da Antiguidade, do Oriente e da Idade Média o complemento de que necessitavam, tornando-se, assim, astrólogos e mágicos.

Os espíritos poderosos, por sua vez, os promotores do Renascimento, exibem, no tocante à religião, uma característica freqüente nos jovens: se distinguem nitidamente entre o bem e o mal, eles, por outro lado, desconhecem o pecado. Graças a sua força plástica, confiam na própria capacidade de restabelecer sua harmonia interior em face de qualquer distúrbio sofrido, desconhecendo, por isso, o arrependimento. Com isso, esmaece-se também a necessidade de salvação, ao mesmo tempo que, em vista da ambição e da intensa atividade intelectual cotidiana, o pensamento na vida eterna ou desaparece completamente ou assume forma poética, em lugar da dogmática.

Se imaginarmos tudo isso como um processo mediado e, em parte, perturbado pela onipotente fantasia italiana, obteremos um quadro espiritual da época que, pelo menos, se aproxima mais da verdade do que a mera e indefinida lamentação acerca de um paganismo moderno. Uma investigação mais detalhada conduzirá, então, à percepção de que, sob todo esse véu, permaneceu vivo um vigoroso impulso genuinamente religioso.

A exposição mais pormenorizada do que foi dito acima terá, aqui, de se restringir apenas aos argumentos mais essenciais.

Diante da doutrina degenerada e tiranicamente imposta da Igreja, era inevitável que a religião se transformasse novamente em um assunto concernente sobretudo ao indivíduo e a sua visão particular das coisas, comprovando, assim, que o espírito europeu estava ainda vivo. Isso, porém, evidencia-se das mais diversas formas. Enquanto, no Norte, as seitas místicas e ascéticas desenvolveram imediatamente uma nova disciplina para a nova maneira de pensar e sentir, na Itália, cada um seguiu seu próprio caminho, milhares perdendo-se em indiferença religiosa no alto-mar da vida. Tanto maior, pois, o mérito devido àqueles que lograram abrir caminho até uma religião individual, a ela se aferrando. Que, afinal, nada mais tivessem em comum com a velha Igreja, tal qual ela então se apresentava e impunha, não era culpa sua. Injusto seria, decerto, exigir do indivíduo que, em seu íntimo, lograsse realizar o imenso trabalho espiritual que caberia aos reformadores alemães executar. O que, em geral, pretendia essa religião individual daqueles que lograram alcançá-la, é o que procuraremos expor ao final deste livro.

O caráter mundano que parece situar o Renascimento em franco contraste com a Idade Média origina-se, a princípio, da enorme massa de novas concepções, pensamentos e propósitos relativos à natureza e à humanidade. Em si mesmo, ela não é mais hostil à religião do que aquilo que hoje ocupa seu lugar, isto é, os chamados interesses da cultura, embora estes, da maneira como nós lidamos com eles, só nos dêem uma pálida idéia da excitação geral na qual, outrora, o novo, em sua variedade e magnitude, lançou os homens. Aquele caráter mundano era, portanto, sério e, mais do que isso, enobrecido pela poesia e pela arte. Trata-se de uma sublime fatalidade do espírito moderno que ele já não possa de modo algum desvencilhar-se desse caráter, que seja irresistivelmente levado a investigar os homens e as coisas e que veja nisso seu destino. Em quanto tempo e por que caminhos essa investigação o conduzirá de volta a Deus, ou de que forma ela se coadunará com a religiosidade do indivíduo, são questões que não admitem respostas fundadas em preceitos gerais. A Idade Média, que, de um modo geral, se furtara ao empirismo e à livre investigação, não pode impor um juízo dogmático qualquer a um assunto de tão grande importância.

Com o estudo do homem, mas também com muitos outros fatores, estiveram, pois, ligadas a tolerância e a indiferença com que, a princípio, encarou-se a religião maometana. O conhecimento e a admiração do elevado universo cultural dos povos islâmicos, sobretudo anteriormente à invasão mongólica, era certamente uma característica dos italianos desde as Cruzadas. A isso veio juntar-se o modo semimaometano de governar de seus próprios príncipes, a silenciosa aversão, ou mesmo o desprezo pela Igreja, como esta se apresentava, as constantes viagens ao Oriente e o continuado comércio com os portos orientais e meridionais do Mediterrâneo. Já no século XIII, manifesta-se comprovadamente entre os italianos o reconhecimento de um ideal maometano de magnanimidade, dignidade e orgulho, ligado sobretudo à figura do sultão. De um modo geral, há que se ter em mente aqui os sultões aiubitas ou mamelucos do Egito; quando algum nome é mencionado, este é, no máximo, o de Saladino. Mesmo os turcos osmanlis, cuja conduta destruidora e consumptiva não constituía segredo algum, inspiram nos italianos, como já se mostrou anteriormente, medo apenas moderado: populações inteiras acostumam-se à idéia de uma possível acomodação com eles.

A expressão mais verdadeira e característica dessa indiferença é a célebre parábola dos três anéis, que Lessing, entre outros, coloca na boca de seu Nathan, depois de ela já ter figurado, algo timidamente, nas *Cento novelle antiche* (nov. 72 ou 73), muitos séculos antes, e, sem maiores reservas, na obra de Boccaccio [*Decameron*, I, nov. 3]. Em que recanto do Mediterrâneo e em que língua ela foi contada pela primeira vez, jamais se descobrirá; originalmente, seu conteúdo deve ter sido expresso com ainda maior clareza do que a que se verifica em ambas as versões italianas. O recôndito pressuposto sobre o qual se assenta — o deísmo — será aclarado adiante em seu significado mais amplo. Grosseiramente deformada e distorcida, a mesma idéia é reproduzida pelo famoso dito dos "três que enganaram o mundo" — ou seja, Moisés, Cristo e Maomé. Se assim pensava o imperador Frederico II, a quem se atribuem tais palavras, ele terá certamente se expressado com maior engenho. Ditos similares estão, à época, presentes também no islã.

No apogeu do Renascimento, por volta do final do século XV, deparamo-nos com um modo semelhante de pensar no *Morgante maggiore*, de Luigi Pulci. O mundo da fantasia no qual suas histórias se desenrolam divide-se, como de hábito em tais poemas heróicos, em acampamentos rivais, um cristão e um maometano. Conforme o espírito medieval, a vitória e posterior reconciliação entre os combatentes faz-se acompanhar do batismo dos derrotados — os maometanos —, motivo do qual os improvisadores, que precederam Pulci no trato de tais temas, devem ter feito uso abundante. O verdadeiro interesse de Pulci, no entanto, é o de parodiar seus predecessores, e particularmente os piores dentre eles, o que já faz por meio dos apelos a Deus, Cristo e à Madona que abrem cada um dos cantos. Fá-lo ainda mais nitidamente imitando-lhes as velozes conversões e os batismos, cuja ausência de sentido deve mesmo saltar aos olhos do leitor ou ouvinte. Mas esse escárnio o conduz adiante, até a confissão de sua crença na benignidade relativa de todas as religiões, crença esta fundada essencialmente numa visão deísta, em que pesem os protestos de ortodoxia do autor. Também num outro sentido Pulci dá um grande passo que o distancia da Idade Média. As alternativas dos séculos anteriores rezavam: crente ortodoxo ou herege, cristão ou pagão e maometano. Pulci, porém, esboça a figura de um gigante, Margutte, que, em desacordo com toda e qualquer religião, professa alegremente o egoísmo, a sensualidade e todos os vícios possíveis, ressalvando apenas jamais ter cometido uma traição. Talvez não fosse pouco o que o poeta tinha em mente ao criar esse monstro a sua maneira honesto — possivelmente, educá-lo para a virtude, por intermédio de Morgante —, mas sua criação logo o enfastia e, já no canto seguinte, Pulci concede-lhe um final cômico. Margutte já foi considerado a prova da frivolidade de Pulci, mas é, na verdade, parte integrante e necessária do quadro geral da literatura do século XV. De alguma forma, esta tinha de retratar, numa escala grotesca, o egoísmo selvagem, já insensível a todo dogmatismo de então e que conserva em si apenas um resquício de honra. Também em outros poemas, coloca na boca dos gigantes, demônios, pagãos e maometanos o que nenhum cavaleiro cristão podia se permitir dizer.

A Antiguidade exerceu uma influência de caráter inteiramente distinto daquela do islã, e, aliás, não por meio de sua religião — pois esta afigurava-se demasiado semelhante ao catolicismo de outrora —, mas por meio de sua filosofia. A literatura antiga, venerada então como incomparável, estava impregnada do triunfo da filosofia sobre a crença nos deuses. Um bom número de sistemas e fragmentos destes abateu-se sobre o espírito italiano, não mais na qualidade de curiosidades ou heresias, mas quase como dogmas, os quais as pessoas já não se esforçavam tanto por diferenciar quanto por conciliá-los uns com os outros. Em quase todas essas diversas opiniões e doutrinas filosóficas pulsava algum tipo de consciência de um Deus, mas, em seu conjunto, elas compunham um acentuado contraste com a doutrina cristã do governo do mundo por um Deus. Uma questão verdadeiramente central colocava-se então, questão que já a teologia medieval esforçara-se inutilmente por solucionar de maneira satisfatória e que, agora, exigia resposta sobretudo do saber da Antiguidade: tratava-se da relação da Providência com a liberdade e a necessidade humanas. Se pretendêssemos percorrer, ainda que superficialmente, a história desse questionamento desde o século XIV, faríamos dessa investigação um novo livro. Faz-se, pois, necessário que nos contentemos com algumas poucas indicações a seu respeito.

Tomando-se os testemunhos de Dante e de seus contemporâneos, verifica-se que a filosofia antiga produziu seu impacto inicial sobre a vida italiana precisamente naquele aspecto em que ela se encontra no mais flagrante contraste com o cristianismo: o epicurismo, que começa a se manifestar na Itália. Ocorre que não se dispunha mais dos escritos de Epicuro, e já o final da Antiguidade tivera de sua doutrina uma idéia mais ou menos restrita. Ainda assim, bastava aquela feição do epicurismo que se podia estudar através de Lucrécio e, particularmente, de Cícero para que se travasse contato com um mundo totalmente desprovido de um Deus. É difícil dizer até que ponto não se tomava essa doutrina ao pé da letra, ou em que medida o nome do enigmático sábio grego não acabou por se transformar numa cômoda palavra de ordem para a multidão. A Inquisição dominicana provavelmente usou-a contra aqueles que, de outra forma, não conseguia apanhar. Tal era o caso, principalmente, de pessoas que havia muito desprezavam a Igreja, mas que dificilmente se podia acusar de quaisquer idéias ou declarações heréticas; um grau moderado de boa vida terá, então, bastado para que se lhes imputasse tal acusação. Nesse sentido convencional, a palavra é empregada por Giovanni Villani, por exemplo, quando ele atribui já os incêndios florentinos de 1115 e 1117 a uma punição divina pelas heresias, "dentre outras, pela devassa e luxuriante seita dos epicuristas". De Manfredo, afirma: "Sua vida era epicuréia, porque ele não acreditava em Deus nem nos santos, mas exclusivamente no prazer carnal".

Dante exprime-se com maior clareza nos cantos nove e dez do "Inferno". O medonho campo sepulcral envolto em chamas e com seus sarcófagos semi-abertos, dos quais emergem sons da mais profunda desolação, abriga as duas grandes categorias daqueles que a Igreja venceu ou baniu no século XIII: de um lado, a dos hereges que a ela se opuseram por meio da propagação deliberada de certas falsas doutrinas; do outro, a dos epicuristas, cujo pecado contra a Igreja repousa numa tendência que lhes é comum e se resume à afirmação de que a alma perece juntamente com o corpo. A Igreja sabia muito bem que essa única afirmação, caso ganhasse terreno, seria fatalmente ainda mais ruinosa para o tipo de poder que exercia do que todos os ensinamentos dos maniqueus e paterinos, porque destituía de qualquer valor sua interferência no destino do indivíduo após a morte. Que ela própria, pelos meios de que se valia em seus combates, houvesse lançado justamente os espíritos mais privilegiados no desespero e na descrença, a Igreja, naturalmente, não admitia.

A repulsa de Dante por Epicuro, ou por aquilo que considerava ser a doutrina deste, era certamente sincera. O poeta da vida eterna tinha necessariamente de odiar aquele que negava a imortalidade. O mundo não criado nem governado por Deus, tanto quanto o objetivo mesquinho da existência que parecia ser o suporte daquele sistema filosófico, não poderia ser mais avesso à natureza de Dante. Contemplando-se, porém, mais de perto a questão, verificar-se-á que certos princípios filosóficos da Antiguidade causaram-lhe uma impressão em face da qual sua crença no ensinamento bíblico da condução divina do mundo recuou. Ou teria sido movido por suas próprias especulações, pela influência da opinião predominante ou pelo horror à injustiça que então governava o mundo que ele abandonou inteiramente a crença numa Providência especial? ["Inferno", VII, v. 67-96]. Afinal, seu Deus deixa todos os detalhes da condução do mundo nas mãos de um ser demoníaco — a Fortuna —, que nada mais faz senão alterar, emaranhar as coisas terrenas e ao qual, em sua indiferente bem-aventurança, é dado ignorar o lamento dos homens. E ainda assim, no entanto, Dante se apega inexoravelmente à idéia da responsabilidade moral dos homens: acredita no livre-arbítrio.

A crença popular no livre-arbítrio foi sempre predominante no Ocidente; qualquer que seja a época, sempre se considerou o indivíduo responsável pelo que faz, como se tal fosse um pressuposto absolutamente natural. Algo diferente se verifica na religião e na filosofia, que se vêem na posição de ter de harmonizar a natureza da vontade humana com as grandes leis universais. O resultado disso é um mais ou um menos, a partir do qual toda avaliação da moralidade se orienta. Dante não está totalmente livre das quimeras astrológicas que lançam luz falsa sobre o horizonte de sua época, mas alça-se acima delas, atingindo uma concepção digna da natureza humana. "Os astros", faz dizer seu Marco Lombardo ["Purgatório", XVI, 73], "dão o primeiro impulso à vossa ação; mas também a luz vos é dada, iluminando o bem e o mal, e o livre-arbítrio, que, após batalha inicial com os astros, tudo vence, se alimentado corretamente."

Outros podem ter buscado a necessidade, a contrapartida da liberdade, em poderes outros que não os astros, mas, seja como for, não era mais possível contornar a questão, que, desde então, permanece aberta. Na medida em que ela esteve restrita às escolas ou foi objeto da investigação de pensadores isolados, cumpre remeter seu estudo para a história da filosofia. Uma vez, porém, que a preocupação com ela adentrou a consciência de círculos mais amplos, faz-se necessário que voltemos a esse assunto mais adiante.

O século XIV deixou-se estimular sobretudo pelos escritos filosóficos de Cícero, que, conforme é sabido, era considerado um eclético, mas cuja influência se fez sentir como a de um cético, porque expõe as teorias das mais diversas escolas sem, no entanto, acrescentar conclusões satisfatórias a suas exposições. Num segundo plano figuram Sêneca e os poucos escritos de Aristóteles traduzidos para o latim. O fruto do estudo de tais autores foi, a princípio, a capacidade de refletir sobre as mais elevadas questões — se não em desacordo com a doutrina da Igreja, pelo menos fora de seus domínios.

Com o século XV, como vimos, multiplicaram-se extraordinariamente a posse e a propagação dos escritos da Antiguidade, até que, por fim, todos os escritos ainda existentes dos filósofos gregos circulavam entre as pessoas, ao menos em tradução latina. É, já de início, bastante notável que justamente alguns dos principais fomentadores desse tipo de literatura sejam homens da mais rigorosa religiosidade, ou mesmo ascetas. De fra Ambrogio Camaldolese não é lícito falar, uma vez que ele se dedicou exclusivamente à tradução dos patriarcas gregos da Igreja, apenas com grande relutância, e em face da insistência do velho Cosme de Medici, concedendo em traduzir Diógenes Laércio para o latim. Seus contemporâneos, porém — Niccolò Niccoli, Giannozzo Manetti, Donato Acciaiuoli e o papa Nicolau V —, unem ao humanismo multifacetado um conhecimento deveras erudito da Bíblia e uma profunda devoção. Acerca de Vittorino da Feltre, já se salientou anteriormente tendência semelhante. O mesmo Maffeo Vegio que compôs um décimo terceiro livro para a *Eneida* exibia um entusiasmo pela memória de santo Agostinho e de sua mãe, Mônica, que não terá prescindido de elevada religiosidade. Tais esforços tiveram, então, por fruto e conseqüência que a Academia Platônica de Florença propôs-se formalmente como meta fundir o espírito do cristianismo ao da Antiguidade — um notável oásis no panorama do humanismo de então.

De forma geral, esse humanismo era, de fato, profano, o que se tornou cada vez mais com a ampliação dos estudos no século XV. Seus representantes, que conhecemos anteriormente como um verdadeiro posto avançado do individualismo sem peias, desenvolveram caráter tal que mesmo sua religiosidade — manifestando-se, por vezes, com bastante veemência — pode se nos afigurar indiferente. A reputação de ateus, adquiriam-na quando, paralelamente a sua indiferença, proferiam ainda palavras infames contra a Igreja. Um ateísmo convicto, filosoficamente fundado, nenhum deles propôs, nem lhes era permitida tal ousadia. Se alguma linha mestra norteava-lhes o pensamento, esta terá sido antes uma espécie de racionalismo superficial, uma cristalização ligeira das muitas idéias contraditórias oriundas da Antiguidade com as quais tinham de se debater e do desprezo pela Igreja e sua doutrina. Eram certamente de tal ordem as idéias que quase levaram Galeotto Marzio à fogueira, não tivesse seu antigo discípulo, o papa Sisto IV, o arrancado às pressas das mãos da Inquisição. Galeotto, de fato, escrevera que quem procedesse corretamente e agisse de acordo com sua lei interior, inata, iria para o céu, qualquer que fosse o povo ao qual pertencesse.

Examinemos agora, a título de ilustração, a atitude religiosa de uma das figuras menores dessa grande legião — a de Codrus Urceus, que foi, inicialmente, preceptor do último Ordelaffo, o príncipe de Forlì, e, posteriormente, por muitos anos, professor em Bolonha. Contra a hierarquia e os monges, ele dirige as mesmas e inevitáveis acusações, e o faz a plena carga. De um modo geral, seu tom é altamente injurioso, além do que ele constantemente se permite incluir sua própria pessoa em suas histórias locais e farsas. Não obstante, é capaz também de falar em termos edificantes do verdadeiro Deus feito homem, Cristo, e de recomendar-se a si próprio, por carta, às preces de um padre devoto. Certa feita, após enumerar as tolices da religião pagã, ocorre-lhe prosseguir escrevendo nos seguintes termos: "Também nossos teólogos freqüentemente deslizam em discussões *de lana caprina* [bizantinas] acerca da Imaculada Conceição, do anticristo, dos sacramentos, da predestinação e de outros temas sobre os quais, em vez de pregar, seria preferível que silenciassem". Uma vez, estando ele ausente, sua casa foi queimada juntamente com os manuscritos já prontos que nela se encontravam; na rua, ao receber a notícia, Urceus posta-se defronte de uma imagem da Virgem, gritando-lhe: "Escuta o que te digo; não sou louco, sei o que estou dizendo! Se algum dia, na hora de minha morte, eu vier a te invocar para que me auxilies, não precisas me dar ouvidos nem acolher-me entre os teus, porque é com o diabo que quero ficar por toda a eternidade!" — um discurso em razão do qual ele houve por bem manter-se escondido por seis meses na casa de um lenhador. Não obstante, era tão supersticioso que augúrios e prodígios o atemorizavam constantemente; só não acreditava mesmo na imortalidade. Se perguntado, dizia a seus ouvintes que não se sabia o que acontecia com os homens, com sua alma ou espírito, após a morte, e que tudo o que se dizia sobre o além não era senão artifício para amedrontar velhinhas. Estando, porém, ele próprio à beira da morte, não deixou de, em testamento, recomendar sua alma ou espírito ao Deus Todo-Poderoso, exortando ainda seus discípulos em lágrimas a temer a Deus e, particularmente, a crer na imortalidade e na retribuição divina, recebendo, por fim, os sacramentos com profundo fervor. Não se tem qualquer garantia de que homens incomparavelmente mais célebres dessa mesma categoria, ainda que tenham expressado idéias importantes, tenham exibido maior coerência em sua vida cotidiana. A maioria deles terá, interiormente, oscilado entre o livre pensamento e os resquícios de sua educação católica, exteriormente formando — já por prudência — ao lado da Igreja.

Na medida em que a seu racionalismo vinculou-se o início de uma crítica histórica, é possível que aqui e ali tenham surgido também algumas tímidas críticas à Bíblia. Uma frase de Pio II que chegou até nós parece ter sido pronunciada com um intuito preventivo [Platina, *De vitis pontificum romanorum*]: "Se não houvesse os milagres a corroborar o cristianismo, ele teria de ser aceito já por sua moralidade". As legendas, na medida em que continham versões arbitrárias dos milagres bíblicos, eram já, de qualquer forma, objeto de escárnio, o que, por sua vez, repercutia amplamente no sentimento religioso. Quando hereges judaizantes são mencionados, há que se pensar sobretudo na negação da divindade de Cristo, o que talvez tenha sido o caso de Giorgio da Novara, que foi queimado por volta de 1500 em Bolonha. Na mesma Bolonha, contudo, e à mesma época (1497), o inquisidor dominicano foi obrigado a deixar escapar com uma mera declaração de arrependimento o bem protegido médico Gabriele da Salò, embora este costumasse proferir discursos afirmando que Cristo não era Deus, mas um filho concebido da maneira habitual por José e Maria; que ele levara o mundo à ruína com sua astúcia; que provavelmente morrera na cruz por algum crime cometido; que sua religião logo desapareceria; que a hóstia consagrada não continha verdadeiramente seu corpo; e, por fim, que os milagres que fizera não haviam sido decorrência de um poder divino, mas da influência dos corpos celestes. Esta última afirmação é, aliás, altamente característica: a fé se foi, mas a magia é preservada.

Com referência à condução do mundo, os humanistas em geral não vão além da contemplação fria e resignada daquilo que se passa sob a violência e o desgoverno reinantes à sua volta. Dessa atmosfera resultaram os muitos livros com títulos como *Do destino* e suas variantes. A maioria deles apenas constata o girar da roda da Fortuna, a instabilidade das coisas terrenas e, sobretudo, das coisas da política; a Providência está presente, mas evidentemente apenas porque os autores ainda se envergonham do fatalismo nu e cru, da renúncia ao conhecimento de causas e conseqüências, ou da pura e simples lamentação. Não sem demonstrar engenho, Gioviano Pontano constrói a história natural desse ente demoníaco chamado Fortuna a partir de centenas de experiências, a maioria das quais vividas por ele mesmo [*De fortuna*]. Enéias Sílvio trata o assunto de um modo mais divertido, sob a forma de uma visão tida num sonho. Numa obra escrita já na velhice, Poggio, pelo contrário, tenciona apresentar o mundo como um vale de lágrimas e fazer uma estimativa tão ruim quanto possível da fortuna das diversas camadas sociais [*De miseriis humanae conditionis*]. Este permanecerá sendo, então, o tom predominante: débitos e créditos da fortuna e da desfortuna de uma porção de personalidades ilustres são investigados, a soma total resultando predominantemente desfavorável. Com grande dignidade, de maneira quase elegíaca, Tristan Caracciolo descreve-nos primorosamente o destino da Itália e dos italianos, tanto quanto este se deixava descortinar por volta de 1510 [*De varietate fortunae*, in Muratori, XXII]. Mais tarde, aplicando esse sentimento básico reinante aos próprios humanistas, Pierio Valeriano escreveu seu famoso tratado. Havia temas particularmente instigantes dessa natureza, como, por exemplo, a sorte de Leão X. Do ponto de vista político, tudo que se pode dizer de favorável a seu respeito foi sintetizado com precisão e maestria por Francesco Vettori. O quadro dos prazeres do pontífice dão-nos Paolo Giovio e a biografia anônima; o lado sombrio de sua existência foi registrado pelo mesmo Pierio mencionado acima, que o fez com a inexorabilidade do próprio destino.

Por outro lado, quando, por vezes, alguém se vangloria abertamente da própria sorte por meio de uma inscrição em latim, desperta sentimento de quase pavor. Foi o que ousou fazer Giovanni II Bentivoglio, o soberano de Bolonha, mandando esculpir na torre recém-construída junto a seu palácio que seus méritos e sua fortuna o haviam proporcionado abundantemente todos os bens que se poderia desejar — e o fez poucos anos antes de sua expulsão. Os antigos, quando se manifestavam de forma semelhante, tinham pelo menos o sentimento da inveja dos deuses. Na Itália, foram provavelmente os *condottieri* a autorizar a prática de vangloriar-se em voz alta da fortuna.

A influência mais forte exercida pela Antiguidade redescoberta sobre a religião não proveio, na verdade, de qualquer sistema filosófico nem de qualquer doutrina ou pensamento dos antigos, mas de um juízo que governava todas as coisas. Prefeririam-se os homens e, em parte, também as instituições da Antiguidade àquelas da Idade Média; envidavam-se todos os esforços para reproduzi-las, permanecendo-se absolutamente indiferente no tocante à religião. A admiração pela grandeza histórica absorvia tudo.

Muita insensatez da parte dos filólogos veio ainda juntar-se a esse quadro, atraindo os olhares do mundo. Em que medida o papa Paulo II tinha justificativas para exigir de seus secretários e dos companheiros destes a prestação de contas por seu paganismo permanece, contudo, uma questão duvidosa, tanto mais porque sua vítima principal e biógrafo, Platina, soube com maestria apresentá-lo, no que diz respeito a esse episódio, como vingativo — e por razões de outra ordem — e, muito particularmente, como uma figura cômica. As acusações de impiedade, paganismo, negação da imortalidade etc. só foram levantadas contra os prisioneiros depois que o processo por alta traição havia resultado em nada. Além disso, se são corretas as informações de que dispomos, Paulo II não era absolutamente o homem apropriado para julgar quaisquer questões espirituais; afinal, exortou os romanos a não permitir que suas crianças aprendessem mais do que a ler e escrever. A estreiteza de sua visão sacerdotal é semelhante àquela de Savonarola; ao papa Paulo II, entretanto, ter-se-ia podido revidar que, se a cultura afastava os homens da religião, ele e seus pares eram os principais culpados disso, embora não se possa duvidar de que sentisse efetiva preocupação em face das tendências pagãs à sua volta. E o que, de resto, não se teriam permitido os humanistas na corte pagã do ímpio Sigismondo Malatesta? Fator decisivo no caso desses homens em sua maioria desprovidos de princípios foi, certamente, quão longe seu meio permitiu que eles fossem. Além disso, onde quer que se aproximem do cristianismo, eles o paganizam. Digno de nota é, por exemplo, até onde um Gioviano Pontano leva essa mistura. Pontano chama um santo não apenas de *divus*, mas de *deus*, toma os anjos simplesmente por idênticos aos gênios da Antiguidade e sua visão da imortalidade equipara-se à de um reino das sombras.* Excessos os mais extraordinários verificam-se nesse campo. Em 1526, quando Siena foi atacada pelo partido dos banidos, o bom cônego Tizio — segundo ele próprio nos conta — levantou-se da cama, em 22 de julho, lembrou-se do que está escrito no terceiro livro de Macróbio [*Saturnalia*, III, 9], celebrou uma missa e lançou, então, contra o inimigo a maldição cuja fórmula encontra-se registrada naquele livro, dizendo, porém, em vez de "Tellus mater teque Juppiter obtestor", "Tellus teque Christe Deus obtestor" [Invoco a mãe Terra e tu, Júpiter; invoco a Terra e tu, Cristo Deus]. Então, após ter repetido esse mesmo procedimento nos dois dias seguintes, os inimigos se retiraram. Por um lado, fatos dessa natureza afiguram-se como uma inocente questão de estilo ou moda; por outro, contudo, apontam para uma verdadeira apostasia.

O ENTRELAÇAMENTO DAS SUPERSTIÇÕES ANTIGA E MODERNA

Mas a Antiguidade produziu ainda efeito especialmente perigoso e, aliás, de natureza dogmática: ela transmitiu ao Renascimento suas próprias formas de superstição. Na Itália, fragmentos disso haviam se conservado vivos ao longo de toda a Idade Média, o que tornava agora tanto mais fácil a ressurreição do todo. Desnecessário dizer que a fantasia desempenhou aí papel poderoso: somente ela era capaz de silenciar em tal medida o espírito crítico e investigador dos italianos.

A crença na condução divina do mundo, como já foi dito aqui, viu-se, em uns, abalada pela massa de infortúnios e injustiças que tinham diante dos olhos; outros, como Dante, por

---

* Ao passo que as artes plásticas diferenciavam ao menos anjos de *putti*, empregando sempre os primeiros para propósitos de maior seriedade.

exemplo, davam pelo menos a vida terrena por perdida para o acaso e suas misérias, e se ainda assim conservavam vigorosa fé, isso se devia ao fato de acreditarem firmemente que o destino maior do homem haveria de cumprir-se na outra vida. Tão logo, porém, também essa certeza da imortalidade começou a vacilar, o fatalismo tornou-se predominante — ou, onde este último fator se impôs, o primeiro revelou-se sua conseqüência.

O vazio daí resultante foi inicialmente preenchido pela astrologia da Antiguidade, e, certamente, também pela dos árabes. A partir das posições cambiantes dos planetas, uns com relação aos outros e aos signos do zodíaco, ela descortinava acontecimentos futuros e o transcorrer de vidas inteiras, determinando assim as decisões mais importantes. Em muitos casos, o modo de agir determinado pelos astros não terá sido em si mais imoral do que teria sido sem sua influência; com bastante freqüência, porém, a decisão terá sido tomada em prejuízo da própria consciência e da honra. É infinitamente instrutivo verificar quanto tempo foi necessário para que a cultura e o esclarecimento levantassem sua voz contra essa ilusão, uma vez que esta tinha seu suporte na apaixonada fantasia, no desejo ardente de conhecer com antecedência e poder determinar o futuro e, além disso, contava com o aval da Antiguidade.

Com o século XIII, a astrologia avança súbita e poderosamente para o primeiro plano da vida italiana. O imperador Frederico II leva consigo por toda parte seu astrólogo Theodorus, o mesmo acontecendo com toda uma corte de homens muito bem pagos que acompanham Ezzelino da Romano, dentre eles o célebre Guido Bonatto e o sarraceno de barbas longas, Paulo de Bagdá. Estes devem determinar dia e hora para todas as empreitadas de maior importância planejadas por Ezzelino, e um número nada insignificante dos incontáveis horrores praticados sob as ordens deste último deveram-se, possivelmente, a meras deduções baseadas nas profecias dos primeiros. A partir de então, ninguém mais hesita em mandar consultar os astros. Não apenas príncipes, mas também algumas cidades mantêm regularmente astrólogos,* e, do século XIV ao XVI, professores especializados nessa ciência ilusória são contratados pelas universidades, inclusive ao lado de astrônomos propriamente ditos. Os papas, em sua maioria, confessam-se abertamente partidários da prática de consultar os astros, ressalvando-se, entretanto, a honrosa exceção representada por Pio II, que, de resto, desdenhava igualmente a interpretação de sonhos, os prodígios e a magia.** Leão X parece encarar como uma glória para seu pontificado o fato de a astrologia ter nele florescido, e Paulo II jamais realizou um consistório sem que os consultores dos astros determinassem previamente a hora apropriada.

Quanto às melhores naturezas, é lícito supor que, para além de certa medida, seu modo de agir não se deixasse determinar pelos astros; que houvesse, pois, um limite cuja transposição sua religião e consciência impediam. Na realidade, personalidades eminentes e devotas não apenas tomaram parte na ilusão como figuraram ainda elas próprias no papel de seus representantes. Tal é o caso do Maestro Pagolo, de Florença, no qual reencontramos quase aquele mesmo propósito de conferir caráter moral à astrologia que se identifica no romano tardio Firmicus Maternus. Sua vida foi a de um santo asceta: não comia quase nada, desprezava todos os bens terrenos e só fazia colecionar livros. Como médico capacitado, limitava sua atuação apenas aos amigos, e sob a condição de que se confessassem. Seus interlocutores pertenciam ao estreito mas famoso círculo que se reunia em torno de fra Ambrogio Camaldolese no monastério dos Angeli — além das conversas com Cosme, o mais velho, sobretudo nos últimos anos de vida deste, até porque o próprio Cosme respeitava e fazia uso da astrologia, embora apenas para determinados assuntos, provavelmente secundários. De resto, Pagolo reservava seus conhecimentos astrológicos somente para os amigos mais íntimos. Contudo,

---

* Florença, por exemplo, onde, por algum tempo, o posto esteve a cargo do já citado Bonatto.

** Já por volta de 1260, o papa Alexandre IV obriga um cardeal e envergonhado astrólogo, Bianco, a produzir alguns vaticínios políticos.

mesmo que desprovidos de tamanho rigor moral, os intérpretes dos astros podiam ser homens respeitados e exibir-se em qualquer parte. Seu número na Itália era, aliás, incomparavelmente maior do que no restante da Europa, onde estavam presentes apenas nas cortes importantes e, mesmo assim, não sem exceções. Tão logo o entusiasmo pela coisa tornou-se vívido o suficiente, todas as grandes casas italianas passaram a manter um astrólogo, que, por vezes, é verdade, passava fome.* Além disso, em razão da abundante disseminação da literatura acerca da ciência astrológica, teve origem, mesmo antes do advento da imprensa, um diletantismo que, tanto quanto possível, seguiu os passos dos mestres do assunto. A pior espécie de astrólogos era aquela que só se valia do auxílio dos astros para aliá-lo às artes mágicas ou para ocultar estas últimas das pessoas.

Todavia, mesmo sem a colaboração deste último ingrediente, a astrologia constitui já um triste elemento da vida italiana de outrora. Que impressão nos causam todos aqueles homens altamente talentosos, multifacetados e obstinados quando a cega ambição de conhecer e determinar o futuro os força a abdicar totalmente de sua poderosa vontade e capacidade individual de decisão! Vez por outra, quando os prognósticos dos astros revelam-se por demais desfavoráveis, eles se erguem ainda, agem com independência e proclamam: "Vir sapiens dominabitur astris" — o sábio faz-se mestre dos astros. Fazem-no, porém, apenas para logo recair na velha ilusão.

Todas as crianças de famílias ilustres têm seu horóscopo preparado, por vezes arrastando consigo, ao longo de metade de suas vidas, a perspectiva inútil de acontecimentos que jamais se verificam.** Além disso, os astros são consultados a cada decisão importante dos poderosos, sobretudo no que diz respeito à hora

---

* Em Bandello (III, nov. 60), o astrólogo de Alessandro Bentivoglio, em Milão, confessa-se, perante toda a sociedade reunida, um pobre-diabo.

** O pai de Piero Capponi, ele próprio astrólogo, pôs o filho no comércio para livrá-lo do perigoso ferimento na cabeça de que estava ameaçado pelos astros. O médico e astrólogo Pierleoni de Spoleto acreditava que morreria afoga-

apropriada para agir. Disso dependem as viagens dos príncipes, a recepção de embaixadores estrangeiros ou o lançamento da pedra fundamental de grandes construções. Um exemplo espantoso deste último caso é encontrado na vida do já mencionado Guido Bonatto, a quem, tanto por sua atividade prática quanto por sua grande obra sistemática a respeito do assunto, cabe o título de restaurador da astrologia no século XIII. Para pôr fim à disputa partidária entre guelfos e gibelinos em Forlì, Bonatto convence seus habitantes a reconstruir as muralhas da cidade e a dar início solene às obras sob uma constelação indicada por ele próprio: se representantes de ambos os partidos lançassem, em um mesmo momento, cada um a sua pedra nas fundações da nova muralha, jamais voltaria a haver disputas partidárias em Forlì por toda a eternidade. Para tal propósito, foram então escolhidos um guelfo e um gibelino; o momento sublime chegou, cada um tinha sua pedra à mão, os trabalhadores aguardavam com suas ferramentas e Bonatto deu o sinal. O gibelino lançou imediatamente sua pedra, mas o guelfo hesitou, negando-se então terminantemente a fazê-lo, porque o próprio Bonatto era tido por gibelino e podia estar tramando alguma coisa misteriosa contra os guelfos. Diante disso, o astrólogo o descompôs nos seguintes termos: "Que Deus amaldiçoe a ti e a teu partido, com vossa maldade desconfiada! Outros quinhentos anos serão necessários para que esta constelação apareça novamente sobre nossa cidade!". Mais tarde, Deus de fato amaldiçoou os guelfos de Forlì, mas no momento em que o cronista escreve, por volta de 1480, guelfos e gibelinos encontram-se inteiramente reconciliados e não se ouvem mais os nomes desses dois partidos.

Dos astros dependem ainda as decisões em tempos de guerra. O mesmo Bonatto proporcionou ao grande líder dos gibelinos, Guido da Montefeltro, um bom número de vitórias, indicando-lhe o momento astrologicamente correto para dar início a

---

do, razão pela qual, para não estar próximo da água, recusou postos excelentes em Pádua e Veneza.

suas campanhas. Não tendo mais o astrólogo a seu lado, Montefeltro perdeu toda a coragem de seguir afirmando sua tirania e entrou para um monastério de frades menores, onde passou ainda longos anos até sua morte.* Na guerra contra Pisa, em 1362, os florentinos também encarregaram seus astrólogos de determinar o momento de dar início à campanha, que quase sofreu um atraso, pois, subitamente, a marcha recebeu ordens de seguir por um desvio. De fato, em ocasiões anteriores, os homens haviam deixado a cidade pela via di Borgo Santi Apostoli, e a campanha resultara mal-sucedida; evidentemente, um mau augúrio vinculara-se a essa rua nas campanhas contra Pisa, razão pela qual, agora, o exército deixava a cidade pela Porta Rossa; como ali, porém, não se haviam retirado as tendas abertas ao sol, as bandeiras tiveram de ser levadas arriadas, o que significava outro mau sinal. Acima de tudo, a astrologia era já inseparável da guerra porque os condottieri, em sua maioria, eram seus adeptos. Jacopo Caldora mostrava-se bem-disposto em meio à mais grave enfermidade, porque sabia que tombaria em combate, como de fato aconteceu. Bartolommeo Alviano estava convencido de que os ferimentos em sua cabeça lhe haviam sido destinados pelos astros tanto quanto seu comando. Niccolò Orsini-Pitigliano, antes de concluir seu acordo com Veneza (1495), pede ao médico e astrólogo Alessandro Benedetto que lhe indique um bom momento astrológico para fazê-lo. Quando, em 1º de junho de 1498, os florentinos solenemente investiram seu novo condottiere, Paolo Vitelli, de sua função, o bastão de comando que lhe entregaram ostentava um desenho representando as constelações, e, aliás, segundo o desejo do próprio Vitelli.

* À presença de constelações anunciando vitórias para Montefeltro, Bonatto, munido de seu livro e astrolábio, subia à torre de San Mercuriale, sobre a praça, e, chegado o momento, fazia soar o grande sino em sinal de advertência. Reconhece-se, porém, ter o astrólogo por vezes se equivocado redondamente, além de não ter previsto o destino de Montefeltro ou a sua própria morte. Em viagem de retorno a Forlì, proveniente de Paris e de universidades italianas nas quais lecionara, Bonatto foi morto por ladrões, não muito longe de Cesena.

Por vezes, não fica absolutamente claro se, por ocasião de acontecimentos políticos importantes, os astros eram previamente consultados ou se apenas *a posteriori*, e por curiosidade, os astrólogos calculavam a constelação que teria governado o momento em questão. Quando Giovanni Galeazzo Visconti, num golpe de mestre, faz prisioneiro seu tio Bernabò e a família deste (1385), Júpiter, Saturno e Marte — informa-nos um seu contemporâneo — encontravam-se na casa de Gêmeos, mas não ficamos sabendo se esse fato determinou a decisão de agir. Não raro, os intérpretes dos astros devem ter sido guiados mais por sua perspicácia e calculismo político do que pelo curso dos planetas.*

Se a Europa, ao longo de todo o final da Idade Média, deixara-se já amedrontar por profecias astrológicas provenientes de Paris e Toledo, vaticinando a peste, a guerra, terremotos e grandes inundações, a Itália tampouco ficou para trás nesse campo. Profecias inegavelmente ruins prenunciaram o desafortunado ano de 1494, que abriu a Itália definitivamente aos estrangeiros. Caberia, no entanto, saber se profecias desse calibre, uma para cada ano, não se encontravam prontas havia tempos.

Em todas as suas antigas implicações, porém, esse sistema estende-se por áreas nas quais não mais seria de esperar encontrá-lo. Se toda a vida exterior e espiritual do indivíduo é condicionada por seu nascimento, essa mesma relação de dependência se aplica também a grupos mais amplos de indivíduos, tais como os que compõem os povos e as religiões, e uma vez que as constelações dessas entidades maiores são mutáveis, também as próprias entidades o são. Por esse atalho astrológico penetra na cultura italiana a idéia de que cada religião tem a sua época. Assim, dizia-se, a conjunção de Júpiter com Saturno produzira a religião hebraica; com Marte, a caldéia; com o Sol, a egípcia; com Vênus, a maometana; com Mercúrio, a cristã; e, fi-

---

* É o que se pode supor mesmo com relação àquele astrólogo turco que, após a batalha de Nicópolis, aconselhou Bajazé I a permitir o resgate de João de Borgonha, afirmando: "Muito sangue cristão será ainda derramado por causa dele". Não era muito difícil prever os desdobramentos da guerra interna francesa.

nalmente, a conjunção com a Lua produziria um dia a religião do anticristo. De maneira sacrílega, Cecco D'Ascoli deduzira já de seus cálculos a ingenuidade de Cristo e, daí, sua morte na cruz — razão pela qual, em 1327, o próprio D'Ascoli teve de morrer na fogueira em Florença. Doutrinas desse gênero tiveram por conseqüência mais ampla um verdadeiro obscurecimento de todas as questões transcendentais.

Tanto mais digna de reconhecimento é, pois, a luta que o lúcido espírito italiano travou contra todo esse emaranhado de ilusões. Paralelamente às maiores e mais monumentais glorificações da astrologia, como a dos afrescos no Salone de Pádua e no palácio de verão de Borso (Schifanoia), em Ferrara; paralelamente aos elogios desavergonhados a ela que até mesmo um Beroaldus, o mais velho, se permitiu fazer, ecoa sempre o protesto veemente dos bem pensantes e dos que não se deixaram seduzir. Também nesse campo a Antiguidade já havia preparado o terreno; os protestos desses homens, no entanto, não reproduzem aqueles dos antigos, mas resultam de seu próprio bom senso e observação. A atitude de Petrarca com relação aos astrólogos, que conhecia através do contato pessoal, é a do mais rigoroso escárnio; seu sistema, ele o desvenda em todo seu caráter mentiroso. Também a novela, desde seu nascimento — desde as *Cento novelle antiche* —, foi quase sempre hostil aos astrólogos. Os cronistas florentinos defendem-se com a máxima valentia de sua prática, mesmo quando são obrigados a transmitir adiante a ilusão, porque esta já se encontra enredada na tradição. Mais de uma vez, Giovanni Villani afirma: "Nenhuma constelação é capaz de constranger o livre-arbítrio dos homens ou os desígnios de Deus". Matteo Villani declara a astrologia um vício que os florentinos, juntamente com outras superstições, teriam herdado de seus antepassados pagãos, os romanos. A questão não se restringiu meramente ao domínio da literatura: também os partidos que se formaram em torno dela discutiam-na publicamente. Por ocasião das terríveis inundações de 1333 e, novamente, das de 1345, a questão da influência dos astros, da vontade divina e da justiça das punições decorrentes desta última foi ampla e minuciosamente discutida por astrólogos e teólogos. Tais protestos jamais cessam por completo ao longo de todo o Renascimento, e é lícito que os tomemos por sinceros, uma vez que seria muito mais fácil cair nas graças dos poderosos por meio da defesa do que por meio da hostilização da astrologia.

No círculo de Lourenço, o Magnífico, entre seus mais renomados platônicos, imperava a discórdia a respeito da questão. Marsilio Ficino defendia a astrologia e preparou o horóscopo de todos os filhos da casa, predizendo, aliás — segundo consta —, que o pequeno Giovanni, futuro Leão X, um dia se tornaria papa. Pico della Mirandola, pelo contrário, marcou época com sua famosa refutação da ciência astrológica [*Adversus astrologos libri*, XII]. Na crença nos astros, ele identifica a raiz de toda irreligiosidade e imoralidade. Pico afirma que, se o astrólogo acredita em alguma coisa, são acima de tudo os planetas que ele reverencia como deuses, uma vez que é deles que decorre toda a felicidade e toda a desgraça; além disso, todas as demais superstições teriam na astrologia um órgão a sua disposição, já que a geomancia, a quiromancia e todo tipo de magia voltam-se imediatamente para ela quando se trata de definir a hora apropriada para agir. No que diz respeito à moral, Pico diz que não poderia haver estímulo maior para o mal do que imaginar que seja o próprio céu seu causador, porque, se assim fosse, também a crença na felicidade e na condenação eternas teria, necessariamente, de desaparecer por completo. Pico della Mirandola deu-se mesmo ao trabalho de verificar empiricamente o que diziam os astrólogos, encontrando 75% de erro em suas previsões meteorológicas para os dias de um determinado mês. O mais importante, porém, foi sua exposição (no quarto livro) de uma teoria cristã positiva acerca da condução do mundo e do livre-arbítrio, teoria esta que parece ter causado nas pessoas cultas de toda a nação uma impressão muito maior do que todos os sermões pregando o arrependimento — sermões que, amiúde, já não as atingiam mais.

Acima de tudo, Pico della Mirandola rouba aos astrólogos o gosto pela publicação de seus ensinamentos, fazendo com que aqueles que, até então, já os haviam mandado publicar se envergonhassem, em maior ou menor grau, por tê-lo feito. Gioviano Pontano, por exemplo, em sua obra acerca "do destino", reconhecera por completo essa ciência ilusória, chegando mesmo a, em obra específica [*De rebus coelestibus*], expô-la em sua teoria, à maneira do velho Firmicus. Agora, contudo, em seu diálogo *Aegidius*, abandona, se não a astrologia, decerto os astrólogos, louvando o livre-arbítrio e limitando a influência dos astros às coisas materiais. A prática da astrologia seguiu existindo, mas parece já não ter mais dominado tanto a vida das pessoas quanto no passado. A pintura, que no século XV envidara todos os esforços para glorificar tal ilusão, expressa agora a mudança de atitude: na cúpula da capela Chigi, Rafael pinta os deuses dos planetas e o firmamento com suas estrelas fixas, mas os faz vigiar e acompanhar por magníficas figuras angelicais, todo o conjunto recebendo de cima a bênção do Pai Eterno. Na Itália, ainda um outro elemento parece ter sido hostil à astrologia: os espanhóis. Estes e seus generais não tinham qualquer interesse nela, e todo aquele que pretendesse conquistar-lhes as graças por certo declarava-se franco inimigo dessa ciência, que, sendo semimaometana, se lhes afigurava, já por isso, semi-herética. De fato, ainda em 1529, Guicciardini fala da sorte dos astrólogos, que, dizendo uma verdade entre uma centena de mentiras, faziam-se já merecedores da fé das pessoas, ao passo que outros perdiam todo o crédito se, entre uma centena de verdades, dissessem uma única mentira. Contudo, o desprezo pela astrologia não se converteu necessariamente numa crença na Providência: podia também reverter em um fatalismo geral e indefinido.

Nesse aspecto, assim como em outros, a Itália não pôde vivenciar sadiamente, e em sua plenitude, o impulso cultural produzido pelo Renascimento, impedida que foi de fazê-lo pela invasão estrangeira e pela Contra-Reforma. Sem esses fatores, ela provavelmente teria superado por suas próprias forças tais tolices fantasiosas. Quem é da opinião de que cabe inculpar necessária e exclusivamente a própria nação italiana pela invasão e pela reação católica, haverá também de encarar os prejuízos espirituais daí decorrentes para os italianos como uma justa punição. É uma pena, porém, que, com isso, toda a Europa tenha igualmente sofrido perdas gigantescas.

Muito mais inocente do que a interpretação dos astros afigura-se a crença em presságios. Toda a Idade Média herdara de suas diversas religiões pagãs uma grande provisão destes, e sobretudo a Itália não terá ficado para trás nesse campo. O que ali, porém, confere matiz peculiar à questão é o apoio que o humanismo prestou a essa ilusão popular, auxiliando essa porção herdada do paganismo com uma outra, literariamente trabalhada.

A superstição popular dos italianos diz respeito, sabidamente, aos pressentimentos e conclusões retiradas dos presságios, ao que vem se aliar uma magia em geral inocente. Não faltam, porém, humanistas eruditos a escarnecer bravamente dessas coisas, relatando-as ao fazê-lo. O mesmo Gioviano Pontano, autor daquela já mencionada grande obra astrológica, enumera bastante compassivo em seu *Charon* todas as superstições napolitanas possíveis e imagináveis: a desolação das mulheres quando uma galinha ou ganso apanha a gosma; a profunda preocupação dos nobres senhores quando um falcão de caça não retorna ou quando um cavalo torce a pata; a fórmula mágica que os camponeses da Apúlia repetem em três noites de sábado quando cachorros loucos atormentam os campos e assim por diante. Precisamente como na Antiguidade, é sobretudo o mundo animal que detém o privilégio sobre o ominoso, e o comportamento dos leões, leopardos etc., mantidos à custa do Estado, davam tanto mais o que pensar à população, porque esta já se acostumara, involuntariamente, a vê-los como símbolos vivos daquele mesmo Estado. Assim, quando, durante o cerco de 1529, uma águia ferida voou para dentro de Florença, a senhoria deu quatro ducados a seu portador, porque aquilo era bom augúrio. Certas épocas e lugares eram também favoráveis ou desfavoráveis, e mesmo decisivos, para determinadas ações. Varchi relata que os florentinos acreditavam ser o sábado o seu dia fatal, aquele no qual todas as coisas importantes, boas ou ruins, costumavam acontecer. Já mencionamos aqui sua prevenção contra a partida para a guerra por determinada rua. Os perugianos, ao contrário, tinham por auspicioso um de seus portões — a Porta Ebúrnea —, de modo que os Baglioni faziam seus soldados marchar por esse portão cada vez que partiam para a batalha. Também os meteoros e os sinais provenientes do céu prosseguem ocupando o mesmo lugar que a Idade Média lhes reservara: a partir de uma formação singular das nuvens, a fantasia torna ainda a visualizar exércitos em luta e crê ouvir lá no alto os sons da batalha. Assunto mais grave torna-se a superstição quando combinada a coisas sagradas; quando, por exemplo, imagens da Madona movem os olhos ou vertem lágrimas, ou quando calamidades públicas são conectadas a um suposto sacrilégio cuja expiação é, então, exigida pelo povo. Quando, em 1478, Piacenza foi assolada por incessantes e violentas chuvas, dizia-se que estas não cessariam enquanto certo usurário, recentemente enterrado em San Francesco, seguisse repousando em solo sagrado. Como o bispo se recusasse a, de boa vontade, permitir que desenterrassem o corpo, um punhado de jovens cuidou de fazê-lo à força, arrastando-o a seguir pelas ruas sob terrível tumulto e jogando-o, afinal, no Pó. De resto, até mesmo um Angelo Poliziano deixa-se levar por essa mesma postura, quando se trata de Jacopo Pazzi, um dos principais articuladores da conspiração de 1478, em Florença, que foi batizada com o nome de sua própria família. Com palavras terríveis, Jacopo entregara sua alma a Satanás antes de ser enforcado; também aqui, as chuvas assolaram a cidade, ameaçando a colheita de cereais, e um amontoado de pessoas (camponeses, em sua maioria) desenterrou o corpo da igreja em que se encontrava; imediatamente, desapareceram as nuvens de chuva e o sol voltou a brilhar — "tão favorável foi a fortuna à opinião popular", acrescenta o filólogo. A princípio, o corpo foi sepultado em solo não sagrado; no dia seguinte, porém, desenterraram-no novamente para, após horrível procissão, afundá-lo no Arno.

Procedimentos iguais a esses e afins são essencialmente populares e podiam muito bem, tanto quanto no século XVI, ter ocorrido no século X. Também aqui, porém, a Antiguidade literária interfere. Acerca dos humanistas, pode-se positivamente assegurar que estiveram particularmente abertos aos prodígios e augúrios, conforme o demonstram os exemplos já citados. No entanto, fosse ainda necessária alguma prova, Poggio sozinho bastaria. O mesmo pensador radical que nega a nobreza e a desigualdade entre os homens, acredita não apenas nas aparições medievais de espíritos e demônios, como também em prodígios à maneira dos antigos, como, por exemplo, naqueles relatados acerca da última visita de Eugênio IV a Florença [*Poggii facetiae*, fol. 174]:

> Ao entardecer, viram-se, então, nas proximidades de Como, 4 mil cães tomando o caminho da Alemanha; seguiam-nos uma enorme manada de gado e um exército de homens armados, a pé e a cavalo, parte deles sem cabeça e parte com cabeças quase invisíveis; por último, ia um gigantesco cavaleiro, também este seguido de outra manada de gado.

Poggio acredita também numa batalha travada por pegas e gralhas (fol. 180). Conta-nos mesmo, talvez sem o saber, uma bem preservada história pertencente à mitologia antiga. Segundo esta, um tritão de barbas e pequenos chifres aparece na costa da Dalmácia na qualidade de um verdadeiro sátiro marinho, a parte inferior do corpo terminando em barbatanas e num rabo de peixe; ali, ele se põe a apanhar crianças e mulheres da costa, até que cinco corajosas lavadeiras o matam com pedras e pancadas. Um modelo em madeira do monstro, exibido em Ferrara, torna a história inteiramente crível para Poggio. Por certo, já não havia mais oráculos, e os deuses não mais podiam ser consultados, mas abrir o Virgílio ao acaso e interpretar a passagem ominosa encontrada (*Sortes Virgilianae*) tornou-se moda novamente. Além disso, a crença nos demônios do final da Antiguidade certamente não deixou de exercer influência sobre aquela do Renascimento. A obra de Jâmblico ou Abammon sobre os mistérios dos egípcios, que pode ter contribuído para tanto, teve sua tradução latina publicada ao final do século XV. Mesmo a

Academia Platônica de Florença, por exemplo, não esteve absolutamente livre dessas e de outras ilusões neoplatônicas da decadência romana. É dessa crença nos demônios e da magia a ela vinculada que cumpre tratarmos a seguir.

A crença popular naquilo a que se chama o mundo dos espíritos foi praticamente a mesma tanto na Itália quanto no restante da Europa. Na primeira também há fantasmas, ou seja, aparições de pessoas mortas, e se a idéia que se tem deles afasta-se um pouco daquela do Norte, tal distinção manifesta-se, no máximo, no antigo substantivo *ombra*. Ainda hoje, quando uma tal "sombra" aparece, mandam-se rezar uma ou duas missas para que descanse em paz. Desnecessário dizer que os espíritos de homens maus aparecem sob formas horrorosas; paralelamente a isso, todavia, é corrente a idéia específica de que os fantasmas dos mortos, de um modo geral, seriam maus. Os mortos matam as criancinhas, crê o capelão na novela de Bandello — provavelmente pensando em uma "sombra" particular, distinta da alma, pois esta decerto padece no purgatório e, quando aparece, costuma apenas rogar e lamentar-se. Outras vezes, o que aparece não é propriamente o espectro de uma determinada pessoa, mas o de um acontecimento, isto é, de uma situação passada. Assim os vizinhos explicam as aparições demoníacas no velho palácio dos Visconti, junto de San Giovanni in Conca, em Milão. Ali, Bernabò Visconti teria, no passado, mandado torturar e enforcar inúmeras vítimas de sua tirania, não constituindo, portanto, uma surpresa a ocorrência de tais aparições.* Certa feita, em Perugia, uma multidão de pobres com velas nas mãos apareceu ao entardecer para o desonesto administrador de um albergue; os pobres dançavam ao seu redor, enquanto ele contava dinheiro; em nome daqueles, ameaçadoramente, falava uma enorme figura: Santo Alò, o patrono do albergue.** Tais idéias eram de tal

---

* Na verdade, tratava-se apenas de um amante pretendendo assustar o marido de sua dama, o morador do palácio. O amante e seus cúmplices — um dos quais, capaz de imitar vozes de animais, mandara vir de fora — vestiram-se de diabo.

** O administrador morreu em conseqüência do susto.

modo correntes que até os poetas podiam encontrar nelas motivo universalmente aceito. Castiglione, por exemplo, retrata com grande beleza a aparição do já morto Lodovico Pico sob as muralhas da Mirandola sitiada. Certo é, todavia, que a poesia se vale de tais motivos sobretudo quando o poeta já superou ele próprio a crença em tais aparições.

A Itália encontrava-se, pois, impregnada da mesma crença popular nos demônios que se verifica nas demais nações da Idade Média. As pessoas estavam convencidas de que Deus concedia, por vezes, a maus espíritos de toda sorte um grande poder destruidor sobre determinadas parcelas do mundo e da vida humana; a única restrição a esse poder consistia no fato de que o homem, tentado pelo demônio, podia ao menos fazer uso de seu livre-arbítrio para resistir à tentação. Na Itália, o caráter demoníaco sobretudo dos fenômenos naturais assume facilmente uma grandeza poética na boca do povo. Na noite anterior à grande inundação do vale do Arno, em 1333, um devoto eremita ouviu um ruído diabólico em seu aposento, acima de Vallombrosa. Persignando-se, foi até a porta e divisou cavaleiros negros e terríveis, todos em armas, passando a galope. Atendendo a sua súplica, um deles explicou-se: "Se Deus nos permitir, nós vamos afogar a cidade de Florença por seus pecados". A esta, pode-se comparar uma quase simultânea aparição veneziana (1340), a partir da qual algum grande mestre da escola de Veneza, provavelmente Giorgione, pintou um quadro maravilhoso, apresentando galeras repletas de demônios e ligeiras como pássaros cortando a tempestuosa laguna para destruir a pecaminosa cidade insular, até que três santos, que, incógnitos, haviam subido no barco de um pobre barqueiro, exorcizando-os, lançam suas galeras no abismo das marés.

A essa crença, vem se juntar então a ilusão de que o homem pode aproximar-se dos demônios, invocando-os, e utilizá-los para propósitos terrenos tais como a cobiça, a ambição pelo poder e a volúpia. Nesse campo, houve provavelmente grande número de acusados antes mesmo que houvesse igual número de verdadeiros culpados. Foi apenas quando supostos mágicos e bruxas começaram a morrer na fogueira que as verdadeiras invocações do demônio e a prática deliberada da magia tornaram-se mais freqüentes. Somente com a fumaça das fogueiras em que os suspeitos foram sacrificados espraiou-se o fumo narcótico que fez de um maior número de almas perdidas entusiastas da magia. A estas vieram juntar-se ainda resolutos impostores.

A forma popular e primitiva sob a qual essa prática, talvez desde a época romana, seguiu existindo ininterruptamente consiste na atividade das bruxas (*strega*). Enquanto tal atividade restringe-se à adivinhação, o comportamento da bruxa pode ser considerado inocente, a não ser pelo fato de que a transição da mera profecia para o auxílio efetivo constitui amiúde passo imperceptível, mas decisivo, em direção ao abismo. Em se tratando de magia efetiva, confia-se à bruxa principalmente a capacidade de estimular o amor e o ódio entre o homem e a mulher, mas também a de provocar terríveis malefícios de caráter puramente destrutivo, como fazer definhar as crianças — mesmo quando é evidente que o mal provém, na verdade, do desleixo e da insensatez dos pais. A questão que permanece, entretanto, é saber até que ponto a bruxa atuava através meramente de palavras mágicas, cerimônias e fórmulas incompreensíveis ou, antes, da invocação consciente dos demônios — isso sem se falar nas drogas e venenos que lhe teria sido possível ministrar com pleno conhecimento dos efeitos que provocavam.

A prática mais inocente, na qual inclusive os monges mendicantes aventuravam-se como concorrentes, nos é dado conhecer, por exemplo, por intermédio da bruxa de Gaeta, que Pontano nos apresenta [*Antonius*]. Seu viajante, Suppatius, vê-se na casa dela no exato momento em que a bruxa está concedendo audiência a certa moça e uma criada, que, no terceiro dia de lua nova, para ali levam uma galinha preta, nove ovos postos numa sexta-feira, um pato e linha branca; a bruxa as manda, então, embora, convocando-as a regressar ao anoitecer. Espera-se que tudo não passe de mera adivinhação. A senhora da criada está grávida de um monge; o amante da moça foi-lhe infiel e entrou para um monastério. A bruxa se queixa:

Desde a morte de meu marido, tenho vivido dessas coisas e poderia viver confortavelmente, pois as mulheres de Gaeta são possuidoras de fé profunda. Mas os monges privam-me de meu ganho interpretando sonhos, negociando a ira dos santos, prometendo homens às moças, filhos homens às grávidas, crianças às estéreis e, ainda por cima, à noite, quando os homens se vão a pescar, visitando as mulheres com as quais, durante o dia, na igreja, combinaram de se encontrar.

Suppatius a adverte da inveja do monastério, mas ela nada teme, porque o guardião deste é um velho conhecido seu.

Contudo, a ilusão dá origem a um tipo pior de bruxas: aquelas que, pelas artes maléficas da magia, roubam a saúde e a vida das pessoas. No caso destas, na medida em que o mau olhado e similares não mais ofereciam explicação satisfatória, ter-se-á logo pensado num auxílio proveniente de espíritos mais poderosos. A punição para elas, como já vimos no caso de Finicella, é a fogueira, mas o fanatismo da época ainda admitia negociações. Segundo as leis municipais de Perugia, por exemplo, as bruxas podem comprar sua liberdade por quatrocentas libras. O assunto ainda não era, pois, tratado com seriedade conseqüente. Um verdadeiro ninho da magia e da bruxaria estabelece-se nos domínios do Estado pontifício, no alto dos Apeninos — aliás, mais exatamente em Norcia, terra de são Benedito. Sua existência era pública e notória, conforme nos informa uma das cartas mais notáveis da juventude de Enéias Sílvio. Assim escreve ele a seu irmão:

> O portador desta veio até mim para me perguntar se eu não conhecia na Itália um certo monte Vênus. Neste ensinar-se-iam artes mágicas por cujo aprendizado ansiaria seu senhor — um grande astrônomo saxão. Disse-lhe que conhecia um Porto Venere, na costa da Ligúria, não longe de Carrara, onde me detive por três noites em viagem à Basiléia. Descobri ainda que, na Sicília, há a montanha Erix, consagrada

a Vênus, mas não tenho conhecimento de que lá sejam ensinadas artes mágicas. Ao longo da conversa, porém, ocorreu-me que na Úmbria, no velho ducado [Spoleto], não longe da cidade de Norcia, há uma caverna ao pé de um rochedo escarpado na qual se encontra um curso d'água. Ali, segundo me recordo de ter ouvido, há bruxas [*striges*], demônios e sombras noturnas, e, quem tiver coragem de adentrá-la, poderá ver e falar com espíritos [*spiritus*] e aprender as artes mágicas. Não vi o local nem me esforcei por vê-lo, pois o que só pode ser aprendido através do pecado, melhor é que não se conheça.

A seguir, entretanto, Enéias nomeia seu informante e pede ao irmão que conduza até ele, se ainda estiver vivo, o portador da carta. Para fazer um favor a uma pessoa de posição, Enéias vai bastante longe nesse episódio, mas ele próprio encontra-se não apenas mais liberto de toda superstição do que seus contemporâneos, como também passou por provação nesse campo que, mesmo hoje, nem todo homem culto suportaria. Quando, à época do Concílio da Basiléia, esteve acamado e febril por 75 dias em Milão, jamais alguém logrou convencê-lo a dar ouvidos aos médicos que faziam uso da magia, embora lhe houvessem trazido ao pé da cama um homem que, pouco tempo antes, teria curado maravilhosamente da febre 2 mil soldados do acampamento de Piccinino. Ainda enfermo, Enéias atravessou as montanhas em direção à Basiléia, curando-se no curso da viagem a cavalo.

Descobrimos ainda mais alguma coisa sobre as cercanias de Norcia por intermédio do necromante que pretendeu ter o grande Benvenuto Cellini sob seu poder. Trata-se, agora, de consagrar um novo livro de magia, e o lugar mais conveniente para fazê-lo são as montanhas daquela região. Na verdade, certa feita, o mestre do mágico consagrara um tal livro nas proximidades da abadia de Farfa, mas encontrara ali dificuldades que não ocorreriam nas cercanias de Norcia; além disso, os camponeses da região são pessoas confiáveis, têm eles próprios experiência no assunto e, em caso de necessidade, podem prestar poderosa ajuda. Mas a excursão acabou por não se realizar, do contrário Benvenuto teria provavelmente conhecido também os cúmplices do patife. Toda essa região era, à época, verdadeiramente lendária. Aretino fala, em algum lugar, de uma fonte encantada onde moravam as irmãs da sibila de Norcia e a tia de Fata Morgana. Ainda por essa mesma época, Trissino, em seu grande épico [*L'Italia liberata de Goti*, canto XXIV], pôde, valendo-se de todos os recursos da poesia e da alegoria, celebrar o local como a sede da verdadeira profecia.

Com a mal-afamada bula de Inocêncio VIII (1484), como se sabe, a bruxaria e sua perseguição transformam-se num grande e monstruoso sistema. Como fossem os dominicanos alemães seus principais promotores, a Alemanha foi a mais atingida por esse flagelo, além, surpreendentemente, daquelas regiões da Itália mais próximas dela. Já as ordens e bulas dos próprios papas referem-se, por exemplo, à província dominicana da Lombardia, às dioceses de Bréscia e Bérgamo e a Cremona. Mediante o famoso guia teórico e prático de Sprenger, o *Malleus maleficarum*, nos é dado saber ainda que, em Como, já nos primeiros anos que se seguiram à publicação da bula, 41 bruxas foram queimadas. Legiões de italianas refugiaram-se nos domínios do arquiduque Sigismundo, onde ainda se acreditavam em segurança. Por fim, a bruxaria estabelece-se inapelavelmente em alguns desafortunados vales alpinos, particularmente Val Camonica. Evidentemente, o sistema conseguira, com sua ilusão, inflamar de maneira duradoura populações que, de alguma forma, encontravam-se já particularmente predispostas a isso. Essa bruxaria essencialmente alemã é a nuance que se deve ter em mente ao ler as histórias e novelas de Milão, Bolonha etc. Se, na Itália, ela não se propagou, isso se deve provavelmente ao fato de que ali já se possuía e conhecia uma *stregheria* desenvolvida, baseada fundamentalmente em outros pressupostos. A bruxa italiana exerce um ofício: precisa de dinheiro e, acima de tudo, de senso. Não se trata ali dos sonhos históricos das bruxas do Norte, de longas viagens, de íncubos ou súcubos; a *strega* tem de cuidar do prazer dos outros. Admite que lhe confiem a capacidade de assumir variadas formas, de se transportar velozmente para lugares distantes, apenas na medida em que isso eleva sua reputação. Inversamente, a situação torna-se perigosa para ela quando o medo de sua maldade e vingança, particularmente de seu poder de encantar crianças, o gado e a colheita, ocupa lugar de destaque. Queimá-la pode, então, se transformar em atitude altamente popular dos inquisidores e das autoridades locais.

Mas o mais importante campo de atuação da *strega*, como já foi sugerido aqui, são os assuntos amorosos, compreendendo a excitação do amor e do ódio, atos de vingança, a prática do aborto — dependendo das circunstâncias, também o suposto assassinato do ou da infiel pelas artes da magia e mesmo a preparação de venenos. Como não se confiasse de bom grado em tais mulheres, surgiu certo número de diletantes que, secretamente, aprendeu com elas um ou outro segredo de sua arte para, por conta própria, seguir empregando-o. As prostitutas romanas, por exemplo, procuravam incrementar seu encanto pessoal mediante artifícios mágicos de outra natureza, à maneira da Canídia de Horácio. Também a esse respeito, Aretino pode relatar alguns fatos verdadeiros baseado num conhecimento não apenas teórico. Ele enumera as terríveis imundícies que se encontram reunidas nos armários dessas mulheres: cabelos, crânios, costelas, dentes, olhos de pessoas mortas, pele humana, umbigos de criancinhas, solas de sapato e peças de roupa provenientes de túmulos; até mesmo carne putrefata elas vão buscar nos cemitérios, servindo-a a seus desavisados galãs (juntamente com coisas ainda mais inauditas). Cabelos e pedaços de unha destes são fervidos em óleo, que roubam das lamparinas a arder continuamente nas igrejas. De suas feitiçarias, a mais inocente consiste em formar um coração com cinza quente e espetá-lo enquanto cantam:

> *Prima che'l fuoco spenghi,*
> *Fa ch'a mia porta venghi;*

Tal ti punga il mio amore
Quale io fo questo cuore.*

De resto, há também fórmulas mágicas associadas à luz da lua, desenhos no chão e figuras de cera ou bronze, sem dúvida representando o amado e tratadas de acordo com as circunstâncias.

Estava-se de tal forma habituado a essas coisas, que uma mulher que, desprovida de beleza e juventude, ainda assim exercesse grande atração sobre os homens atraía imediatamente para si a suspeita de feitiçaria. A mãe de Sanga (secretário de Clemente VII) envenenou-lhe a amada precisamente por esse motivo; desafortunadamente, junto com esta morreram ainda o filho e alguns amigos em visita, que também comeram da salada envenenada.

Além das bruxas, encontramos ainda uma figura que, ao contrário de servi-las como ajudante, com elas compete: o mágico ou *incantatore*, ainda mais familiarizado com práticas perigosas. Por vezes, ele é também astrólogo, ou mais astrólogo do que mágico. Freqüentemente, há de se ter feito passar por astrólogo, para não ser perseguido como mágico; de qualquer forma, o último não podia prescindir do primeiro para a determinação da hora propícia para agir. Uma vez que muitos espíritos são bons ou indiferentes, também aquele que os invoca pode, por vezes, firmar uma tolerável reputação. Já o próprio Sisto IV, em 1474, teve de, por meio de um enfático breve, intervir contra alguns carmelitas bolonheses que, do púlpito, afirmavam não haver mal algum em desejar obter informação dos demônios. Na possibilidade em si de fazê-lo, evidentemente muitos acreditavam; prova indireta disso é que mesmo os mais pios acreditavam que, rogando, podiam obter visões de espíritos bons. Savonarola está impregnado dessas coisas; os platônicos florentinos falam de uma união mística com Deus e Marcellus Palingenius

---

* Antes que o fogo apague,/ faça que venha à minha porta;/ que o meu amor te espete/ como com este coração eu faço. (N. E.)

dá a entender, sem qualquer ambigüidade, que cultiva relações com espíritos sagrados [*Zodíaco da vida*]. O mesmo Palingenius está também convencido da existência de toda uma hierarquia de maus demônios que, habitando o espaço entre a Lua e a Terra, estão sempre a espreitar a natureza e a vida humana. Ele nos conta mesmo de um contato pessoal com tais demônios, e, já que o propósito de nosso livro não nos permite exposição sistemática da crença nos espíritos de então, reproduzamos a seguir ao menos, e a título de solitária ilustração, o relato de Palingenius.

Em San Silvestro, no Soracte, ele se deixara instruir por um eremita devoto acerca da nulidade de todas as coisas terrenas e da insignificância da vida humana, tomando, a seguir, com o cair da noite, o caminho de Roma. Na estrada, sob a luz da lua cheia, três homens vão, então, juntar-se a ele, um dos quais o chama pelo nome, perguntando-lhe de onde estava vindo. Palingenius responde que vinha da casa do sábio, no alto da montanha. O outro replica:

> Ó, tolo, acreditais realmente que haja algum sábio sobre a terra? Somente os seres superiores [*divi*] dispõem da sabedoria, e a essa categoria pertencemos nós três, ainda que ostentemos formas humanas. Saracil é meu nome, Sathiel e Jana o deles; nosso reino é próximo da Lua, onde habita a grande legião de seres intermediários que governam a terra e o mar.

Não sem um tremor em seu íntimo, Palingenius pergunta o que pretendiam em Roma, recebendo esta resposta:

> Um de nossos companheiros, Ammon, vem sendo submetido à servidão pelo poder mágico de um jovem de Narni, pertencente ao séquito do cardeal Orsini. Pois, sabei, homens, que já em vossa capacidade de submeter um dos nossos está uma prova de vossa imortalidade. Eu próprio, certa feita, encarcerado em cristal, tive de servir a um alemão, até

que um monge barbado me libertasse. Esse mesmo serviço intentamos agora prestar a nosso companheiro em Roma, e, ao fazê-lo, esta noite, pretendemos mandar ainda um ou dois nobres senhores romanos para Orcus.

A essas palavras do demônio, um vento começa a soprar, e Sathiel diz: "Escutai! Torna já de Roma o nosso mensageiro; este vento o anuncia". E, de fato, uma nova figura aparece, a quem os outros alegremente saúdam e interrogam acerca de Roma. A informação que recebem é fortemente antipapista: Clemente VII aliou-se novamente aos espanhóis e espera exterminar a doutrina de Lutero não mais com argumentos, mas com a espada espanhola. Ótimo para os demônios, que, com o grande e iminente derramamento de sangue, vão poder conduzir inúmeras almas para o inferno. Após essas declarações, nas quais Roma e sua moralidade são apresentadas como totalmente entregues ao mal, os demônios desaparecem, deixando o poeta a seguir tristemente pela estrada.

Aqueles que desejarem compreender em toda a sua extensão a relação com os demônios que se podia ainda confessar abertamente, a despeito do "martelo das bruxarias" [*Malleus maleficarum*] e que tais, cumpre que os remetamos à obra muito lida de Agrippa de Nettesheim intitulada *Da filosofia secreta*. O autor, de fato, parece tê-la escrito antes de sua estada na Itália, mas, em sua dedicatória a Trithemius, menciona, entre outras, importantes fontes italianas, ainda que apenas para denegri-las em face das demais. Nessas pessoas ambíguas, como foi o caso de Agrippa, nos patifes e tolos, como podemos chamar a maioria dos demais, interessa-nos muito pouco o sistema de que se revestem, com suas fórmulas, defumações, ungüentos, pentáculos, ossadas de mortos e tudo o mais. Contudo, o fato é que esse sistema apresenta-se repleto de elementos oriundos da superstição antiga, e sua interferência na vida e nas paixões dos italianos afigura-se, por vezes, bastante significativa e rica em conseqüências. Seria de supor que apenas os poderosos mais corruptos teriam se envolvido com ele, mas, aqui e ali, a violência do desejo e da cobiça levou até mesmo naturezas poderosas e criadoras, de todas as camadas, a recorrer aos mágicos, e já a consciência da possibilidade dessa prática rouba constantemente, mesmo daqueles que se mantêm à distância, algo de sua crença numa ordem moral universal. Com algum dinheiro e risco, parecia-lhes possível desafiar impunes a razão e a moralidade, poupando-se assim dos degraus intermediários que separam o homem de suas metas, lícitas ou ilícitas.

Examinemos por um instante uma prática mágica mais antiga e já em vias de desaparecer. Várias cidades italianas preservaram na memória a crença na vinculação de seu destino a determinadas construções, estátuas etc., crença esta oriunda das profundezas da Idade Média, ou mesmo da Antiguidade. Os antigos haviam, outrora, sido mestres em contar acerca dos *telestae*, padres que consagravam as cidades e haviam estado presentes à fundação solene de algumas delas, assegurando-lhes magicamente a prosperidade por meio de certos monumentos e, decerto, também da prática de enterrar secretamente determinados objetos (*telesmata*). Se algo da época romana ainda subsistia no seio do povo, transmitido oralmente através dos tempos, esse algo eram as tradições desse gênero. No correr dos séculos, no entanto, aqueles padres acabaram, naturalmente, sendo transformados em mágicos, uma vez que o lado religioso de sua prática na Antiguidade não é mais compreendido. Em alguns dos milagres napolitanos de Virgílio, subsiste muito nitidamente a antiqüíssima memória de um daqueles *telestae*, cujo nome, com o passar do tempo, foi apagado pelo de Virgílio. Assim é que o encerramento em um vaso da misteriosa imagem da cidade nada mais é do que um genuíno e antigo *telesma*, e Virgílio, como fundador de Nápoles, apenas a figura em que foi transformado o padre efetivamente presente à fundação. A fantasia popular seguiu tramando com crescente riqueza essas coisas, até que Virgílio se transformasse também no responsável pelo cavalo de bronze, pelas cabeças no portão de Nola, pelas moscas de bronze num outro portão qualquer e mesmo pela gruta de Posílipo — todas estas, coisas que, neste ou naquele aspecto, atam magicamente a si o destino, enquanto aquelas duas primeiras, citadas acima, parecem determinar o destino de Nápoles como um todo. A Roma medieval também possuía confusas recordações dessa espécie. Em Santo Ambrogio, em Milão, encontrava-se outrora um antigo Hércules de mármore; dizia-se, então, que, enquanto este permanecesse ali, o império perduraria — provavelmente, o império dos alemães, cujo imperador fora coroado na igreja de Santo Ambrogio. Os florentinos estavam convencidos de que seu templo de Marte (mais tarde transformado no Batistério) seguiria existindo até o final dos tempos, em conformidade com a constelação sob a qual ele fora construído, à época de Augusto. Dele, entretanto, ao se tornarem cristãos, haviam cuidado de afastar a estátua eqüestre, em mármore, de Marte; como destruí-la haveria de trazer grande desgraça sobre a cidade — de acordo, mais uma vez, com uma constelação —, colocaram-na no alto de uma torre às margens do Arno. Quando Totila destruiu Florença, a estátua caiu na água, só sendo içada novamente quando Carlos Magno reconstruiu a cidade; postaram-na, então, sobre uma pilastra à entrada da Ponte Vecchio — local em que, em 1215, Bondelmonte foi morto. Assim é que o despertar da grande luta partidária entre guelfos e gibelinos é vinculado a esse temido ídolo, que, por ocasião da inundação de 1333, desapareceu para sempre.

Não obstante, o mesmo *telesma* reaparece em outra parte. Quando da nova fundação das muralhas da cidade de Forlì, o já citado Guido Bonatto não se contentou em exigir apenas aquela cena simbólica da concórdia entre os partidos: graças a uma estátua eqüestre de bronze ou pedra que, com o auxílio da astrologia e da magia, produzira e enterrara, ele acreditava ter protegido Forlì não apenas da destruição como também do saque e da conquista. Seis décadas mais tarde, aproximadamente, quando o cardeal Albornoz governava a Romanha, escavações encontraram casualmente a estátua, que, provavelmente por ordem do cardeal, foi mostrada ao povo, a fim de que este compreendesse de que meios se tinha valido o cruel Montefeltro para sustentar-se contra a Igreja romana. Meio século mais tarde (1410), porém, quando de um malsucedido assalto inimigo a Forlì, apelou-se de novo ao poder da estátua, que talvez tenha, então, sido salva e, mais uma vez, enterrada. Seria o último serviço prestado por ela à cidade, que, já no ano seguinte, foi tomada de fato.

Ainda no decorrer de todo o século XV, a construção de edificações traz consigo ressonâncias não apenas astrológicas, mas mágicas também. Despertou atenção, por exemplo, que o papa Paulo II enterrasse tamanha quantidade de medalhas de ouro e prata nas fundações de suas edificações, e Platina não demonstrou qualquer má vontade em reconhecer aí o *telesma* pagão. Decerto, nem o papa nem seu biógrafo tinham consciência do significado religioso medieval de um tal sacrifício.

Todavia, essa magia oficial — de resto, em grande parte não passando de mero boato — esteve longe de alcançar a importância daquela aplicada secretamente na perseguição de metas pessoais.

Em sua comédia do necromante, Ariosto compilou as ocorrências mais freqüentes desse tipo na vida cotidiana. Seu herói é um dos muitos judeus expulsos da Espanha, embora se faça passar igualmente por grego, egípcio e africano, alternando incessantemente nomes e máscaras. Se, invocando espíritos, revela-se capaz de escurecer o dia, clarear a noite, mover a terra, fazer-se invisível, transformar pessoas em animais etc., tais fanfarronices constituem mera propaganda; seu verdadeiro propósito é a exploração de casais infelizes e sofredores, e, nisso, o rastro que deixa atrás de si assemelha-se à baba do caracol, ou ainda, amiúde, a uma devastadora chuva de granizo. Para alcançar seu objetivo, ele faz com que as pessoas acreditem que a caixa em que se esconde um amante está cheia de espíritos, ou que é capaz de fazer falar um defunto e por aí afora. É pelo menos um bom sinal que se permitisse a poetas e novelistas ridicularizar essa espécie de homens e que, ao fazê-lo, pudessem contar com a aprovação do público. Bandello trata a magia de um monge lombardo não apenas como vigarice lastimável e terrível em suas conseqüências, como retrata também, com sincera indignação, a desgraça que, sem cessar, acompanha o tolo crédulo:

Uma tal criatura espera, com a chave de Salomão e muitos outros livros de magia, encontrar os tesouros ocultos no colo da terra, dobrar sua dama a sua vontade, descobrir os segredos dos príncipes, transportar-se num piscar de olhos de Milão para Roma e coisas semelhantes. Quanto mais decepções acumula, mais persistente se torna. [...] Lembrai-vos ainda, *signor* Carlo, daquela ocasião em que um nosso amigo encheu seu quarto de crânios e ossos, como se fosse um cemitério, para arrancar à amada seus favores?

Exigiam-se as tarefas mais repugnantes, como, por exemplo, arrancar três dentes de um cadáver, arrancar-lhe uma unha dos dedos da mão etc., e, quando, finalmente, o feitiço está em curso, por vezes os desafortunados participantes morrem de susto.

Benvenuto Cellini não morreu por ocasião da grande e conhecida esconjuração ocorrida no Coliseu, em Roma (1532), embora ele e seu acompanhante tenham experimentado o mais profundo pavor. O padre siciliano, que provavelmente intuiu nele um útil colaborador para o futuro, chegou mesmo a cumprimentá-lo, no caminho de casa, pois jamais encontrara até então homem de tão sólida coragem. Sobre os acontecimentos em si, cada leitor tirará suas conclusões particulares; fatores decisivos são, decerto, os vapores narcóticos e a fantasia já de antemão predisposta aos maiores horrores, razão pela qual o jovem acompanhante, sobre quem os acontecimentos atuam com maior força, é quem mais vê o que se passa. É lícito supormos que tudo foi preparado fundamentalmente para Benvenuto, pois, do contrário, não haveria qualquer outro propósito visível para o perigoso começo da esconjuração, além da curiosidade. Benvenuto, afinal, tem, primeiramente, de se lembrar da bela Angélica, e o próprio mágico lhe diz, posteriormente, que os amores são frívolas tolices comparados à descoberta de tesouros. Por fim, não se pode esquecer quão lisonjeiro é para sua vaidade poder dizer: "Os demônios mantiveram sua palavra e, precisamente um mês depois, Angélica estava em minhas mãos, como me fora prometido" (I, cap. 68). Mesmo que Benvenuto tenha, pouco a pouco, iludido a si próprio, acreditando na história, esta ainda preservaria seu valor permanente enquanto exemplo do pensamento predominante à época.

No mais, os artistas italianos, mesmo os "singulares, caprichosos e bizarros", não se entregaram facilmente à magia. É verdade que um deles, por ocasião de seus estudos anatômicos, talhou para si um gibão da pele de um cadáver, mas, seguindo o conselho de seu confessor, acabou por devolvê-lo ao túmulo. Precisamente o estudo freqüente dos cadáveres pode ter, mais do que qualquer outro fator, acabado com a crença no poder mágico de certas partes do corpo humano, enquanto, paralelamente, a ininterrupta observação e representação da forma humana abriu ao artista a possibilidade de uma magia inteiramente distinta.

Em seu conjunto, e a despeito dos exemplos mencionados, a prática da magia apresenta-se em franco declínio no princípio do século XVI — época, portanto, em que ela experimenta verdadeiro florescimento fora da Itália, de modo que as viagens dos mágicos e astrólogos italianos pelo Norte parecem ter principiado somente quando, em sua própria casa, ninguém mais depositava grande confiança neles. Foi o século XIV que julgou necessária a rigorosa vigilância sobre o lago no monte Pilatus, perto de Scariotto, a fim de impedir que os mágicos consagrassem seus livros. No século XV, verificam-se ainda algumas ocorrências como, por exemplo, mágicos oferecendo-se para produzir chuvas torrenciais, com a finalidade de pôr em debandada um exército invasor; já à época o governador da cidade sitiada — Niccolò Vitelli, en Città di Castello — teve o bom senso de repelir como ímpios tais fazedores de chuva. No século XVI, ocorrências oficiais desse gênero não mais se verificam, embora a vida privada seja ainda, em muitos aspectos, terreno fértil para a magia. Pertence a essa época, aliás, a figura clássica da feitiçaria alemã, dr. Johann Faust; a da italiana, por sua vez — Guido Bonatto —, remonta ao século XIII.

Também aqui, porém, há que se acrescentar que o declínio

da crença na magia não se traduziu, necessariamente, numa ascensão da crença numa ordem moral a governar a vida humana. Pelo contrário, em muitos, talvez, ela deixou para trás apenas um apático fatalismo, semelhante àquele legado pela retração da crença nos astros.

É lícito que aqui ignoremos inteiramente algumas manifestações secundárias de toda essa ilusão — a piromancia, a quiromancia e congêneres, que, de certa maneira, só adquirem força com o declínio da magia e da astrologia. A própria fisiognomonia não desperta em absoluto o interesse que, já à menção desse nome, seria de esperar. De fato, ela se configura não uma irmã e amiga das artes plásticas e da psicologia prática, mas, essencialmente, um novo gênero do delírio fatalista, uma rival manifesta da interpretação dos astros — aquilo que, possivelmente, já havia sido entre os árabes. Bartolommeo Cocle, por exemplo — o autor de um manual de fisiognomonia que se autodenominava um "metopóscopo" e cuja ciência, nas palavras de Giovio, causava a impressão de ser uma das mais nobres artes liberais —, não se contentou apenas em fazer profecias para pessoas da mais elevada inteligência que, diariamente, iam lhe pedir conselhos: escreveu também uma grave "relação daqueles para os quais o futuro reserva grandes e variados perigos". Giovio, embora figura já envelhecida das luzes romanas — *in hac luce romana!* —, julga, de fato, que as profecias ali contidas cumpriram-se até em demasia. Temos, aqui, aliás, oportunidade de ficar sabendo ainda de que maneira os atingidos por esses e outros vaticínios vingavam-se dos profetas que os haviam proferido. Giovanni Bentivoglio mandou que atirassem Lucas Gauricus, preso a uma corda que pendia do alto de uma escada de caracol, cinco vezes contra a parede, porque este predissera o final da soberania daquele; Ermes Bentivoglio pôs um assassino no encalço de Cocle, porque o desafortunado metopóscopo profetizara — aliás, a contragosto — que o primeiro morreria numa batalha e na condição de desterrado. O assassino, ao que parece, escarneceu do moribundo ainda em presença deste, dizendo-lhe que, afinal, o próprio Cocle previra que ele cometeria proximamente crime ignominioso! Fim igualmente miserável teve Antioco Tiberto de Cesena — o renovador da quiromancia —, por obra de Pandolfo Malatesta, de Rimini, a respeito de quem ele profetizara o que há de mais repugnante para um tirano: a morte no exílio e na mais absoluta pobreza. Tiberto era homem de grande inteligência, de quem se dizia que fazia suas previsões baseado menos em um método quiromântico do que em seu penetrante conhecimento da alma humana. Por sua elevada cultura, era respeitado mesmo por aqueles eruditos que não atribuíam qualquer valor a suas adivinhações.

Por fim, a alquimia, à qual somente bem tarde, sob Diocleciano, se faz menção na Antiguidade, desempenha papel apenas secundário no apogeu do Renascimento. Também dessa enfermidade a Itália já padecera no passado, no século XIV, quando Petrarca, em sua polêmica acerca do assunto, reconheceu que a fabricação do ouro era costume amplamente disseminado. Desde então, aquela modalidade particular de fé, dedicação e isolamento que a prática da alquimia exige tornou-se cada vez mais rara na Itália; em contrapartida, os adeptos italianos e outros começaram então, verdadeiramente, a explorar os grandes senhores do Norte. Sob Leão X, os italianos chamavam já "cismadores" (*ingenia curiosa*) àqueles poucos que se dedicavam à alquimia. Aurelio Augurelli, que dedicou a Leão X — supremo desdenhador do metal — seu poema didático acerca da fabricação do ouro, recebeu em retribuição pelo presente, segundo consta, uma bolsa magnífica, mas vazia. Essa ciência mística e seus iniciados, que, além do ouro, buscavam ainda a bem-aventurada pedra filosofal, são um produto tardio do Norte, florescendo apenas a partir das teorias de Paracelso e outros.

CRISE GERAL DA FÉ

Estreitamente ligada à superstição e ao pensamento da Antiguidade em geral, encontra-se a crise da crença na imortalidade. Essa questão, entretanto, possui ainda laços muito mais amplos e profundos com o desenvolvimento do espírito moderno em seu conjunto.

Uma poderosa fonte de todo o questionamento da imortalidade era, inicialmente, o desejo de libertar-se interiormente da odiada Igreja, tal como ela se apresentava então. Vimos já que a Igreja chamava epicuristas àqueles que assim pensavam. No momento da morte, é possível que alguns tenham novamente buscado os sacramentos, mas inúmeros deles viveram e agiram, sobretudo ao longo de sua vida ativa, sob o signo daquele desejo. Que a este, em muitos casos, tenha fatalmente se aliado a descrença absoluta, é em si evidente e, além do mais, amplamente comprovado pela história. Acerca justamente desses descrentes, lê-se em Ariosto que sua crença não vai além do teto [Soneto 34: "... non creder sopra il tetto"]. Na Itália, e sobretudo em Florença, podia-se viver como um notório descrente, contanto que não se praticasse qualquer ato direto de hostilidade à Igreja. Um confessor, por exemplo, que deve preparar para a morte um condenado por razões políticas, pergunta-lhe, de início, se era um crente, "pois corria um falso rumor de que ele não teria crença alguma".

O pobre pecador de que se trata aqui — o já mencionado Pierpaolo Boscoli, que, em 1513, participara de atentado contra a recém-reinstalada casa dos Medici — tornou-se verdadeiro reflexo da confusão religiosa então reinante. Já de berço partidário de Savonarola, ainda assim acabara por entusiasmar-se pelos antigos ideais de liberdade e pelo paganismo em geral. Na prisão, porém, seus antigos companheiros ganham-no novamente para sua causa, proporcionando-lhe bem-aventurado fim — ou o que entendiam como tal. A piedosa testemunha que registrou tais eventos é o erudito filólogo Luca, membro de uma família de artistas, os Della Robbia. "Ó", suspira Boscoli, "tirai-me Brutus do pensamento, para que eu possa seguir meu caminho como um cristão!" Luca: "Se quiserdes, não será difícil. Sabeis bem que esses feitos dos romanos não nos foram transmitidos com simplicidade, mas sim idealizados [*con arte accresciute*]". Boscoli, então, esforça-se por crer racionalmente nisso, mas lamenta não ser capaz de fazê-lo espontaneamente; crê que se ainda pudesse ao menos viver um mês entre monges devotos, sua mente haveria de voltar-se inteiramente para as coisas do espírito. Evidencia-se nesse episódio que os partidários de Savonarola conheciam pouco a Bíblia; Boscoli só sabe rezar o pai-nosso e a ave-maria, e pede encarecidamente a Luca que diga aos amigos para estudarem a Sagrada Escritura, pois é somente o que se aprende em vida que se possui na morte. Em seguida, Luca lê e explica para ele a Paixão, segundo o Evangelho de são João; curiosamente, a divindade de Cristo parece evidente ao pobre Boscoli, ao passo que Sua humanidade o intriga: ele gostaria muito de compreendê-la tão claramente "como se, saído de uma floresta, Cristo fosse a seu encontro" — ao que o amigo o exorta à humildade, uma vez que tais dúvidas seriam apenas obra de Satanás. Mais tarde, Boscoli recorda-se de uma promessa não cumprida de sua juventude: uma peregrinação a Impruneta; o amigo promete cumpri-la em seu lugar. Entrementes, chega o confessor — um monge do monastério de Savonarola, conforme solicitara —, que, primeiramente, lhe dá aquela já mencionada explicação [ver Primeira Parte, p. 85] acerca da opinião de são Tomás de Aquino sobre o assassinato de tiranos e, em seguida, exorta-o a ser forte na hora da morte. Boscoli responde: "Padre, não percai tempo com essas coisas, pois, para isso, já me bastam os filósofos. Ajudai-me a suportar a morte por amor a Cristo". O restante — a comunhão, a despedida e a execução — é descrito de maneira deveras comovente. Cumpre, porém, ressaltar que, tendo já a cabeça sobre o cepo, Boscoli pede ao carrasco que espere ainda um momento para desferir-lhe o golpe fatal: "Todo o tempo (desde o pronunciamento da sentença de morte), ele ansiara por uma estreita união com Deus, sem alcançá-la conforme a desejava. Agora, nesse momento derradeiro, pretendia, valendo-se de todas as forças, entregar-se inteiramente a Deus". Evidentemente, alguma formulação mal compreendida de Savonarola o havia inquietado.

Dispuséssemos nós de mais testemunhos desse gênero, teríamos dessa época um quadro espiritual enriquecido de muitos aspectos importantes que nenhum tratado ou poema nos dá. Veríamos com ainda maior clareza quão forte era o impulso religioso inato, quão subjetiva e instável a relação do indivíduo com a religião, e que poderosos inimigos a religião tinha diante de si. É inegável que homens dessa constituição interior são de pouca valia quando se trata de fundar uma nova Igreja; a história do espírito ocidental, porém, permaneceria incompleta sem o exame desse período de fermentação dos italianos, embora ela possa, seguramente, poupar-se da contemplação de outros povos que nenhuma participação tiveram em sua evolução. Mas voltemos agora à questão da imortalidade.

Se nesse contexto a incredulidade conquistou posição tão significativa entre os indivíduos mais desenvolvidos, isso se deve também ao fato de que a grande tarefa terrena do descobrimento e da representação do mundo em palavras e formas exigiu do homem toda a força de seu espírito e de sua alma, e o fez em alto grau. Já se falou aqui do inevitável caráter mundano do Renascimento. Inevitável era também que de sua investigação e arte surgisse um generalizado espírito da dúvida e do questionamento. Se esse espírito pouco se manifesta na literatura, se no tocante à crítica bíblica, por exemplo, trai apenas algumas investidas isoladas, nem por isso se há de acreditar que ele não tenha existido: foi, na verdade, apenas sobrepujado por aquela necessidade de representação literária e plástica mencionada há pouco, ou seja, por um impulso artístico positivo. Inibiu-o, além disso, sempre que ele pretendeu encontrar expressão teórica, o também presente poder de coação da Igreja. Inevitavelmente, no entanto, esse espírito da dúvida tinha de lançar-se sobretudo à questão do destino do homem após a morte, e por razões por demais óbvias para exigirem menção.

A isso veio se somar, então, a influência da Antiguidade, atuando de duas maneiras distintas. Em primeiro lugar, procurou-se assimilar a psicologia dos antigos, atormentando-se os escritos de Aristóteles em busca de resposta decisiva. Em um daqueles diálogos da época, escritos à maneira de Luciano [Gioviano Pontano, *Charon*], Caronte conta a Mercúrio que perguntou ele próprio a Aristóteles, ao conduzi-lo em sua barca, por sua crença na imortalidade; mesmo naquele momento, o prudente filósofo — ainda em vida, embora seu corpo já estivesse morto — não teria desejado comprometer-se com uma resposta clara: como se daria, então, séculos mais tarde, a interpretação de seus escritos? Não obstante, tanto mais ardorosamente discutiam-se suas opiniões e as de outros escritores da Antiguidade no tocante à natureza da alma humana, sua origem, preexistência, sua unidade em todos os homens, sua eternidade absoluta e mesmo suas peregrinações, havendo inclusive aqueles que traziam tais questões para o púlpito. Já no século XV, o debate fez-se bastante audível: uns demonstravam que Aristóteles ensinara a doutrina da imortalidade da alma; outros queixavam-se da dureza do coração daqueles que desejavam ver, primeiro, a alma sentada confortavelmente numa cadeira a sua frente para, só então, acreditar em sua existência. Filelfo, em sua oração fúnebre a Francisco Sforza, alinhavou variegada série de argumentos de filósofos antigos, inclusive árabes, em favor da imortalidade, concluindo sua exposição — um amálgama que, impresso, ocupa um fólio e meio em letra miúda — com as duas linhas que seguem: "Além disso, possuímos Velho e Novo Testamento, que estão acima de toda a verdade". Paralelamente, surgem os platônicos florentinos com a doutrina de seu mestre acerca da alma, complementando-a substancialmente — como Pico, por exemplo — com elementos da doutrina cristã. São, porém, as opiniões de seus adversários que impregnam o mundo culto. Por volta do princípio do século XVI, essa discussão elevou a tal ponto a irritação da Igreja, que Leão X, no Concílio de Latrão (1513), precisou promulgar uma bula em defesa da imortalidade e da individualidade da alma — esta última, em resposta àqueles que ensinavam que a alma era uma só em todos os homens. Poucos anos mais tarde, porém, surgiu o livro de Pomponazzo, sustentando a impossibilidade de uma prova filosófica da imortalidade. A disputa prossegue, então, com suas refutações e apologias, calando apenas em face da reação católica. A preexistência da alma em Deus — concebida mais ou menos de acordo com a teoria platônica das idéias — foi, durante muito tempo, conceito bastante difundido e bem-vindo, por exemplo, entre os poetas. Não se ponderou com maior rigor suas implicações quanto ao tipo de continuidade experimentada pela alma após a morte.

O segundo modo de atuação da influência da Antiguidade provém sobretudo daquele notável fragmento contido no sexto livro da *República*, de Cícero, conhecido pelo título de "O sonho de Cipião". Sem o comentário de Macróbio ele, provavelmente, teria desaparecido, como ocorreu com o restante da segunda parte da obra; graças àquele comentador, porém, o fragmento encontrava-se então disseminado em incontáveis cópias manuscritas e, desde o princípio da tipografia, impressas, recebendo novos e variados comentários. Trata-se da descrição de um Além transfigurado, reservado aos grandes homens e permeado pela harmonia das esferas. Esse céu pagão, sobre o qual encontraram-se paulatinamente outros testemunhos provindos da Antiguidade, foi pouco a pouco substituindo o paraíso cristão, na mesma proporção em que o ideal da grandeza histórica e da glória eclipsava aqueles da vida cristã — sem que isso representasse ofensa ao sentimento individual semelhante àquela presente na doutrina do completo desaparecimento da personalidade após a morte. Já Petrarca funda suas esperanças essencialmente nesse "Sonho de Cipião", nas afirmações contidas em outros escritos de Cícero e no *Fédon*, de Platão, sem fazer qualquer menção à Bíblia. "Por que, sendo católico, não devo eu compartilhar de uma esperança que encontro manifesta nos pagãos?", pergunta ele. Pouco tempo depois, Coluccio Salutati escrevia seus *Trabalhos de Hércules* (ainda existentes em manuscrito), provando ao final que a morada nas estrelas pertence, de direito, àqueles homens enérgicos que suportaram a gigantesca labuta da vida terrena. Se Dante sustentara ainda, rigorosamente, que mesmo os grandes pagãos — aos quais teria certamente concedido de bom grado o Paraíso — não deviam ultrapassar aquele limbo às portas do inferno ["Inferno", IV, v. 24 ss.], a poesia agora abraçava as novas idéias liberais acerca do Além. Cosme, o mais velho, segundo o poema composto por Bernardo Pulci por ocasião de sua morte, é recebido no céu por Cícero, a quem, de resto, os Fábios, Curius, Fabrícios e muitos outros chamam "pai da pátria". Junto destes, adornará o coro em que só cantam as almas imaculadas.

Nos autores da Antiguidade, porém, havia ainda outra imagem menos aprazível do Além: o reino das sombras de Homero e daqueles poetas que não haviam adocicado e humanizado a vida após a morte. Também este impressionou algumas naturezas. Em alguma parte de sua obra, Gioviano Pontano coloca na boca de Sannazaro a narrativa de uma visão que este teria tido de manhãzinha, ainda meio dormindo. Quem lhe aparece é um amigo já morto, Ferrandus Januarius, com o qual ele, outrora, conversara muito acerca da imortalidade da alma. Sannazaro pergunta-lhe, então, se é verdade que as penas do inferno são terríveis e eternas. Após algum silêncio, o espectro responde à maneira de Aquiles, quando perguntado a respeito por Ulisses: "O que posso dizer-te e afirmar é que nós, os apartados da vida terrena, carregamos dentro de nós o mais intenso desejo de retornar a ela". A seguir, despede-se e desaparece.

Não há como ignorar que tais pontos de vista acerca do estado que sucede à morte em parte pressupõem, em parte provocam a dissolução dos dogmas cristãos mais fundamentais. Conceitos como os de pecado e redenção devem ter evaporado quase por completo. Não nos devemos deixar enganar pelo efeito daqueles pregadores e das epidemias de arrependimento de que falamos anteriormente: mesmo admitindo-se que as camadas individualmente desenvolvidas tenham participado tanto quanto as demais, tratava-se ali, sobretudo, da necessidade de comoção, da distensão de naturezas impetuosas, do pavor em face de grandes desgraças nacionais, do grito de socorro dirigido ao céu. O despertar da consciência não resultou necessariamente no sentimento do pecado e da necessidade de redenção, e mesmo uma rigorosa penitência exterior não pressupõe necessariamente o arrependimento, no sentido cristão do termo. Quando individualidades poderosamente desenvolvidas do Renascimento nos contam que seu princípio era não se arrepender de coisa alguma, é possível que estejam se referindo a questões moralmente indiferentes — a atos insensatos e impróprios —, mas esse desdém pelo arrependimento espraiar-se-á por si só para o campo da moral, porque sua origem é comum a ambas as esferas: o sentimento da força do indivíduo. O cristianismo passivo e contemplativo, remetendo continuamente a uma vida posterior mais elevada, não mais dominava esses homens. Maquiavel ousa enunciar a conseqüência disso, afirmando que esse cristianismo tampouco poderia ser proveitoso ao Estado e à defesa de sua liberdade [*Discursos*, liv. II, cap. 2].

Que forma tinha, então, de assumir a forte religiosidade presente, apesar de tudo, nas naturezas mais profundas? A forma do teísmo ou deísmo, como queiram. Por esta última podemos designar aquele modo de pensar que se desfez do elemento cristão, sem, contudo, buscar ou encontrar sucedâneo para o sentimento. O teísmo, porém, identificamos na devoção elevada e positiva ao Ser Supremo, devoção esta que a Idade Média não conheceu. Ela não exclui o cristianismo, podendo sempre aliar-se a suas doutrinas do pecado, da redenção e da imortalidade, mas está presente nos espíritos mesmo na ausência destas.

Por vezes, essa devoção apresenta-se com uma ingenuidade infantil, ou mesmo com coloração semipagã. Deus afigura-selhe, então, como o ser onipotente a atender aos desejos dos homens. Agnolo Pandolfini conta-nos como, após o casamento, trancou-se com a esposa junto ao altar familiar contendo a imagem de Maria e, ajoelhados, oraram não à Madona, mas a Deus, para que lhes concedesse a correta utilização de seus bens, a concórdia, uma longa vida em comum cheia de alegria e muitos filhos homens [*Trattato del governo della famiglia*]: "Para mim, roguei por riqueza, amizade e honra; para ela, por integridade, honestidade e para que fosse uma boa dona de casa". Quando a um tal conteúdo alia-se ainda uma expressão fortemente marcada pela Antiguidade, torna-se por vezes difícil separar o estilo pagão da convicção teísta.

Também no infortúnio esse modo de pensar manifesta-se aqui e ali com comovente sinceridade. Dos últimos anos de Firenzuola, anos em que jazeu febril numa cama, restaram-nos algumas invocações a Deus nas quais ele, por vezes enfaticamente, se declara fervoroso cristão, ao mesmo tempo que exibe uma consciência puramente teísta. Firenzuola não vê seu sofrimento nem como uma expiação por suas culpas nem como provação e preparação para outro mundo; para ele, trata-se de uma questão a ser resolvida exclusivamente entre ele e Deus, que interpôs o poderoso amor pela vida entre o homem e seu desespero. "Blasfemo sim, mas apenas contra a natureza, pois Tua grandeza proíbe-me nomear-Te a Ti [...] dá-me a morte, Senhor, eu Te suplico, dá-me a morte agora mesmo!"

Será inútil, entretanto, procurar por uma prova patente de teísmo culto e consciente em manifestações como esta e similares. Os envolvidos acreditavam ser ainda, em parte, cristãos e, além disso, por diversas razões, respeitavam a doutrina existente da Igreja. À época da Reforma, porém, quando os pensamentos foram forçados a se fazer mais claros, esse modo de pensar atingiu consciência mais nítida. Um certo número de protestantes italianos revelou-se, então, antitrinitário, e os socinianos, exilados em terras distantes, chegaram mesmo a fazer memorável tentativa de fundar uma igreja nessas bases. Do que já foi dito até aqui, terá ficado claro ao menos que, além do racionalismo humanista, outros espíritos pairavam no ar.

Um ponto central de todo o pensamento teísta deve ser procurado na Academia Platônica de Florença e, muito particularmente, no próprio Lourenço, o Magnífico. As obras teóricas e mesmo as cartas desses homens revelam apenas metade de seu ser. É verdade que, dogmaticamente, Lourenço sempre se manifestou cristão, desde a juventude até o final da vida, e que Pico mergulhou até mesmo nas idéias de Savonarola e num ascetismo monástico. Mas os hinos de Lourenço, que somos tentados a considerar o mais elevado produto do espírito dessa escola, expressam o teísmo sem reservas, e, ademais, a partir de uma visão que se empenha em contemplar o mundo como um grande cosmo físico e moral. Enquanto os homens da Idade Média vêem o mundo como um vale de lágrimas que o papa e o imperador precisam vigiar até a vinda do anticristo; enquanto os fatalistas do Renascimento alternam períodos de grande energia com períodos de apática resignação ou de superstição, surge ali, naquele círculo de espíritos eleitos, a idéia de que Deus criou o mundo visível por amor, de que esse mundo é uma imagem do modelo Nele preexistente e de que Ele permanecerá sempre seu motor e criador. A alma do indivíduo pode, por um lado, reconhecendo a Deus, comprimi-Lo em seus estreitos limites; por outro, porém, mediante o amor a Ele, expandir-se até o infinito, alcançando assim a suprema felicidade na terra.

Os ecos do misticismo medieval confundem-se aqui com as doutrinas platônicas e com um singular espírito moderno. Talvez estivesse amadurecendo ali um fruto sublime daquele conhecimento do mundo e do homem que, por si só, demanda que se confira ao Renascimento italiano o título de guia e farol de nossa época.

OBRAS MAIS CITADAS*

Anecdota literaria e mss. codd. eruta. Roma: Amaduzzi e Bianconi, 1773-83, 4 v. in-octavo.

Archivio storico italiano (com Apêndice). Firenze, Viesseux. [Trata-se de uma publicação periódica existente a partir de 1842.]

BOCCACCIO. *Opere volgari.* Florença, 1829-, impres. Ign. Mountier, 17 v. in-octavo.

CASTIGLIONE. *Il cortigiano*, 1549. [B. Castiglione, publicado pela primeira vez em Venezia, 1528.]

CORIO. *Historia di Milano.* Edição veneziana de 1554. [B. Corio, *L'historia di Milano*, Milano, 1503.]

FABRONI. *Magni Cosmi Medicei vita.* [A. Fabroni, Pisa, 1788-9, 2 v.]

_____. *Laurentii Medicei magnifici vita.* [A. Fabroni, *Laurentii Medicei magnifici vita*, Pisa, 1784, 2 v.]

FIRENZUOLA. *Opere*, Milano, 1802, in-octavo. [A. Firenzuola, *Prose*, Firenze, 1548. Outras obras de sua autoria foram publicadas no século XVI.]

TOMMASO GAR. *Relazioni della corte di Roma* (terceiro volume da segunda série das *Relazioni degli ambasciatori veneti*, org. Eug. Albèri). [*Relazioni della corte di Roma nel secolo XVI*, 1846-57, 2 v.]

MAQUIAVEL. *Opere minori.* Lemonnier, 1852.

Poesie del magnifico Lorenzo de'Medici. Londres, 1801. [Provavelmente a edição organizada por W. Clarke e publicada como apêndice em Roscoe, *The life of Lorenzo...*, 10ª ed. Ver abaixo.]

MURATORI. *Scriptores rerum Italicarum.* [L. Muratori, *Rerum Italicarum scriptores ab anno ... 500 ad 1500*, Milano, 1723-51, 25 v.]

PANDOLFINI, Agnolo. *Trattato del governo della famiglia*, Torino, Pomba, 1829. [Na verdade, de autoria de Leon Battista Alberti, cf. notas 53 e 56.]

PETRARCA. Edição completa de suas obras latinas, Basiléia, 1581, fólio.

Philelphi orationes, edição veneziana de 1492, fólio. [Francesco Filelfo, *Orationes cum aliis opusculis ...*, Venezia, 1492.]

Pii II P. M. Commentarli. Edição romana de 1584. [Ou Enéias Sílvio Piccolomini, posteriormente papa Pio II. Ver abaixo.]

PLATINA. *De vitis pontificum romanorum*, Coloniae Agrippinae [Colônia], 1626. [B. Platina, *De vitiis summorum pontificum opus*, Venezia, 1479.]

* As edições mencionadas a seguir foram as utilizadas pelo autor. Informações complementares foram acrescidas entre colchetes. (N. T.)

Poggii opera. Edição de Strasbourg, 1513, fólio.
Raccolta di poesie satiriche, Milano, 1808, 1 v.
ROSCOE. *Vida de Lourenço de Medici.* [W. Roscoe, *The life of Lorenzo...,* Liverpool, 1795 (10ª ed., Londres, 1895).]
_____. *Vita e pontificato di Leone X,* trad. Luigi Bossi. Milano, 1816-, 12 v. in-octavo (com muitos apêndices que faltam ao original inglês). [W. Roscoe, *Life and pontificate of Leo X,* Liverpool, 1805, 4 v.]
M. Anton. *Sabellici opera.* Edição veneziana de 1502, fólio. [M. A. Sabellico, *De situ urbis venetae,* publicado pela primeira vez em Venezia, talvez em 1495.]
Aeneae Silvii opera, edição de Basiléia, 1551, fólio.
TRUCCHI. *Poesie italiane inedite.* Prato, 1846, 4 v. in-octavo.
VARCHI. *Storia fiorentina.* Milano, 1803, 5 v. in-octavo.
VASARI. *Le vite de'più eccellenti pittori, scultori e architetti.* Florença, Lemonnier, a partir de 1846, 13 v. [G. Vasari, *Le vite de'più eccellenti pittori, scultori ed architettori,* Firenze, 1568.]
VESPASIANO Fiorentino, além da edição aqui utilizada (Mai, décimo volume do *Spicilegium romanum*), há que se mencionar uma edição mais recente, de Bartoli, Florença, 1859. [Vespasiano da Bisticci, *Vite di uomini illustri del secolo XV,* escrito no final do século XV e publicado pela primeira vez por A. Mai, em 1839.]
VILLANI, Filippo. *Le vite d'uomini illustri fiorentini.* Firenze, 1826. [*De origine civitatis Florentiae et eiusdem famosis civibus,* escrito por volta de 1400.]

ÍNDICE ONOMÁSTICO

Acciaiuoli, Donato, 211, 444
Accolti, Benedetto, 219
Adriano VI, papa, 140, 171-2, 223n
Agnello, Giovanni dell', 43
Agnello, Ravenna, 303
Ahenobarbus, os, 186
Alagna, Lucrezia d', 64
Albano, Pietro d', 159, 269
Alberino, Giacomo, 388
Alberino, Giovanni, 387
Alberti, Leandro, 266, 313
Alberti, Leon Battista, 26, 148n, 152-4, 358n
Alberto Magno, 192
Albornoz, cardeal, 123, 474
Alcibíades, 351
Alexandre, o Grande, 242
Alexandre IV, papa, 452n
Alexandre VI, papa, 59, 69, 98, 116, 119, 124, 129-33, 135, 186-7, 194, 213, 245-6, 251, 261, 265, 331, 368, 378n, 402
Alfieri, Vittorio, 308
Alighieri, Dante, 44, 85, 99-100, 107, 114, 144, 146, 149, 151, 151n, 155-8, 164, 182, 192, 198-9, 200n, 201-2, 203n, 217n, 238, 250, 259, 268, 275, 284, 286-9, 287n, 299, 303, 306, 314, 318, 325-6, 338, 340, 363, 371-2, 407, 430, 432, 441-3, 450, 484
Alvino, Bartolommeo, 53n
Amboise, Georges, cardeal d', 94
Anastácio, bibliotecário, 184, 303
Ancona, Ciríaco de, 185

Angeli, os, 452
Angélica, 476
Aníbal, 121
Anjou, os, 118, 128n, 399n
Anjou, Carlos de, 39
Anjou, Margarida de, 353
Anjou, Roberto de, 202
Antenor, fundador de Pádua, 158-9
Antioco Tiberto, 479
Aquino, Tomás de, são, 39, 85, 157, 192, 217, 367, 481
Aragão, os, 51, 63, 71, 273n
Aragão, Afonso d' (Afonso I de Nápoles), 49, 51, 64, 68, 118, 121, 213, 215-6, 247, 305, 373, 402, 411
Aragão, Afonso d', duque da Calábria, 65-6, 80, 116, 161, 409
Aragão, Afonso, irmão de Afonso I, 51
Aragão, Federigo, 66, 71, 248
Aragão, Ferrante I d', 56, 64-6, 74, 114, 118-9, 127, 128n, 129, 271, 376, 402, 409, 411
Aragão, Ferrante II d', 66, 216
Aragão, Giovanni d', cardeal, 127, 402
Aragão, Leonora de, 79, 368
Arcelli, Filippo, 159
Aretino, Carlo,. v. Marsuppini
Aretino, Leonardo, 102, 151n, 162, 191, 203, 203n, 219-20, 231, 234
Aretino, Pietro, 165, 172-6, 173n, 281, 294, 335, 355n, 356, 409, 468-9
Argyropulos, João, 195, 211

Ariosto, Ludovico, 72, 79, 81, 150, 188, 237-8, 255, 257, 281, 294, 296, 299-302, 313, 319, 352, 354, 475, 480
Aristófanes, 164n, 167
Aristóteles, 100, 151, 190, 211n, 217, 228, 235, 283, 325, 327, 424, 444, 482-3
Arlotto, 165-6
Armonio, de Val, 295
Arsillus, Franciscus, 252
Artevelde, Jacques van, 148
Ascoli, Cecco d', 457
Atalanta, 61
Atellano, Scipione, 394
Átila, 159
Augurelli, Aurelio, 479
Augusto, imperador, 100, 175, 220, 375, 474
Averróis, 197
Avicena, 196
Bacon, Roger, 267
Bagdá, Paulo de, 451
Baglioni, os, 26, 58-62, 461
Baglioni, Astorre, 59-61
Baglioni, Gianpaolo, 60-2
Baglioni, Guido della Torre, 43n, 59-60
Baglioni, Malatesta, 62
Baglioni, Marcantonio, 60
Baglioni, Simonetto, 59-61
Bagnacavallo, 52
Bajazé I, sultão, 456n
Bajazé II, sultão, 116
Bambaia, 283
Banchi, os, 184, 378
Bandello, Matteo, 72, 105n, 186, 281, 341, 343-5, 355, 393-4, 408n, 414, 453n, 463, 475
Barbaro, Ermolao, 97, 239
Barbiano, Alberigo da, 52
Barciglia, Carlo, 60-1
Bardi, os, 101
Barlacchia, 166

Basilios, 195
Bassano, Jacopo, 322
Beatriz, 100, 151n, 314, 371-2
Beauvais, Vicente de, 180
Beccadelli, Antonio Panormita, 215, 305
Belisário, 53
Bellincioni, 369
Bellini, Giovanni, 246
Belluno, Andrea Mongaio de, 196
Bembo, Pietro, 72, 221-2, 230-1, 234, 239, 243, 250, 341, 342n, 344, 347, 396
Bencina, 426
Benedetto, Alessandro, 455
Bentivoglio, os, 293
Bentivoglio, Alessandro, 453n
Bentivoglio, Annibale, 369
Bentivoglio, Ermes, 478
Bentivoglio, Giovanni II, 58, 78, 344, 448, 478
Bentivoglio, Ippolita, 223
Bentivoglio, Lucrezia de Este, 369
Beolco, Angelo, 295
Bergomensis, Jacobus, 147n
Berni, Francesco, 171, 174, 296, 414
Beroaldus, 228, 457
Bessarion, cardeal, 97, 192, 412
Bianco, cardeal astrólogo, 452n
Bibbiena, cardeal, 166, 294
Boccaccio, Giovanni, 82, 102n, 157-8, 160-1, 185, 189-90, 192, 195, 200, 201n, 202, 233, 242-3, 250, 275, 289, 296, 299, 303, 314-5, 320, 343, 355n, 364, 374, 409, 426, 439
Boccalino, 56
Boiardo, 80, 168, 237n, 281, 296, 298-9, 319, 354
Boldrino, 54
Bologna, Antonio, 394
Bonatto, Guido, 451, 452n, 454, 455n, 474, 477

Bonaventura, 192
Bondelmonte, 474
Bonifácio VIII, papa, 198
Borgia, os, 129-30, 134-5, 265, 368, 401
Borgia, César, 26, 29, 39, 63, 70, 72, 74, 129-36, 133n, 245-6, 354, 375, 401, 403
Borgia, Gioffredo, 93
Borgia, Giovanni, 135
Borgia, Lucrécia, 129, 132, 292, 426, 435
Borgia, Roderigo, *v.* Alexandre VI
Borgonha, Carlos de, 114
Borgonha, João de, 456n
Boscoli, Pietro Paolo, 85, 480-1
Bramante, Donato, 70, 137
Brancaleone, senador, 183
Brandolino, Tiberto, 403
Brantôme, 318
Brunelleschi, Filippo, 102, 365, 369
Brunoro, 68
Brutus, 85-6, 480
Bucentauro, 369, 376
Budé, 195
Burchiello, 295
Bussolaro, Jacopo, 420
Cacciaguida, 325
Caffarello, Antonio, 387-8
Calderon, 291
Caldora, Jacopo, 455
Calisto III, papa, 127, 245
Calvi, Fabio, 260
Calvino, João, 426
Camaldolese, Ambrogio, 444, 452
Cambio, Giovanni di Ser, 111
Camerino, Ridolfo da, 59-60, 62
Camillus, 375
Campana, Domenico, 355
Campanus, 251
Cane, Facino, 46, 52
Capello, Paolo, 134
Capistrano, João de, 409, 415-6, 416n
Capponi, Agostino, 85

Capponi, Piero, 453n
Caracciolo, Tristan, 65, 232, 305, 448
Cardan, Jerônimo, 307-8
Carlos, o Temerário, 47-8, 119
Carlos IV, 49, 156, 165, 202
Carlos V, 50, 122, 140-1, 172, 175, 223n, 349n, 401
Carlos VIII, 56, 59, 94, 113-5, 114n, 130, 135, 161, 367, 423
Carlos Magno, 27, 178, 474
Carmagnola, 53
Carrara, os, 47, 156
Casa, Giovanni della, 169, 333, 336
Casella, Lodovico, 79
Cássio, 85, 158
Castello, Jeronimo da, 222
Castiglione, Baldassare, 74, 168, 187, 344, 346, 396, 464
Castracane, Castruccio, 105
Caterina di San Celso, 355
Catilina, Lúcio Sérgio, 85
Cato, 261
Catulo, 247-50, 425
Cavalcanti, Giovanni, 304
Cellini, Benvenuto, 25, 307, 467, 476
Celso, 191
Chalcondylas, Demetrios, 195
Chiavelli, os, 83
Chigi, Agostino, 106n
Chinon, 384n
Chrisóloras, Manuel, 195, 215
Ciarpollone, 68
Cícero, 185, 189, 191, 221, 226, 229, 234, 237-40, 425, 441, 444, 484-5
Cipião, o Africano, 121, 242
Claudiano, 180, 242
Clemente VII, papa, 140, 142-3, 173, 244, 250, 283, 470, 472
Cleópatra, 375, 426
Coccaio, Merlin, 168, 253, 384n
Cocle, Bartolommeo, 478
Codrus Urceus, 445
Collenuccio, 229n

493

Colleoni, 53n
Coloccius, Angelus, 262
Colombo, Cristóvão, 265-6
Colonna, os, 123, 126, 130, 132, 140, 302
Colonna, Giovanni, 182
Colonna, Giulia Gonzaga, 344
Colonna, Lavinia, 60
Colonna, Pompeo, cardeal, 140, 305
Colonna, Vittoria, 344, 353, 396, 432
Columella, 191, 261
Comines, 50-1,66, 114n
Compagni, Dino, 99
Constantino, 16, 20, 22-3, 33, 125
Contarini, Gasparo, 90, 259-60
Copérnico, Nicolau, 270
Coppola, Francesco, 65
Coreggio, Veronica da, 396
Corio, 221, 231, 305, 433
Cornaro, Luigi, 230, 295, 308, 310-1
Cornaro, os, 186
Cornelii, os, 186
Corneto, Adriano da, 138, 240, 245
Corycius, Johannes, 262
Cotignola, 52, 54
Crasso, 189
Croce, os, 419
Curius, os, 485
Cybò, Franceschetto, 128-9, 386
Dárdano, rei, 159
Decembrio, Piercandido, 305
Delio, 394
Dettin, Clara, 356
Diocleciano, 479
Diógenes, 150n, 260
Diógenes Laércio, 444
Djem, príncipe, 116, 129, 135, 331
Dolce, Lodovico, 295
Dolcibene, 165
Domiciano, 202
Donatello, 23, 85
Donatus, 303
Dória, Andrea, 111

Dürer, Albrecht, 282
Einhard, 179, 302
Eliodoro, 60
Enéias Silvio, v. Pio II
Epicuro, 441-2
Erasmo de Rotterdam, 195, 229n, 239
Ercole I, 74, 76, 78-80, 292, 298, 368, 434-5
Ercole II, 246, 258
Eschenbach, Wolfram von, 274
Estácio, 180, 191, 248, 250
Este, os, 58, 74, 80, 143, 154, 302
Este, Afonso I, de Calábria, 74, 76, 81, 121, 139, 218, 224, 292-3, 350n, 435
Este, Borso d', príncipe, 50-1, 76-80, 76n, 105n, 218, 222, 271, 370, 374-5, 457
Este, Leonello d', 51, 207
Este, Niccolò d', 75, 77, 207
Este, Riccarda d', 147n
Estienne, os, 195
Eugênio IV, papa, 123, 184, 205, 462
Eulenspiegel, Till, 165-6
Eyck, Jan van, 278, 288n
Fábios, os, 485
Fabroni, cronista, 105n, 183
Farnese, os, 250
Farnese, Pierluigi, 174, 404
Faust, dr. Johann, 477
Faustina, 426
Fazio, Bartolommeo, 160, 215, 231-2, 304
Fedele, Cassandra, 353
Feltre, Vittorino da, 206-7, 348, 444
Fernando, o Católico, 122, 273n, 406n
Ferrandus Januarius, 485
Ferrerio, cardeal, 135
Ficino, Marsilio, 211, 458
Filelfo, Francisco, 169, 194, 203n, 205, 205n, 224, 227, 483
Filipe, o Belo, 276, 303
Filipe da Macedônia, 163

Filippo da San Gimignano (Calímaco), *v*. Laetus, Julius Pomponius
Filóstrato, 256
Finicella, 418, 466
Fiorentino, Rosso, 402
Fiorentino, Vespasiano, 160, 304
Firenzuola, 315-8, 343, 412, 487
Firmicus Maternus, 452, 459
Flaco, Valério, 191
Flaminio, Giovan Antonio, 138
Foix, Gaston de, 283
Folengo, Teofilo (Merlinus Coccaios/ Limerno Pitocco), 168, 253, 301, 340n, 349n, 384n, 414
Folieta, Humberto, 231
Fondolo, Gabrino, 49
Forlì, Blondus de, 184-5, 220, 232-3
Foscari, Francisco, 92
Francesco de Florença, 350n
Francisco I, 70, 114, 117, 172, 174, 357
Frederico III, o Vitorioso, 49, 222, 266, 356
Fregoso, Paolo, arcebispo, 399n
Froissart, 104
Frontinus, 184
Gabrielli, Cleofe, 374
Gaddi, Taddeo, 106n
Gaeta, Baraballo de, 167
Gallerano, Cecilia, 344
Gar, Tommaso, 117, 132, 134
Gauricus, Lucas, 478
Gaza, Teodoro, 195
Gélio, Aulo, 191
Genazzano, Mariano da, fra, 422
Gênova, Adamo de, 131
Gentile, 60
Ghiberti, 23, 149, 430
Gibbon, 23, 182, 233
Giorgione, 283, 464
Giotto, 320
Giovio, Paolo, 160-2, 170-1, 188, 214, 223n, 228, 231-2, 234, 237, 239-40, 305, 335, 382, 448, 478

Giraldi, Lilio Gregorio, 63, 356, 392
Gismondo, 60
Giuliano, duque de Nemours, 272
Gonnella, 165-6
Gonzaga, os, 71, 302
Gonzaga, Elisabetta, 74
Gonzaga, Ferrante, 71n, 302
Gonzaga, Giovan Francesco, marquês, 71, 93, 158, 206-7, 271-2
Gonzaga, Giulia, 396
Gonzaga, Isabella, 71-2, 71n, 292, 344, 354
Gonzaga, Paola, 147n
Goritz, Johann, 251
Gottfried von Strassburg, 284
Granacci, Francesco, 375
Grande Khan, o, 264
Graziani, 58, 393n
Gregório VII, papa, 146
Gregório XI, papa 52
Grifone, 60-1
Grimaldi, 105n
Grimani, Antonio, 104
Grimani, Domenico, cardeal, 92, 104n
Guicciardini, 93n, 105, 107, 113n, 234, 304, 383, 407, 413-4, 459
Guidone, 302
Guinigi, os, 111
Gyraldus, 243, 257-8
Habsburgo, os, 208
Hawkwood, John, 52
Henrique II, 357
Henrique IV, 159
Henrique VIII, 141, 349n
Hércules, 293, 368-9
Herodes, 410
Hildesheim, Godehard de, 302
Hipócrates, 260
Hohenstaufen, os, 37, 146, 181
Homero, 190, 235n, 241, 273, 299, 425, 485
Horácio, 248, 355n, 469
Hortênsio, 189

Hubert, 278
Humboldt, Alexander von, 273n, 276
Hutten, 229n
Infessura, Stefano, 231
Inghirami, Fedra, 226
Inocêncio VIII, papa, 56, 59, 115-6, 127-8, 128n, 187, 213, 272n, 378, 468
Insulis, Alanus ab, 180
Isabel da Baviera, 353, 369
Isabel da Inglaterra, 371
Isabel de Castela, 353, 406n
Isabella de Luna, 355
Itálico, Sílio, 191, 242
Jâmblico (Abammon), 462
Jerônimo, escritor, 160, 425
João, rei de Portugal, 161
João, o Evangelista, 220
João XXII, papa, 49, 101, 399
Joinville, 302
Júlio II, papa, 29, 73, 94, 136-8, 174, 186-7, 187n, 214, 226, 245, 250
Júlio César, 86, 121, 227, 231, 242, 330, 370, 373, 375, 382
Kallistos, Andronikos, 195
Kugler, Bernhard, 31
Kugler, Franz, 15-7, 21, 37n
Laetus, Julius Pomponius, 150n, 202, 236, 240, 260-2
Lampugnani, Giovan Andrea, 84
Landi, Ortensio, 313
Lascaris, os, 195
Lascaris, Janus, 192
Latini, Brunetto, 198, 284
Leão X, papa, 62, 74, 77n, 109, 117, 128, 138-9, 142, 166-7, 170, 170n, 187-8, 192, 195, 205, 214-5, 221, 228, 239, 244-5, 251-2, 257, 260, 271, 284n, 346, 349n, 350, 375-6, 411, 421, 448, 452, 458, 479, 483
Lecce, Roberto da, 366, 416, 419
Lenzi, Bina de, 426
Lenzi, Maria de, 426

Lessing, 439
Libri, 267
Lippi, Filippo, fra, 157
Liutprando, 83n, 146
Lívio, Tito, 73, 110n, 158-9, 209, 215-6, 217n, 231-2, 235, 276, 402
Lobo, Aristides, 'n' 384
Lomazzo, Giovanni Paolo, 350, 350n
Lombardo, Marco, 443
Longolius, 239
Lovato, 159
Lucano, escritor, 180
Lucia, concubina de Giacomo Sforza, 54
Luciano, escritor, 152, 229n, 315, 482
Lucrécio, escritor, 191, 441
Luís XI, 48, 114, 119, 124, 430
Luís XII, 50, 94, 114, 130, 374
Luís XIV, 432
Lutero, Martinho, 139, 413, 422, 433, 472
Macróbio, 450, 484
Malatesta, Battista, 147n
Malatesta, Carlo, 158
Malatesta, Isotta, 218
Malatesta, Oragio, 62
Malatesta, os, 58, 63
Malatesta, Pandolfo, 57, 62-3, 219, 479
Malatesta, Roberto, 53, 56-7, 404
Malatesta, Sigismondo, 62, 116, 218-9, 403, 449
Malfi, duquesa de, 394
Malipiero, 104n
Malmesbury, Guilherme de, 182
Malvezzi, Achille, 412
Manetti, Giannozzo, 194, 196, 203, 208-9, 216, 220, 227, 444
Manfreddi, os, 58
Manfredo, 39, 442
Manílio, 191
Mantovano, Battista, 117, 243-4, 257, 321, 428, 431-2
Manucci, Aldo, 97, 196

Manuel, o Venturoso, 167, 271
Maomé II, 94, 116
Mapes, Gualterus de, 180n
Maquiavel, Nicolau, 25, 48n, 81-2, 105, 107-9, 110n, 119, 121, 126n, 133, 133n, 162, 169n, 170, 225, 234, 246, 294, 304, 313, 328n, 341, 381-2, 407, 486
Marca, Jacopo della, 416
Marcellinus, Ammianus, 191
Marcelo, 184
Marche, Olivier de la, 364
Marcial, 250
Marco Aurélio, 308
Marco Polo, 264
Marcus, rei, 159
Maria, Giovan, músico, 350
Marignano, marquês de, 175
Marignolli, Curzio, 166
Mário, 185
Martinho V, papa, 123, 183n, 205, 242
Marzio, Galeotto, 445
Marzupini, Carlo Aretino, 203, 205, 219-20
Massini, os, 186
Masuccio, 399, 409-10
Matarazzo, 58, 60-1, 271
Max, imperador, 69
Maximiliano I, 50, 121, 129, 144
Máximo, Q. Fábio, 186
Máximo, Valério, 160
Mazzoni, Guido, 366
Mecenas, 220
Medici, os, 85, 103, 105, 109, 128, 139, 142-3, 167, 188, 191, 192, 210, 270, 319, 331, 345, 413, 421, 423, 480
Medici, Alexandre de, duque, 51, 86, 143, 162
Medici, Cosme de, 103, 105n, 166, 174-5, 191, 193-4, 210-1, 217, 272n, 326, 329, 331, 402, 444
Medici, Cosme I de, o Velho 335, 401, 452, 485
Medici, Giovanni de, 85, 105n, v. Leão X
Medici, Giuliano de, 83, 85, 139, 421
Medici, Giulio de, 85, 117
Medici, Ippolito de, cardeal, 51, 74, 81, 272
Medici, Lorenzino de, 86, 162
Medici, Lourenço de, 83, 109, 326-7
Medici, Lourenço de, o Magnífico, 56, 80, 103, 105n, 114, 118-9, 128, 139, 150, 157, 167, 192, 203n, 210-2, 298, 320-2, 345-6, 375, 379, 421, 432, 458, 487
Medici, Maddalena de, 128
Medici, Pietro de, 211, 331, 423
Meinwerk de Paderborn, 302
Menandro, 193
Meneghino, 295
Messina, 83n
Metelo, Cecílio, 183, 186
Michelangelo Buonarrotti, 85-6, 174, 432
Michelet, Jules, 29, 117n, 282n
Micheletto, don, 129
Michiel, Giovanni, cardeal, 135
Minnesänger, os, 144, 154, 163
Mirandola, Galeotto de, 296, 415
Mirandola, Pico della, 139, 196-7, 211, 323, 423, 458, 483, 487
Mocenigo, 96
Mogúncia, Ganelão de, 301
Molza, Mario, 162, 250
Mônica, mãe de santo Agostinho, 444
Montaigne, Michel de la, 146n
Montani, Cola de, 84
Montefeltro, Francesco Maria, 72-4
Montefeltro, os, 51, 71-2
Montefeltro, Frederico (de Urbino), 51, 56-7, 72-3, 120n, 121, 185, 192, 194, 216-7, 225, 299, 348, 474

497

Montefeltro, Guido da, 454-5, 455n
Montefeltro, Guidobaldo (de Urbino), 72-4, 136, 344
Montepulciano, Francesco di, 421
Montesecco, 83
Montesquieu, 27, 110n
Montone, Braccio da, 403
Morella, Lena, 426
Muratori, 66, 95n, 104-5n, 159, 448
Mussato, Albertino, 156, 159, 202
Musso, Castellan de, 57
Napoleão Bonaparte, 373
Narni, Erasmo de (Gattamelata), 159
Navagero, Andrea, 248-9
Negro, Girolamo, 140
Nepos, Cornélio, 160, 303
Nettesheim, Agrippa de, 81, 328n, 472
Niccoli, Niccolò, 55, 191, 194, 208-9, 326-7, 444
Nicolau V, papa, 116, 125, 184, 190, 193-4, 196, 213, 217, 220, 227, 444
Niebuhr, 150n, 182
Nieto, Tommaso, 434
Novara, Giorgio da, 447
Oddi, os, 26, 58, 393n
Olgiati, Girolamo, 84-5
Ordelaffo, príncipe de Forlì, 445
Orléans, Luís de, 114n
Orsini, os, 123, 130, 132, 302
Orsini, cardeal, 135, 471
Orsini, Rinaldo, 302
Orsini-Pitigliano, Niccolò, 455
Otelo, 273n
Ovídio, 158, 180, 216, 249, 355n, 425
Paccioli, Luca, fra, 212, 269
Padovano, Paolo, 159
Pádua, Brenta de, 45
Pagolo, Maestro, 452
Palestrina, músico, 349
Palingenius, Marcellus, 247, 470-1
Palmieri, Matteo, 203, 232

Pandolfini, Agnolo, 148, 153n, 357, 358n, 359, 486
Pandolfini, Pierfilippo, 211
Panvinio, Onofrio, 135-6
Paracelso, 479
Pasolini, os, 54
Patavino, Lodovico, 104
Paulo II, papa, 96n, 124n, 125, 186, 213, 220, 235n, 240, 261, 375, 377, 387-8, 449, 475
Paulo III, papa, 62, 142-3, 196, 252, 404, 452
Paulo IV, papa, 143, 196
Paulo Emílio, comandante de Roma, 375
Pazzi, os, 83
Pazzi, Andrea de, 209
Pazzi, Jacopo, 461
Pazzi, Piero de, 209
Pedianus, Asconius, 191
Pelegati, Niccolò de, padre, 399
Penna, Jeronimo della, 60-1
Perotto, Niccolò, 190
Perries, Alice, 356
Perugino, Pietro, 59
Peruzzi, os, 101
Petrarca, 25-6, 28, 30, 41, 144, 156-7, 159-60, 164, 167, 182, 189-90, 195, 199, 202, 217n, 227, 230, 237-8, 241-2, 275-7, 285, 288-9, 298-9, 320, 330, 348n, 355n, 363-4, 374, 426, 430, 457, 479, 484
Petrucci, Antonello, 65
Petrucci, Pandolfo, 63
Petrucci, cardeal, 138
Piacenza, Sacco di, 105
Piccinino, Giacomo, 55-6, 121, 125, 402, 467
Piccolomini, os, 186
Pico, Lodovico, 464
Pilatos, Pôncio, 100
Píndaro, 193
Pinzón, Sebastian, 129

Pio II, papa, 25, 51, 55, 68, 110, 116, 125, 184-6, 189, 208, 213, 219-20, 219n, 222-3, 227, 237, 251, 266-7, 278-80, 304, 306, 319, 367-8, 378, 402, 430, 446-7, 452, 466-7
Pio III, papa 136
Pitocco, Limerno, 168, 301
Pitti, Buonaccorso, 106n, 306, 385
Pitti, Jacopo, 105
Pizinga, Jacobus, 201n, 202
Platão, 97, 150n, 211n, 217, 235, 424, 484
Platina, Bartolomeo, 96n, 220, 231-2, 262, 304, 447, 449, 475
Plauto, 152, 191, 228, 240, 262, 291-4
Plínio, 152, 185, 191, 212, 221
Plínios, os, 158
Plutarco, 160, 164, 190, 229n, 299, 303
Poggio, 50, 64, 162, 169-70, 172, 183, 189, 191, 194, 198n, 219-20, 231, 234, 238, 254, 326-7, 329, 414, 448, 462
Polenta, Guido della, 250
Poliziano, Angelo, 80, 161, 221, 239, 319, 322, 345, 461
Pompeu, 242
Pomponazzo, Pietro, 483
Pontano, Gioviano, 80, 119, 149, 168, 209, 229n, 254, 262, 312, 321, 400, 447, 449, 459-60, 465, 482, 485
Porcari, Stefano, 125, 162
Porcellio, Gianantonio, 121, 225
Porzio, 65
Pregadi, os, 90, 92
Prés, Josquin de, 349n
Pronuba, Juno, 369
Ptolomeu Filadelfo, 191
Pulci, Bernardo, 485
Pulci, Luca, 319
Pulci, Luigi, 168, 296-9, 301, 319, 322, 426, 440

Quintiliano, 191, 226
Rabelais, François, 173, 350n, 384, 384n
Radevicus, 302
Rafael de Sanzio, 23, 59, 61, 183, 187-8, 260, 350, 375, 459
Ramusio, Hieronimo, médico, 196
Rangona, Bianca, 344
Regiomontanus, 270
Reims, Gerbert de, 267
Renart, 163
Reuchlin, 196
Riario, Caterina, *v.* Sforza, Caterina
Riario, Girolamo, 126-7, 354
Riario, Pietro, cardeal, 126, 126n, 293, 365, 368-9
Riario, Raffaele, cardeal, 138, 386
Rienzi, Cola di, 46, 181
Rieti, Colomba de, 59, 435
Robbia, Luca della, 480
Rogério, 83n
Romano, Ezzelino da, 39-40, 403n, 433, 451
Rossi, Pietro de, 159
Rosso, Michele, 160
Rota, Antonio, 352
Rovere, della, os, 143
Rovere, Francesco Maria della, 136, 139
Rovere, Giovanni della, 136
Ruffa, Polissena, 56
Ruspoli, Francesco, 166
Sabellico, Marco Antonio, 88-9, 96, 231-2, 234, 260, 372, 432
Sacchetti, Franco, 164-5, 320, 329-30, 409
Sadoleto, Jacopo, 141, 221, 262
Saladino, 439
Salò, Gabriele da, 447
Salústio, 85
Salutati, Coluccio, 484
Salviati, Maria, 175
Sanga, secretário de Clemente VII, 470

Sanguinacci, Giovannino, 269
Sannazaro, Jacopo, 161, 237, 243-4, 248, 250-1, 320, 342, 432, 485
Sansecondo, Jacopo, 350
Sanseverino, os, 260
Sanseverino, Pompônio, *v.* Laetus, Julius Pomponius
Sansovino, Andrea, 251
Sansovino, Francesco, 97, 105n, 252, 293
Santi, Giovanni, 299
Sanudo, Marin, 231
Sarto, Andrea del, 376
Sarzana, Alberto da, 416
Sauli, cardeal, 138
Savóia, Beanca de, 367
Savonarola, Girolamo, 105-6, 107n, 114, 228n, 246, 325n, 372, 407, 412, 414, 416, 420-7, 424n, 434, 449, 470, 480-1, 487
Savonarola, Michele, 159-60, 312, 429
Scaevola, Mucius, 220
Scala, os, 47
Scala, Cangrande della, 41
Scaligero, os, 239
Scarabelli, Diebold, 105
Scarampa, Camilla, 344
Schilling, Diebold, 121
Scipio (Cipião), Publius Cornelius, 228, 330, 484
Scotus, 217
Segni, Bernardino, 105
Senarega, historiador, 50, 231
Sêneca, 216, 444
Sforza, os, 54, 56, 58, 127, 146-7n, 217, 223, 397, 401
Sforza, Alessandro, 57, 193n
Sforza, Anna, 224, 293
Sforza, Ascanio, 69, 92, 127-8, 331
Sforza, Bona, duquesa, 83, 147n
Sforza, Caterina Riario, 354, 402
Sforza, Francesco, duque, 48, 53-7, 67, 121-2, 217, 369, 373, 483

Sforza, Francisco, o caçula, 70
Sforza, Galeazzo Maria, 68, 75, 83-4, 113n, 114, 126, 162, 223, 227, 397-8
Sforza, Giacomo, 54-5
Sforza, Giovanni, 116
Sforza, Ippolita, 344, 394
Sforza, Ludovico, o Mouro, 50, 69-70, 74, 81, 83, 90, 92, 113, 116, 127, 217, 228, 262, 421, 435
Sforza, Maximiliano, 70-1, 335, 373n
Sforza, Orsina Torella, 147n
Shakespeare, William, 290-1
Siena, Bernardino da, 225, 366, 409, 416, 416n, 418, 423, 426
Siena, Hugo de, 211n
Siena, Matteo da, 366
Sigismundo, rei, 49, 468
Sismondi, 29, 87, 305
Sisto IV, papa, 53, 56, 113-4, 124n, 125-9, 126n, 136, 186, 202, 213, 226, 261, 376, 378, 419, 430, 445, 470
Socini, Bartolommeo, 204
Sófocles, 193
Solimão II, 117
Solinus, 182, 277, 299
Soranzo, os, 90
Sorel, Agnes, 357
Spoleto, Pierleoni de, 453n
Sprenger, 468
Stampa, Gaspara, 432
Stendhal, 29, 386n
Steno, 348
Strada, Zanobi della, 157, 202, 242
Strozza, Ercole, 132, 174, 245
Strozzi, Filippo, 212
Strozzi, Palia, 212
Strozzi, Tito, 75, 281
Suetônio Paulino, Caio, 160, 302-3, 305
Tasso, Bernardo, 72
Tasso, Torquato, 81, 178, 302, 320

Teophilos, 195
Terêncio, 228, 240, 291, 294, 425
Theodorus, astrólogo, 451
Tibério, 134
Tíbulo, 250, 425
Tiburzio, 125
Ticiano, 372
Tizio, cônego, 450
Toscanella, Paolo, fra, 212
Toscanelli, Paolo, 269
Totila, 474
Trebizonda, Jorge de, 97, 195, 215
Trissino, Giangiorgio, 284n, 294, 298, 468
Trithemius, 160, 472
Trivulce, cardeal, 270
Troilo, 68
Uberti, Fazio degli, 182, 277, 299, 312
Urslingen, Werner von, 403
Uzzano, Niccolò da, 246
Valentiniano I, 46
Valeriano, Pierio, 239, 258, 448
Valeriano, Urbano, fra, 259-60
Valla, Lorenzo, 125, 169, 215, 220, 239
Valori, Bartolommeo, 211
Valori, Niccolò, 114, 304
Varano, os, 58
Varano, Bernardo, 57, 60-1
Varchi, Benedetto, 51, 103, 105, 105n, 162, 234, 304, 460
Varro, 261
Vasari, Giorgio, 27-8, 106n, 154, 304, 343, 369
Vegio, Maffeo, 242, 444
Venceslau, rei, 46
Vendramin, Andrea, 104n
Veneto, Paolo, 159
Verona, Guarino de, 190-1, 207, 224-5, 320
Verona, Niccolò da, 412

Vespasiano, 192-3, 208, 208n, 210
Vespúcio, Américo, 161, 212
Vettori, Francesco, 72, 104n, 105, 234, 304, 448
Villani, Filippo, 160, 226, 256, 304
Villani, Giovanni, 98, 100, 182, 230, 271, 442, 457
Villani, Matteo, 49, 100, 457
Vinci, Leonardo da, 26, 70, 80, 134, 154, 167n, 212, 269, 350n, 369
Vinciguerra, 363
Virgílio, 158, 180, 182, 185, 243, 249, 299, 303, 320, 322, 355n, 425, 462, 473
Visconti, os, 42, 45, 49, 106n, 147, 192, 463
Visconti, Beatrice di Tenda, 46, 52
Visconti, Bernabò, 45, 329, 456, 463
Visconti, Filippo Maria, 46, 66-7, 95, 118, 217n, 271, 305
Visconti, Giovanni Galeazzo, 45-6, 52, 66, 84, 382, 456
Visconti, Giovanni Maria, 46, 83
Visconti, Giovanni, arcebispo, 45, 250
Visconti, Matteo I, 43n
Visconti, Matteo II, 43n
Vitelli, Niccolò, 477
Vitelli, Paolo, 120, 455
Vitelli, Vitellozzo, 124, 415
Viterbo, Annius de, 190n
Viterbo, Egidio de, fra, 170
Voltaire (François-Marie de Arouet), 27-8, 169, 173
Volterra, Giacomo da, 226, 304
Xenofonte, 64, 150n
Zamoreis, Gabrius de, 250
Zampante, Gregorio, 78, 435
Zenobia, Setímia, 60-1
Zêuxis, 315
Zuccato, 295

JACOB BURCKHARDT (Basiléia, 1818-97) é dos maiores e mais lidos historiadores do século XIX. Seu estilo fluente e expressivo, sua concepção da historiografia como arte, sua confiança na própria intuição psicológica e estética e sua extraordinária capacidade de síntese fizeram dele um expoente da abordagem culturalista da história. Professor nas Universidades da Basiléia e de Zurique, sua influência foi ainda determinante para a contestação das grandes tradições historiográficas do século XIX, como o positivismo e a história metódica. *A cultura do Renascimento na Itália* (1860) é considerada sua obra-prima.

1ª edição Companhia das Letras [1991] 1 reimpressão
1ª edição Companhia de Bolso [2009] 4 reimpressões

Esta obra foi composta pela Verba Editorial em Janson Text
e impressa em ofsete pela Gráfica Bartira sobre papel Pólen Natural
da Suzano S.A. para a Editora Schwarcz em setembro de 2023

A marca FSC® é a garantia de que a madeira utilizada na fabricação do papel deste livro provém de florestas que foram gerenciadas de maneira ambientalmente correta, socialmente justa e economicamente viável, além de outras fontes de origem controlada.